XINXINGSHI XIA NONGKEN GAIGE FAZHAN
ZHONGDA ZHANLUE WENTI YANJIU

新形势下农垦改革发展
重大战略问题研究

厉以宁　傅帅雄　周业铮　等　著

人民出版社

目　录

第一部分　垦区集团化改革问题研究
——以黑龙江垦区为例

第二部分　农垦混合所有制经济发展研究

第三部分　中国农垦新型城镇化发展研究

第四部分　农垦土地资源优化利用研究

序
农垦体制改革中的几个问题

厉以宁

一、中国农垦管理体制的现状

中国目前农垦体制大体上分为三大类。一是新疆生产建设兵团，实行党政军企合一的体制，由中央直接管理。二是中央直属垦区，包括黑龙江垦区和广东垦区，实行"部省双重领导，以省为主"的管理体制，即只有财政预算、部分基建投资和国资监督等由中央部门负责，干部管理、党的关系和其他各项工作均由地方党委、政府负责。三是地方管理垦区，又分为农场由省直属和市县管理两种体制。现阶段的改革主要在中央直属垦区内推进，垦区管理体制由原来的以行政管理为主大多数转为企业集团体制，并成为农垦的主体和骨干。

关于新疆生产建设兵团，可以放在下一步再深入研究如何改革，目前大体上维持现行体制，以求稳定。

地方垦区可以根据各地的实际情况，以市场化和有利于可持续发展为目标，陆续推进。

当前应当把中央直属垦区作为深化农垦体制改革的重点，总结经验，逐步展开。

要知道，黑龙江垦区的管理体制在历史上曾多次经历过下放到省或上收到部的变动。目前的"部省双重领导，以省为主"的管理体制，主要依据国发〔1978〕20 号文件的规定，一直延续至今。目前，黑龙江垦区内部仍然沿袭依靠行政手段为主的管理体制，以"总局—分局—农场"作为基本的组织架构。

1998 年，经国务院研究同意，成立了黑龙江北大荒农垦集团总公司，但并未建立法人治理结构，也未真正实质性地运作过。因此，黑龙江农垦体制改革已迫在眉睫，否则农垦体制难以理顺。

二、建立两个层次的垦区国有资本和国有企业集团的管理体制

要推进农垦体制改革，并非易事。即使在中央直属垦区，深化改革也是困难重重的。这主要体现在国有农垦资产和资源的产权管理体制不清楚，股份制实现过程中未能使产权清晰界定。加之，在中央直属垦区，"母公司—子公司"体制仍然不明确。如上所述，黑龙江北大荒农垦集团总公司成立后，法人治理结构根本没有建立，更谈不到发挥作用，从而无法使农垦企业真正成为现代企业生产、经营、发展、管理的样板。

为了深化农垦体制改革，建议及早建成两个层次的垦区国有资本的管理体制。

第一层次是及早建立国有资产投资公司（或称国有资产投资基金公司、国有资本运营公司），使国有资本产权明确、清晰，国有资本投资公司就是所有人，或称所有权的代表，它只管国有资产的保值增值、增持减持，只管国有资本的配置，注重国有资本配置效率的提高，也只管投资的盈亏状况，而不管具体的农垦业务和经营活动。

第二层次就是农垦企业经营管理体制改革，即建立新的农垦企业集团公司。在国有资本清晰界定并由国有资产投资公司作为所有人（所有权代表者）的前提下，农垦企业集团公司对国有资本投资公司负责，因为资本来自国有资本投资公司和其他投资者。农垦企业集团公司应当建立完善的法人治理结构，并使之正常发挥作用。经过上述改革，农垦企业集团公司就是自主经营的市场主体，不再等同改前的集团公司。它同政府之间的关系，同其他

自主经营的市场主体一样，依法守法，按规定纳税缴费，向社会提供产品和服务，并有为社会公益事业出力、为社会培养人才等任务。

这表明，最有效的深化农垦体制改革，一是要让国有资本投资公司切实地担负起运用好和管理好国有资本的任务，二是让农垦企业集团公司成为名副其实的、自主经营的市场主体，参与市场竞争，在竞争中提高自己的市场份额，并树立自己的品牌。

改制后的农垦集团公司依照现代企业制度建立"母公司—子公司"体制，取消以往的上级公司对下级公司的行政管理体制。建议今后建立现代企业体制，即"集团母公司—专业子公司—生产基地"的纵向公司体制。子公司也应有自己的法人治理结构，并正常运作。

三、把垦区的农场建设与垦区的小城镇建设统一考虑

黑龙江垦区面积大，人口相对稀少，这里过去长时期内是湿地、荒滩，没有小城镇。现在黑龙江垦区的一些小城镇主要是在农垦过程中陆续建设起来的，它们是在退伍军人家属的居住区，以及后来垦区招收的职工及其家属的居住区的基础上逐步形成的。此外，在自然灾害严重的年份，还有一些逃荒到这里的内地的农民（当时称作"盲流"）也在这里定居下来，这样，小城镇才稀稀拉拉地出现。有些当地的农民，在本村划归农垦体制管理以后，也有迁移到小城镇居住的，小城镇上的住户才多了起来。因此，垦区小城镇的形成有自己的特点，它们往往是自发形成的。

2006 年 8 月，我曾带领北京大学光华管理学院一些年轻教师和博士生，从牡丹江到兴凯湖边，一直沿乌苏里江中国一边的边境到宝泉岭，再经鹤岗、依兰到哈尔滨，看到一路上村落稀少，小城镇没有几个，小城镇建设根本没有被提到议事日程上来。

因此，我在哈尔滨曾向当时的黑龙江省政府和农垦集团公司都提到，推进小城镇建设同加快垦区建设是密切联系在一起的。未来应当有更多的小城镇在垦区内成长起来。这是因为，小城镇将在生产和生活两个方面为农垦

企业和农垦职工及其家属服务。从生产方面说，小城镇上的商店能为垦区企业提供生产资料，也能为农场职工和家属提供小耕具、蔬菜种子、饲料、化肥，供家庭范围生产需要。从生活方面说，小城镇里的商店或摊贩，能提供城镇居民、农场职工家庭生活上所需要的各种商品。小城镇上还会有手工作坊，有修理农业机械、汽车、摩托车和马车的服务。这对于垦区的增长和职工生活的便利都有益。我还对垦区工作人员说，垦区面积这么大，如果没有小城镇的发展，显得没有人气。有了小城镇，就会有人气。如果小城镇上有茶馆、饭店、客栈、影院、书店、文化馆等等，人气就更足了。总之，小城镇的发展和垦区的发展实际上是相互促进、相互带动的。

因此，在垦区体制改革后，要制定适合垦区情况的小城镇建设和发展规划。

四、农垦企业如何剥离社会职能？

农垦区刚建立时，农垦企业就承担了若干社会职能，主要包括公检法、文化、教育、卫生、交通、电讯、济贫、救助等工作。这是农垦企业发展初期的必然情况，因为当时的地方政府也在初建之中，理应由地方政府承担的上述这些社会职能，转给农垦企业来承担是不得已而为之的事情。

但到了后来，地方政府体系建立起来了，农垦企业所承担的社会职能就需要"剥离"，即把这些社会职能移交给地方政府，也就是说，农垦企业把这些社会职能转交给地方政府，使地方政府尽到地方政府的责任，而农垦企业只管使用农垦区内的国有资源，使国有资源的使用效率不断提高而为国家做出贡献。看起来，农垦企业把自己承担的社会职能转交给地方政府是顺理成章的事情，但这一问题的解决为什么这么艰难呢？以致改革开放后至今已三十多年还在争议之中，而效果并不显著呢？

从地方政府的角度来说，主要困难是经费不足，人才也不足。照理说，社会职能剥离后，地方政府的经费应由中央财政支付，农垦企业认为自己已经把利润按规定上缴给财政了，所以财政负担社会职能转交后的经费来源是无须讨论的问题。然而在地方政府看来，中央财政拨付给地方政府承担社会职能的经费数额是不足的，在地方人口不断增加的过程中，难以应付这么大的开支，加之，地方政府的人才不足，要地方政府承担的费用中包括文化、教育、卫生、交通、电讯等支出，不仅经费不够，而且地方政府短期内怎样筹组这些部门，如何聘请到这么多人才呢？

再从人员自身的角度来看，某些部门过去归农垦企业管理时，人员从农垦企业取得工资和福利。如果是效益较好的农垦企业，给予下属工作人员的工资较高，福利较多。一旦把社会职能划归地方政府后，能保持剥离前的工资和福利标准吗？这就很难说了。于是在农垦企业向地方政府转交社会职能时，在某些要从农垦编制转到地方政府编制的人员中，会遇到上述问题。这些人员宁肯在农垦区工作，也不愿转到地方政府工作。

但将原来就不该农垦企业承担的社会职能剥离出去，是改革农垦企业的必须采取的措施。农垦企业作为一个企业，不能不对承担社会职能这一政企不分的现象作一了结，问题拖得越久，困难会继续增加，改革的成本也越大。

农垦企业剥离社会职能的改革方向是正确的，但步子要稳一些，逐步移交是可行的。关键是先易后难，而且要多做协调工作，以求社会的安定。

五、在垦区中，家庭农场究竟处于什么地位？

在黑龙江垦区内，有一些家庭农场。这些家庭农场在垦区内究竟居于什么样的地位？家庭农场在垦区体制改革后会怎样？是消失呢，还是保存下来，或者是继续发展壮大？改革后的农垦集团公司今后会对垦区内的家庭农场采取什么样的态度？在这个领域内，对现有的家庭农场怎样处置？未来的家庭农场同改制后的农垦集团公司之间可能存在什么样的关系？这些问题都值得探讨。

对这个问题，应当从黑龙江垦区的历史情况和现实情况两个方面进行分析。

　　从历史上看，农垦区实际上实行的是国有农场统一经营和家庭农场分散经营相结合，"大农场套小农场"的双层经营体制。农垦区的国有农场当初资本有限、管理人员有限、农垦设施和农业机械供给也有限，对于新开垦出来的大面积的土地顾不上来，只好容许农民个人及其家属耕种一些土地，家庭农场正是在这种条件下出现并发展起来的。家庭农场作为分散经营的主体，对农垦区是有积极作用的。他们直接从事农业生产经营，自主性强，而且积极性高。他们为了解决劳动力不够的问题，不但使自己的孩子也参加劳动，甚至把自己在老家（山东某县或河北某县）的亲戚和亲戚家的年轻人也招来，一起耕种、收割。原因在于："大农场套小农场"（家庭农场）的模式，有利于发挥从事分散经营的劳动者的积极性，使他们收入增加，生活改善。在大农场资本、设施、人力都不足的情况下，容许一些农民经营小农场（家庭农场），未必不是一种可供选择的做法。

　　在家庭农场实际上已经成长起来之后，要取消过去这些年存在并发挥作用的家庭农场制，不仅会引起这些农民和家属以及前来投奔他们的亲戚们的恐慌，造成垦区社会不稳定，还会直接影响垦区的产值和土地的有效利用，这笔损失是不可低估的。

　　那么，应当怎样处置所谓的"家庭农场"问题呢？一种设想是对已经存在的家庭农场制进行农业合作化改革。但这不是一个好办法。在目前已经实行土地确权改革的内地省份，农业合作化推行得很有成绩，而且趋于规范化。但这是以土地确权工作已经完成为前提的。土地确权后，农民的土地经营权确定了，宅基地使用权确定了，宅基地上自建房屋的产权也确定了，于是农民安下心来，既有了财产和财产性收入，又不怕土地被圈占，自建房屋被拆掉。他们一心一意扑在创业致富上。他们参加农业合作社，不是被强迫的，而是自觉自愿的。而在黑龙江农垦区，这里是国有土地，即使是大农场中的小农场（家庭农场），仍然是国有土地。所以这些家庭农场并不对农业合作社抱有什么希望，他们反而会躲得远远的，不愿同农业合作社打交道。

　　也许，国有林场中已在试行的"一场两制"对农垦区的下一步改革会有所启示。国有林场的"一场两制"是指：在林区内，国有林地和家庭承包林地并存，但在实行"一场两制"的试验点，家庭承包林地是普通的，即如果林场职工愿意承包林地，经营林下经济，同时完成造林、育林任务，都可以申请承包一块林地。垦区如果要试行"一场两制"，家庭承包农田种植经营的人数会大大增加，这难道是垦区的方向吗？不是。垦区和林区的情况不同，恐怕不可能仿照林区的"一场两制"模式。所以有关垦区家庭农场的问题目前仍以维持现状（"大农场套小农场"）为宜，不要过早下结论。

六、容许家庭农场的存在，并不等于垦区可以采取大农场承包制

关于黑龙江农垦区管理体制，也曾听到过如下这种议论，即认为"局—分局—大农场"这样的体制，行政管理或行政干预的色彩太浓，阻碍了效率的进一步提高，不如取消"局—分局"的管理模式，实行大农场承包制，这样既可以调动大农场的自主经营积极性、主动性，又可以调动大农场广大职工的积极性、主动性，使农场增产，职工增加收入。

其实，这个问题在前面已经阐述清楚了。垦区管理体制一定要改革，国有农垦集团总公司实行的是可以充分提高效率的公司形式，关键在于法人治理结构健全，并能真正发挥作用。为了政企分开，改制后的垦区集团总公司将是有国家持股、民间资本持股、职工持股、高管奖励持股等多种形式参股的混合所有制企业，公司对投资者负责，自主经营，自负盈亏。总公司与子公司之间的关系，不是行政隶属关系，而是控股或参股关系，并且控股还分为绝对控股和相对控股，一切按具体情况而定。这样，总公司—子公司之间的关系就明确了，即不是行政管理关系，而是资本经营关系。

相形之下，农场承包制已是过时的、落后的管理模式。20 世纪 80 年代工业、商业、服务业中也曾出现过承包制。结果如何？出现了"以包代管"现象。甚至出现拼设备、啃老本、使机器设备耗尽等短期行为。因此，在农垦体制深化改革的今天，是不宜再回头走承包制之路的。

还应当指出，农垦中出现的"大农场套小农场"（家庭农场）的做法，

是根据农垦区实际情况而采取的：垦区面积大、职工人数有限和资本不足，而附近的农民（有些来自外省市县）闲着没工作可做，于是他们得到农场的许可，开始经营小块土地，这就是"大农场套小农场"，后来才称家庭农场，所以这同那种建议整个农场改为承包制，承包给某个企事业单位或某个人经营，在性质上是不同的，也不能把二者混为一谈。

七、农垦区的社会保障问题

农垦区的社会保障问题一直没有妥善解决。尽管 20 世纪 50 年代初，刚建立农垦场时，对农垦职工工伤抚恤和医疗保险都有所规定，但并未规范化、制度化。当时职工收入少，家属中有些人也是农垦职工，所以统统纳入农垦场的社会保障范围，是可行的。

到 2003 年，农垦职工和家属已越来越多，他们的工资等收入也比建场初期增长了，农垦当局于是对职工的社会保障作了规定，即先落实农垦职工的户籍，再落实职工基本养老保险的社会统筹，最后落实医疗、生育、失业、工商的保险以及最低生活保障等问题。但这些还只是初步覆盖，而且社会保障水平有待于进一步提高。

今后，在农垦区范围内，应扩大社会保障范围，让非农场职工系列的农民身份的工作人员也纳入社会保险统筹保障，同时还应当把农垦系统中至今没有参加保障的职工纳入社会保险的统筹之中，并逐步提高整个农垦系统内人员的社会保障水平。

要慎重处理历史遗留下来的问题，如农垦系统中因各种原因未加入社会保险的人员，应尽早让他们参加到居民的社会保险统筹之中，并逐步提高社会保障水平。最困难的家庭、属于社会救助范围的家庭，应纳入属地管理范围，由地方救助，农场协助。

在这里需要澄清一个问题，即在某些人看来，农垦区的社会职能的剥离和农垦区的社会保障制度的完善和制度化，是同一类问题。言外之意是：既然农垦集团公司把社会职能剥离出去，移交给地方了，那么社会保障制度的完善和制度化也应当移交给地方。这种看法是不对的。社会职能不是企业的事情，迟早应当移交给地方。许多国有大企业都这样做了，农垦集团公司的体制改革即使已经晚了一步，但剥离社会职能移交给地方的做法是符合国有企业的性质的。至于社会保障，国有企业同样与其他企业一样，应当承担职工的社会保障部分。这部分不能让政府来承担。过去那种把国有企业的收入上缴而职工的社会保障费用则由政府支付的做法已经过时。在这方面，农垦集团公司应当与其他国有企业一样，使社会保障规范化和制度化。

当然，由于农垦区的情况复杂，在这里工作的，有正式职工，也有临时工、农民工以及居住在垦区内的农民，还有他们的家属，因此，如何完善垦区内的社会保障并使之制度化，还需要专门研究，不宜一刀切，也不能听之任之，不管不问。这是有利于边疆社会稳定的一个重要问题。

八、拓展农垦集团公司的业务，以竞争力取胜，以产品质量取胜

黑龙江垦区辖区面积5.54万平方公里，现有耕地4338.5万亩、林地1384.2万亩、草地515.3万亩、水面381.4万亩，总人口169.7万人。据2014年统计，垦区实现生产总值1133.5亿元，实现农场人均纯收入25226元。

目前，黑龙江垦区已经发展成为国家重要商品粮基地和粮食战略后备基地，垦区粮食综合生产能力达到436.1亿斤，提供商品粮411.3亿斤，可保证1.2亿城镇人口一年的口粮供应。所以北大荒垦区被誉为中国的"大粮仓"。

经过垦区职工们多年的努力，垦区的农业现代化水平已在全国处于领先地位。垦区的有效灌溉面积已达2740万亩，占耕地面积的63%。农业机械化率高达98.6%，垦区共有农用飞机87架，年航化作业能力2400万亩，在国内领先。垦区还依托种植业、养殖业，围绕米、面、油、肉、乳、薯、种等，打造了九三粮油工业、完达山乳业等33家国家级和省级产业化龙头

企业，还建立了物流、农机、种业、保险等大型专业公司。

黑龙江垦区下一步如何拓展自己的业务，如何扩大自己在市场中的份额，以及如何提高自己的竞争力，如何提高产品质量，关键在于垦区管理体制。关于这一点，本文前面已经谈到了，这就是使垦区集团公司成为法人治理结构完善的、自主经营的市场主体，政企分离，公司同下属企业之间建立母公司—子公司体系。

我们相信，上述体制改革思路是符合垦区实际的。只要朝这个市场化、企业化的方向走下去，垦区必将日益成长为有充分活力的经济实体。

在这里，我针对垦区集团公司下一阶段的发展，提几个建议：

第一，对资本的重要性要有足够的认识和妥善的安排。资本供应不足是历来存在的问题，但农垦集团公司改制后，资本不足问题更显得重要。农垦集团公司体系内，无论是母公司还是子公司，都要懂得如何引进资本。而且通过资本的引进，母公司和子公司都将转化为混合所有制企业。国外兼并、技术创新和资产重组无一不是同资本大小多少有关的。

第二，要及早推进职工持股制和高管激励持股制，这是既充实公司资本，又调动职工和高管人员积极性的有效措施。只要规范化，就不会出大问题。

第三，要加紧引进人才。公司经过改制后，从技术创新到市场开拓，从管理规范化到营销方式的变化，都大有文章可做。如果人才不足，同样会限制企业的发展。

第四，"走出去"是一种战略安排，应当在国家利益方面多作考虑。把国外的土地资源和市场利用好，农垦集团公司和它的子公司在这个领域内有许多机遇，不可错过。政府对此应有统一的安排，并在融资、外汇、关税等方面对农垦集团公司有所关照和扶植。

九、垦区体制改革后前景的预测

对中央直属的黑龙江垦区来说，目前正在推进垦区管理体制改革的最重要的改革就是上述的产权体制改革和经营管理体制改革。这里有必要再强调一遍，这是两个层次的改革：第一层次是产权体制改革，即垦区的产权归国有资本投资公司（或称国有资本投资基金公司、国有资本运营公司），国有资本投资公司就是农垦集团总公司的所有人，它只管国有资本的保值增值、增持减持，只管国有资本的配置和配置效率的变化，而不管具体的农垦业务和经营活动；第二层次就是农垦企业经营管理体制改革，建立自主经营的、投资者负盈亏的、产权界定清晰、多种投资主体参股的农垦集团公司。它是混合所有制的企业，母公司和子公司都建立了完善的法人治理结构，彼此之间是资本投入关系，不存在行级隶属关系。

这两个层次的改革（即国有产权体制改革和农垦企业集团经营管理体制改革）将决定垦区体制改革和发展的总体思路。农垦企业与地方政府的职能清清楚楚，各不相扰。地方政府如果愿意投资新组建的农垦集团公司（无论是母公司还是子公司，或专业性的、为农垦产业提供产品和服务的公司），都可以按现代企业制度的方式实现。

新组建的农垦集团公司将是一个覆盖第一、第二、第三产业的大型现代化企业。一、二、三产业都有广阔的发展前途。关键是要广招民间资本，参与发展。

在新组建的农垦集团公司和地方政府的合作下，垦区的小城镇将得到迅速的发展。小城镇多了，这里就能吸引外来移民，把资本带过来，把人才吸引到垦区来，这里将会成为新的经济增长点。有了创业创新的城镇居民，人气足了，就会吸引更多的外来移民。

农垦集团公司在把社会职能移交给地方政府后，仍应当关心社会职能的完善和水平的提高。这是因为，文化、教育、卫生、交通、电讯等工作都直接影响到垦区内的居民的生产生活，有利于居民生活质量的提升。还应当指出，义务教育和普通高中，还有高等院校，由地方政府承担，这是符合实际的。但今后，农垦集团公司仍可以在职业技术教育方面发挥自己的专长，如在母公司或子公司之下，甚至在生产基地，提供办培训班、高级培训班之类的人才培养机会。这不仅有助于为本公司培养专业人才和技工，还有助于缓解地方的就业压力。

　　还可以设想，农垦集团公司的"走出去"在经营管理体制改革之后是大有可为的。农垦集团公司的子公司，如果已改组为有民营资本参股的混合所有制企业，那么"走出去"战略的实现就会消除某些障碍，取得成绩。

　　最后，不妨再对垦区的生态建设和环境治理作一些探讨。在农垦体制改革后，垦区集团公司可以通过社会经济发展规划的制定，把生态建设和环境治理放在更重要的位置，因为这既是长期经济和社会发展的需要，又是垦区居民和农垦集团职工及其家属提高生态质量、生活质量的需要。

　　在本文行将结束之际，我把 2006 年在北大荒所写的三首诗词写在下面，作为纪念。

七　古

北大荒雁窝岛湿地

二〇〇六年

清水盈盈，

湾汊绕绕，

一望无际三棱草，

疑怪白鹭争相告，

年年大雁归来早。

注：雁窝岛湿地，在黑龙江农垦红兴隆管理局八五三农场境内，是三江平原上保存
　　完好的鸟类栖息地。

七　古

赠黑龙江农垦宝泉岭管理局

二〇〇六年

改天换地，

何等气概；

几代奉献，

何等胸怀。

连片良田双手开，

成行大树汗水栽。

老兵最为动情处，

昔日荒草台，

今晚风送稻香来。

注：宝泉岭距鹤岗市不远，位于松花江汇入黑龙江处。

鹧鸪天

赠黑龙江农垦老战士，于北大荒博物馆

二〇〇六年

十万官兵为戍边，

征衣未解学耕田。

灌渠风雪挑灯夜，

换得丰收九月天。

看黑土，话当年，

白头伉俪意绵绵，

此生奉献从无悔，

叮嘱儿孙永向前。

注：2006 年 8 月，作者夫妇在北大荒考察，先后到农垦牡丹江、建三江局、红兴
　　隆局、宝泉岭局及下属十多个农垦，行程约 3000 公里。最后，在哈尔滨参观
　　北大荒博物馆时题写了这首词。

前　言

供给侧结构性改革下推动
农垦改革具有重大意义

　　新中国的农垦事业，是 60 年前老一辈无产阶级革命家，从屯垦戍边、保障供给、安置人员等国家全局出发缔造的特殊组织。几代农垦人经过不懈努力，在祖国各地建设了一大批国有农场，成为国家粮棉油糖胶等重要农产品生产基地，成为建设边疆、保卫边疆的一支主要力量，在屯垦戍边、人员安置、保障供给等方面发挥了特殊的战略支撑作用。在新的历史时期，农垦作为国有农业经济的集中代表和主要实现形式，在现代农业建设中具有不可替代、不可或缺的重要地位和作用。无论是完善中国特色农业基本经济制度，还是推进中国特色农业现代化、保障国家粮食安全、维护边疆和谐稳定，都必须全面深化农垦体制机制改革。

　　农垦从解放前三五九旅南泥湾垦荒的雏形，到解放后成为从事农业生产的国家队，在农业现代化建设、粮食安全生产、新型城镇化建设、生态可持续发展、农村发展的示范带动、维稳戍边等方面为我国经济社会发展做出重要贡献。农垦改革发展的重要性主要体现在以下几方面：

　　第一，农垦的改革发展将会壮大国有农业经济占比，提升国家对农业战略产业的控制力和影响力。

　　第二，农垦的改革发展将会加速农业的现代化建设进程。当前我国已进入传统农业向现代农业加速转型升级的新时期，农垦的可持续发展将会推动这一进程。农垦通过改革发展将会不断延伸和完善产业链，形成内外相联、优势互补、产销衔接的一体化产业格局；在企业集团化经营方面，农垦企业集团通过改革发展，可不断提升经营规模、管理水平、效益水平、市场竞争力和行业影响力等，从而不断推进农业现代化建设的进程。

第三，农垦的改革发展将会加快推进新型城镇化的建设。2014 年《政府工作报告》中明确提出"推进以人为核心的新型城镇化"的目标，要求"今后一个时期，着重解决好现有'三个 1 亿人'问题，促进约 1 亿农业转移人口落户城镇，改造约 1 亿人居住的城镇棚户区和城中村，引导约 1 亿人在中西部地区就近城镇化"。农垦有 1000 多个小城镇地分布在全国各地，特别是中西部和边疆地区，近年来，农垦小城镇有巨大变化，形成了颇具规模的小城镇，为新型城镇化建设作出了积极贡献。农垦的改革发展将会进一步推进我国新型城镇化的建设。

第四，农垦的改革发展将会确保我国的粮食安全。习近平总书记指出，中国人的饭碗任何时候都要牢牢端在自己手上，粮食安全的主动权必须牢牢掌控在自己手中。随着农业国际化的发展，我国农业产业安全面临着严峻的挑战。农垦拥有稳定的大规模生产基地和商品粮供给渠道，农垦的改革发展，将会进一步发挥组织化、规模化和系统化优势，提升土地产出效率，建设出一流的粮食生产基地，培育出农垦的国际大粮商，从而确保国家粮食的安全。

供给侧结构性改革下的农垦改革，要以管理体制改革为根本，以垦区集团化、农场企业化为主线，推进农垦资源整合，做大做强农垦企业。其中，垦区集团化改革是统领农垦改革的抓手，要实现垦区的集团化改革，在企业化改革方面，要通过混合所有制经济改革做大做强农垦企业；在政企关系方面，要通过新型城镇化建设探索符合垦区特色的城镇化模式；在资源利用方面，要通过农垦土地资源的优化利用放大农垦资源效应。

集团化改革、混合所有制经济改革、新型城镇化建设和土地资源优化利用这四者之间，相互关联，任何一项改革都需要其他三者的协调和配合。比如，集团化改革过程中涉及资本体制改革、主导产业战略重组、政企社企的关系、市场化机制的建立，资本体制改革、主导产业战略重组和市场价机制的建立过程中，国有资本产权和引进战略投资者都与混合所有制经济相关联，政企社企关系的改革则与新型城镇化建设相关联，农垦土地资源优化利用则关系到集团化垦区最重要的土地资源的保值增值。只有四项改革同时进行，才能确保农垦改革发展战略得到充分体现，进而发挥农垦在新时代的重要作用。

（一）垦区管理体制的改革历程

在新中国成立前，军垦农场隶属各军区管理，解放区办的农场由解放区政府管理。例如，1948 年，华北人民政府农业部在河北省冀县、衡水、永年交界建立了机械化国营冀衡农场。新中国成立后，国有农场管理体制，以及相应的垦区管理体制，历经了多头领导、分口领导、统一领导和下放—上收—下放等数次反复变革，大体可以分为三个阶段。

1. 1949—1969 年：多头管理体制

在新中国成立初期农场大规模兴建阶段，以成建制的人民解放军转业官兵为骨干，吸收大批知识分子、支边青年组成农垦大军，奔赴边疆和内地的亘古荒原，开始了大规模垦荒造田、兴办国有农场的创业历程。

由于农场的类型多种多样，有军垦农场、荣军农场、解放团农场、劳改农场以及青年志愿垦荒队创建的集体农庄等，相应的农场管理体制也差别很大，有县属、地市属、省属、中央直属等等。同时，这一时期农场管理体制并不稳定，随着行政区划的变更和隶属关系的调整，不断地发生变化。

1951 年，政务院作出《关于扩大培植橡胶树的决定》，在华南地区开荒建设橡胶农场。1956 年，中共中央、国务院决定成立农垦部，统一领导全国军垦农场和地方国营农场。1958 年，在中央部署下，大批转业官兵、内地支边青年和城市知识青年纷纷奔赴边疆、荒原和戈壁滩建设农场。

到 1966 年，全国共建立了 1940 个国营农场，有职工 284 万人，耕地 4784 万亩，天然橡胶林 250 万亩，年产粮食 81 亿斤，干胶 2.3 万吨。至此，国有农场的大规模开发建设接近尾声，垦区的管理体制也逐步趋于稳定。

1962 年，《中央关于转发〈国营农场领导管理体制的规定〉的指示》规定：新疆生产建设兵团、东北农垦总局所属的国营农场；广东省的海南、湛江、汕头，广西壮族自治区的玉林和南宁，云南省的思茅、红河、临沧、德宏、文山和福建省的龙溪（包括同安）等地的橡胶和热带作物垦殖场，都是中央直属企业，由农垦部直接管理，生产计划权、产品处理权、资产管理权、人员调动权属于农垦部，国营农场党的工作，统一归农场所在地的县委领导。其余分布在各省区的国营农场主要由各省农林厅直接领导，经济列入各大区、省的总预算，生产计划由各省农林厅审查批准，转报中央备案，折旧和利润交大区或省，并转报中央农业部备查。

2. 1969—1977 年：兵团管理体制

在"文革"期间，中央直属垦区全部下放到所在省（区、市）管理，人员调配、物资供应、计划、财务、劳动工资的管理，分别列入所在省（区、市）计划。随后，有 12 个省（区、市）成立了生产建设兵团，还有部分省区组建了农业生产师，划归所在的大军区领导。没有进入生产建设兵团的垦区和国有农场，继续按原体制管理。

1968 年，中共中央、国务院、中央军委批准将农垦部所属东北农垦总局建制划归沈阳军区，与黑龙江省属大部分农场以及黑河农建一师、合江农建二师合并为中国人民解放军沈阳军区黑龙江生产建设兵团。

1969 年，国务院和中央军委指示，将新疆生产建设兵团划归新疆军区领导，有关生产建设计划、物资供应归新疆自治区革命委员会和新疆军区负责。

1970 年，《国务院、中央军委关于下放农垦部直属的云南、福建、广东、广西垦区的通知》（国发〔1970〕20 号），决定将农垦部直属的云南、福建、广西和广东汕头橡胶垦区，广州军区生产建设兵团的海南、湛江橡胶垦区及其所属企业单位和华南热带作物学院，分别下放给所在省、自治区革命委员会或军区领导。同年，云南、山东、浙江生产建设兵团成立，广西成立农业生产师，分别由有关军区领导。

1973 年以后，生产建设兵团逐步撤销，国有农场又重新划归所在省（区、市）管理。兵团、师撤销后，成立农垦总局，有关地（州）成立农垦分局，实行企业经营。

1975 年，撤销沈阳军区黑龙江生产建设兵团和各师的领导机构，成立黑龙江省国营农场总局，兵团的各团改为农（牧）场，并将原兵团所属各师团和原省国营农场管理局所属国有农场一并划归省国营农场总局集中统一管理。国营农场的生产经营以省国营农场总局管理为主，党政工作以地委管理为主，实行条块结合的管理体制。

同年，中共中央、中央军委批准新疆维吾尔自治区党委、军区党委关于改变新疆生产建设兵团体制的请示报告，撤销新疆生产建设兵团，成立新疆维吾尔自治区农垦总局。江苏、浙江、安徽、山东生产建设兵团和江西、甘肃、青海、陕西农建师及西藏生产建设兵团分别撤销，成立省农垦总局或省农垦厅。

3. 1978 年至今：三级管理体制

1977 年底，国务院召开全国农场工作会议后，决定成立国家农垦总局。根据《国务院关于批发全国国营农场和会议纪要的通知》（国发〔1978〕20 号）的规定，黑龙江、新疆、广东、云南四个垦区，实行农垦总局和省、自治区双重领导，以省、自治区为主的体制。基建投资和国家统配、部管物资经及化肥、农药、油料等列入国家计划，实行直接供应。

1979 年国家农垦总局改为农垦部。1982 年，农垦部与农业部、国家水产总局合并为农牧渔业部，农垦部又重新改为国家农垦总局，后又改为农业部农垦局。

1981 年，《中共中央、国务院、中央军委关于恢复新疆生产建设兵团的决定》（中发〔1981〕45 号）明确：中共中央、国务院、中央军委同意国家农委党组、新疆维吾尔自治区党委《关于恢复新疆生产建设兵团的报告》，决定恢复新疆生产建设兵团。生产建设兵团受自治区和农垦部双重领导。党的方针、政策，思想政治工作，公检法及其他政权工作，受自治区领导；业务工作，包括年度计划、长远规划、生产财务、投资、物资供应、劳动工资等，作为农垦部的直属企业，受农垦部领导。

1990年，《国务院关于调整新疆生产建设兵团计划管理体制和有关问题的通知》（国函〔1990〕24号）决定，新疆生产建设兵团的国民经济和社会发展计划按行业纳入国务院有关部门计划，实行单列。兵团可向国务院部门直接请示、报告工作，联系有关业务。

2008年，《国务院关于同意推进海南农垦管理体制改革意见的批复》（国函〔2008〕59号）决定，从2008年1月1日起，将海南农垦的管理体制由过去"省部共管、以省为主"调整为海南省人民政府全面管理，原由中央管理的海南农垦资产及负债整体划转海南省。

目前，垦区管理大体上分为三大类。一是新疆生产建设兵团，实行党政军企合一的体制，由中央直接管理。二是中央直属垦区，包括黑龙江垦区和广东垦区，实行"部省双重领导、以省为主"的管理体制，即只有财政预算、部分基建投资和国资监督等由中央部门负责，干部管理、党的关系和其他各项工作均由地方党委、政府负责。三是地方管理垦区，又分为农场由省直属和市县管理两种体制。

中央农垦行政管理部门，在六十多年的过程中随着垦区管理体制的改革也几经变迁。1949年11月，中央人民政府农业部成立机垦处，后改为垦务局。1950年12月，农业部将垦务局改为国营农场管理局。1956年6月，成立中华人民共和国农垦部，王震任部长。1967年，农垦部机关因"文化大革命"停止工作。1970年，农林部成立，设立农垦组（后改为农垦局）。1978年2月，成立国家农垦总局，对黑龙江、新疆、广东、云南4个垦区实行农垦总局和省、自治区双重领导，以省、自治区为主的管理体制。1979年5月，成立中华人民共和国农垦部，高扬任部长。1982年5月，农业部、农垦部和国家水产总局合并成立农牧渔业部，下设农垦总局，7月改为农垦局至今（其中，1991年前后短暂改为农垦司）。

根据国务院对农业部"三定"方案的批复，农业部农垦局主要承担拟订和指导实施农垦经济与社会发展战略、规划、政策和经济体制改革方案，组织垦区完成国家交给的政治、经济任务，指导垦区科技、文化、教育、卫生、城镇建设等社会事业的发展，并负责热带、南亚热带作物领域的管理工作。农垦局设 7 个内设机构：综合处、政策体改处、发展计划处、财务处、科技经贸处、农业处、热带作物处。

（二）垦区集团化改革有利于优化垦区管理体制

由于历史原因，农垦从创立起就形成了集区域性、经济性和社会性于一体的特殊组织形态，且经济成分单一，国有经济和农业经济占绝对主体地位。推进农垦改革，既有农业农村经济和国有企业改革的共性问题，也有自身独有的特殊问题。由于农垦以农为主、政企合一体制的特殊性，长期以来各方面对农垦改革方向认识不一，大致形成了整合资源、组建现代企业集团的垦区集团化改革模式，以及国有农场分散下放、赋予财税职能的非集团化改革模式。2015 年 11 月，中共中央、国务院印发《关于进一步推进农垦改革发展的意见》（中发〔2015〕33 号），明确提出要坚持社会主义市场经济改革导向，改革以垦区集团化、农场企业化为主线。

研究垦区集团化改革问题，首先要把垦区、集团化、垦区集团化等基本概念和研究范围界定清楚。

垦区。垦区的概念在国家和农垦系统的文件材料中广泛使用，但尚没有统一的、权威性的解释。一般认为，垦区是一个约定俗成的概念，指农垦国有农场范围内的社会经济区域。例如，在《黑龙江垦区条例》的第二条中规定："本条例所称垦区，是指黑龙江省人民政府确定，并由省国土资源行政主管部门派驻省农垦系统的国土资源管理机构管辖范围内的区域。"在垦区集团化改革问题研究中，垦区主要指集中连片开发建设的农垦区域和国有农场集群。垦区的概念界定为对以省（自治区、直辖市）或副省级城市为单位、所辖区域内整个农垦经济社会系统的统称。在新疆维吾尔自治区除新疆生产建设兵团垦区外、由农业及畜牧系统管理的国有农场，分别称为新疆农业垦区和新疆畜牧垦区，全国农垦共有 34 个垦区。

集团化。集团化，是指具有内在技术经济联系或共同经济利益的多个企业，为了拓展经营业务和增强竞争能力，在自愿的基础上，通过协商组成企业集团的过程。企业集团由多个具有生产技术经济联系的独立法人单位所组成，以一个或若干个大型企业或大型公司为核心，通过协作、联合、兼并等方式，以资产联结和契约合同为纽带建立起一种大规模、多种形式、多层次结构的企业法人联合的组织形态。集团化是企业组织形态的一种创新，可以实现经济协同效应、规模经济效应和范围经济效应。集团化不仅仅是选择一种经济组织形式，同时也是选择一种资源配置方式，它能够减少单个企业寻找交易伙伴时付出的包括搜寻费用、谈判费用、签约履约费用和解决争端费用等在内的多种交易成本。

垦区集团化。垦区集团化是指在整个垦区范围内，对管理体制和经营机制进行整体变革，以产业为主线在全垦区范围内进行资源和资产的重组整合，调整组织结构和管理模式，组建和完善现代大型农业企业集团的过程。也就是将原来的省农垦总局、农垦管理局、国有农场这样以行政为主的管理体制，改革为垦区集团、产业公司这样以资本为纽带的母子公司管理体制的过程，以及其中涉及的垦区内部行政管理体制、国有资产监管体制、农场经营管理体制、企业市场经营体制等全方位改革过程。

从国家需要看，垦区集团化改革的方向，对保障国家粮食安全、推进现代农业建设具有十分重要的意义。通过垦区集团化改革，组建国有现代大型农业企业集团，有利于提高国家对农业的控制力、增强我国农业的国际竞争力。在中国这样的农业大国，适度地保持政府对农业资源和生产的控制力、影响力，在任何时候都是非常必要的。随着我国农业国际化的快速推进，农业国际竞争也越来越激烈，需要培植一批农业大集团、大企业，以在争夺国家农产品市场定价权、维护国家农业产业安全上能够有所作为。同时，农垦具有资源经营规模大，现代化程度高，职工队伍素质好，组织系统作用强等很多优势，充分利用这些优势，示范带动我国现代农业建设，提高我国农业的整体素质，也是未来中国农业发展的战略需要。

从农垦自身看，实践证明只有坚持垦区集团化，农垦管理体制才稳定，农垦的独特优势才能得到充分发挥，农业先进生产力才能够得到更好发展，在国家和区域发展中的才能更有作为，农垦历史积累的困难和问题才能得到解决。从农垦发展的长远目标看，集团化改革还是推进农垦管理体制和管理方式创新的重要途径，也是实现产业化、股份化，完善现代企业制度的保障。只有实行集团体制才能建立以产权为纽带、以主业为核心的母子公司制度，促使垦区由原来的纯粹行政管理、生产指挥向资产经营管理转变，解决传统体制形成的条块分割、各自为战的分散经营格局，有效整合区域内的各种资源，扩大产业规模，增强产业实力，做大做强农垦国有经济。

当前，推进垦区集团化改革具备很多有利条件。中央高度重视农垦改革发展，出台了专门的文件，有利于解决好农垦的各种问题，包括历史遗留问题，为深化改革提供了良好的政策环境。农垦经济发展正处于历史最好时期，盈利水平逐年增加，盈利能力逐年增强，有能力为深化改革提供必要的成本。先行垦区在集团化改革进程中，对解决重点、难点问题有了新突破，可以为其他垦区深化改革提供借鉴。总的来看，进入新世纪以后，垦区集团化改革才真正加速推进，人们对其发展规律的认识还需要有一个深化的过程。目前，对于垦区集团化改革的研究，大都集中在对于改革中具体问题上，在总体上缺乏系统的把握。在理论上，对于垦区集团化改革问题的分析也十分欠缺。总结已有的垦区集团化改革实践，形成规律性的认识，提出继续深化改革的理论指引，意义重大而又紧迫。

垦区集团化改革问题研究总目标是通过对垦区集团化一般过程的研究，明确垦区集团化改革的内涵和外延，在此基础上提出深化垦区集团化改革的对策建议，供有关企业和政府部门决策参考。

主要研究内容包括：

一是研究分析农垦管理体制改革的发展过程，对垦区集团化改革的进程进行梳理，分析当前改革中存在的主要问题。通过对集团化垦区和非集团化垦区两类管理体制的对比分析，明确垦区集团化改革的优势所在。

二是研究提出推进垦区集团化改革的重大意义，对垦区集团化改革的内涵进行全面剖析，对改革的界定进行划分并明确阶段性特征，对改革中涉及的主体关系进行分析。

三是以黑龙江垦区为例,研究明确黑龙江垦区国有资产管理的体制设计,明确垦区集团公司的出资人主体和出资人职责履行方式,提出推进国有土地资源资产化实施办法。

四是对黑龙江垦区产业发展状况进行全面分析,提出推进垦区主导产业整合重组的战略目标和总体设计,提出垦区主导产业整合重组的具体办法和重点任务。

五是分析垦区承担的行政和社会职能状况,包括管理机构、人员、经费收支等情况,研究提出垦区办社会职能改革的操作方式,明确公检法、教育、卫生、社区管理等各项职能的改革办法,特别是理顺农场内部政企社企关系的具体设计。

六是研究提出建立垦区集团市场化运行机制,规范集团法人治理结构,推进产业公司股权多元化改革、发展混合所有制经济,以及推进国有农场企业化、公司化改造的操作办法。

七是研究提出推进垦区集团化改革、建设现代大型农业企业集团,更好发挥农垦在国家全局中战略作用的政策建议。

(三)混合所有制改革有利于做大做强农垦企业

党的十八届三中全会对国有企业改革提出了发展混合所有制经济,要建立职业经理人制度和实行员工持股计划,这些改革措施调整了国有企业中不同利益主体关系,为国有企业改革指明了方向。2014 年 7 月,混合所有制被纳入国有企业"四项改革试点"①。2015 年中央一号文件指出要通过农场

---

① 一是在国家开发投资公司、中粮集团有限公司开展改组国有资本投资公司试点。二是在中国医药集团总公司、中国建筑材料集团公司开展发展混合所有制经济试点。三是在新兴际华集团有限公司、中国节能环保集团、中国医药集团总公司、中国建筑材料集团公司开展董事会行使高级管理人员选聘、业绩考核和薪酬管理职权试点。四是在国资委管理主要负责人的中央企业中选择 2 到 3 家开展派驻纪检组试点。

企业化、垦区集团化、股权多元化改革，在行业管理体制、企业市场化经营体制和农场经营管理体制中创新思路，发挥农垦组织化程度高、规模化特征突出、产业体系健全的独特优势，把农垦建成重要农产品生产基地和现代农业的示范带动力量。2015年9月13日，国务院印发《关于国有企业发展混合所有制经济的意见》，接下来连续出台了关于发展混合所有制经济、改革和完善国有资产管理体制、加强和改进企业国有资产监督防止国有资产流失、国有企业功能界定与分类、推动中央企业结构调整与重组等一系列文件，2016年2月26日，财政部、科技部、国务院国资委印发《国有科技型企业股权和分红激励暂行办法》；2016年8月2日，国务院国资委、财政部、证监会印发《关于国有控股混合所有制企业开展员工持股试点的意见》，这一系列从思路到措施、从全领域到各环节、从行业管理到经营管理的改革措施，为包括农垦企业在内的国有企业发展混合所有制经济指出了道路和实施路径。

农垦混合所有制经济发展研究在梳理农垦混合所有制经济发展历程的基础上，结合新形势下农垦改革发展的主线和抓手，提出了农垦混合所有制经济发展的原则、目标和思路，探讨了从产权制度改革、现代企业制度建设、国有资产监管与运营等角度推进农垦混合所有制经济发展，并结合中垦乳业股份有限公司、上海光明食品（集团）有限公司和重庆农业投资集团有限公司等企业从跨垦区联盟、集团化运作和资本运营推进混合所有制经济发展的经验，最后提出了进一步推进农垦混合所有制经济发展的政策建议。

主要研究内容包括：

一是农垦发展混合所有制经济的理论基础和现实基础。主要是从理论和现实两个角度出发提出研究农垦混合所有制经济发展的基础，理论与现实的结合是农垦混合所有制经济的发展的重要依托。理论层面上，产权制度理论和公司治理理论为农垦混合所有制经济的发展提供了理论支撑。现实层面上，农垦通过试验探索期、稳步推进期、全面深化时期的发展，虽然仍有一些问题存在，但是也为农垦发展混合所有制经济打下了基础和提供了经验。

二是农垦发展混合所有制经济的目标和思路。主要是从理论探讨层面提出农垦发展混合所有制经济的原则、目标和思路。农垦发展混合所有制经济发展的原则要与国家战略相结合，要与农垦系统经济发展阶段和目标相吻合。农垦发展混合所有制经济的目标主要是服务于国家战略、健全现代企业制度、形成现代农业产业体系、放大农垦国有资本。农垦发展混合所有制经济的思路主要是从产权制度建设、企业化改革和管资本为主的管理体制三个角度出发。

三是农垦发展混合所有制经济实施路径。首先，是农垦发展混合所有制经济的产权制度改革，主要是从产权制度的角度进一步深入探讨农垦企业产权制度改革的思路、内容和目的，并进一步从产权结构设计、引进战略投资者、探索职工持股和规范产权交易市场的角度分别讨论。其次，是农垦发展混合所有制经济的现代企业制度建立，主要是从现代企业制度的角度进一步深入探讨农垦企业现代企业制度建立的思路和内容，并进一步从集团化管理体制、法人治理结构、职业经理人制度等角度分别讨论。最后，是农垦发展混合所有制经济的国有资产监管与运营，主要是从农垦国有资产评估定价、国有资产监管机制、国有资产运营机制的角度分别讨论农垦混合所有制经济发展过程中的国有资产监管与运营的问题。

四是农垦混合所有制改革的跨垦区联合模式。主要是以中垦乳业股份有限公司为案例研究农垦混合所有制改革中的跨垦区联合改革模式。本章从中垦乳业成立的背景出发，介绍了中垦乳业混合所有制建设的总体情况，并从全产业链的角度阐释了其混合所有制经济的发展过程。需要指出的是，目前中垦乳业还属于全国资企业，但是在其未来发展过程中，可以在不同环节引入战略投资者和民营资本。同时，虽然是多股东的全国资企业，但是中垦乳业也建立了较为完善的公司治理体制。

五是农垦混合所有制改革的集团化模式。以上海光明食品（集团）有限公司为例研究了目前农垦系统较为成功和成熟的混合所有制改革的经验和做法。主要从上海光明食品（集团）有限公司股份制改革、农工商集团和光明食品（集团）有限公司三个阶段的改革历程，从产权改革、企业制度建立和资本运营的角度分别进行了分析。

　　六是农垦混合所有制改革的资本运营模式。以农垦系统混合所有制改革较为成功且发展迅速的重庆农业投资集团有限公司为例探讨以资本运营模式为主的混合所有制改革。重庆农业投资集团虽然改革有 15 年了，但是最近数年来开始的资本运营和资源整合才是推动其快速发展的关键。通过资本运营发展混合所有制经济建立了完善的农业集团。

　　七是政策建议。通过对前面的理论探索和案例分析，从产权制度、现代企业制度和国有资本运营的角度提出进一步深化农垦混合所有制经济发展的政策建议。

（四）垦区城镇化有利于实现农垦协调发展

　　垦区新型城镇化并不同于农村新型城镇化。农垦土地属于国家所有，农村土地为集体所有；农垦自身承担了大部分的社会职能，伴随着农垦事业成长而逐步发展，农村的公共服务保障由地方政府负责，与农村集体经济效益的联系并不十分明显；农垦人员结构包括职工、劳工、农民，有签订劳动合同的，有签订承包租赁合同的，而农村则基本由农民组成；农垦推行新型城镇化建设既有地方政府，作为相对独立的片区，垦区和农场也承担了重要责任，涉及农垦企业与地方政府的关系、国有农场与农场职工的关系、农场职工与当地农民的关系等。基于此，农垦城镇化并不同于一般的农村城镇化，必须要制定有针对性的政策对农垦城镇化予以支持。

　　中国农垦把推动城镇化发展，作为率先实现农业现代化、率先全面建成小康社会的重要抓手，城镇化水平不断提高、职工居住条件大幅改善、公共服务设施日趋完善、辐射引领作用逐步发挥。农垦城镇化发展有独特的特征，垦区聚落系统的形成和发展是建立在国营农场体系基础之上，垦区城镇化不同于普通农村的城镇化，是一种特殊的城镇化类型，整体城镇化率较低，各垦区之间差异较大，空间布局相对分散。垦区在新型城镇化发展中面临体制障碍、资金障碍和思想观念障碍。体制的障碍仍严重制约垦区新型城镇化的发展进程，比如，在解决办社会问题上，为争取更有利于自身发展的外部环境，企业行为与政府行为严重混杂的情况越来越突出，改革的难度日益加大。资金障碍在于垦区作为"非建制镇"，缺乏相应的财税支撑，产业发展乏力，城镇建设资金缺乏。思想观念滞后在于对生产生活方式的转变缺乏正确的认识，即区域空间结构、产业结构的调整和城镇体系的优化与构建并不完善。

垦区城镇化发展主要研究内容包括：

一是分析垦区城镇化的内涵以及垦区新型城镇化与农村新型城镇化的差异。通过对比新型城镇化和传统城镇化，总结出新型城镇化的基本发展内涵。通过梳理垦区新型城镇化的基础特性，提出垦区新型城镇化与农村新型城镇化的共性和区别。

二是对中国农垦新型城镇化发展进行考察与梳理。主要从三个方面展开，首先从纵向和横向两个维度介绍农垦城镇化发展的特征，然后指出农垦推行新型城镇建设的障碍和主要问题，最后明示了农垦实现新型城镇化的重点所在。

三是对垦区新型城镇化进程中的人口承载力进行分析。随着垦区新型城镇化的快速推进，必然带来城镇人口的快速增长，而城镇人口的快速增长给城镇的承载能力带来了巨大的考验。分别从土地利用变化、城镇基础设施条件和城镇公共服务三个方面，对黑龙江农垦的现状、存在的问题和人口承载能力进行较为详细的分析。

四是对垦区新型城镇化进程中的经济驱动因素进行分析。城镇化的发展在根本上受到经济因素的影响，经济发展是城镇化的动力之源，是城镇化的基础和前提。城镇化对经济发展也往往起着推动作用，在促进人口聚集，实现公共设施规模化利用及形成大容量市场等方面具有巨大的作用。以黑龙江垦区为例，探讨与分析经济发展对新型城镇化的作用与影响。

五是对垦区新型城镇化进程中的办社会职能与管理体制进行分析。在垦区的新型城镇化进程中，如何有序、有效地剥离社会职能，理顺管理体制架构至关重要，在概观中国农垦办社会职能整体情况的基础上，以黑龙江垦区为例，探讨了农场的社会职能剥离以及社会、行政管理体制的改革问题。

六是结合垦区发展实际，就如何黑龙江垦区的新型城镇化发展，提出切实可行的对策建议。

（五）农垦土地资源优化利用有利于放大农垦资源优势

农垦土地资源优化利用将会有力推动农垦改革发展。土地是农垦的核心战略资源。提高农垦农用地利用率，将会有效提升我国农产品的产出效率，增强国家粮食掌控力；提高农垦建设用地效率，将会有效推进我国新型城镇化的建设；农垦土地资源能够得到有效资本化和资产化运作，将会有效盘活农垦土地资源，显化资本价值，增强农垦经济实力，推动集团化改革进程。

农垦土地资源优化利用将会有效推动农村土地制度改革进程。农垦土地资源是农村土地资源的重要组成部分，其国有属性的土地与集体所有制属性的农村土地共同构成了农村土地。农垦土地资源的优化利用离不开农村土地制度的改革，农垦土地资源的优化利用可以借鉴农村集体所有制中土地资源利用的优秀案例，如适度规模经营、重庆地票交易模式等，取长补短，共同推进农村土地制度改革的成功。

农垦土地资源优化利用将会推进农垦的可持续发展。农垦具有国有经济和农业经济的双重特性。土地资源是农垦生存和发展的基础，也是我国重要的生态环境资源。因此，推进农垦土地资源的优化利用是推进农垦的可持续发展的重要内容。优化农垦土地资源，通过创新驱动，实现农垦的集约化经营，使经济、生态和社会的发展达到和谐统一，为我国经济和现代农业的发展贡献积极力量。

农垦土地资源优化利用的主要研究内容包括：

一是农垦土地资源优化利用的内涵及理论分析。主要分析农垦土地资源优化利用的内涵、与农垦改革发展的逻辑关系、农垦土地资源权属的理论探讨及农垦土地资源优化利用的理论探讨。通过内涵及理论分析，为后续调研分析夯实理论基础。

二是垦区土地资源管理机制、管理方式和资本化运作。通过对上海农垦、安徽农垦、广西农垦、江西农垦的土地资源基本情况、利用特点、管理机制、管理方式、资本化运作和主要案例公司的调研，总结管理机制、管理方式和资本化运作的主要特征、存在问题及建议。

三是垦区土地资源优化利用的多维视角分析。通过分析土地资源的整体情况，从政府、垦区、企业的角度分析农垦土地资源优化利用的积极因素，同时也提出面临的问题。

四是农垦土地资源优化利用的总体思路和政策建议。从总体思路、实施方案和措施建议三个角度，分别在法律法规、方案、土地确权、总体规划、管理机构和制度、承包经营机制、土地作价出资、风险防范机制等方面提出政策建议。

第一部分

垦区集团化改革问题研究

——以黑龙江垦区为例

一、垦区集团化改革的推进状况

当前，推进垦区集团化改革具备很多有利条件。中央高度重视农垦改革发展，出台了专门的文件，有利于解决好农垦的各种问题，包括历史遗留问题，为深化改革提供了良好的政策环境。农垦经济发展正处于历史最好时期，盈利水平逐年增加，盈利能力逐年增强，有能力为深化改革提供必要的成本。先行垦区在集团化改革进程中，对解决重点、难点问题有了新突破，可以为其他垦区深化改革提供借鉴。总的来看，进入新世纪以后，垦区集团化改革才真正加速推进，人们对其发展规律的认识还需要有一个深化的过程。目前，对于垦区集团化改革的研究，大都集中在对于改革中具体问题上，在总体上缺乏系统的把握。在理论上，对于垦区集团化改革问题的分析也十分欠缺。总结已有的垦区集团化改革实践，形成规律性的认识，提出继续深化改革的理论指引，意义重大而又紧迫。

（一）国内外研究现状

上世纪 70 年代末，随着日本和韩国大型企业集团在全球经济中崛起，学术界才开始关注企业集团这一研究课题。90 年代末，中国、印度以及众多来自新兴市场国家的大型企业集团开始走向国际化，集团化改造对企业发展的影响开始成为国内学术界研究的热点话题。印度学者 Pankaj Ghemawat (1998) 以印度为例从四个方面论述了企业集团化的相关影响，即（1）通过发展多元化市场增加单个弱势市场的竞争力；(2) 通过构建集团框架，促进资源共享，增进集团成员交流；(3) 通过整合一般性资源，突出集团化优势；(4) 通过企业集团化可避免出现政策扭曲。由于企业理论和企业集团的概念是在国外先进资本主义国家中发展起来的，因此，国外学者对企业集团分析得到的结论不一定完全适合我国。

唐文雄等 (2000) 认为我国的企业集团化背景更为复杂，政府在企业集团组建和发展过程中一直起着举足轻重的作用，原因有以下几个方面：

一是计划经济制约。改革开放前，我国实行的是中央高度集权的计划经济，国家为企业的生产经营界定了严格的范围，各企业是以"一家大工厂的车间"的形式存在的。改革开放虽然初步打破了这些界限，但这一过程是逐步进行的。这种渐进式的过程一方面保持了社会的稳定，另一方面也造成了政府这只"看得见的手"一直在市场中起重要作用。改革开放 20 年后，虽然政府对企业没有指令性生产计划的要求，但是在项目安排、资金审批、人事安排等方面依然存在着许多限制。政企并没有真正的分开。

二是产权关系限制。我国企业集团主要以国有大中型企业为核心组建而成。然而长期以来，由于国有资产的产权关系不明确，造成了企业法人的权利得不到应有的保障。在国有资产无明确责任人的情况下，政府承担起了国有资产营运管理工作，直接干预了企业集团的组建，并在企业集团的发展过程中起重要作用。

三是地区封锁影响。长期以来，我国采用分级负责归口管理的模式，企业分属于不同的中央和地方的主管部门管理。由于在企业集团化的过程中不可避免地要涉及到资产和组织的重组，在这种情况下，只有依靠上级政府和主管部门的协调干预，才能够实现跨行业、跨地区的重组。政府干预成了市场机制不完善、没有形成全国统一市场情况下的组织替代。

四是政府观念束缚。在计划经济结束以后，政府部门从政府的角度出发将企业集团作为完成政府目标的工具，通过将非企业的目标强加于企业集团的方法，达到了一些部门甚至是个人的目的。

结合国外学者的相关研究以及国内集团化的具体背景，本书就集团化对我国企业发展的影响方面，现从以下五个方面进行阐述，即要素整合、资源共享、研发创新、风险抵御、品牌公关。

（1）要素整合。集团化的早期研究强调了集团的内部要素整合功能。集团化改造能否提升企业要素整合功能，学术界持两种观点。新制度经济学派的交易成本理论认为，内部资本市场之所以会取代外部资本市场，是因为内部资本市场具有信息和激励优势，能更有效地配置内部资源。Alchian（1969）、Williamson（1975）指出企业总部在监督和信息获取方面具有优势，因而能够规避外部资本市场的信息披露以及激励问题，降低企业与外部资本市场之间由于严重的信息不对称造成的高昂的置换成本。Stein（1997）则指出公司总部可以根据需要把一个事业单位的资产作为抵押融得资金，然后再分配给边际收益最高的部门，从而实现"优胜者选拔"。

而另外一些研究则认为，代理问题、信息成本的存在降低了内部资本市场的资源配置效率。Scharfstein 和 Stein（1997）用双层代理模型分析了大企业内部的"社会主义"现象，即对于相对好的项目投资不足，而对于差的项目却投资过度。关于"社会主义"现象产生的原因，Scharfstein 和 Stein（2000）认为是由于经理人的寻租行为，这种寻租行为通常使集团内部不具有发展前景的部门得以保留并获得更多融资，从而造成内部资本市场资本配置的低效。Rajan、Servaes 和 Zingales（2000）通过建立资本扭曲模型，研究发现总部存在"平均主义"的倾向。他们发现总部为激励部门经理采取总部价值最大化的行为而实施的补贴容易引发"交叉补贴"现象，并导致平均化的资本配置扭曲。

（2）资源共享。同类型企业通过推行集团化改造有利于实现土地、技术、信息、客户、供应商等资源共享，从而一定程度上降低交易成本、节约各种费用，提高效益。企业之间在集团内形成稳定的、长期的联系，形成上下游或横向间的产供销链条，就可以避免不必要的市场交易成本或费用。集团内部通过持股或建立契约关系又使企业间的各种联合开发项目的成本与费用大大节约，这种集团化发展使企业获得低成本高产出的重要功效。而不同类企业在进行集团化改造后也能达到类似效果，如在税务稽核、后勤管理方面形成资源共享。

（3）研发创新。由于集团成员企业间存在着经营和业务上的关联，如处于上下游产业或有着共同的产品、原料市场。因此，单一经营企业的研发支出不仅对本企业有利，也惠及了其他成员企业，构成集团内部知识溢出的一个途径。一个关键性问题是，企业的集团化改造能否增加原有的研发投入。黄俊等人（2009）从知识溢出和内部资本市场视角对企业集团的研发进行了分析。结果显示，集团企业的研发投资显著高于非集团企业。而且在产权保护越弱的地区，集团化经营对企业研发投资的提升作用越明显。同时，集团内部研发投资还存在知识溢出效应，即集团企业的技术进步不仅依赖于自身的研发投入，也受惠于其他成员企业的研发投资。

（4）风险抵御。一方面，由于集团化后可以将不同行业或社会上的存量资本迅速转化为增量资本，可以避免重新购置设备、重新投资所带来的时间周期影响，就可以利用集团化后获得的资产迅速扩大生产能力，从而大大缩短投入产出周期。此外，企业集团的多元化发展思路避免了"将所有鸡蛋放在一个篮子里"的市场经营风险。另一方面 Stein（2001）通过研究也发现，由于大企业存在着较多的现金流入项目和规模融资优势，公司内部有较多的自由现金流，极易诱发公司经理的过度投资行为，从而一定程度上也提升了公司的财务风险。

（5）品牌公关。企业推行集团化改造对其品牌形象和公关能力具有一定的促进作用。Pankaj Ghemawat（1998）通过研究发现，发展中国家较低水平的品牌准入门槛一定程度上促进了企业推行集团化改造。换言之，集团化改造能够明显带动企业形象提升，提高企业效益。此外，在进行集团化改造以后，企业与供应商、合伙人、顾客和政府间关系将发生微妙的变化，企业自身讨价议价能力和行政公关效果都得到一定程度提升。尤其对于体制尚不健全的发展中国家而言，集团化改造还可以有效解决缺乏法律保障的合同纠纷问题。

（二）垦区集团化管理体制的形成过程

垦区集团化，是指将具备条件的垦区，整建制改为企业集团。省级农垦管理机构改为集团母公司，所属国有农场和二三产业企业根据产业发展要求，改造成集团公司的子公司或集团专业化产业公司的基地分公司，形成以资本为纽带的母子公司体制。

垦区集团化改革与一般意义上建立的企业集团有所不同，主要是指对农垦管理体制的改革。改革开放以来，农垦管理体制改革大致经历了三个阶段：

1. 第一阶段：党的十一届三中全会到党的十四大

党的十一届三中全会以来，随着我国改革开放方针政策的不断调整和市场经济体制的逐步完善，我国经济发展环境发生很大变化。

农垦系统适时改革，创新发展，紧紧抓住主导优势产业，大力发展产业化经营；适应市场经济体制改革的需要，以垦区为单位组建集团公司，不断优化集团化公司体制；加快股份制改造，调整农垦一股独大的资本结构，优化企业经营机制，促进了农垦企业效益增加、职工收入提高和示范带动作用增强。

1978 年，农垦系统按照国务院要求试办农工商联合企业，实行农工商综合经营，从此结束了长期单一经营农业的格局，步入一二三产业全面发展的新里程。

农垦系统在实行农工商综合经营的同时，部分省（区、市）农垦局改为了农垦农工商（总）公司，试图走出一条行政管理与企业经营职能兼备的管理体制。由于这一阶段的改革大多只是停留在名称上的改变，没有触及深层弊端，对传统体制机制没有带来变革性的变化。

1979 年，国家改变对农垦统收统支的财务管理体制，实行财务包干政策，解决农场吃国家"大锅饭"问题，增强了农场自我积累、自我发展的能力。

1983 年，农垦系统借鉴农村改革成功经验，开始兴办职工家庭农场，实行大农场套小农场的双层经营体制，解决了职工吃农场"大锅饭"问题。

1984 年，国有农场进行场长负责制试点，继而全面推行多种形式的承包经营责任制，明确了主管部门与农场的权责利关系。

1992 年，农垦全面实施干部聘任制、全员劳动合同制和劳动报酬与工效挂钩的"三项制度"改革，逐步在用人、用工和收入分配上建立起竞争机制。

2. 第二阶段：党的十四大到党的十六大

党的十四大以后，随着市场化改革的全面推进，垦区管理体制改革滞后对企业改革的影响越来越突出。按照社会主义市场经济体制要求，垦区管理体制改革纳入日程。云南等省根据农垦实际，积极寻找农垦体制创新的突破口。

1994 年，农垦系统进行了现代企业制度试点，改革内容从放权让利进入制度创新，在解决国有农场政企不分、产权不清、自主权不落实、自我约束机制不健全等问题上进行了多层面探索。至此，经过十多年分项改革的探索，开始逐步明晰了垦区集团化的改革方向。

1994 年 1 月，云南省人民政府批准云南省农垦总局成建制转为经济实体，组建云南省农垦总公司，在全国农垦率先实行了集团化改革。此后，上海和天津垦区经市政府批准，也在 1994 年成建制转为企业集团，并授权经营垦区集团国有资产。

农业部在总结各地实践的基础上，明确提出了农垦管理体制改革的总体思路，要求有条件的垦区，积极向集团化、公司化过渡。此后，以上海为代表的大部分有直属农场的垦区陆续从行政管理体制或行政性公司体制成建制转为企业集团。

1995 年 11 月，农业部在湖北武汉召开的"全国农垦经济体制改革工作会议"上明确提出了农垦管理体制改革的总体思路是：适应建立社会主义市场经济体制的要求，逐步弱化行政职能，加快实体化进程，积极向集团化、公司化过渡，并针对各垦区的不同情况提出改革要求，确定有直属企业的垦区要以建立现代企业制度为目标，着力进行企业制度创新，认真抓好现代企业制度试点，加速企业经营机制转换和其他改革，使农垦企业真正成为法人实体和市场竞争主体；没有直属企业的垦区要力争转变职能，增强服务能力。

　　根据这次会议精神，以有直属企业的垦区为主，逐步开始垦区集团化转制改革，原来的省农垦局（公司）纷纷开始转制为集团总公司，与所辖企业及关联企业建立起集团管理体制。

　　在垦区集团化改革的方向指引下，垦区原主管部门与所属企业之间的行政隶属关系，逐步朝着母子公司关系转变。相应地，国有农场的改革也在垦区集团化改革下同步进行，一部分农场向产业化专业公司的基地公司或分公司转变，一部分农场作为独立的市场竞争主体向现代农业企业或产业化专业公司发展。

　　经过近10年时间，农垦系统的集团化改革，特别是垦区整体集团化改革已取得重大进展。到2004年，北京、天津、黑龙江、上海、江苏、安徽、广东、广西、海南、重庆、云南、陕西、甘肃、宁夏等14个省级垦区，广州、南京2个市级垦区，以及新疆生产建设兵团组建了垦区企业集团，形成了集团化管理的整体框架，向着垦区集团化改革迈出了坚实的步伐。

表 1.1　垦区集团化改革时间表

序号	垦区	成立总公司		成立集团公司	
		年份	名称	年份	名称
1	北京	1995	北京农工商联合总公司	1999	北京三元集团有限责任公司
2	天津	1983	天津市农工商总公司	1997	天津农垦集团总公司
3	黑龙江			1998	黑龙江北大荒农垦集团
4	上海	1980	上海市农垦农工商联合企业总公司	1995	上海市农工商（集团）总公司
5	江苏	1983	江苏省农垦农工商联合总公司	1996	江苏省农垦集团有限公司
6	安徽	1982	安徽省农垦农工商联合总公司	1998	安徽省农垦集团有限公司
7	广东	1983	广东省农垦农工商联合企业总公司	1995	广东省农垦集团公司
8	广西	1984	广西农垦农工商联合企业总公司	1997	广西农垦集团有限责任公司
9	海南	1988	海南农垦总公司	1998	海南农垦总公司

续表

序号	垦区	成立总公司		成立集团公司	
		年份	名称	年份	名称
10	重庆	1978	重庆市农垦联合企业公司	2000	重庆市长江农工商控股（集团）有限公司
11	云南	1994	云南省农垦总公司	1996	云南农垦集团有限公司
12	陕西	1992	陕西省农垦农工商总公司		
13	甘肃	1983	甘肃省农垦总公司	2002	甘肃省农垦集团有限责任公司
14	宁夏			1998	宁夏农垦企业（集团）公司
15	广州	1980	广州市国营农工商联合总公司	1997	广州市农工商集团有限公司
16	南京	1981	南京市农垦农工商总公司	2001	南京农垦（产业）集团有限公司
17	兵团			1998	中国新建集团公司

3. 第三阶段：党的十六大至今

垦区集团化改革进入全面深化、整体推进、综合配套阶段。2003 年和 2004 年，针对河北、湖北、江西等部分地方出现的下放农场，将农场变农村、职工变农民的"两变"情况，农业部先后在海南和云南分别召开了橡胶垦区管理体制改革工作会议和农垦集团化改革研讨会，邀请专家学者，全面分析了农垦面临的形势，对改革所涉及的重大问题从理论和实践上进行了深入的探讨，确立了垦区集团化改革方向。

这两次会议，对农垦管理体制改革产生了深远的影响。之后，垦区集团化改革正式写进了国务院文件，得到中央的肯定和支持。2005 年，《国务院关于 2005 年深化经济体制改革的意见》（国发〔2005〕9 号）要求，全面推进垦区集团化改革，加快垦区集团现代企业制度建设。各集团垦区按照国务院提出的要求，在管理体制改革进程中迈出了新的步伐。

社会职能能够完全移交给地方政府的，垦区省级农垦主管部门改为从事资产经营和生产经营的集团公司；社会职能暂时不能完全移交的，在社会职能移交出去之前，实行"两块牌子、一套班子"，省级农垦主管部门既作为集团总公司承担经济职能，又作为农垦事业管理部门受政府委托承担政府行政管理职能。政府职能与企业职能在内部分开。

实践中，少数垦区采取的是省农垦局与集团总公司分别设立，实行政企分开的方式，省农垦局经政府授权，对集团公司行使资产监管权。此外，辽宁等没有直属农场的垦区，也在积极试点，通过整合产业、做大龙头企业，形成专业化经营公司，并通过产业化经营，逐步与区域内农垦企业建立起资产联结纽带或经营纽带，带动经济发展。

经过持续不断的探索，垦区管理体制和经营机制发生了很大变化，越来越朝着适应市场经济体制要求转变；农垦企业法人治理结构进一步建立，企业的经营行为和投资行为得到进一步监督和约束，企业市场化行为越来越明显；优势产业更得到进一步发展；企业集群效益更加显现；资本集中度进一步增强，国有资本的运营效率进一步提高，　大批国有及国有控股企业在重组改造中发展壮大，成为垦区经济的重要支柱。

案例研究：上海农垦的集团化改革

上海农垦的集团化改革始于1995年，经上海市委、市政府批准，上海市农场管理局改制为国有独资的非公司制企业——上海市农工商（集团）总公司，并授权上海市农工商（集团）总公司统一经营上海垦区所属企业的全部国有资产。

2004年5月，上海市农工商（集团）总公司以增资方式整体改制为投资主体多元化的有限责任公司——上海农工商（集团）有限公司，有6个股东，均为上海市的大型国有企业。

2006年8月，根据上海市国资国企战略性调整的整体部署，经上海市委、市政府同意，上海市国资委批准，将上海农工商（集团）有限公司重组为股权多元化的光明食品（集团）有限公司。

一、重组的目的和意义

组建光明食品集团，集中了上海市国资委系统所属上海益民食品一厂（集团）有限公司、上海农工商（集团）有限公司、上海市糖业烟酒（集团）有限公司，以及锦江国际（集团）有限公司相关资产，是上海唯一一个集一二三产业于一体的大型企业集团。重组后的光明食品集团，以食品产业为核心，集约资源、集中力量，加快发展以种源、生态、装备和标准农业为核心的现代都市农业，以食品和农产品深加工为核心的现代都市工业，以商业流通和食品物流配送为核心的现代服务业，真正实现上海三次产业的联动发展和整体升级，发挥国资国企对于推动上海社会和经济全面发展的骨干和支撑作用，对弘扬中国民族品牌，加快发展上海食品产业，促进上海国资国企更快更好发展，具有重大的战略意义。

二、重组方式及步骤

从法律手续的操作层面看，重组是以上海农工商（集团）有限公司为平台，采用国资划转、增加注册资本、公司更名等方式，进行调整重组。

步骤一：将上海大盛资产有限公司所持农工商集团 32% 股权划转到市国资委。

步骤二：市国资委将所持 88.76% 上海益民食品一厂（集团）有限公司股权、市国资委所持上海市糖业烟酒（集团）有限公司 100% 股权增资农工商集团。

增资后，农工商集团的注册资本由 25 亿元增加到 34.3 亿元，股东由 6 个增加到 7 个，股权结构也相应变化为：

甲方：上海市国有资产监督管理委员会。以非货币资产作价出资，计人民币 17.3 亿元。占公司股权总数的 50.43%。

乙方：上海大盛资产有限公司。以非货币资产作价出资，计人民币 7 亿元。占公司股权总数的 20.41%。

丙方：上海国有资产经营有限公司。以现金出资，计人民币 2 亿元。占公司股权总数的 5.832%。

丁方：申能（集团）有限公司。以现金出资，计人民币 2 亿元。占公司股权总数的 5.832%。

戊方：上海国际集团有限公司。以现金出资，计人民币 2 亿元。占公司股权总数的 5.832%。

己方：上海上实（集团）有限公司。以现金出资，计人民币 2 亿元。占公司股权总数的 5.832%。

庚方：上海久事公司。以现金出资，计人民币 2 亿元。占公司股权总数的 5.832%。

步骤三：将农工商集团更名为光明食品（集团）有限公司。

与上述操作同步，集团公司通过召开股东会，修订了公司章程，选举产生了由职工代表担任的董事、监事；董事会通过选举产生了董事长，监事会通过选举产生了监事会主席；董事会聘任了总裁，并根据总裁提名聘任了副总裁等高级管理人员。依照《公司法》的规定，通过民主程序，选举产生了职工代表董事、监事。重组后，公司的法人治理结构得到进一步完善。现在公司的董事为 13 人，其中来自非控股股东单位的外部董事 6 人。实行两个"双肩挑"：党委书记兼董事长，党建督察员兼监事会主席。本次重组后，"上海市农场管理局"的牌子继续保留。

（三）垦区集团化改革存在的问题

农垦系统在不断深化集团化管理体制改革，完善现代企业制度的过程中，也存在一些在国有企业改制过程中普遍存在的问题有待进一步解决，主要是部分垦区还没有真正按照现代企业制度的要求，建立起适应市场经济体制要求的集团体制，突出表现在：

（1）国有资本经营和配置效率普遍较低。全国农垦集中了国家在农业上的绝大部分国有资产，在已经整体转为企业集团的 17 个垦区中，包括直属垦区在内、部分垦区还没有真正从体制上明确出资人；在非集团化垦区中，国有农场的出资人主体多数没有明确。

由于分散管理和监管乏力，使作为所有者的国家产权虚置、管理失控，造成农垦国有资产配置失衡，浪费惊人，流失严重，使用效率低下，远远没有发挥其应有的价值。这给整合垦区国有资产甚至在更大范围内依法进行资本经营带来很多困难。

从垦区内部来看，已转为企业集团并得到资本授权经营的，有的与所属全资、控股、参股企业的关系没有理顺，没能依法行使好出资人权利，其集团的整体效能没有得到充分发挥。

在近几年的集团化改制过程中，虽然集团所属企业较快地推进了股权多元化的进程，但是国有资本"一股独大"现象依然普遍存在，很难摆脱来自政府部门的干预，企业法人、机构投资者、农垦职工、社会公众、消费者等也难以参与公司治理，影响了治理效率和企业绩效的提高。据不完全统计，全国农垦尚未进行产权改革的企业、有限责任公司、股份有限公司有6818家，其中国有独资企业或国有控股企业有5244家，占所有企业数的比例为76.91%。

（2）政企和社企不分尚未根本解决。农垦政企和社企不分是历史形成的，在垦区普遍存在。政企和社企不分，不仅导致农垦企业集团组建和运行的行政化倾向比较明显，有的甚至还只是行政性翻牌公司，而且引发了承担沉重的办社会负担。

垦区政企和社企不分，使得虽然部分垦区进行了整体集团化转制，但企业竞争力受到严重影响。企业经营利润中的很大一部分要被行政和社会性负担侵蚀，对农垦企业引进战略投资者、推进混合所有制改革形成了屏障，阻碍了更多的投资资本进入。

政企和社企不分增加了企业经营者掌控决策风险的难度。在行政管理体制和企业管理体制并存的集团化企业里，企业集团领导人集行政领导和企业领导于一身，作为行政领导，注重政绩最大化，对企业利润最大化和价值最大化有所忽视；而作为企业领导，却难以摆脱社会效益和保持垦区政治稳定带来的压力，难以集中精力于经营。

政企和社企不分还必然造成集团目标的多元化，客观上导致考核评价的难度，难以制定科学合理的激励机制，加上受目前干部管理体制、观念的限制，"政绩观"易导致企业经营行为的表面化、短期化。与政企分开的企业相比，政企不分的企业取得同样的经营绩效，一般需要经过较长的时间和路径，发展道路更为曲折。

（3）产业资源缺乏有效整合和一体化。垦区集团内部许多产业资源还处于分散化、碎片化的状况，在横向整合和纵向一体化上还有很大差距，没有构建起完整的原料体系、加工体系、营销体系、人才体系、技术体系和政策支持体系。

垦区主导产业的产业链不够长，产业链中加工环节薄弱，特别是精深加工水平较低、产品的附加值不高，科技含量不高，导致利润空间小，龙头企业的带动力小，在国内国际市场上缺乏独特的竞争力。另外，受到人才因素影响，营销环节相对较弱，连锁经营、电子商务等现代营销方式还没有普遍发展。在获得农业支持政策方面，也存在一定困难，影响了主导产业的健康发展和做大做强。

对于非集团化垦区而言，由于没有直属农场和直属企业。垦区农场和企业分属不同市县管理，区域跨度大，相互间缺乏必要的资产或产业关联。部分垦区规模较小，农场分布比较分散，人均占有资源量较小且资源条件较差，有的甚至比较恶劣，生产经营的农产品分散，量小不具有规模优势。在农场或者垦区范围内形成不了主导产业优势，或主导产业不明显，主营业务不突出，市场需求狭窄，推进产业资源整合重组难度很大。非集团化垦区主管部门主要承担业务指导职能，缺乏必要的调控手段，系统内又缺乏有带动影响力的较大型企业，很难在垦区范围内实现产业资源的有效整合。

（4）企业法人治理结构还有待完善。目前，垦区集团的股权结构整体上国有股高度集中化，其治理结构总体上看是行政型治理结构，导致建立规范的公司管理体制和运营机制存在困难，同时在农垦企业股份化改造时，存在较多系统内法人相互持股现象，也容易造成内部人控制，规范的公司治理结构就也难以建立。

垦区在建立企业集团以后，正逐步向现代企业制度迈进，绝大多数都建立了由股东会、董事会、监事会和经营管理者组成的法人治理结构，但是企业的董事会、监事会成员和高级管理人员主要是由上级委派，董事会与经理层的人员也较多重合，权力机构、决策机构、监督机构和经营者之间的有效制衡机制有的还没有真正形成，公司的治理结构并不十分规范，对经营管理者的激励机制也有待完善。

在公司领导人产生方式方面，大多数集团公司的董事、经理层，是由省市国资委任命，或政府部门委派，董事会对公司高级管理人员不具有任免权和监督权；在人员结构方面，多数集团化企业没有设立独立董事，董事会成员都由内部人组成，相互之间难以制衡，董事会对经理层的制约弱化，难以形成有效的监督。

公司治理的组织机构至少包括股东大会、董事会、监事会、经理层和利益相关者，而目前农垦集团企业中具备完整机构设置的还不多，有的是董事长和总经理由一人担任，有的是监事会功能没有得到有效发挥，缺乏有效的内部监督机制，有的是职工参与企业管理方面存在缺失，没有形成对企业应有的监督。当前农垦企业中"官本位"观念还较严重，另外，由于经理人市场不完善，代理人的选择问题难以根本解决，很难实现对企业的科学管理。

（四）集团化和非集团化管理体制对比

垦区管理体制决定了垦区内部的行政管理体制、国有资产监管体制、农场经营管理体制、企业市场经营体制等各个方面，是影响垦区改革发展的重要决定性因素。在目前垦区形成集团化和非集团化两类垦区的状况下，有必要对两类垦区管理体制从理论上加以对比分析，同时从垦区经济和社会发展状况等方面作比较研究，以明确集团化是垦区管理体制改革的主导方向，以及下一步深化改革的重点。

1. 两类垦区管理体制的理论分析

集团化和非集团化两类管理体制，基本区别在于国有农场属于垦区集团统一管理，还是属于市县分散管理。国有农场隶属关系不同，垦区内部土地、资本、人力等资源要素的配置方式必然不同，相应地演化出两种不同的制度模式。

（1）改革发展方向。由于制度惯性或路径依赖的影响，集团化垦区和非集团化垦区在改革发展的方向上是有所差别的。

集团化垦区的方向比较明确，就是分离企业办社会职能，建立现代农业企业集团，形成以资本为纽带的母子公司体制。对非集团化垦区而言，垦区层面的行政或事业管理机构相对稳定，改革发展的主体是独立的国有农场。

单个国有农场规模较小且市场竞争力弱，实践中又走上了企业化和行政化两类不同的方向。在市场竞争中能够生存的农场，继续采取传统国有企业的方式在经营，少数的还对农场进行公司制改造，实现传统企业向现代企业的转型。

企业化经营难以为继的国有农场，则通过强化行政和社会管理职能，在农场辖区建立乡镇政府或开发区（管理区）等方式，逐步向行政管理机构转变。

（2）经济增长动力。垦区管理体制不同，内部经济运行机制必然有差异，经济增长的动力源泉也有所区别。

集团化垦区走的是企业集团发展路径，经济增长主要依靠国有经济和国有企业，同企业的经营发展状况密切相关。非集团化垦区中实现企业化改革的国有农场，增长动力同样来源于企业化经营，依靠自身的生产经营活动促进经济发展。

实行行政化改革的国有农场，通过设立财税体制或者建立税收分成制度，经济增长的推动主体从企业向政府转换，更多体现在区域经济发展上。这类国有农场制度设计的出发点是通过引入财税体制解决企业办社会负担问题，但实践中由于企业经营风险大、管理人员出路窄、市场化机制改革不到位等原因，演变成了农场利用国有土地招商引资、促进区域经济增长的主动力。

（3）农业产业发展。农垦作为现代农业建设的国家队，发展壮大国有农业经济是根本任务，也是衡量垦区管理体制的重要标准。

集团化管理体制在促进农垦农业发展上优势明显，有利于整合垦区内部产业资源做强主业、做大企业、做精产品、做响品牌，提高农业产业的整体实力和市场竞争力。

集团化垦区依靠集团规模优势，可以大力发展产业化经营，形成"集团公司＋产业公司＋基地农场"发展模式，打造产加销一体化的农业全产业链，通过产业龙头带动农场和农工。

非集团化垦区的产业资源分散，不仅难以发挥产业协同效应，而且垦区内部容易产生同业竞争，难以培育有竞争力的主导产业和企业。

同时，非集团化垦区更多重视招商引资而忽视经营国有农业，国有农场统一经营能力逐步弱化，更多向职工家庭分散经营方向发展，农垦的组织化优势没有得到体现和发挥。

（4）国有经济功能。农垦作为国有农业经济的骨干和集中代表，推进农垦改革发展根本目的是要做大做强农垦经济、放大农垦国有经济的功能。总的看，垦区集团化管理体制更有利于实现农垦改革发展的目标。国有农业企业是发挥国有农业经济功能的途径，没有强大的国有农垦企业，就没有强大的国有农业经济。

从世界范围来看，农业跨国公司对农业发展的主导作用明显增强，并且加快在我国的布局，对农业产业安全造成严重威胁。农垦要更好履行保证国家粮食和农产品有效供给等战略功能，必须建设现代大型农业企业集团，凭借健全的产业体系、先进的经营模式和雄厚的资金实力参与国际竞争。

在非集团化管理体制下，国有农场资源碎片化分布，国家难以统筹掌握和调动，国有农业经济的功能发挥受到制约。

2. 两类垦区经济社会发展状况分析

集团化的垦区管理体制，从理论上分析更有利于整合垦区内部资源和资产，做强做大主导产业和龙头企业，以现代企业集团的组织模式参与市场竞争，更好发挥国有农业企业在保障和改善民生等方面应有作用。

但是，这种潜在的制度优势，是否转换为现实的生产力发展优势，还是集中放大为国有资本运行效率不高等弊端，这需要由垦区实际经济社会发展状况来检验。

（1）资源禀赋。集团化垦区和非集团化垦区数量上相同，土地、人口等资源禀赋状况也大致接近。在土地资源方面，非集团化垦区土地面积相对较大，但集团化垦区在耕地面积上有优势。

目前，农垦土地总面积3636.57万公顷，集团化垦区占41.23%，非集团化垦区占58.77%，其中耕地总面积628.35万公顷，集团化垦区占71.91%，非集团化垦区占28.09%。

在人口和职工数量方面，集团化和非集团化垦区基本接近。截至2014年底，全国农垦总人口1420.33万人，集团化垦区占51.1%，非集团化垦区占48.9%；在岗职工278.34万人，集团化垦区占47.87%，非集团化垦区占52.13%。

在地域分布上，集团化垦区以东部和西部为主，非集团化垦区则在东中西部均衡分布。17个集团化垦区中东部地区8个，中部地区2个，西部地区7个；17个非集团化垦区中，东部地区5个，中部地区6个，西部地区6个。

（2）经济总量。从经济发展水平看，集团化垦区在总量上有明显优势，但两类垦区在经济结构上则表现出不同特征，这也反映了垦区管理体制的差异导致经济增长动力不同，相应的经济发展模式和经济结构也有所分化。

2014年，农垦实现生产总值6420.37亿元，集团化垦区占63.34%，非集团化垦区占36.66%，集团化垦区明显高于非集团化垦区。在经济结构上，集团化垦区三次产业比重为31∶38∶31，非集团化垦区三次产业比重为21∶56∶23。

在第一产业上，集团化垦区比重较大，充分体现了以农为本的特性；在第二产业上，非集团化垦区比重要显著高于集团化垦区，这是由于非集团化垦区通过建立财税体制和招商引资，大大促进了民营工业经济的发展；在第三产业上，集团化垦区同样比重较大，这是以集团体制巩固提升农垦传统旅游业、房地产业和着力发展现代农业服务业的结果。

表 1.2　2014 年农垦经济生产总值情况

单位：万元

项目	生产总值	比重	第一产业	比重	第二产业	比重	第三产业	比重
全国农垦合计	64203662	100.00%	17434454	27.15%	28662488	44.64%	18106720	28.20%
集团化垦区	40663448	63.34%	12456561	30.63%	15377209	37.82%	12829678	31.55%
非集团化垦区	23540214	36.66%	4977893	21.15%	13285279	56.44%	5277042	22.42%

（3）企业效益。在企业经营效益方面，集团化垦区无论在资产总额、营业收入、利润总额，还是在发展潜力方面都占有绝对优势，充分体现了集团化管理的体制优势。

截至 2014 年底，农垦企业资产总额 12115.59 亿元，集团化垦区占 88.97%，非集团化垦区占 11.03%；农垦企业向境外投资总额 31.3 亿元，集团化垦区占 96.07%，非集团化垦区占 3.93%，集团化垦区在"走出去"发展上是农垦的主导。2014 年，农垦企业实现营业总收入 6702.28 亿元，集团化垦区占 91.58%，非集团化垦区占 8.42%；实现利润总额 199.09 亿元，集团化垦区占 91.3%，非集团化垦区占 8.7%。

2014 年，吉林、浙江、福建、云南、青海、新疆农业等 6 垦区企业经营出现亏损，其中 5 个是非集团化垦区，表明非集团化垦区的企业竞争力相对较弱。

同时，2014 年，农垦用于环境保护及生态恢复支出 7.58 亿元，集团化垦区占 92.94%，非集团化垦区占 7.06%；农垦企业自有知识产权 859 个，集团化垦区占 94.3%，非集团化垦区占 5.7%，集团化垦区表现出较强的可持续发展能力。

（4）发展速度。从近 5 年的垦区经济总量增长速度看，集团化垦区和非集团化垦区大致相当，非集团化垦区保持微弱优势。2010—2014 年间，集团化垦区生产总值年均增长 16.37%，非集团化垦区生产总值年均增长 19.22%。

　　集团化垦区生产总值以国有经济为主，非集团化垦区既发展国有经济，也发展区域民营经济，增长动力更加多元和强劲，因此发展速度要快于集团化垦区。

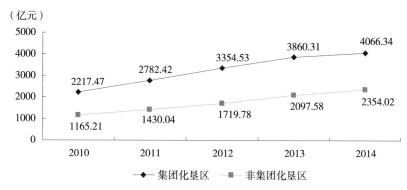

图 1.1　2010—2014 年农垦生产总值

　　从企业经营效益变化看，近 5 年集团化垦区企业资产年均增长 19.13%，经营利润年均增长 9.17%；非集团化垦区企业资产年均增长 12.06%，经营利润年均增长 -2.28%。

　　由此可以看出，不仅在存量比较上集团化垦区企业优势明显，而且在近年来的发展态势上，集团化垦区也表现突出。这样符合对两类体制模式的分析比较，非集团化垦区有利于区域经济发展，集团化垦区更有利于国有农业经济和农业企业做大做强。

二、垦区集团化改革的基本问题

在研究如何全面推进垦区集团化改革前，有必要对垦区集团化的这个重大命题，从整体上加以理清和明确。因此，本章在分析推进垦区集团化改革的迫切性基础上，对垦区集团化改革的内涵进行了全面剖析，分析了垦区集团化改革的演进过程，并且对改革中涉及到的主体关系进行了全面梳理。

（一）垦区集团化改革的重大意义

当前，党中央、国务院高度重视农垦事业发展，深化垦区集团化改革面临难得的历史机遇。在新的历史条件下，农垦无论是要承担起国家赋予的使命、在农业现代化建设和经济社会发展全局中发挥重要作用，还是要解决自身面临的困难和问题、实现在激烈的市场竞争中生存和发展，都必须深入推进垦区集团化改革，建立健全适应市场经济要求、充满活力、富有效率的管理体制和经营机制，打造具有国际竞争力的现代大型农业企业集团。

1. 垦区集团化改革是完善中国特色农业经济体系的要求

目前，农垦系统拥有1万多亿元的农业国有资产和庞大的国有企业集群，以及近1亿亩的国有耕地资源，是农业和农村领域国有经济的主体和集中代表。农垦国有经济与农村集体经济、农户家庭经济、农民合作经济等共同构成中国特色农业经济体系。发展壮大农垦国有经济，是我国以公有制为主体、多种所有制经济共同发展的基本经济制度在农业农村领域的重要体现。在中共中央、国务院《关于进一步推进农垦改革发展的意见》（中发

〔2015〕33 号）中明确指出，农垦农业生产力先进，在现代农业建设中具有独特优势，大力发展农垦经济，对于带动农业农村多种所有制经济共同发展、坚持和完善我国基本经济制度、巩固党的执政基础，具有重要意义。

长期以来，撤销农垦还是保留农垦，以及以何种管理体制来发展农垦，成为垦区内外的争论焦点。部分垦区走上了集团化改革的道路，改变了农垦传统的组织形态和经营模式。同时，也有的地方认为农垦的历史使命已经完成，把农垦定位为需要从国有经济中退出的亏损企业。部分垦区在探索解困出路的过程中，以实现农垦体制融入地方、管理融入社会、经济融入市场的"三融入"作为改革任务，走了下放国有农场的路子，对国有农场实行"两变"改革，即撤销农垦企业，农场变为农村；置换职工身份，职工变为农民。从近几年的实践看，"两变"的改革做法，突出特点是以政代企，农垦国有企业的经济职能受到很大的压抑，部分垦区在改革中实际已经架空了经济组织，引发国有资产的严重流失，农垦国有经济逐渐削弱和萎缩。

在中共中央、国务院《关于深化国有企业改革的指导意见》（中发〔2015〕22 号）中强调，国有企业属于全民所有，是推进国家现代化、保障人民共同利益的重要力量，是我们党和国家事业发展的重要物质基础和政治基础。农垦国有经济在发展中的具体表现形式就是国有企业，尽管农垦兼具区域性、社会性等特征，但其基本特征仍是以国有土地为依托、主要从事农业生产经营的经济实体。只有加快推进垦区集团化、农场企业化改革，把农垦培育成充满活力、有竞争能力的市场主体，农垦国有经济才能够不断发展壮大，才能更好地承担社会责任，发挥在中国特色农业经济体系中的应有作用。

2. 垦区集团化改革是履行新时期农垦历史使命的要求

农垦是在特殊的历史年代，依靠国家的意志和力量，为完成特殊的历史使命而发展起来的事业。农垦从诞生开始，其主要功能就是服务国家的战略需要。在六十多年的发展历程中，农垦在经济建设、保卫国家安全、维护民族团结等方面做出了不可磨灭的巨大贡献。同时，农垦已经具备了现代农业发展的规模优势、组织优势、人才优势、技术优势、资源优势和产品优势，组织化程度、规模化水平、物质装备水平、综合生产能力都走在全国前列，在示范带动和支持中国农业向市场化、组织化和产业化发展方面发挥着重要作用。

在全面建成小康社会进入决胜阶段的新时期，农垦肩负着更加重要的历史重任。中央已经明确必须适应新形势新要求推进农垦改革发展，努力把农垦建设成为保障国家粮食安全和重要农产品有效供给的国家队、中国特色新型农业现代化的示范区、农业对外合作的排头兵、安边固疆的稳定器。农垦要实现"国家队、示范区、排头兵、稳定器"的作用，必须深化体制机制改革，特别是要推进垦区管理体制改革。从实现国家战略的角度考虑，垦区管理体制改革必须充分考虑，是否有利于发挥农垦比较优势、完成国家赋予新时期农垦的任务。

从农垦的总量状况来看，农垦系统的土地面积、粮食产量等在全国占有一定的比例。如果将农垦放在全国各省中排名，粮食总产排第五，棉花排第二，肉类和水产品分别排第十四和第十三位。但是，这些资源都分散在国有农场和农业企业中，如果从单个国有农场来看，每个国有农场的资源禀赋和经济总量都不大，依靠分散的国有农场无法实现新时期农垦的战略任务。只有深入推进垦区集团化改革，以此引领农垦行政管理体制、国有资产管理体制、垦区经营体制等方面的综合改革，将垦区范围内的国有农场整合成为大型现代农业企业集团，农垦才能成为中央和各级政府用以实施宏观调控的重要载体，才能成为在关键时刻调得动、顶得上、应得急的保障国家粮食安全和重要产品供给、稳定国内市场的战略力量。

同时，要应对日益加大的农业发展资源环境约束、日趋激烈的国际农业竞争，提高农垦在保障国家粮食安全、探索中国特色新型农业现代化道路等方面的作用，必须通过改革创新整合农垦资源、放大农垦优势，增强垦区整体经济实力、市场竞争力和示范带动能力，而不是体制下放、分散资源，削弱农垦长期积累形成的独特优势和整体实力。只有将农垦建设成为有强大竞争力的现代企业集团，进一步强化农垦的经济功能，实现更高层次的资源整合和优化发展，农垦的地位才能得到进一步巩固，农垦的作用才能得以更好地发挥，并最终完成中国农垦在新时期肩负的历史重任。

3. 垦区集团化改革是农垦在竞争中生存和发展的要求

虽然，农垦承担着国家赋予的重要职责和使命，但是不能完全依赖国家补贴和政策支持，而是必须要依靠竞争力的提高，在市场中生存和发展，同时实现国家赋予的任务。在经济全球化深入推进的大背景下，农业产业竞争更为激烈，如果农垦不通过改革提升竞争力，必然会被市场所淘汰。在垦区范围内，如果每个国有农场都是独立分散的，在规模化、专业化发展趋势下，国有农场以现有的经济实力和产业规模，很难在市场竞争中有所作为。同时，每个国有农场的产业雷同，在垦区范围内就会各自为战，自我竞争，不能对资源进行有效整合，使得整个产业的生产水平、加工水平和营销方式都不能得到有效提高，更何谈同其他经营主体的竞争。

推进垦区集团化改革，实现垦区范围内产业资源的优化重组，以企业化的改革模式、集团化的组织形态、产业化的资源整合、一体化的资产纽带，培育壮大垦区现代农业企业集团，是提高农垦竞争力的关键。通过垦区集团化改革，可以激发垦区内部的巨大潜力，牢牢抓住市场化的发展机遇，是加快农垦发展的关键因素。而实行分散化、行政化改革的垦区，在发展上只能更多地依靠国家的政策支持。这些年农垦改革发展取得显著成效的垦区，无一不是采取集团化这样的改革方向。不论目前垦区体制状况如何，都应该始终坚持垦区集团化的方向，不断朝着这样的方向去努力。

从实践来看，目前集团化垦区已成为农垦核心竞争力的代表，经济发展速度、质量和整体实力都高于非集团化垦区，对全国农垦经济发展和支持当地经济社会发展的贡献更加凸显。2014 年，集团化垦区实现生产总值4066.34 亿元，利润 181.78 亿元，生产总值和利润分别占全国农垦的 63.3%和 91.3%。实践证明，集团化改革能够摒弃旧体制的弊端，创造出新的管理体制和运行机制，打破传统体制形成的条块分割、各自为战的分散经营格局，加快资源整合，提高管理现代化水平，增强垦区内生动力、发展活力、整体实力。

4. 垦区集团化改革是解决农垦自身困难和问题的要求

改革开放以来，农垦改革发展不断取得重大进展，总体上已经同市场经济相融合，运行质量和效益明显提升，在国际国内市场竞争中涌现出一批具有较强竞争力的骨干企业和名牌产品，但也存在不少困难和问题。

从农垦内部看，体制机制性障碍尚未根本消除，管理体制不是很顺，经营机制不够灵活，传统国有企业产权单一、机制不活等弊端不同程度存在，农场办社会负担十分沉重，农垦国有土地确权发证进展缓慢，现代农业经营体系尚未完全建立起来。受资源禀赋、管理体制、经营方式等因素影响，垦区间和农场间经济发展和居民生活水平差异很大，发展不平衡、不协调问题突出，部分国有农场生产经营比较困难，有的生存都难以为继。

从农垦外部看，农垦位于城乡二元结构交汇处，政策落实缺乏制度性安排，国家现行政策体系全面支持农垦的渠道还不是很畅通，垦区基础设施和公益事业建设投入不足，长期以来形成的政策支持难以全面覆盖和慢半拍的问题还一时难以彻底解决，农垦改革发展的环境还有待进一步完善。同时，农垦面临的环境条件也越来越复杂，市场竞争压力越来越大，竞争的对手越来越多，不仅有数量众多的国内各类市场主体，也有实力雄厚的农业的跨国公司。

农垦的困难是暂时的，是发展中的问题，是发展不足带来的问题，是改革滞后造成的问题。农垦自身问题的解决和困难的克服，必须依靠自身的发展，而改革是发展的根本动力。农垦的养老保险问题、自办社会问题、历史债务问题、税收政策问题、国有资产管理问题以及财政转移支付等方面的问题也是由于改革滞后造成的。只有通过推进垦区集团化改革，彻底解决农垦政企和社企不分的问题，让经济职能和行政及社会职能各自按规范的轨道去运行，才能从制度层面彻底解决农垦的政策性和社会性问题，才能让农垦企业成为真正的市场主体。此外，只有走有强大竞争力的经济集团的发展之路，将行政性公司转型成为真正的经济实体，带动区域经济发展，增加地方的财政收入，才能更加处理好农垦与地方政府的关系，为农垦的改革发展营造良好的外部环境。

（二）垦区集团化改革的基本内涵

垦区集团化改革是对农垦体制和机制的根本性变革，也是涉及农垦管理体制、经营机制、行政和社会管理体制等各个方面的综合变革。由于农垦具有区域性、经济性、社会性等独特的属性，是一类特殊的经济和社会系统，推进垦区集团化改革也是一类特有的体制机制改革模式。要深入研究垦区集团化改革问题，必须全面理清垦区集团化改革的内在含义，明确其主要内容和内在逻辑。

1. 以国有资产监管体制改革为突破，构建以资本为纽带的母子公司新体制

在《中共中央国务院关于进一步推进农垦改革发展的意见》（中发〔2015〕33 号）中明确，推进农垦改革发展的重要目标是，建立健全适应市场经济要求、充满活力、富有效率的管理体制和经营机制，打造一批具有国际竞争力的现代农业企业集团。由此可以看出，推进垦区集团化改革的核心目标是，或者说集团化改革的过程，就是将原有的以农垦局行政管理体系为主的垦区组织形态，转变成为以农垦集团企业组织体系为主的垦区组织形态。

在行政管理体系下，农垦总局、农垦管理局、国有农场，以及垦区范围内的其他经济和社会组织之间的关系是行政隶属的上下级关系，上级掌控下级的人事任免权、财政拨款权、计划安排权等，内部以行政命令的方式履行上级对下级的要求和下级对上级的义务。行政管理体系的重要特点是，具有很强的组织刚性，能够集中调动资源实现组织目标。但是，这种组织模式不是运用经济手段和科学方法去经营和管理企业，不适合市场经济条件下的企业经营。例如，行政机关领导具有一定的行政级别，任免需要严格地按照组织程序，主要考察对组织的忠诚度等因素，激励和约束机制主要采取提拔、表扬、嘉奖、处罚等行政手段。

垦区集团化改革是要将垦区整体改造为现代企业集团，将垦区内部经济组织之间的关系改为母子公司体制，就是通过明确母公司（集团公司）对子公司的出资人关系，进行规范的公司制改造，建立资本联结纽带，形成以母公司为核心、子公司为主要成员的企业集团组织体系。在垦区集团建立母子公司体制，是对垦区管理体制的根本性变革，功能主要有：一是确立母公司和子公司的出资关系，建立资本联结纽带，完善集团功能；二是规范母公司和子公司的权利、义务关系，充分发挥企业集团的整体优势；三是促进集团成员企业的公司制改造，加快建立现代企业制度，培育多元投资主体，优化国有资本结构，促进国有企业战略性改组。

在打破原有的行政管理体系后，垦区内部依靠何种体制来建立不同主体之间关系？依靠何种机制来维护不同主体间的顺畅运行？在现代企业集团组织体系下，根本需要依靠资本来说话，靠资本来建立集团和所属企业间的纽带，依靠资本来行使对下属企业的经营管理权。因此，推进垦区管理体制从行政管理向企业管理转变，根本切入点是深化国有资产监管体制改革，以理顺资产关系为突破，实现垦区组织体制创新。要按照《企业国有资产监督管理暂行条例》和《中共中央国务院关于深化国有企业改革的指导意见》（中发〔2015〕22号）的要求，理顺国有资产管理体制，将经营性资产纳入国资监管范围，以此推动垦区从体制上实现彻底转换。

要通过明确垦区集团的出资人，依法对集团国有资产进行监督管理；通过明确垦区集团对所属子公司的出资人地位，由此构建起以资产为纽带的母子公司体制。改制后的农垦集团公司依照现代企业制度建立母公司子公司体制，取消以往的上级公司对下级公司的行政管理体制。今后，建立现代企业组织体制，即"集团母公司—专业子公司—生产基地"的纵向公司体制。子公司也应有自己的法人治理结构，并按照现代企业管理方式正常运作。

2. 以资源和资产的整合重组为突破，构建以产业公司为核心的经营新主体

在构建具有国际竞争力的现代农业企业集团基础上，推进农垦改革发展的目标，也是垦区集团化改革的目标还包括，建成一批稳定可靠的大型粮食、棉花、糖料、天然橡胶、牛奶、肉类、种子、油料等重要农产品生产加工基地，形成完善的现代农业产业体系。在激烈的市场竞争中，农垦企业集团必须要按照市场化的取向实行专业化经营，实现生产的专业化、加工的专业化、营销的专业化，在集团内部经营主体之间构建紧密的利益关系。

从现代大型农业跨国集团发展经营看，构建跨国的农业全产业链，有效整合从原料生产、精炼加工到终端销售产业链上的所有环节，打通产品制造链和商品流通链之间的隔阂，实现生产、加工、运输、分销和零售等环节在不同国家和地区的优化布局，是获取成本领先等方面竞争优势的重要来源，是提高企业竞争力的重要基础和原因。对于推进垦区集团化而言，集团化是垦区内部企业联合的现代组织形式，产业化是集团具体的经营组织方式，产业公司是产业化的实现载体，也是整合垦区集团的经营新主体。要通过优势产业的产业链整合，提高产业的综合竞争力和效益，同时通过产业链统筹协调垦区内部的产业发展方向，整合垦区及系统内外相关资源，提高产业区域集中度，使产业公司成为农垦集团经营的核心。

垦区集团化改革过程中，在打破原总局、分局、农场、分场、生产队5级管理的行政架构的同时，要以产业为主线加快垦区经营性国有资产的重组，组建专业化的产业公司。要按照规范改制，纵向整合，完整重组的原则，围绕粮食、棉花、糖料、天然橡胶、牛奶、肉类、种子、油料等农业战略产业和农垦主导产业，在垦区内外进行纵向的企业重组、资源整合和股份制改造，打破由各个国有农场、加工企业、商贸公司等分散经营的状况，逐步形成以专业化的产业公司为核心的内外相连、产销衔接、优势互补、相互促进的一体化产业格局。

专业化的产业公司，作为垦区集团的控股子公司，具体负责本产业的生产经营活动，是产业的竞争核心和发展龙头，也是整个垦区集团的利润中心。产业公司根据产业发展需要和区域布局，将原有国有农场和二三产业企业，分别改制为农业基地公司和直属二级企业。产业公司具体负责产业发展的战略研究和规划，对产业生产的组织管理，包括对所属加工企业的人财物管理，所需生产资料的集团采购，新产品的研究开发，最终产品的对外销售，国内外市场的扩张，等等。在产业公司层面在保持垦区集团控股基础上，要积极发展混合所有制，有条件的要争取公开发行股票并上市。

3. 以政企分开和社企分开为突破，构建垦区社会管理和公共服务新模式

垦区承担的行政和社会职能有其历史的渊源，是伴随着国有农场的建设和社会事业的发展而逐步形成和发展起来的。在上世纪五六十年代，国有农场大都是在远离城镇的荒山荒地上，通过大规模集中开垦建设而发展起来的。随着国有农场开垦规模的不断发展，职工和家属数量急剧扩大，外来移民和人口规模急剧增长，在场部周边自发地聚集而形成小城镇。同时，迫切需要政府在农场设立相应的教育、医疗、交通、文化等社会机构，以及公检法司等行政机构，履行相应的行政管理和社会服务职能。

但是，由于垦区大规模开发建设时期正值新中国百废待兴，国有农场开垦任务十分迫切，地理位置比较偏远，同时管理体制多种多样且自成体系，地方政府力所不能及。在计划经济体制下，为了不影响垦区发展和职工家属的生产生活，农垦在进行经济开发建设的同时，不得已将垦区社会事业的建设也扛了起来，充当起政府办社会和管社会的角色，形成了政社企合一的特殊管理体制。

政企分开和社企分开，是推进垦区集团化改革的应有之义。农垦企业剥离原来就不该农垦企业承担的社会职能，是改革农垦企业必须采取的措施。农垦企业作为一个企业，不能不对承担社会职能这一政企不分的现象作一了结，问题拖得越久，困难会继续增加，改革的成本也越大。《中共中央国务院关于进一步推进农垦改革发展的意见》（中发〔2015〕33号）中也明确把垦区民生建设取得显著进展，职工收入大幅提高，基础设施和公共服务

进一步健全，农场社区服务功能不断完善，新型城镇化水平明显提升，作为农垦改革发展的重要目标。要以政企和社企分开为突破口，在增强垦区生产经营职能的同时，将行政和社会职能纳入公共财政保障范围，在减轻农垦企业负担的同时，构建垦区公共管理和社会服务新模式。

农垦企业剥离社会职能的改革方向是正确的，但步子要稳一些，逐步移交是可行的。关键是先易后难，而且要多做协调工作，以求社会的安定。要按照属地管理的原则，继续围绕理顺政企和社企关系、规范政企和社企职能的改革方向，推进国有农场办社会职能改革，将农垦企业承担的各项行政和社会职能及机构全部纳入所在市县管理，使垦区行政和社会管理及社会事业的发展进入正轨。

对于应该而且能够移交的办社会职能，坚决彻底移交地方政府管理；暂时移交不了的，全面推进内部分开，并争取纳入规范的管理和建设渠道；少数具备条件的，鼓励通过市场化的办法改革，培育成为社会服务产业。具有战略地位或远离城镇的农场，争取通过行政授权的方式，保证农场社会职能履行到位、基本公共服务全面覆盖。对于当前和今后都难以移交的社区管理与服务职能，通过建立基层群众自治组织实现居民的自我管理和自我服务，并积极协调争取将其纳入城乡自治组织统一建设范围，构建农垦新型社区。

4. 以公司化和股份化改革为突破，构建现代农业企业集团经营新机制

在垦区集团化改革中，虽然构建了现代企业集团的组织框架，推进了产业资源的整合重组，但是并不能彻底解决企业化经营机制的问题。有的垦区集团及所属企业、国有农场等虽然进行了工商登记，但仍还沿袭着传统的管理体制和经营机制，没有完全形成充满生机活力的管理体制和企业运行机制，迫切需要从机制上解决行政性翻牌公司的问题。有的垦区集团虽然建立了法人治理结构，但是没有真正按照现代企业制度运行，很多企业依然是"一把手说了算""内部人说了算"，穿着新鞋走老路。集团化垦区内部运行机制不合理，现代企业制度建立还不规范，企业的资本结构、经济结构、各

主体利益联结关系等问题，亟须建立更为合理的制度安排。

国内外实践经验证明，公司制度是当今世界各国普遍采取的现代企业制度。公司制度的确立，为企业集团提供了产权的制度基础、最适合集团化管理的领导体制、能够妥善处理集团内部关系的分配制度，以及为进行更大规模的、集团式的专业化协作创造了组织前提。对农垦企业集团进行公司化改造，将国有企业依照《公司法》改造为国有独资有限责任公司或者股份有限公司，建立起以核心企业和其他成员企业之间以股权为纽带的资本联结，以及各种规范化的组织和管理制度，是实现传统企业组织形式向现代企业转变的根本途径，是农垦企业集团持续健康发展的根本保障。

股份制是一种现代企业组织形式，是不同资本所有者以股金形式共同出资创建企业，自负盈亏，共担风险和按股分红的资本组织形式和运营制度。股份化是优化企业集团资本结构的重要途径，优化资本结构是完善公司治理结构的重要条件。股份化通过投资主体多元化，以调整内部存量资本，引进外来资本优化企业集团资本结构，通过产权制度改革，引入个人、民间资本，拓宽融资渠道，完善法人治理结构，明确出资人、董事会、监事会、经理层的职责和权利，建立合理有效的制衡机制，实现农垦集团化企业由行政管理型向市场经营管理型转变。同时，通过吸收外来资本，解决系统自身发展资金不足，为做强主导产业、做大企业集团创造条件。

在垦区集团化改革进程中，要按照公司化和股份化的要求，重构垦区经济结构，进一步搞活机制。产业公司要通过出让部分资本收益、吸收社会法人投资、引进外资、内部职工持股和经营者持股等方式，改为股份有限公司，形成以国有控股或参股的多元股权结构。垦区国有农场和工商企业的改革与产业公司的建立同步进行。国有农场可以按照产业化经营要求和主导产业情况，分别改组为专业公司的农业基地公司。工商企业根据产业公司的需要，资产优良、规模较大的直接改扩建为专业公司的加工企业和贸易企业。同产业公司关联度不高，以及规模小、效益差的中小型工商企业，采取拍卖、并购、管理层收购、员工持股、破产等方式，实现国有资本的逐步退出。

（三）垦区集团化改革的演进过程分析

垦区集团化改革是复杂的系统工程，涉及体制创新、制度创新、机制创新和有关政策的落实到位，需要逐步完善和不断深化，是一个长期而艰巨的任务。同时，不同的改革内容之间，有的相互制约或作为前置条件，需要有计划、有步骤、有顺序地加以推进；有的改革垦区内部可以自主操作，有的改革则需要具备一定的外部条件，需要创造和等待条件成熟才能加以推进。因此，垦区集团化改革过程中，农垦总局的行政管理体系难以一步跨越成为现代企业集团，在明确方向前提下，需要把握阶段性特征，明确每个阶段的改革重点，为持续不断地深化改革做好整体设计。

1. 第一阶段：以行政管理体系为主

农垦系统自建立以来，长期实行科层制的组织架构，沿袭行政管理体系，在推进从农垦总局的行政管理型向农垦集团的资本运作型转变过程中，必须考虑行政管理体制的制度惯性，考虑垦区对行政管理体系产生的路径依赖。路径依赖是指人们一旦选择了某个体制，由于规模经济、学习效应、协调效应、适应性预期以及既得利益约束等因素的存在，会导致该体制沿着既

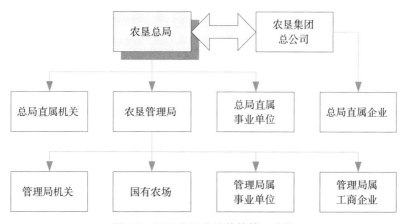

图 1.2　垦区集团化改革的第一阶段

定的方向不断得以自我强化。因此，在垦区集团化改革的初期，整个垦区的管理体制还应以行政为主，并且要充分利用行政的手段推进资源和资产的重组，利用行政职能为垦区集团化改革创造良好的外部条件。

垦区集团化改革的起步，始于垦区集团的组建。垦区集团的最初主体，应是以集团总公司的形态存在。垦区集团总公司，是在农垦总局所属的经营性资产和部分直属企事业单位基础上，依照《中华人民共和国全民所有制工业企业法》，组建的大型国有独资企业。从工商登记的角度看，集团总公司类型为非公司制法人企业。从产权的角度看，这种类型的企业属于国有独资企业。从法律的角度看，这种类型的企业适用于《企业法》而不是《公司法》）。

这个阶段的改革重点，是要以国有资产监督管理体制改革为突破口，以产权为纽带，推进经营性资产和社会性资产内部分开，初步构建起垦区集团的母子公司体制。集团公司要通过其出资人授权，统一经营集团内各成员企业的国有资产，对其全资企业、控股企业和参股企业的国有资产和国有股权行使出资人权利，依法经营、管理和监督，对有关企业享有资产收益权，并相应承担保值增值责任。在国家宏观调控和监督管理下，集团公司依法自主进行各项经营活动。

在农垦总局和农垦总公司的层面，实行"一个机构、两块牌子，以行政管理为主"的体制，以利于改革初期垦区的总体稳定。农垦总局内部的机构，需要根据集团化改革做出相应调整，按行政管理职能、社会管理职能和经营性职能进行分解和板块划分。总局的经营性职能连同业务、资产、负债、相关人员划归农垦总公司管理。农垦总公司又作为原农垦总局直属企业的出资人，按照《企业国有资产监督管理条例》的规定行使出资人权利。

集团总公司，要充分发挥对集团内国有资产有权统一运营的功能，按照"有进有退、有所为有所不为"的原则，对集团内部的各种资源重新进行优化配置。垦区集团发展的总体规划，要明确重点发展的主导产业，在整体垦区范围内，打破管理局和农场界限，打破"总局—分局—农场"这种传统的行政管理体制，以产业为主线对全系统的优势产业和优势资源进行跨区域调整、重组、聚合，并根据生产特点对加工企业和生产基地的布局进行调整，组建各类产业公司。

集团总公司作为集团母公司与产业子公司的法律地位平等，经济上以产权为纽带各自独立。通过授权经营，集团公司拥有国有资本的出资人权利，从事资本经营，享有资本投资、人事、国有资本处置、收益等所有者权利；产业公司拥有产品经营权，同时服从集团公司总体布局和结构调整需要，成为集团公司的利润中心。

产业公司在组建之初，必须尽快理顺关系，调整职能，按照现代企业制度的要求进行运作，建立完善的法人治理结构。要打破传统以农场为主体分散经营的格局，围绕产业公司的发展需要，将管理局和国有农场的经营性关联资产，划转到产业公司旗下。同时，要按照有关规定，在集团所有企业的财务处理和企业登记等方面办理相应手续，对这种新建立的集团总公司和产业公司间的产权关系，从法律意义上予以确认，初步构建多层次的母子公司体制框架。

2. 第二阶段：以企业经营体系为主

在垦区主导产业的资源资产整合基本完成，集团总公司和产业公司间形成资产为纽带的母子公司体制后，垦区集团改革应继续向纵深推进，逐步削减垦区承担的行政和社会性职能。在政企和社企分开难以一蹴而就彻底解决的状况下，形成以企业经营体系为主的管理体制。在《中共中央国务院关于进一步推进农垦改革发展的意见》（中发〔2015〕33号）中明确，在农垦改革过渡期内，整建制实行集团化改革的垦区可保留省级农垦管理机构牌子，实行一个机构、两个牌子，同时要尽快过渡到集团化企业管理；农垦管理机关人员经批准允许到农垦企业兼职，但应从严掌握，且须严格执行兼职不兼薪的政策。这为垦区集团化改革的稳步过渡，提供了政策依据。

这个阶段的改革重点是深入推进政企和社企分开，理顺垦区内部的政社企关系，同时继续深化国有资产监督管理体制改革以及垦区集团和所有企业的公司化改造，加快建立现代企业制度。对于农垦集团总公司，要积极创造条件，依照《中华人民共和国公司法》进行改组和规范，逐步建立完善的公司法人治理结构，使垦区集团顺利进入现代企业制度运行模式中良性运作。农垦集团总公司改组为农垦集团有限公司，治理结构由行政首长负责制转变为董事会、监事会、经理层间相互制衡结构。要依照《公司法》对有限责任公司组织机构的规定，设立由全体股东组成的股东会，为公司的权力机构；设置董事会，为公司的决策机构，董事会对股东会负责；设总裁，为公司的执行机构，总裁对董事会负责；设立监事会，为公司的监督机构，监事会监督董事会和总裁机构，对股东会负责。

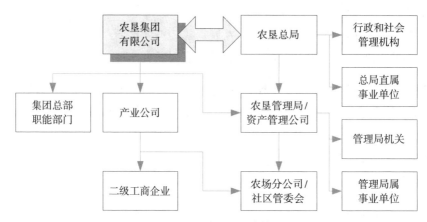

图 1.3　垦区集团化改革的第二阶段

在垦区层面，要推进农垦总局和农垦集团的机构分设，除总局和集团的主要领导相互兼任外，总局和集团的其他领导及机构逐步彻底分开。总局和集团在机构和职能设置上要避免重叠，防止多头管理、相互扯皮。农垦总局主要履行行政和社会管理职能，落实国家赋予农垦系统的任务，内设社区管理、政策法规、教育医疗、社会保障等机构，经费纳入公共财政预算，人员继续保持公务员或事业身份。农垦集团公司脱离政府序列，不再财政供给，并设立资产管理、企业经营、战略规划、财务审计等同母子公司体制相适应职能部门。同时废除集团公司人员的公务员或事业身份、进行制度化的双向选择竞争上岗、建立企业性质的社会保险、用人面向社会公开招聘等，建立新的绩效考核分配办法以及市场化的劳动用工分配制度。

在农垦管理局层面，要多种途径推进政企和社企分开，使得生产经营和行政及社会管理职能纳入不同体系，各自按照规范的轨道运行。管理局的行政和社会职能，可以采取移交地方政府、设立一级政府或派出机构等方式进行改革。在行政和社会职能改革到位以后，农垦管理局可以撤销。管理局层面的经营性国有资产，可以进入产业公司的，要按照全产业链的方向整合进入产业公司，重组成为产业公司的二级子公司或分公司。其他经营性国有资产，可以设立国有资产管理公司，负责未进入产业集团公司的经营性资产的经营。

在国有农场层面，全面推进社区管理和企业经营分开。行政和社会管理职能，能够移交地方的，坚决迅速地移交；能够向社会开放的，要面向社会开放；能作为产业经营的，要尽可能作为产业来经营，实行企业化管理和市场化运作。一时移交不出去又不能作为产业来经营的行政和社会职能，要组建社区管理委员会，按照优化布局、集中管理、单独核算的要求进行改革，实行内部分开，在机构、人员、管理上做到精干高效。国有农场的生产经营性职能和资产，可以大致按照两种途径进行改革，但应尽量避免在农场范围内设立多个生产经营主体。符合主导产业重组战略的国有农场，可以改为产业公司的基地分公司或子公司，重点按照产业公司的要求做好产品的生产。产业和产品多元化的国有农场，可以改为资产管理公司的分公司或子公司，重点履行好国有资产和土地的管理和经营。

3. 第三阶段：实现政社企彻底分开

在垦区政企和社企分开问题彻底解决后，农垦总局和农垦集团应全面彻底地分开，垦区实行一个机构、一块牌子的企业集团化管理体制。农垦总局作为农垦行政管理部门，原来承担的行政和社会职能移交给相应的政府部门后，应重点履行好行业指导管理、国有资产监管等职责，有条件的垦区还可以开展改组组建农垦国有资本投资、运营公司试点。农垦集团的发展方向则是打造具有国际竞争力的现代农业企业集团，做大做强农垦经济，更好服务国家战略。

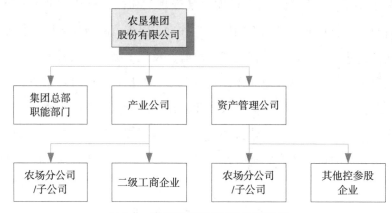

图 1.4　垦区集团化改革的第三阶段

垦区集团化改革的重点要放在按照现代企业制度要求，改进公司法人治理结构，转换企业经营机制上。垦区集团总公司和产业公司都要健全和完善董事会制度，严格实行董事会和总经理分设，使董事会真正代表出资人的利益，切实解决董事会形同虚设、"一把手"说了算的问题；要健全监事会制度，通过引进独立董事、聘请法律顾问、组建专门委员会、委派产权代表和财务总监以及加强监管、审计等措施，逐步建立风险防范机制，从企业内部和外部强化监督；要完善经理层的激励和约束机制，继续深化分配制度改革，处理好决策者和执行者的关系，尽快形成权力机构、决策机构、监督机构和经营管理者之间各负其责、协调运转、有效制衡的机制。要坚持党对国有企业的领导，充分发挥企业党组织政治核心作用。企业党组织要适应公司法人治理结构的要求，改进发挥作用的方式，支持和保证董事会、监事会和经营者独立行使职权。

发展混合所有制经济，改变公司的资本结构，实现投资主体多元化，是彻底改变国有资本的绝对控股地位，完善公司的法人治理结构，促进新老企业经营机制转化的重要制度保障。垦区集团公司和产业公司，要积极创造条件，尽快实现投资主体多元化。通过多种渠道，积极引入战略投资者，包括民营资本、国际资本、上市公司等，逐步将产业化专业公司等核心企业和垦区集团总公司改造成多元资本结构的股份制企业，以促进垦区集团及所属企业转换经营机制，放大国有资本功能，提高国有资本配置和运行效率。

垦区集团公司，在确保国有资本控股前提下，要积极引进战略投资者，依法推进集团公司股权多元化改革试点，稳步实现集团公司从国有独资向多元投资主体的转变。根据产业发展的战略要求，积极探索与大型的跨国公司、投资公司和国内大型企业集团的合作，实现集团的产业扩张和延伸，并通过引进外来投资者，学习借鉴其先进的管理理念和经验，进一步创新运行机制，提高管理水平，确保集团公司及控股、参股企业健康运行。

加大产业公司层面的公司制和股份化改革力度，根据不同企业的功能定位，逐步调整国有股权比例，形成股权结构多元、股东行为规范、内部约束有效、运行高效灵活的经营机制。产业公司无论是新组建还是改造，都要积极采取多元投资的资本机构，能够吸引社会资本参股的就不要局限于集团内部法人参股，能够吸引私人资本特别是职工个人资本参股的就不要局限于国有资本。要积极引入各类投资者实现股权多元化，大力推动产业公司改制上市，创造条件实现垦区集团公司整体上市。要通过引进外来资本同时带来的新的管理理念和运营模式，推动组织文化创新，形成科学的决策机制。

（四）垦区集团化改革中的组织间关系

垦区集团化改革的过程，也是垦区内部行政、社会和经营组织之间的更替和关系转换过程。在改革过程中，有的企业经营组织要新设立，有的社会管理组织要逐步消亡，而更多的是组织之间的关系要发生根本变化。伴随着新旧组织的逐步更替、组织之间管理体制的调整，以及业务流程的重组再造，组织的职能和职责范围也要发生大幅度的调整。研究分析在集团化改革进程中，主要组织之间的关系变迁，是顺利推进改革需要把握的重要内容。

（1）农垦总局与农垦集团的关系。垦区集团化改革需要一定过程，有的改革难以一步到位，需要采取过渡性的安排，采取分步走的策略。在整个过渡过程中，处理好农垦总局与农垦集团之间的关系是关键。从实践来看，上海、重庆、北京等集团化改革顺利推进的垦区，在改革的过渡期间都是实行"一个机构、两块牌子"的管理体制。一方面，培育壮大农垦集团，加快建立健全现代企业制度，保持经济持续健康发展和企业效益稳步提升；另一方面，稳步推进政企和社企分开，在内部分开基础上，创造条件实现逐步移交。

部分垦区在改革的过渡期间，将农垦总局和农垦集团彻底分开，导致经济和行政、社会管理相互脱节，出现"两张皮"现象。行政和社会职能尚未根本分离情况下，农垦集团仍然需要承担行政和社会性负担，集团希望彻底按现代企业运作，总局则希望集团给予更多资金支持。集团和总局彻底分开后，相互之间造成大量的推诿扯皮，引发垦区内部矛盾冲突，也影响了垦区集团化改革的深入推进。

在集团化改革初期，应充分考虑行政管理体系的制度关系，充分发挥农垦总局现有行政体系的积极作用，采取行政的手段促进农垦集团的资产划转和资源整合，加快构建起以资产为纽带的母子公司体制。随着农垦集团架构基本成型和产业逐步壮大，农垦总局要加快分离行政和社会职能，逐步减少和取消以行政手段直接干预企业生产经营活动。在农场企业化改革、办社会职能改革到位后，农垦总局可以与农垦集团彻底分开，可以撤销后将相关职能移交给省直其他部门，也可以继续保留，履行行业指导管理、国有资产监管等职责。

（2）农垦集团与产业公司的关系。垦区集团化改革中，农垦集团和产业公司之间关系是以资本为纽带的母子公司体制。母公司和子公司都是依法设立的公司制企业法人，各自享有独立的法人财产权，独立行使民事权利，承担民事责任。农垦集团是向产业公司出资并行使出资人（股东）职能，农垦集团与产业公司是出资人与被投资企业之间的关系。农垦集团不是产业公司的行政管理机构，与产业公司之间不是上下级行政隶属关系。农垦集团不能违反法律和章程规定，直接干预产业公司的日常生产经营活动。

农垦集团公司的主要功能是，依照法定程序和集团章程，组织制定和实施集团的长远规划和发展战略；开展投融资、企业购并、资产重组等资本营运活动；决定集团内的重大事项；推进集团成员企业的组织结构及产品结构调整；协调集团成员企业之间的关系；编制集团的合并会计、统计报表；统一管理集团的名称、商标、商誉等无形资产；建立集团的市场营销网络和信息网络；有利于形成集团整体经营优势的其他功能。

（3）产业公司与国有农场的关系。垦区集团化改革中，以产业公司为核心，重组企业经营组织架构，解决垦区内部分散化的相互竞争问题。在传统行政管理体制下，国有农场、加工企业、商贸企业是主要的市场经营主体，而且产业链环节之间相互独立，垦区内部经营主体间相互竞争。推进垦区集团化和农场企业化是相辅相成的，要通过垦区集团化，将原本分散在各个农场和工商企业的产业资源整合到产业公司，提升产业的整体规模，形成完整的产业链条和市场综合竞争能力。国有农场实现企业化改革后，无论是改为产业公司的分公司（子公司），或者资产管理公司的分公司（子公司），都是通过资本的手段和产业公司建立了利益共同体。

国有农场无论改为何种企业形式，在垦区集团中的基本功能定位都是产业公司的生产基地，是整个产业链经营的基础环节。对于产业公司而言，拥有自己的生产基地，可以有效调控产品的生产布局，确保农产品质量安全，是核心竞争力的重要来源。国有农场通过企业化改革后，职能要重点向服务产业公司转变，要按照产业公司的总体布局，组织职工家庭农场落实好生产任务，并提供农资采购、作物布局、农机作业、农技措施、良种供应等集中统一服务。产业公司则要通过大力发展仓储物流、营销贸易、科技创新、金融保险等产业链高端，提高产业经营的整体效益，带动国有农场和职工家庭分享更多的产业链增值收益。

（4）国有农场与农业职工的关系。职工家庭经营是农场农业生产的基础和主体，这是由农业生产的特性决定的。国有农场和职工家庭间建立承包租赁经营关系后，两者间是市场化的平等经营主体关系，国有农场不能以行政命令等方式干涉职工家庭正常的生产经营活动。在垦区集团化改革中，构建起垦区集团—产业公司—国有农场—职工家庭间的纵向利益共同体和全产业链体系，是提升整体综合竞争力的关键。因此，国有农场不能将土地一包了之，要强化农业统一经营管理和服务职能，发挥"统筹"职工家庭的作用，发展多种形式的适度规模经营，在垦区集团的产业体系总体布局下实现"统与分"的有机结合，带动职工家庭提高农业经营的综合效益。

要实现垦区的整体集团化，必须推进农场的企业化改革，在国有农场和农业职工间建立新型劳动用工关系。上世纪 90 年代以来，国有农场全面兴办职工家庭农场，原农场职工保持其身份不变，停止了职工子女"自然增长"的招工制度，基本上不再招收农业职工，逐渐采用了土地承包经营管理和劳动关系管理并行管理模式。国有农场要实现企业化改革，必须依法全面深化农业劳动用工制度改革，着力推进劳动合同管理，逐步建立以劳动合同制度为核心的市场用工制度。通过全员劳动合同制，打破传统的招工和一包到底的观念，既使农场能够根据生产需要，开辟多种渠道，吸纳社会人才；又为农业职工能进能出、实现合理报酬提供机制保障。

(5) 农垦企业与地方政府的关系。在垦区集团化改革的过程中，农垦企业必须要同地方政府建立良好的协作关系，才能为改革的顺利推进创造必备的外部条件。垦区政企和社企要彻底分离，必须得到地方政府的大力支持。国有农场在集团化改革中，要加强与地方政府的沟通和协调，主动向地方政府汇报，共同研究确定改革的途径、办法和实施步骤，促进改革持续深入推进，不给将来留下尾巴和隐患。在政企和社企分开后，农垦企业减轻了负担，但是地方财政的支出增加。农垦企业要加快提升经营效益，增加对地方政府的税收贡献，缓解地方财政压力，带动区域经济共同繁荣。

农垦企业要加强同地方政府的战略合作，成为区域经济、农业经济的重要载体和平台。示范带动区域现代农业建设水平的提升，通过以点带面、窗口展示，全面展示先进技术应用、标准化生产、产业化运作和可持续发展模式，打造现代农业建设样板区和示范带动核心区。要逐步将农村各类农业经营主体，纳入农垦企业集团的产业体系，促进区域内农业资源的整合聚集，增强农垦农业社会化服务的实施广度和参与深度，建立健全农垦企业和地方农户间的利益联结机制，让农垦企业为区域脱贫致富和农民增收多做贡献。

(6) 农垦企业与社区组织的关系。政企分开、社企分开是集团化的改革方向，必须要毫不动摇地坚持。但许多农场位于偏远地区，周边政府职能发育还不完善，把所有社会管理和公共服务彻底移交，有的地方政府还没有接收能力。在过渡期内，国有农场可以继续承担社会职能，实行授权管理、购买服务、管办分离。国有农场内部进行政企分开，企业公司和社区管理在农场党委的统一领导、统筹协调下各自独立运行。社区组织的人员经费、公用经费、基本建设经费等由政府财政承担，农垦企业的社会性负担实现彻底减轻。

社会职能不是农垦企业的事情，迟早应当移交给地方。随着社会化服务水平的提高，随着地方政府职能的逐步完善，还是要逐渐地把农场社区组织移交地方政府管理，实现农垦企业和社区组织的彻底脱钩。但是，社会职能彻底移交地方后，农垦企业仍然需要履行社会保障义务以及其他社会责任。农垦企业同其他企业一样，应当承担职工的社会保障部分，必须使社会保障规范化和制度化。社会保障企业缴费部分不能让政府来承担。要坚持和深化对社会责任的认同，经济效益好、具备履行更多社会责任的能力的企业，要积极支持垦区和农场的社区组织建设，促进提高职工群众的公共服务水平，促进企业的生存和长远发展，促进和谐社会建设。

（7）农垦集团与国资监管部门的关系。农垦既具有国有企业的一般属性，也具有其自身的特殊性。如何管理好农垦国有资产，处理好农垦集团与国资监管部门的关系，既要同深化国有资产管理体制改革的大方向相适应，着力构建以管资本为主的管理体制，也要根据农垦集团的特性，完善相应的监管制度。国有资产监管部门除了要重点管好农垦国有资本布局、规范资本运作、提高资本回报、维护资本安全之外，还要考虑农垦是以土地为依托，以农业生产经营为基础的经济组织，如果离开了农业，它也就失去基本功能，农业是农垦服务国家战略的根本所在，所以国有资产监督管理部门一定要管住以农业生产为主的方向。农业的发展离不开国家的政策支持，农垦集团的发展也离不开国家的大力扶持，国资监管部门在依法履行监管职责的同时，需要将依法应由农垦集团自主经营决策的事项归位于企业，将落实农垦集团公共政策等职能，归位于发改、财政、农业等相关政府部门。

目前，国有企业的考核方式主要是以经济效益为主，但是农业具有弱质性，农垦企业还承担示范带动现代农业发展等社会责任，具有很大的公益性，需要实现经济效益和社会效益有机统一。对农垦集团而言不仅要考核经济效益，考核经营业绩指标、国有资产保值增值和市场竞争能力，还要考核对服务国家战略、保障国家安全和国民经济运行等任务的完成情况，考核对国家粮食安全以及农产品有效供给的贡献度，对现代农业建设的示范带动作用。

（8）垦区集团与垦区集团的关系。在农垦系统内部，主导产业都是以农为主，但由于全国农垦未形成统一经营的大格局，垦区集团与垦区集团之间难免形成一定的竞争。在农业跨国公司加紧在中国布局，国际农业竞争日趋激烈的大背景下，农垦作为国有农业经济的主力军，更应该加强战略合作，共同参与国际农业竞争。因此，垦区集团之间要有合理的分工，不要在垦区内部和垦区之间形成过度竞争，在不形成垄断的前提下，要一致对外。在激烈的国内外市场竞争下，农垦经济要实现大发展，垦区集团要做强做大做优，必须打破垦区之间的界限，推进联合联盟联营。要立足垦区资源禀赋优势，采取多种措施，加强垦区间的联合，尽快把农垦的优势产业在全国范围内加以整合，拓展农垦更大的发展空间。

国家农垦行政主管部门，可以组织农垦主导产业成立协会，建立垦区集团之间的竞争和合作关系，对相应业务和投资进行战略规划与协调，并针对国内国外两个市场，统筹谋划运营，根据国内资源与市场格局合理协调各区域运营中心，形成产业链一体化运营合力，做到既有竞争又有合作，实现共同发展。同时，以粮食、乳业、天然橡胶、种业、流通等产业为重点，由相关垦区集团共同出资组建"中垦"字头股份公司，建立垦区集团之间的资本纽带关系，加快实现垦区集团之间的战略协同，促进农业生产、加工、流通、贸易营销等环节的有效衔接和全产业链布局，共同打造中国的国际大粮商。

三、垦区的国有资本体制改革

推进垦区集团化改革，首要必须完善农垦国有资产和资源的管理体制，使产权得到清晰的界定，构建以资本为纽带的母子公司体制。从黑龙江垦区看，由于国有资本体制改革不到位，黑龙江北大荒农垦集团总公司成立后，母子公司体制仍不明确，法人治理结构根本没有建立，更谈不上发挥作用。继续深化黑龙江垦区集团化改革，必须从垦区的国有资本体制改革入手，理顺垦区内外产权关系。

（一）黑龙江垦区的基本情况

黑龙江垦区是在特定的历史时期、特殊的地域环境下，由特别的移民群体开发建设形成的，经过近70年的开发建设，特别是30多年的改革发展，垦区已发展成为地域、人群、经济、文化等各种社会构成要素齐全、独立的特殊经济社会区域。

1. 黑龙江垦区的地域分布状况

黑龙江垦区地处三江平原、松嫩平原和小兴安岭山麓，开发建设前，这里是亘古荒原，素有"北大荒"之称。垦区总人口169.7万人，总面积5.54万平方公里，其中耕地4338.5万亩、林地1384.2万亩、草地515.3万亩、水域381.4万亩。所属9个管理局、113个农牧场、639个管理区，分布于全省12个市。黑龙江垦区按行政区划分布在全省12个市（地）69个县（市、区）。

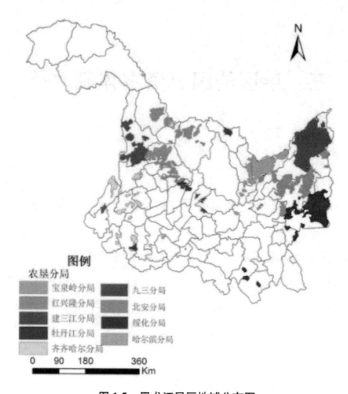

图 1.5   黑龙江垦区地域分布图

（1）哈尔滨农垦管理局。哈尔滨农垦管理局位于黑龙江省省会哈尔滨市，土地总面积为 70.2 万亩，其中耕地面积 29.9 万亩，总人口 42722 人，从业人员 20822 人。全局有 9 个农场，其中香坊、红旗、青年、闫家岗 4 个农场位于哈尔滨市近郊，阿城原种场位于哈尔滨市阿城区，庆阳、岔林河、四方山、松花江农场分别位于延寿、通河、肇东、依兰、方正五县市。

（2）宝泉岭农垦管理局。宝泉岭农垦管理局土地面积 6115 平方公里，耕地面积 476 万亩，林地 118 万亩，草原 35 万亩，水域 69 万亩。总人口 20.97 万人，职工 7 万人，各类在册技术人员 9345 人。宝泉岭管理局辖区分布在黑龙江地方三市（哈尔滨、佳木斯、鹤岗）四县（依兰、汤原、萝北、绥滨）及俄罗斯境内。全局有 13 个农场，其中绥滨农场、二九○农场、普阳农场 3 个农场位于鹤岗市绥滨县境内，江滨农场、军川农场、名山农场、延军农场、宝泉岭农场、共青农场 6 个农场在鹤岗市萝北县境内，新华农场位于鹤岗市境内，汤原农场、梧桐河农场位于佳木斯市汤原县，依兰农场位于哈尔滨依兰县。

（3）红兴隆农垦管理局。红兴隆农垦管理局辖区控制面积9650平方公里，其中耕地712万亩，林地240万亩，草原牧地30万亩，水面草塘106.5万亩。红兴隆农垦管理局地跨佳木斯、双鸭山、七台河三市和桦川、桦南、集贤、友谊、宝清、饶河、勃利、富锦八县，下辖友谊农场、五九七农场、八五二农场、八五三农场、饶河农场、二九一农场、双鸭山农场、江川农场、曙光农场、北兴农场、红旗岭农场、宝山农场等共12个国有农场。

（4）建三江农垦管理局。建三江农垦管理局地处富锦市、同江市、饶河县、抚远县境内，总控制面积1.23万平方公里，耕地572万亩，尚有可垦荒地300万亩，林地196万亩，牧草地70万亩，水面76万亩。建三江农垦管理局下辖12个国有农场：七星农场、大兴农场、创业农场、前进农场、洪河农场、前锋农场、八五九农场、胜利农场、勤得利农场、青龙山农场、红卫农场、前哨农场、二道河农场、鸭绿河农场、浓江农场。

（5）九三农垦管理局。九三农垦管理局位于嫩江县、五大连池市、与讷河市，总面积5563平方公里，耕地400万亩，草原143万亩，林地132万亩，水面15万亩。九三农垦管理局下辖11个国有农场：鹤山农场、大西江农场、尖山农场、荣军农场、红五月农场、七星泡农场、嫩江农场、山河农场、嫩北农场、建边农场、哈拉海农场。

（6）牡丹江管理局。牡丹江农垦管理局分布在牡丹江市、鸡西市、七台河市、密山市、虎林市、海林市、宁安市、鸡东县和宝清县的七市两县内，土地总面积83万公顷，其中：耕地32万公顷；林地15万公顷；草原4.8万公顷；水面7.5万公顷；可垦荒地6.8万公顷。牡丹江农垦管理局下辖14个国有农场：八五零农场、八五四农场、八五五农场、八五六农场、八五七农场、八五八农场、八五一零农场、八五一一农场、庆丰农场、云山农场、兴凯湖农场、海林农场、宁安农场、双峰农场。

（7）北安农垦管理局。北安农垦管理局跨黑河、伊春、北安、五大连池、嫩江、孙吴、逊克7个市县，辖区土地总面积8984.8平方公里。其中耕地 440.6 万亩，林地 192.1 万亩，草原 126.7 万亩，水面 19.4 万亩。北安农垦管理局下辖 15 个国有农场：五大连池农场、锦河农场、红色边疆农场、逊克农场、龙门农场、襄河农场、龙镇农场、二龙山农场、引龙河农场、尾山农场、格球山农场、长水河农场、赵光农场、红星农场、建设农场。

（8）齐齐哈尔农垦管理局。齐齐哈尔农垦管理局地处齐齐哈尔市，下辖查哈阳农场、克山农场、依安农场、泰来农场 4 个国有农场，地域总面积 2720 平方公里。

（9）绥化农垦管理局。绥化农垦管理局位于绥化市，全局总控制面积 300 万亩，其中耕地 120 万亩、林地 80 万亩、草原 50 万亩、水面 11 万亩、荒地 29 万亩。绥化农垦管理局下辖嘉荫农场、铁力农场、绥棱农场、红光农场、海伦农场、和平牧场、肇源农场、安达畜牧场、柳河农场 9 个国有农场。

2. 黑龙江垦区经济社会发展情况

经过三代北大荒人的艰苦奋斗，黑龙江垦区经济社会发展取得了显著成就，已经发展成为国家重要商品粮基地和粮食战略后备基地。2015 年垦区实现生产总值 1172.7 亿元，一二三次产业比例 47.3∶20.7∶32.0。粮食总产量达到 441.3 亿斤，连续 5 年稳定在 400 亿斤以上。2015 年，预计北大荒集团实现营业收入 1313 亿元，实现利润 6.47 亿元。垦区居民人均可支配收入达到 23855 元，连续 5 年高于全省平均水平。

（1）农业现代化水平全国领先。垦区土地资源富集，人均占有资源多，耕地集中连片，适宜大型机械化作业，农业从业人员人均占有耕地 97 亩。垦区农业基础设施完备，基本建成防洪、除涝、灌溉和水土保持四大水利工程体系，有效灌溉面积 2740 万亩，占耕地面积的 63%。农业机械总动力 930.9 万千瓦，亩均占有农机动力 0.21 千瓦，农业机械化率达 98.6%。拥有农用飞机 87 架，年航化作业能力 2400 万亩。粮食仓储能力 1255.2 万吨，烘干能力 156 万吨。农业科技贡献率达 68.2%，科技成果转化率达 82%，居世界领先水平，实现了全过程、全面积、全作物的标准化生产和持续稳产高产的粮食生产模式。大部分耕地土壤有机质含量高，生态环境良好，绿色（有机）作物监测面积达 3250 万亩。

（2）产业化发展达到一定规模。近年来，依托垦区种植业、养殖业，围绕米、面、油、肉、乳、薯、种等，打造了九三粮油工业、完达山乳业等 33 家国家级和省级农业产业化龙头企业，建立了物流、农机、种业、保险等大型专业公司，服务范围覆盖了农业产前、产中和产后的全部环节。培育了"北大荒""完达山""九三""丰缘"等一批中国驰名商标，其中"北大荒"品牌价值达到 462.42 亿元，成为亚洲农业第一品牌。目前，九三粮油工业集团年大豆加工能力 1200 万吨；完达山乳业有限公司年鲜奶加工能力 100 万吨；北大荒米业公司年水稻加工能力 120 万吨；北大荒丰缘集团年小麦加工能力 22 万吨；双汇北大荒食品有限公司年屠宰生猪能力 300 万头；北大荒马铃薯集团年加工马铃薯能力 70 万吨；北大荒种业集团年供种能力 22 万吨；阳光农业相互保险公司承保面积 7500 万亩。

（3）农业对外合作步伐不断加快。通过抢抓机遇实施农业"走出去"战略，垦区境外企业已经达到 26 家，其中种植加工企业 16 家，经贸公司 8 家，技术劳务输出 2 家，分布在俄罗斯、澳大利亚、泰国等 13 个国家和地区。牡丹江、宝泉岭等 6 个管理局在俄承包土地 196 万亩，派出劳务人员 1000 余人，机械 2100 台套，其中规模最大的新友谊农场在俄经营面积 68.4 万亩。北大荒丰缘集团在澳大利亚自购及租种土地 96 万亩。北大荒薯业集团在泰国收购木薯加工厂，年木薯加工能力 24 万吨，淀粉生产能力 6 万吨。

（4）社会事业发展日益完善。城镇化率达到 85.7%，人均居住面积 31.1 平方米。社会保险采取"五险合一"模式，实现了垦区全覆盖。现有义务教育学校 143 所，全部达到省级标准化水平；高中 18 所；普通中专 2 所；高等院校 4 所，在校学生 17 万人。学前三年教育入园率达到 80%。现有医院 121 所，其中总局直属医院 3 所，管理局中心医院 7 所，农场医院 106 所，企业医院 5 所。文化信息资源共享工程覆盖率 100%，农垦广播电视台和北大荒之声实现全省覆盖。公路硬化里程突破 1 万公里，场区通畅率达 99%。

3. 黑龙江垦区现行管理体制

黑龙江垦区的国有农场在建场初期，按行政隶属关系分为县营、省营和中央直属农场。1976 年，撤销沈阳军区黑龙江生产建设兵团建制，成立黑龙江省国营农场总局，将原兵团所属各师团和省国营农场管理局所属农场一并划归省国营农场总局集中统一管理。

1978 年，为加强对国营农场的统一管理，解决国有农场发展体制不顺、投入不足、负担沉重等问题，国务院决定对黑龙江垦区实行部省双层领导，以省为主的管理体制。1990 年，国务院研究黑龙江农垦体制问题的会议纪要（国阅〔1990〕85 号）明确：黑龙江垦区的领导体制为"部省双重领导，以地方为主"。目前，黑龙江垦区仍实行"部省双重领导，以省为主"的领导体制。计划、财务以农业部管理为主，党政工作以省管理为主。

黑龙江省农垦总局是黑龙江省委省政府领导下的管理全省农垦企事业单位的行政管理部门，同时承担省人大、省政府授权、委托的社会行政管理职能，对下实行统一领导、分级管理。总局局长由省人大选举产生，垦区局级干部由省委组织部任免。总局党委书记由省委直接任命，总局党委由省委直接领导。

——计划投资体制。农业部门的投资计划，通过农业部纳入国家发改委中央预算内投资管理。非农业部门的投资计划通过省发改委纳入中央预算内投资管理。企业投资计划由国家发改委各司局直接受理。

——财务管理体制。财务预算上划中央，由财政部通过农业部下达，农业综合开发、扶贫开发通过农业部在财政部单列，实行部门二级预算管理。农业部门预算管理范围之外的财务预算，由财政部通过省财政下达。

——行政管理体制。依据《黑龙江省垦区条例》，垦区行政管理实行垦区区域管理、内部政企分开的体制。总局的行政编制和在垦区所设立的政府司法、行政部门的编制都统一由省编办下达。

——司法管理体制。省人民检察院在垦区设立农垦区分院，作为省人民检察院的派出机构，行使地方分市院职权，受省人民检察院领导；由省高级人民法院在垦区设立省农垦中级法院，行使地方中级法院职权，接受省高院监督指导。

——国防动员体制。沈阳军区在黑龙江农垦设立正师级现役军事部，对垦区民兵预备役和国防动员工作实施区域管理。总局军事部接受黑龙江省军区和总局党委的双重领导。

（二）黑龙江垦区集团化改革的迫切性

黑龙江垦区的改革对全国农垦意义重大，事关新时期农垦在国家全局中的战略定位和功能作用。目前，黑龙江垦区作为中央直属垦区，实行"省部双重领导、以省为主"的管理体制。这种体制是在计划经济条件下确立的，对于调动中央和地方两个积极性、促进垦区改革发展稳定发挥了重要作用。

但随着中国特色社会主义市场经济体制改革的不断深入和农业农村经济形势的发展变化，黑龙江垦区逐渐暴露出权责不明、政企不分、管理无章、监管缺位等突出问题，特别是国有资产产权不清晰，制约了垦区各项改革的全面深化，影响了垦区现代企业集团的建设和做大做强，迫切需要加以研究解决，以充分激发垦区发展的动力和活力，使其更好地服务国家战略需要。

1. 出资人尚未明确，垦区集团化改革长期停滞

黑龙江垦区的集团化改革启动时间较早，但由于出资人主体不明确，自 2001 年以来逐渐陷入停滞状态。1995 年 4 月，经黑龙江省委省政府同意，省体改委正式批复，同意成立黑龙江北大荒农垦集团总公司，以黑龙江北大荒农垦集团总公司为核心企业组建黑龙江北大荒农垦集团。1998 年 3 月 5 日，国家计委、经贸委、体改委代表国务院批复，同意以黑龙江北大荒农垦集团总公司为母公司组建黑龙江北大荒农垦集团，进行国家大型企业集团试点，并希望北大荒集团按照建立现代企业制度要求，积极探索农垦企业体制改革，逐步建立和完善母子公司体制，调整和优化集团的组织结构。

1998 年 8 月，经农业部批复，将黑龙江农垦总局所持有的各类资产包

括：农垦总局机关及所属事业单位、企业占有的国有资产，以及投入到其他企事业单位的国有资产；农垦总局所属各企事业单位经省或地方政府确认占有的土地、森林、草原、水面等资源性资产；农垦总局及所属各企事业单位所有的无形资产等，划拨给黑龙江北大荒农垦集团总公司，并由集团总公司经营管理。1998 年 8 月 10 日，北大荒农垦集团总公司在省工商行政管理局办理了集团总公司工商注册登记。1998 年 8 月 28 日，北大荒农垦集团总公司在国家国有资产管理局正式办理了集团总公司产权登记，领取了《中华人民共和国国有资产产权登记证》，经国家国资部门审定确认的集团总公司实收资本为 60 亿元人民币。

2001 年 6 月，黑龙江农垦总局党委向省委省政府和农业部请示，建立黑龙江北大荒农垦集团总公司法人治理结构，但是始终未得到批复，造成北大荒农垦集团总公司无法建立法人治理结构，也未真正进入实质性运作。2008 年，黑龙江农垦总局自行决策，将北大荒农垦集团总公司独立运作，由总局党委任命董事会、监事会和经营管理成员。但是，农垦总局依旧对所属企业主要通过行政的方式管理，北大荒集团总公司始终无法建立以资本为纽带的母子公司体制，对所属企业只是起到数据汇总核算职能，出资人职责没有实际履行，垦区产业公司直接接受总局行政领导，各自相互独立运营，没有发挥集团整体的规模优势。

造成这种状况根本原因在于，黑龙江垦区实行"省部双重领导、以省为主"的管理体制，在由行政管理体制向集团化管理体制转变过程中，到底由黑龙江省还是农业部来履行北大荒农垦集团总公司的出资人职责，始终未得到妥善解决。对于垦区经营性国有资产，农业部名义上是出资人，但国务院没有明确授权，并且干部管理权限在黑龙江省委省政府，管人管事管资产的出资人职责无法真正履行。黑龙江省委省政府对垦区不承担出资人职责，但由于掌握垦区领导的人事任免权，以及垦区经济社会发展的主导权，实践中存在大量以行政手段处置垦区国有土地和资产的行为。出资人长期缺位，造成垦区内部资产管理和企业运营长期依靠行政手段，垦区国有企业资源配置缺乏整体规划，集团的整体优势无法得到发挥。

2. 管理权责不对等，垦区内部人控制状况严重

在垦区的领导主体之间，管理权责不对等。一方面，中央部门和地方政府之间权责不匹配，中央部门负责的财务、计划投资与地方负责的垦区人员编制、发展规划等重大事项有密切关系，但中央只有投资的义务，往往是地方出政策要求中央买单。另一方面，中央各部门之间权责不清。在财政预算和计划投资方面，农业部仅承担审核汇总、归口管理等责任，部分项目申报、资金下达、预算编制等程序缺乏规范，实践中造成对垦区的管理职责履行错位缺位。对于垦区的国有资产，虽然有相对完整的规章制度，但主体责任难以明确落实，实践中处于内部人控制状态，存在"各级都在管、各级都不管"的现象，对垦区的监督检查活动频繁和监管不到位现象并存。近年来，黑龙江垦区在审计中暴露的大量问题，以及少数干部严重贪腐行为，在一定程度上也反映了外部对垦区缺乏有效约束。

中央部门对直属垦区的管理职责由农业部、财政部、发改委和其他部委共同履行。在财务关系上，中央直属垦区预算列入农业部部门预算，通过农业部下达。农业综合开发、扶贫开发通过农业部在财政部单列，实行部门二级预算管理。农业部部门预算管理范围之外的财务预算，由财政部通过省财政下达。垦区预算涉及经济、社会、民生、城镇建设、公检法等多方面内容，农业部主要履行预算的初审汇总责任，最终预算由财政部核定。在计划投资方面，农业基本建设、部分城镇基础设施和科教文卫等社会公益性建设项目纳入农业部计划管理。黑龙江农垦作为国家大型企业集团试点单位，部分中央投资计划由国家发改委各司局直接受理。

在国资和财务监管上，《国务院关于授权地质矿产部等部门和机构对有关国有企业财产的经营管理实施监督的通知》（国发〔1995〕18号），授权农业部对黑龙江垦区所属国有企业财产的经营管理实施监督。国务院关于农业部的"三定"方案，明确农业部对中央直属垦区具有国有资产和财务监管职能。中编办《关于农业部所属事业单位清理规范意见的函》（中央编办〔2012〕172号）中，确定农业部的事业单位不包括黑龙江垦区。但在具体履行财务和国资管理职能时，农业部将黑龙江垦区视为部属事业单位进行管理。财政部主要通过垦区所在省专员办对垦区国库集中支付、财政资金使用等事项进行监管。审计署将黑龙江垦区视为农业部部属事业单位纳入审计监督范围。

3. 政企关系未理顺，公共政策边缘化问题突出

黑龙江垦区作为我国农业和农村经济社会的组成部分，既承担经济建设的任务，又肩负社会发展的责任；既有部门经济特征，又有区域经济特征，但公共财政保障还有"政策空白"。目前垦区实行"条块结合"的计划财务体制，农业部门的投资计划和财务预算通过农业部纳入中央预算内资金和财政二级预算管理，由国家发改委、财政部通过农业部下达；非农业部门的投资计划和财务预算纳入省投资计划和财政预算管理，通过省发改委和省财政报送下达。既有条条管理，又有块块管理。

这种双重管理体制，不仅给国家和省对垦区投资计划和财务预算管理增加了难度，而且实行属地管理的财政政策和应由地方财政配套的投资无法落实，给垦区造成"政策空白"。目前，垦区公共卫生、公共文化、农业技术推广、动植物疫病防控、农产品质量安全监管，以及农场社会管理和公共服务等机构经费预算，既未纳入中央公共财政预算盘子，也未纳入地方公共财政保障，仍由农场补贴维持运行。应当由地方财政配套的大型水利设施、通乡通村公路、城镇基础设施建设，仍由农场筹资配套，不仅增加了农场职工的社会负担，也影响农场公共事业健康发展和公共基础设施建设。

黑龙江省人大通过地方性法规赋予垦区各级行政管理部门相应地方各级人民政府的行政管理和行政执法职能，但不包括财税职能。农垦小城镇不属于国家建制镇，缺失自我发展的"造血功能"，而且也难以享受国家和省有关建制镇的各项优惠政策。农场不但要自筹资金进行城镇建设、维护和管理，还要依法缴纳与城镇建设相关的土地有偿使用费、环保排污费、城市维护建设税、城镇土地使用税、耕地占用税、土地增值税、契税等费税。

目前，垦区每年缴纳土地出让金5亿多元，各类经济组织每年纳税至少30多亿元，其中缴纳地方税费绝大部分作为地方财政固定收入，纳入地

方财政收支预算，很少返还垦区。随着农垦城镇化的推进、小城镇规模的扩大，单靠农场经营收入支撑小城镇的建设、维护和管理，将严重制约农垦小城镇的健康发展。此外，由于缺失财税职能，垦区无法制定招商引资政策，也享受不到地方政府的招商引资政策，二三产业发展受到严重影响。

（三）黑龙江垦区国有资本体制改革的设想

黑龙江垦区国有资本体制改革应该牢牢把握市场化导向，参照深化国有工商企业改革的基本模式，坚持增强垦区经济功能、做大做强农垦企业集团的基本宗旨，通过理顺国有资产管理体制，逐步推动北大荒农垦集团公司实质运行，并建立产权清晰、权责明确、政企分开、管理科学的现代企业制度。

1. 建成两个层次的垦区国有资本管理体制

理顺企业产权关系，是深化国企产权制度改革，建立现代企业制度的基础和前提。为了深化黑龙江垦区集团化改革，建议及早建成两个层次的垦区国有资本的管理体制，一是要让国有资本投资公司切实地担负起运用好和管理好国有资本的任务，二是让农垦企业集团公司成为名副其实的、自主经营的市场主体，参与市场竞争，在竞争中提高自己的市场份额，并树立自己的知名品牌。

第一层次是及早建立国有资本投资公司（或称国有资产投资基金公司、国有资本运营公司），使得国有资本产权明确、清晰。国有资本投资公司作为北大荒农垦集团公司的所有人，或称所有权的代表，它只管国有资产的保值增值、增持减持，只管国有资本的配置，注重国有资本配置效率的提高，也只管投资的盈亏状况，而不管具体的农垦业务和各类生产经营活动。

第二层次就是农垦企业经营管理体制改革，即逐步建立新的自主经营的、投资者负盈亏的、产权界定清晰、多种投资主体参股的北大荒农垦集团公司。在国有资本清晰界定并由国有资产投资公司作为所有人（所有权代表者）的前提下，北大荒农垦集团公司对国有资本投资公司负责，因为资本来自国有资本投资公司和其他投资者。

北大荒农垦集团公司应当建立完善的法人治理结构，并使之正常发挥作用。改制后的北大荒农垦集团公司依照现代企业制度建立母子公司体制，取消以往的上级公司对下级公司的行政管理体制，建立现代企业体制，即"集团母公司—专业子公司—生产基地"的纵向公司体制。子公司也应有自己的法人治理结构，并正常运作。

经过上述改革，北大荒农垦集团公司就是自主经营的市场主体，不再等同改前的北大荒农垦集团总公司。它是混合所有制的企业，母公司和子公司都建立了完善的法人治理结构，彼此之间是资本投入关系，不存在行级隶属关系。它同政府之间的关系，同其他自主经营的市场主体一样，依法守法，按规定纳税缴费，向社会提供产品和服务，并承担国家赋予的保障粮食安全，以及为社会公益事业出力，为社会培养人才等任务。农垦企业与地方政府的职能清清楚楚，互不相扰。地方政府如果愿意投资于新组建的北大荒农垦集团公司，无论是母公司还是子公司，或专业性的、为农垦产业提供产品和服务的公司，都可以按现代企业制度、现代产权制度的方式实现。

2. 明确两个方面的北大荒农垦集团出资人

推进黑龙江垦区国有资产体制改革，关键症结和当务之急是明确北大荒农垦集团公司的出资人，并以此为契机全面理清中央部门和地方政府的职责，理清企业经营和行政及社会管理职能、资产间的关系，为继续深化垦区集团化改革奠定基础。目前，黑龙江垦区实行"省部双重管理、以省为主"的管理体制，这是针对整个垦区经济社会系统而言的。对于北大荒农垦集团公司的出资人问题，具体而言主要有三种改革模式：

模式 1：中央部门履行出资人职责。这种模式有利于加强中央对于黑龙江垦区的直接掌控，可以获取更多的直接来自中央的政策支持，更好发挥北大荒农垦集团公司在保障国家粮食安全等战略全局中的作用。难点和缺陷在于，垦区行政管理体制的惯性较大，北大荒农垦集团公司要真正实现从行政管理型向资产经营型转变，需要较长的过渡过程。特别是垦区的政企和社企分开，离不开地方政府的参与和支持，由中央部门单独作为北大荒农垦集团公司出资人，不利于调动地方政府参与改革的积极性。同时，由于农业企业集团对地方税收贡献小，改革后地方政府支持垦区企业集团的积极性可能会降低。

模式二：地方政府履行出资人职责。这种模式等于将黑龙江垦区完全下放给黑龙江省管理，有利于明确垦区的管理职责，在黑龙江省委省政府集中领导下推进集团化改革，减少改革中的省部间协调成本。但是，这种改革模式下许多改革成本都要由黑龙江省来承担，增加省级财政的支出负担，推进改革的进程和速度可能会受到影响。特别是从以往农垦管理体制变更的经验教训看，全部下放的做法极有可能破坏垦区多年形成的完备组织体系和先进生产力，不利于保障国家粮食安全，不利于增强国家掌控能力，不利于垦区和谐稳定。

模式三：部省共同履行出资人职责。这种模式的好处在于，保持现有体制框架总体稳定，在"大稳定、小调整"的原则下，改革成本和引发的震动较小，有助于保持垦区经济社会总体稳定。同时，明确中央部门和地方政府的权利规则，有利于继续调动两方面的积极性，形成共同支持黑龙江垦区发展的合力，加快黑龙江农垦建设成为国际化的特大型现代农业企业集团，更好地起到保证国家粮食安全、食品安全和生态安全的战略作用。但是，如果中央部门和地方政府的职责履行，缺乏外部协调约束机制，容易造成相互之间推诿扯皮，垦区经济社会发展中重大事项协调的难度和成本加大。

在《中共中央国务院关于进一步推进农垦改革发展的意见》（中发〔2015〕33 号）中明确，要完善中央直属垦区现行"部省双重领导、以省为主"的管理体制，厘清国家有关部门和省级政府职责，建立权责统一、管理规范、决策民主的制度体系。北大荒农垦集团公司的出资人，建议由中央部门和地方政府两方面共同履行出资人职责。

一方面，在中央层面设立中国农垦国有资本投资公司，由国务院通过财政部授权农垦国有资本投资公司代表国务院持有北大荒农垦集团公司51%

的股权，并直接履行控股股东的出资人职责。在国务院授权下，农业部履行对中国农垦国有资本投资公司的行业指导管理、国有资产监管等职责，并可以相应委派董事会或监事会成员。中国农垦国有资本投资公司作为农垦国有资本市场化运作的专业平台，依法自主开展国有资本运作，对北大荒农垦集团公司行使控股股东职责，按照责权对应原则切实承担起国有资产保值增值责任。

另一方面，黑龙江省政府通过省财政厅或省国资委，持有北大荒农垦集团公司49%的股权，履行参股股东的出资人职责。这样，中国农垦国有资本投资公司和黑龙江省政府，根据持股比例和现代企业制度，共同依法履行对北大荒农垦集团公司国有资产的占有、收益、使用和支配权，行使资本收益、重大决策和选聘经营管理者等权利，承担国有资产保值增值责任。今后，根据垦区集团化改革深入、引进战略投资者需要，以及北大荒农垦集团公司法人治理结构的健全完善，再协商调整中央和地方的股权比例。

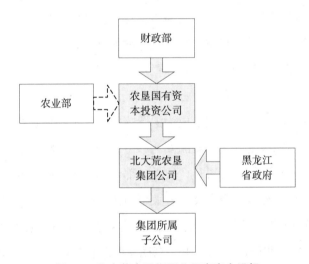

图1.6　北大荒农垦集团公司出资人设想

北大荒农垦集团公司的董事会和监事会成员，由中国农垦国有资本投资公司和黑龙江省政府根据股权比例委派。在改革过渡期内，公司的董事长由农垦总局主要领导兼任，监事长由中国农垦国有资本投资公司委派。在政企和社企分开改革彻底到位后，公司的董事长和监事长由董事及监事根据公司章程选举产生。公司经理层管理人员由董事会聘任，总经理对董事会负责。农垦总局主要领导干部由黑龙江省政府提名，并征求财政部、农业部、中国农垦国有资本投资公司等部门的意见后任免。公司党的关系实行属地管理。

北大荒农垦集团公司具有独立法人资格，依法独立享有民事权利，承担民事责任，依据出资人授权，对集团全资子公司、控股子公司和参股公司履行出资人职责，享有资产受益、重大决策和选择经营者权利。集团成员企业按产权联结关系和协作关系分为母公司、子公司、参股公司和协作成员。集团子公司和分公司，代表集团总公司行使委托范围内的国有资产运营监管职责。集团子公司具有独立法人资格，依法享有民事权利，承担民事责任。其中，全资子公司是集团总公司独立投资设立的国有企业；控股子公司是集团总公司持有 50% 以上股权，或拥有实际控制权的股份制公司。

垦区财务关系和投资体制保持不变，逐步建立垦区全口径的财政预算管理体制，企业经营、社会管理、公共服务等基本支出和项目支出，以及国有资本经营预算继续通过农业部在财政部实行单列。随着社会职能改革垦区社会管理和公共服务支出，由中央财政核定基数后逐步纳入地方预算。垦区基建投资通过中央和地方两个渠道解决，农业基础设施建设、重大民生工程建设、支持农垦的专项建设项目，由农业部报有关部委立项实施；区域整体性社会事业建设项目，由地方政府同步规划、同步建设、同步受益。

3. 推进两种类型的垦区国有资产彻底分离

在明确北大荒农垦集团公司出资人基础上，需要着力推进垦区内部经营性和行政事业性两种类型国有资产的彻底分开，将垦区范围内的主要经营性净资产划转给集团公司作为国有资本。黑龙江垦区要加快实现政企和社企分开，能够移交地方政府的加紧移交，不能够移交的也要内部分开，农垦总局取消按行政机构来管理企业，不再参与企业的生产经营活动。

在垦区范围内，要重新界定集团公司的成员企业范围，将农垦总局、农垦管理局全部直属的国有及国有控股工商运建服企业，以及垦区的全部国有农场，划转到北大荒农垦集团公司旗下，作为集团公司的成员企业，并根据国有资本布局调整和主导产业整合，逐步转为集团公司的全资或控股公司。北大荒农垦集团公司资本由原农垦总局所属的企事业单位的全部国有净资产组成。

对于垦区所有经营性资产进行全面清产核资，理清债权和债务关系，农垦总局所属国有农场、国有及国有控股企业占有的国有资产，农垦总局原属所有的土地、森林等资源性资产使用权，农垦总局及所属国有农场、国有及国有控股企业投入到其他企业的国有股权，农垦总局及所属国有农场、国有及国有控股企业所持有的商标、专利、专有技术及特许专有使用权等无形资产，划给黑龙江北大荒农垦集团总公司，作为集团总公司对所属国有农场、国有及国有控股企业和参股企业的长期投资。

对于垦区所有行政事业性资产也要进行全面清产核资，按照财政部发布的《行政事业单位国有资产管理办法》切实加强监管，明确国有资产监管主体，堵塞管理上的漏洞，切实防止改革过程中国有资产的流失。同时根据垦区政企和社企分开进程，随着行政和社会职能机构的调整，做好国有资产的行政划转。

（四）黑龙江垦区国有土地资源的资产化

土地是农垦最基本的生产资料，是农垦建设现代农业、保障国家粮食安全和重要农产品供给、发挥农业现代化示范带动作用的重要物质基础。长期以来，农垦土地资源的资产、资本价值未能充分实现，农垦资产规模和经济实力没有得到充分体现，农垦企业资产负债率普遍偏高，参与市场竞争的能力受到极大限制。推进农垦土地资源资产化和资本化，是深化垦区集团化改革重要举措，是完善垦区国有资本体制的重要内容，对做大做强农垦经济，放大国有资本功能，增强国有经济活力、控制力和影响力具有重要意义。

1.黑龙江垦区国有土地资源状况

黑龙江垦区地域辽阔，总面积 5.62 万平方公里，性质全部为国有土地，占全省土地总面积的 12.6%，其中耕地 242 万公顷，占全省耕地面积的 22%，人均耕地 1.39 公顷，是全省人均耕地的 4 倍，全国人均耕地的 14.7 倍。农垦国土资源局作为自治区国土资源厅的派出机构，负责管理、协调垦区土地规划、利用、建设用地划拨、出让及土地确权登记等具体工作。

垦区基础划界工作从 1973 年开始，历时 5 年完成。1978 年开始进行落界发证工作，到 2006 年 10 月垦区土地确权发证工作全面完成。目前，垦区国有农场已取得土地使用证，明确了土地资源的所有权。黑龙江垦区永久基本农田划定工作于 2012 年 6 月开展，2013 年 12 月通过总局级自检并上报省划定办申请审核，实际划定基本农田面积 201.4 万公顷。目前，垦区各类土地仅作为农业生产资源使用，未确认使用价值和进入企业资产。

黑龙江垦区地势平坦、土壤肥沃、土地集中连片，过境水资源丰富，有着集中大规模开展土地整理复垦的得天独厚的自然条件。垦区近年来累计搬迁居民点 1600 多个，新增复垦耕地约 40 万亩，相当于"再造"了一个大中型农场，每年可增产 4 亿斤粮食。

在土地利用政策上，黑龙江省曾明确垦区上缴省财政的土地有偿使用费，除用于国土资源管理部门驻农垦管理机构的必要经费补助外，其余部分全额专项用于垦区城镇基础设施建设和土地开发。但目前还没有完全落实到位，垦区土地出让收入全额上缴省财政，只有少部分能够返还垦区。

2. 农垦土地资源资产化的政策依据

根据《土地管理法》及实施条例、《物权法》《房地产管理法》以及《关于确定土地所有权和使用权的若干规定》（国土〔籍〕字第 26 号）、《关于依法保护国有农场土地合法权益的意见》（国办发〔2001〕8 号）等法律法规和政策规定，国有农场土地所有权归国家，由国务院代表国家行使所有权，土地使用权的抵押、出让、转让、出租、终止等具体工作由市县人民政府负责；国有农场依法拥有土地使用权。农垦国有土地使用权具有"无偿、无期限"两种特性，包括占有、使用、收益以及抵押、担保、转让等部分处分权能。

　　在《物权法》《担保法》中规定，农村集体所有的耕地不得抵押担保，但对国有农用地使用权的抵押担保并没有作出禁止性规定。《城镇国有土地使用权出让和转让暂行条例》中明确规定土地使用权可以抵押、转让、出租，并明确规定划拨用地使用权在主体是个人或企业、拥有明确的产权证明、交纳土地出让金的条件下可以抵押、转让、出租。据此，国有农场农用地使用权的抵押担保、出租、转让都没有法律制度障碍。开展试点是为了探索农用地使用权抵押程序、合理对农用地进行评估、实现抵押权风险可控，积极稳妥推进国有农场农用地实现资本价值。

　　在《中共中央国务院关于进一步推进农垦改革发展的意见》（中发〔2015〕33号）中明确："推进农垦土地资源资产化和资本化，创新农垦土地资产配置方式。对农垦企业改革改制中涉及的国有划拨建设用地和农用地，可按需要采取国有土地使用权出让、租赁、作价出资（入股）和保留划拨用地等方式处置。省级以上政府批准实行国有资产授权经营的国有独资企业、国有独资公司等农垦企业，其使用的原生产经营性国有划拨建设用地和农用地，经批准可以采取作价出资（入股）、授权经营方式处置。有序开展农垦国有农用地使用权抵押、担保试点。保障农垦产业发展和城镇化建设合理用地需求。农垦现有划拨建设用地，经批准办理有偿使用手续后，可以转让、出租、抵押或改变用途，需办理出让手续的，可以采取协议方式。"这使得黑龙江农垦集团公司推进资源变资产、资产变资本从政策上打开了突破口，通过抵押、担保、融资以实现土地的金融功能，通过作价入股以实现土地的资产属性。

3. 农垦土地资源资产化的实践探索

　　实践中，部分垦区和国有农场在地方政府支持下，在坚持不改变土地用途、不改变土地性质、不改变土地处置办法的基础上，已经迈出了实质性步伐，强化了国有土地的使用管理和集中保护，提升了垦区集团的资产规模和融资能力，为黑龙江垦区做出了探索和示范。

安徽农垦集团的土地作价出资

安徽垦区现有各类土地 96.64 万亩，其中农用地 74.18 万亩（含耕地 52.32 万亩），交通水利等用地 16.77 万亩，建设用地 5.69 万亩（含经营性建设用地 1000 亩）。截至 2013 年底，已完成土地确权面积 82.93 万亩、发证 81.85 万亩，分别占土地总面积的 85.81% 和 84.70%，有效解决了农场与周边地区的土地权属纠纷，切实维护了国有土地权益。

为盘活农垦国有土地资源，2014 年安徽省人民政府同意由省国资委牵头对农垦集团实施土地作价出资。在严格遵循不改变土地性质、不改变土地用途、不对土地进行处置原则基础上，委托专业中介机构对各类土地进行勘测、评估，共确定了 64.47 万亩、308 宗土地农垦集团国有土地使用权价值约 240 亿元。备案后的土地资产评估价值作为国家投资注入农垦集团，其中 40% 为国有资本金，60% 为资本公积金。省政府同时批准农垦集团免缴作价出资后的土地使用税，免征涉及的全部契税及其他经营性用地税费，农垦企业发展实力得到大幅提升。

国有土地作价注入，壮大农垦集团资产规模，增强了集团经济实力和融资能力，为加快实施企业发展战略奠定深厚基础。土地作价出资后，安徽农垦集团的净资产已从 11.7 亿元增至 171.7 亿元，集团总体实力得以大大提升，同时降低了资产负债率、增强了融资能力，为更好地利用好国家信贷政策奠定了坚实基础。目前，安徽农垦集团已与银行系统初步达成了发行 20 亿企业中票的协议。同时，土地作价出资切实增强了政府对国有储备土地集中统一管理和全局调度能力，为坚守全省耕地红线提供了基础和保障。

推进垦区土地资源资产化，面临的最大风险是国有土地资源价值评估不合理，在改革中造成国有资产的流失。但在实际操作过程中，只要对土地使用权的年限、实现抵押权后的处置以及土地用途限定等方面做出针对性规定，完全可以有效防止可能出现的土地抵押权实现导致国有资产流失问题。

四、垦区主导产业的战略重组

在理顺垦区国有资产体制基础上，需要着力推进垦区主导产业的战略性重组，明确主导产业和核心企业，以此推进垦区内部资源和资产整合，归并同类产业企业，重组同类产业企业，努力压缩行业层级和收缩行业跨度，形成垦区内部清晰的主营业务架构和商业模式。同时，要推进垦区非主导产业的战略性调整，实现国有资本的有序退出，为聚焦力量和做大做强主营业务提供支撑。

（一）黑龙江垦区产业发展的总体状况

黑龙江垦区是国内最大的商品粮和重要农产品生产基地，自上世纪70年代开始垦区就开始探索实行农工商综合经营，在农业生产基础上发展二三产业企业，推进农业产业化，延长农业产业链条。特别是通过大力培育和做大做强龙头企业，促进了垦区产业的快速发展。目前，黑龙江垦区有规模以上农业产业化龙头企业140家，其中国家级和省级重点产业化龙头企业15家，形成了米、面、油、乳、肉、药、薯等十大产业链条，年粮食加工转化能力1800万吨，处理鲜奶能力70万吨，生猪肉牛屠宰能力400万多头，辐射带动基地农户43万户。北大荒米业、九三油脂、完达山乳业的生产能力居国内同行前列，垦区生产的大米、大豆油、奶粉在全国市场的占有率分别为2.1%、1.7%、4%，"北大荒""完达山""九三""摇篮"等5枚商标被国家工商总局评为中国驰名商标。

——北大荒集团总公司。北大荒集团总公司于2009年7月由黑龙江省农垦总局党委决定正式组建，董事长由总局局长兼任。总公司总经理由总局任免，并经总局党委批准兼任党组书记（无其他党组成员）。总公司现有人员共计28名（其中有9名是专职审计人员，业务由总局审计处领导）。

总公司组建以来，按照总局部署直接管理的企业只有5家，主要经营工作是搭建和创新融资平台，抓好投融资和品牌建设管理。总公司直属的企业分别是：北大荒房地产股份有限公司，2010年1月成立，注册资本2000万元；海南北大荒房地产开发有限公司，2010年4月成立，注册资本1000万元；北大荒绿洲米业有限公司，2010年6月成立，投资1.37亿元；北大荒五大连池矿泉水股份公司，2011年5月成立，投资5.1亿元；北大荒旅游有限公司，2011年11月成立，投资5000万元；北大荒投资控股有限公司，2011年12月成立，注册资本5亿元。

——黑龙江北大荒种业集团有限公司。黑龙江北大荒种业集团有限公司是育繁推一体、科企合一的现代种业产业集团。2002年组建以来快速发展，初步形成以科研为引领、以种子为主体、以农机生资为两翼的多元化产业集群发展态势。现下属3大研发中心、7个科研所和分布全国若干外埠育种站，种子、农机、生资3大专业公司和2家境外公司。综合排名全省第一、全国第三，其中销售额、服务面积、利润居全国第一。

——北大荒药业集团有限公司。北大荒药业集团2007年组建，2014年省内排名第十位。子公司多多药业为国家高新技术企业。子公司双城多多印铁制罐公司为国家高新技术企业，产销规模全省排名第一。农牧产品加工业有三个子企业：康益药业有限公司是牛奶深加工行业中附加值、科技含量较高的企业，在全行业中其市场占有率均超过70%，在全国排名第一；北大荒绿色公司和冰泉多多公司年生产销售非转基因豆粉合计10000吨，省内排名第二。

——完达山乳业股份有限公司。黑龙江省完达山乳业股份有限公司系北大荒集团控股公司，其中北大荒集团公司控股66%，台湾统一控股34%。现拥有资产总额37.3亿元，下辖24家分、子公司，员工近20000名。年加工鲜奶能力100余万吨，可生产奶粉、液态奶、饮料、豆制品、米麦制品及保健食品等 11 大系列 220 个品种。销售网络遍及全国，其中原料粉远销东南亚和非洲。奶粉目前已经实现全国布局，除西藏、台湾、港澳外，在其他省份均有产品销售，液态奶的主要市场在长江以北。

——北大荒通用航空公司。北大荒通用航空公司于 1985 年在中澳农业援助项目基础上成立，现有从业人员 280 人，其中飞行员 74 人，机械师 130 人，各种型号农用飞机、教练机 87 架，年飞行能力超过 2 万小时。公司主要从事各种农作物施肥、防病、防虫等作业项目。在黑龙江垦区可供航化作业的农场达到 85 个，农用机场水泥跑道 75 条，已形成网络式作业基地群，同时承担东北地区部分地方农业作业，年航化面积 2000 万亩。

——黑龙江农垦通信有限公司。黑龙江农垦通信有限公司成立于 2000 年，由原农垦总局通信处、分局通信处和农场通信科整合而成，注册资本金 1.04 亿元人民币。公司主要负责为黑龙江垦区用户提供固定电话、数据通信、网上办公、视频会议、互联网宽带接入、农业物联网、软件开发、网站制作、网络集成、网络维护、卫星导航、安防监控、通信工程等多项信息通信业务服务，现有固定电话用户 23.1 万户，互联网宽带用户 16.5 万户。

——北大荒马铃薯集团有限公司。北大荒马铃薯集团有限公司是国内最大的马铃薯产业集团和国家级重点农业产业化龙头企业。集团组建于 2008 年，注册资本 9.2382 亿元，资产总额 19 亿元，资产负债率 48.94%，现有员工 547 人。集团年生产能力为马铃薯精制淀粉 10 万吨、雪花全粉 6000 吨、变性淀粉 10000 吨、优级木薯淀粉 6 万吨；年生产脱毒种苗 1000 万株、原原种 10000 万粒、原种一代 4000 吨、原种二代 4 万吨、脱毒种薯 10 万吨、脱毒种薯储存能力 5 万吨。以精淀粉为主的"北大荒"牌马铃薯系列产品的国内市场份额达 25%，位居全国同行业首位。2014 年实现销售收入 13.1 亿元。

——黑龙江农垦建工集团有限公司。黑龙江农垦建工集团有限公司 2001 年成立，是集规划设计、建筑施工、路桥施工、房地产开发、水利水电施工、技术培训于一体的综合性、工程总承包、国际工程承包、跨行业、跨地区施工的国家一级资质大型公司。集团下辖各类子（分）公司共计 32

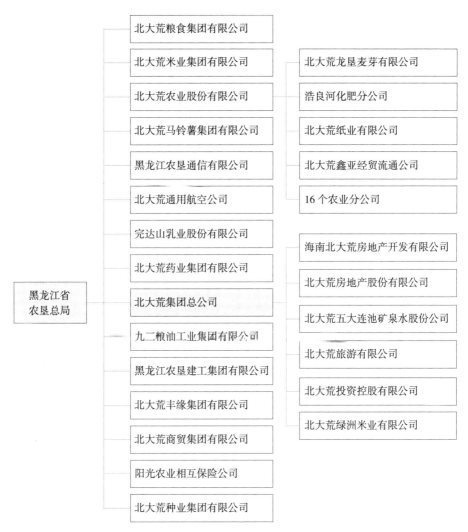

图 1.7　黑龙江垦区直属重点产业龙头企业

家，现有员工 1578 名，其中工程技术人员 910 余名，拥有各类大型施工机械设备 1600 余套，总资产近 40 亿元，其中：流动资产 38 亿元，固定资产 2 亿元。企业已进入全国建筑行业 100 强，黑龙江省企业 100 强第 33 位。

　　——北大荒商贸集团有限责任公司。北大荒商贸集团有限责任公司成立于 2002 年，注册资金 44256 万元，集团资产总额 2437672 万元。集团是黑龙江省经营规模大、经济实力强、综合经营能力突出的大型现代物流企业，是黑龙江垦区专业从事商贸流通的国家级农业产业化重点龙头企业，主要从事成品油、食品加工、电子商务、农业生产资料、大型农业机械及农机具、能源化工销售、有机绿色食品连锁经营、农产品购销、产业园区综合开发、现代农业开发以及物流业、旅游业、投融资等。2014 年销售收入 400 亿元以上，经济总量居黑龙江省 100 强企业第三位。

——北大荒米业集团有限公司。北大荒米业集团有限公司成立于 2001 年，是以专业从事稻谷综合加工、销售为主，粮食贸易、电子商务、包装印刷、财务记账为辅的国家级产业化龙头企业。公司加工的水稻全部来源地处世界三大黑土带的东北优质水稻基地，依托垦区 2300 万亩基地，拥有国际先进加工生产设备厂，年稻谷加工能力达 100 万吨。集团下辖 8 个制米公司、11 个分子公司，员工 742 人。公司在五常市自有有机水稻基地 10000 亩，全部经过国际权威认证机构认证，在肇源、绥化建设绿色食品基地 80000 亩，具有明显的规模、基地、品牌、技术及绿色产品优势。

——北大荒粮食集团有限公司。北大荒粮食集团有限公司是依照《黑龙江省千亿斤粮食现代流通产业发展战略工程规划》要求，于 2009 年设立的大型国有粮食购销龙头企业。北大荒粮食集团现有 11 个全资子公司、11 个控股子公司、20 个分公司、4 个经销处、23 个合作粮库、9 个收储站，共计 70 余个粮食收储单位，从东北三省、环渤海经济圈向华北、华东、华南、西南呈放射状分布。集团有标准仓容 156 万吨、罩棚 11 万平方米、地坪 76 万平方米、铁路专用线 2.2 万延长米及 3 个年中转能力超百万吨的物流园区，粮食仓储能力达 430 万吨，年经营粮食超过 500 万吨，资产总额达 110 亿元。

——九三粮油工业集团有限公司。九三粮油工业集团有限公司是首批国家级农业产业化重点龙头企业，公司拥有黑龙江九三、北安、宝泉岭、哈尔滨大豆制品、惠康食品、北大荒豆制品、吉林长春、辽宁铁岭、大连、天津、河南新乡、四川成都、广西惠禹等 13 个生产子公司和香港、美国芝加哥、巴西圣保罗等海外经贸公司。九三集团以大豆加工为主营业务，年加工大豆总能力 1200 万吨，销售收入超过 450 亿元，进出口贸易总额超过 60 亿美元。目前，企业大豆加工总量位居全国第一，油脂加工总量位居全国第三，连续多次入围中国企业 500 强和中国制造业 500 强。

——北大荒农业股份有限公司。黑龙江北大荒农业股份有限公司成立于1998年，由农垦总局从宝泉岭、红兴隆、建三江、牡丹江管理局中各选出4个、合计16个规模较大、资产优良的农场，以及浩良河化肥厂组建而成，于2002年在上交所挂牌上市。公司现有耕地1296万亩，占垦区耕地面积的近三分之一，年产粮豆140亿斤。目前公司下辖16家农业分公司和6家工贸建企业，分别是浩良河化肥厂和麦芽、纸业、鑫亚经贸、鑫都房地产和投资担保公司。目前公司股权结构为北大荒集团占股64%，股民占股36%，在资本市场有"中国农业蓝筹第一股"之称。

——北大荒丰缘集团有限公司。北大荒丰缘集团有限公司前身是黑龙江九三专用等级面粉厂，成立于1995年，于2008年组建为集团公司，是一家集面粉加工、食品生产、生物科技于一体的国家级农业产业化龙头企业，旗下拥有7个分子公司，分布在省内及湖北、澳大利亚等地，现有员工1600余人，拥有"北大荒""丰缘"两个品牌。公司是黑龙江省最大的小麦加工企业，每年加工能力22万吨，每年可生产挂面2万吨，肠衣500万把，肝素1.6万亿单位，谷朊粉1.1万吨，淀粉6.4万吨。

——阳光农业相互保险公司。阳光农业相互保险公司成立之前，是黑龙江垦区14年农业风险互助试验，在2005年转入公司化运作后，是2004年底保监会批准设立的目前国内唯一一家相互制保险公司。在黑龙江省保险业15家财险公司中，阳光公司保费规模一直居第二位，承保利润居第一位。阳光公司设有13个分支公司，在94个农场设立了保险社、在5个县（市）设立了支公司、在66个县（市）设立了营销服务部、在1000多个乡镇成立了保险分社、在2000多个村成立了保险互助会，发展会员100余万。公司开办的保险险种有种植业保险等主险产品100余个。

（二）黑龙江垦区产业重组的战略目标

战略目标关系整个集团公司基本经营思想、指导方针和主要任务，决定着公司发展的目的、方向、顺序和步骤，是推进垦区产业重组整合需要考虑的首要问题。垦区产业整合重组的战略目标是将资本、技术、人才等生产要素在企业间、产业间进行转移和合理配置，达到经营效益最大化的目标向导。企业的发展愿景、使命和价值观各不相同，面临的外部经营环境和内部经营水平也各不相同，因此整合重组的战略目标也会有所差异。

根据中共中央、国务院《关于进一步推进农垦改革发展的意见》（中发〔2015〕33 号）提出的目标任务，北大荒农垦集团有限公司 2020 年核心愿景理念：依托垦区及周边优质农产品生产优势，深入贯彻创新、协调、绿色、开放、共享的发展理念，大力发展现代农业、食品制造业、商贸流通业和现代金融服务业，巩固提高粮食产能，建设安全食品基地，打造能够向市场提供数量庞大的安全放心食品、服从服务于国家宏观调控的现代化食品企业集群，培育国际化大粮商，凭借市场洞察力、供应链管理和食品安全体系，为客户创造独特价值，担当起维护国家粮食安全、食品安全、生态安全的战略使命。

为了实现这样的战略愿景，掌控核心资源、降低运营成本、扩大市场规模、改善盈利能力和创新管理模式等 5 个方面，是北大荒农垦集团公司在产业整合重组的战略目标中必须考虑的内容。

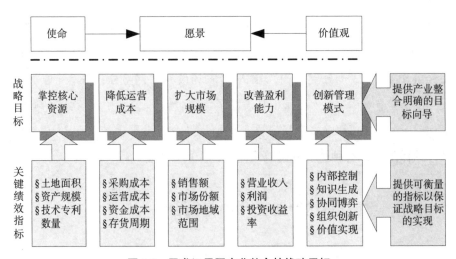

图 1.8　黑龙江垦区产业整合的战略目标

1. 掌控核心资源，提高国有资本的控制力

黑龙江垦区在实施产业整合重组时，必须服从于国家经济建设和社会发展的大局，服务于国家整体战略的需要，相应地掌控重要农产品生产和后备基地，也就成为北大荒集团公司产业整合的首要战略目标，以此实现国家战略目标和企业战略目标的高度统一，国家利益与企业利益的高度一致。

农产品生产是以农业资源为根本，农业产业链是以农业生产为基础。掌控了关键农业资源，就掌控了农产品市场竞争的主动权，就可以为产业发展提供最根本的支撑。资源优势是农业企业集团竞争优势的重要基础，掌控关键的农业资源是北大荒农垦集团公司各个产业发展壮大的基础和关键。黑龙江垦区拥有4300多万亩耕地以及大量的林地、水面、湿地等土地资源，在产业整合过程中，必须要把土地资源整合起来，形成以产权为纽带的生产基地，以此形成垦区产业发展和产业链竞争的独特优势。

中央明确提出，农垦是国有经济在农业经济中的集中代表和主要实现形式，是中国特色农业经济体系不可或缺的重要组成部分，是我国以公有制为主体、多种所有制经济共同发展的基本经济制度在农业农村领域的重要体现。因此，对于黑龙江垦区主导产业的整合重组必须坚持国有属性，放大国有资本的控制力和影响力，绝不能把国有经济改没了。在产业整合过程中，非主导产业和企业中的国有资本可以逐步调整退出，但是对于已经明确的主导产业，必须保持国有资本的绝对控股或相对控股，严格防止国有资本在改革中流失。对于具有核心竞争力、经营效益较好的产业和企业，还要逐步提升国有资本的权益，扩大国有资本的积累。

2. 降低运营成本，发挥产业链综合协调效应

随着农业产业间竞争的日趋激烈，成本领先战略是农业企业获取市场竞争优势的一种重要方式，这种战略能否实施成功的关键就在于要降低企业的运营成本。通过降低运营成本，可以获取成本优势，并帮助产业取得竞争优势，从而配合垦区集团化发展战略的实施。推进垦区产业资源整合重组、通过减少乃至取消垦区内部同业竞争，扩大企业经营的规模和范围，可以促进产业链的延伸和优势区域布局，实现在更大范围内的生产要素配置，扩大垦区内部的产业协同，从而达到降低生产成本、提高企业效益的目的。因此，降低运营成本是垦区集团内部产业整合的重要战略目标之一，同时这种战略目标的实现又促进了产业的加速发展，起到了相互促进的作用。

供应链管理是一种基于扩展企业的管理模式，它依靠先进的管理理念和飞速发展的信息技术，对整个供应链的资源进行优化和重组，实现企业间的无缝集成，以达到更高的客户服务水平（马士华、林勇，2005）。农业供应链包含参与生产、加工、运输、分销和零售过程的农户和企业以及顾客。企业通过对信息流、物流、资金流的控制将技术研发、市场拓展和顾客服务等过程构建成一个有机的网络结构。农业生产周期漫长，市场响应能力弱，使得物流能力和交货时间成为降低库存和成本的重要因素，供应链管理体系对农业企业生产经营成本有着重要的影响。

在产业整合中通过供应链管理，获取成本领先等方面的竞争优势，是垦区主导产业发展的重要基础和原因。对于以农为主的企业，生产经营核心就在于通过供应链管理体系，将生产地过剩的农产品在正确的时间内转移到消费地的顾客手中，利用季节差价、地区差价、加工差价获取利润。供应链管理水平的高低在一定程度上决定了企业的市场范围和经营绩效，因此在产业整合过程中，必须同步实施供应链整合，打造农业全产业链，发挥不同产业环节间的协同效应。

3. 扩大市场规模，增强市场竞争力和话语权

近年来，大豆、玉米、植物油、乳制品等垦区主导产业产品的进口继续保持高位和大幅增加。其中，有相当一部分进口不是因为国内短缺，而是受内外差价扩大的驱动，造成边进口边积压的现象。农业是高度依赖自然资源和自然条件的产业，资源禀赋和农业生产规模决定了农业基础竞争力。我国人均农业资源不足，农户经营规模平均只有 0.6 公顷左右，即使在一定时间内将现有一半农村人口和劳动力稳定转移出去，农业生产规模也只能扩大一倍，达到户均 1 公顷多。这决定了中国农业特别是粮食生产基础竞争力先

天不足，与世界主要出口国存在难以克服的巨大差距。

与农村集体土地和农民家庭经营相比，农垦国有农用地集中连片，人均面积大，土地资源潜力大，打造了一大批专业化、规模化、现代化的生产基地，具备发展现代农业的规模优势。同时，农垦在土地、资源、资金、人才、农产品产量、市场以及农业全产业链上的各个环节，规模化优势都比较突出。在产业整合重组中，农垦必须要坚持走规模化道路，把规模化作为最大优势，绝不能把规模改小了，而是要通过扩大规模提升市场竞争力和影响力。

同时，在产业重组整合中还可以通过扩大市场范围来取得规模效应，特别是可以采取一些相同或相似的方式，将原属于不同企业的市场势力范围加以整合，更有可能达到最优的规模效应。通过垦区内部产业整合重组，扩大了农产品的市场规模，市场规模的扩大又加深了产业的专业化分工，增强了市场竞争力。随着中国经济的飞速发展，居民收入和购买力水平不断增长，农产品消费需求也成倍增长，从而吸引大量农业跨国公司以扩大市场规模为目标。垦区产业整合后，大规模生产的产品需要在更大规模的市场中销售，扩大国内乃至国际市场规模是产业整合的重要战略目标。

4. 改善盈利能力，提升产业经营的整体效益

尽管垦区主导产业整合的战略目标是多方面的，但是能否通过整合重组获取超额利润，能否获取期望的投资回报，是决定产业整合成败的关键性因素。从目前黑龙江垦区现实来看，食品加工业是垦区的主导产业，增加值占规模以上工业增加值的84%左右。从2015年的四个季度来看，食品工业增加值增速分别为－17.5%、－16.5%、－13.6%、－10.0%；小麦粉、大米、豆粕、食用植物油和乳制品产量分别下降44.1%、17.4%、7.6%、4.5%和2.5%。企业在主要产品价格持续下行、成本刚性上升以及资金不断趋紧的多重压力下，生产经营异常艰难，企业经营效益普遍处于亏损状态。

在垦区主导产业的整合过程中，集中整合核心资源和优质资产做大做强主业的同时，加快推进非主导产业企业的改制。对于主导产业企业，要充

分挖掘自身潜力，增收节支，严格控制管理费用、财务费用，逐步化解债务，彻底解决管理失控、经营亏损问题，加快实现扭亏增盈。对非主导产业的经营性资产进行了改革，可分为两类：一类是转让；另一类是实行入股、租赁、承包等多种方式。对于"僵尸企业"要加快重组或破产清算，通过转让，实行民营化，这既增强了企业的活力，又丢掉了垦区国有经济所承受的经营亏损的压力。通过入股、租赁、承包等方式，盘活了国有资产，实现了国有资产的保值增值，以获取更大投资回报。

5. 创新管理模式，形成长久发展的制度基础

企业管理模式是指企业为实现其经营目标组织资源、经营生产活动的基本框架和方式。管理模式是指各种管理关系的概念化、模型化，涉及企业管理方方面面的问题。管理模式是将企业的内部能力转化为竞争优势的基本框架和平台，是企业发展中的能力形成和竞争优势建立的保证。垦区主导产业的整合过程，是涉及资产、人员、营销等各方面的重大变化，必须以此为契机相应地调整现有的管理模式，以确保新的产业龙头企业能够长久发展。

在垦区主导产业的整合过程中，首先就要考虑如何确定新的管理模式，并以此为基础对整个境外生产经营活动进行组织架构。任何一种管理模式都是企业当前所面临的外部环境、管理任务与过去已经形成的价值观、组织文化等企业惯性之间共同作用的结果。要按照现代企业制度的总体框架，构建规范的公司治理结构，建立规范完善的企业管理、生产经营、薪酬福利等方面的制度，并实现整合前后不同企业之间的无缝衔接。

在组织结构的建立上，要根据战略目标的要求，充分体现灵活创新的特点，当前组织结构网络化趋势日益明显，垦区产业龙头和不同的经营主体之间，可以考虑构建形成一种条块结合、纵横交错的网络型组织结构。企业的整合重组一般伴随着文化背景的转换，要推动企业文化之间的整合，使之有效融合为有机的整体，最大限度地减少整合产生的文化冲突，提高企业的经营管理效率。

（三）黑龙江垦区产业重组的总体构想

推进黑龙江垦区集团化改革，根本出发点是更好地服务国家发展战略需要。对于黑龙江垦区主导产业的选择，必须按照中共中央、国务院《关于进一步推进农垦改革发展的意见》（中发〔2015〕33 号）、《关于深化国有企业改革的指导意见》（中发〔2015〕22 号）等要求，围绕战略性、基础性和优势性产业，从最现实、最具有潜力的企业入手，加强资源和资产的集聚整合，打造一批具有市场竞争力、产业掌控力、社会影响力的现代农业产业公司。

——战略性产业。战略性产业是指一国为实现产业结构的高级化目标所选定的对于国民经济发展具有重要意义的具体产业部门。农垦主导产业的选择，不仅要契合垦区发展的实际情况，而且是考量国际国内形势的战略抉择。因此，黑龙江垦区主导产业要选择涉及国计民生的产业，要选择我国生产资源偏紧、对外依存度过高、存在供给风险的产业。中国人的饭碗任何时候都要牢牢端在自己手上，饭碗里要装中国粮。粮食、油料、乳业、畜禽等重要农产品的生产和加工，在垦区具有良好基础，也是今后必须牢牢把握和做大做强的重点产业。种业是促进农业长期稳定发展、保障国家粮食安全的根本，也是必须要着力发展的战略性核心产业。

——优势性产业。优势性产业是指具有较强的比较优势和竞争优势的产业，是比较优势和竞争优势的综合体现。优势产业在人才、资本、技术等方面形成了长期积累，生产环节在全国占有较大比重，加工能力在全国具有一定比重，具有较强竞争力的市场主体已经形成，发展潜力和前景广阔。垦区主导产业的发展，必须选择有优势的产业，或者具有资源优势，通过资源整合，可以形成竞争优势的产业，这样才能在市场竞争中得以生存和发展。在综合考虑生产份额、加工能力、市场主体、技术水平等方面基础上，要重点选择能够彰显垦区竞争力、影响力和掌控力的重点产业。

——基础性产业。基础性产业在整个垦区的产业体系中处于基础地位，对其他产业的发展起着制约和决定作用，是决定其他产业发展水平的产业群。基础产业越发达，其他主导产业的发展后劲就越足，整个产业体系的运行就更有效率。因此，要使得垦区主导产业保持长期、快速、协调和有效的发展，就必须积极培育和壮大基础性产业。例如，金融是现代经济的血脉，随着粮食等农产品金融属性的日趋增强，推进垦区主导产业发展，必须通过金融产业把金融资源配置到主导产业发展中，实现产业发展和资本运作的"双轮驱动"。

从战略性、优势性、基础性出发，在北大荒集团公司主导产业做什么、不做什么问题上，我们经过认真分析认为，要聚焦打造"从田头到餐桌"的产业链战略，把现代农业、食品制造、商贸流通、现代金融作为集团的核心主业，把房地产、建筑、制药、通讯等垦区有基础、有优势，而且盈利水平较高的产业作为支撑产业，形成"4＋1"的主导产业发展格局。

（1）现代农业板块。农业是农垦的立身之本，推进黑龙江垦区集团化改革必须把现代农业作为首要的核心主业，建设大型农产品生产基地，提升农业综合生产能力。总的来看，黑龙江垦区基本建成防洪、除涝、灌溉和水土保持四大水利工程体系，有效灌溉面积达 2740 万亩，占耕地总面积的 63.7%，农业机械总动力 930.9 万千瓦，农业机械化率达 98.8%。垦区农业综合生产能力强、农产品商品率高，但还存在着投入不足、基础设施薄弱等突出问题。目前，垦区生态高产标准农田 1548.3 万亩，只占耕地总面积的 36%，要进一步加大建设力度，力争高标准农田尽快实现全覆盖，垦区农作物总播面积稳定在 4300 万亩以上，粮食产能达到 400 亿斤以上。

要把农业社会化服务业作为主导产业加以培育，整合垦区内部的农业社会化服务资源，组建专门的北大荒农业社会化服务公司，通过线上线下、中介自营相结合等运营模式，为种植大户、家庭农场及专业合作社等经营主体提供全程菜单保姆式服务。在传统的通过科技服务、辐射供种、跨区作业、产业联结等形式基础上，逐步扩展到土地流转、专家指导、政策咨询、生产服务、订单交易、金融保险等全方位服务，增强垦区农业社会化服务辐射能力和范围。

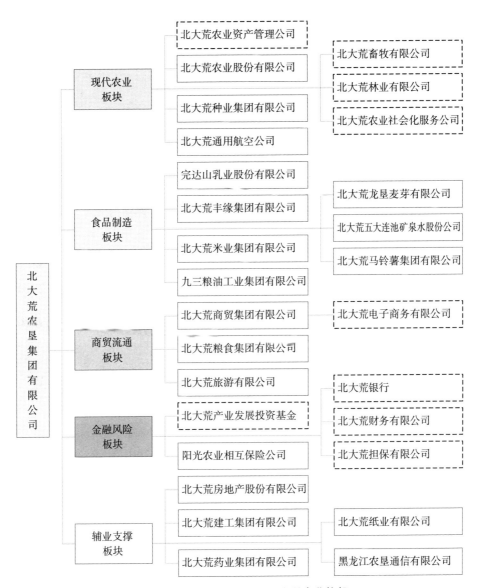

图1.9　北大荒农垦集团公司主导产业构想

　　要积极培育北大荒畜禽产业龙头企业，提升目前分布在农垦管理局的北大荒肉业、牛业等龙头企业的管理层级，组建北大荒畜禽产业核心企业。要推进企业、基地、科研、农产品加工企业多元持股，采用线上线下相结合模式打通市场流通环节，构建现代商业模式。以市场需求为导向，因地制宜发展"两牛一猪一禽"（奶牛、肉牛、生猪和肉鸡），力争到2020年奶牛存栏 20 万头，肉牛饲养量 15 万头；生猪饲养量 350 万头，家禽饲养量 1.5 亿只，肉、蛋、奶产量分别达到 50 万吨、6 万吨和 70 万吨。

积极培育组建林业龙头企业，大力发展以林下种植、养殖、采集和加工为主体的林业经济，着力推进苗圃、食用菌、生态经济林、林下种植养殖、生态观光旅游等，向规模型、效益型方向发展。到 2020 年，苗圃达到 6 万亩，育苗 4.5 万亩，产苗 2.2 亿株。年产木耳、菇类为主的食用菌 8000 万袋，产量 1.5 万吨。建设生态经济林 15 万亩，林果产量达 13 万吨；中草药种植面积达 8 万亩，山野菜种植面积达 2 万亩，特种动物养殖规模达 200 万只。

（2）食品制造板块。加快建立垦区以食品制造为主的新型现代产业体系，做好产业布局，加快推进工业企业整合重组，培育壮大龙头企业。以效益为中心，以市场为导向，加快推进技术创新，调整产品结构，尽快形成不同定位层次的高附加值、高科技含量的产品格局。创新营销模式，提升市场占有率。打造北大荒系列品牌，提升北大荒产品的知名度和美誉度，增强产品的竞争力和企业获利能力。"十三五"期间，垦区要实现工业增加值 290 亿元，安全食品和精深加工品占到工业产值的 50% 以上。

要加快建立健全现代企业制度，全面推进股份化改造，发展混合所有制经济，做大做强龙头企业。北大荒农业股份有限公司要通过引进战略投资者、发展混合所有制重组所属工贸企业，实现工、贸企业完全扭亏，推进公司层面引进战略投资者增资扩股或分拆。完达山乳业要在解决好历史遗留问题的基础上，完成引进战略投资者增资扩股，管理层和员工持股，加快推进上市融资。九三集团要完成集团层面和非转基因板块引进战略投资者、发展混合所有制改革，推进非转基因板块上市；北大荒丰缘集团要完成集团层面引进战略投资者、发展混合所有制改革，解决境外公司管理失控、经营亏损问题；北大荒米业集团要完成下属分子公司整顿重组，完成集团层面和分子公司引进战略投资者、发展混合所有制改革。

要加快产业转型升级，把推进技术创新，调整产品结构作为应对市场冲击，提高市场竞争力的关键措施来抓，使垦区食品加工由中低端水平迈上中高端，尽快形成不同定位层次的高附加值、高科技含量的产品格局，高科技、高附加值产品增加值比重占食品加工增加值比达50%以上。加强农畜产品综合利用加工的研发，延伸产业链。推进龙头企业与基地联结方式创新，鼓励龙头企业与家庭农场、专业合作社和种植大户建立利益共享风险共担的产业化联结机制，提升产业化运营水平。

（3）商贸流通板块。大力发展电子商务、连锁经营、物流配送等新型业态。利用"互联网＋"加快发展直销、快递、配送等新型农产品流通方式；推广线上线下有机结合、现货期货联动互补的新型营销模式。以北大荒物流公司为核心企业，以资产和资本联结的方式组建北大荒物流集团，完善北大荒肇东、宁波等11个园区和节点的配套设施，增强服务功能。实施"互联网＋物流"行动计划，实现物流信息全程可追踪。推动多式联运，实现公、铁、水运及航空等运输方式的有效衔接，建成完善的现代物流服务体系。

以北大荒粮食集团为平台，逐步引进金融机构和资金，设立第三方支付平台和融资平台，做大粮食商品交易；加快模式创新和技术创新，打造核心资源，使之成为国际化综合性大宗商品交易平台。加快建设以"互联网＋"信息化平台为基础的商业服务业，推进垦区农产品流通网络的优化布局，促进同全国流通体系的对接融洽，整合品牌、网络、资源，打造现代营销信息化平台和系统，重点建设垦区统一的APP电子商务大平台。

培育壮大旅游业，充分整合垦区旅游资源，对产业经营主体、旅游资源、线路、品牌进行整合，组建北大荒旅游产业集团公司，重点打造生态、避暑、养老、休闲与现代农业以及农垦小城镇游等旅游产品。启动八五三北大荒湿地博物馆、北大荒航空旅游、闫家岗鑫斯顿太平湖湿地公园、八五八俄罗斯风情园、锦河大峡谷、当壁镇地源热能梯级利用建设等一批旅游建设项目。到2020年，争取打造国家5A级景区2个、新增4A级景区4—6个，成为有较强吸引力和竞争力的旅游基地。

（4）金融风险板块。金融服务业是北大荒集团公司核心产业的重要支持产业，主要为农垦全产业链的打造提供全方位金融服务支持。要重点以财务公司、担保公司、大宗商品交易中心、小额贷款公司为依托，加快业务拓展，做强做大金融业务，加强金融风险管理，着力打造产融结合、综合经营的现代金融平台。构筑贷款、担保、投融资、期货、信托、证券、银行、保险、股权并购、农业保险、产业发展基金为一体的综合经营模式。

阳光农业保险公司要坚持"先农险、后商险，先局部、后放大"的原则，加快实施"立足垦区、覆盖全省、走向全国"的三步走战略，全力开拓政策性农业保险业务，充分发挥专业化农业保险公司的作用，不断放大政策性农业保险的惠农效应，做好、做强、做优相互制农业保险公司，提高风险管控能力，为"三农"提供更优质、高效、便捷的相互制农业保险服务。

积极创造条件组建北大荒农村商业银行，进一步增加对集团产业发展的金融投入，进一步提升金融服务农垦主导产业发展水平。加快组建北大荒财务公司，发挥财务公司作为全牌照金融企业的平台优势，多渠道与其他金融业开展业务合作，为北大荒集团公司的产业发展提供支撑。将财务公司打造成为北大荒集团发展金融板块的基础平台，在服务集团战略发展、支持经济转型的同时，完善自身的发展战略及规模，打造稳固的业务模式和盈利模式。做大北大荒投资有限公司，鼓励和支持有条件的社会资本创办投资担保公司。

以政府性资金为引导，鼓励符合条件的金融机构和垦区企业集团等资本投入，设立农垦战略产业发展股权投资基金。依托农垦优势，政府引导、社会资本参与，实行专业化市场化运作，重点扶持垦区企业改善生产条件、提升机械装备水平、提高农业科技能力、加强农业生产管理和重大农业灾害防控、应对市场变化等方面，增强北大荒集团粮食、乳业、种业、商业物流等产业资源聚集融合。

（5）辅助支撑板块。在产业整合过程中，要将垦区资源资产倾向于战略性产业，或是具有竞争优势的产业；对于与主业无关、类型重复、没有竞争力的产业和企业要坚决退出国有资本；但对于经营基础较好的非核心产业，可以继续予以保留，引入民营资本进行改善，促进其良性发展，为集团主业发展提供资金流等辅助支持。

强化北大荒房地产、建筑、通讯、药业、造纸等部分优势企业的辅助支持地位，并逐步将产业资源集中到一两个公司中，有计划地退出部分劣势企业。加快退出无效低效资产，推进资产集中于产业链、价值链的高端环节，加大同质资源整合力度，通过购买、注入、置换等方式实现资源整合优化，并推动优势企业通过市场化并购重组实现跨越式发展。

加快非核心主营企业股权多元化改革，发展混合所有制经济，有利于打破国有资本垄断，通过降低持股比例，也能减少国有资本的控股成本，以实现市场化经营。要结合产业发展方向，积极发展国有资本、集体资本、非公有资本等交叉持股、相互融合的混合所有制，探索推进职工持股，形成资本所有者和职工利益共同体，促进国有资本保值增值，促进企业良性健康发展。

（四）黑龙江垦区产业重组的重点任务

企业整合重组的过程也是寻求内部资源条件、外部经营环境和企业发展目标之间动态平衡的过程。在整合重组的过程中，将使企业的管理变得更加复杂，协调控制工作变得更加繁重。如何将分布在不同企业的生产经营活动有机地组织起来，围绕共同的战略目标开展工作？在产业整合重组战略目标的导向下，需要从业务流程再造、组织结构变革、健全风险管理、培育国际名牌、加强组织学习、创新企业文化等六个方面入手，将原属于不同管理体制、运行机制、企业文化的企业整合成为有机整体。

（1）组织结构变革。企业的组织结构决定了企业内部资源的配置方式、业务程序、授权和决策过程以及监督和治理机制。企业的组织结构短期内看是稳定的，但实际上一直处于不断变革的过程之中。企业组织结构的变革，受到内部条件和外部环境变化的影响。企业对组织结构的变革过程，通常也是对其生存环境的一个适应过程。同样，只有企业的组织结构和所指定的战略目标相匹配时，企业的发展战略才能真正执行下去。企业的组织结构必须适应战略发展的需要，并随着战略的变化而变化。在垦区主导产业整合

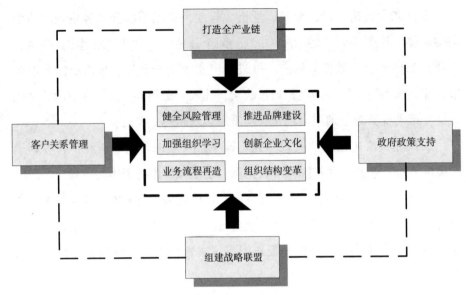

图 1.10 垦区主导产业整合的战略措施

过程中，企业的内部条件和外部环境在较短的时间内发生了剧烈变化，为了确保产业整合战略目标的实现，必须采取切实有效的措施，变革现有的组织结构。

为适应北大荒集团公司打造现代大型农业企业集团的战略愿景需要，主导产业企业的组织结构也要相应地在整合重组中，逐步向扁平化、柔性化和网络化方向变革。原则上，北大荒集团公司只保留三级母子公司架构，主导产业龙头企业只保留二级母子公司架构，原有的四、五级乃至更多层次的经营主体，要加快予以裁撤，并整合到上一级同类的经营主体之中。在产业公司内部，要从增加管理人员的管理幅度、构建计算机信息网络和增强个人和团队工作能力等方面入手，在不影响管理效能的前提下，尽可能削减企业的中间管理层，从而确保各种信息，不受资产总量、企业数量和经营规模扩大的影响，在企业内部快速而准确地传递，提高企业对外部环境和市场需求等方面的响应能力。

同时，可以以任务为导向，组建一些临时性的团队组织，来取代组织结构中原来所固定设置的一些正式部门。通过正式组织和非正式组织并存，职能部门和项目团队并存的方式，在稳定基础的情况下，增强企业在整合重组过程中的灵活性，提高企业对动态多变环境的适应能力。此外，还可以通过组建战略联盟和虚拟企业等方式，使得启用的内部组织结构与整个农垦系统其他同类产业企业之间形成一种网络结构。这种网络型的结构，表面上弱化了企业具体的组织结构，但实际上能够使农垦主导产业之间形成更为密切的合作关系，整合和调动更多的资源，提高垦区主导产业的风险应对能力。

（2）业务流程再造。1993年，Michael Hammar 和 James Champy 在《Reengineering the Corporation》一书中对企业流程再造做出明确的定义：企业流程再造是对企业的业务流程作根本性的思考和彻底重建，其目的是在成本、质量和速度等方面取得显著的改善，使企业能最大限度地适应以顾客（Custom）、竞争（Competition）、变化（Change）为特征的现代企业经营环境。业务流程再造 BPR（Business Process Reengineering）的根本思路在于，通过对企业业务流程中的非增值环节进行清除、简化、整合、自动化，使得流程变得更加合理与容易操作，提高企业整体经营的效率。

垦区主导产业在整合过程中，随着经营主体和经营业务的聚合，使得企业的业务流程必然和整合重组前相比要发生显著变化。这就使得产业公司必须要对现有流程进行重新思考、重新设计，通过业务流程再造，从而实现整合重组后企业内部各种循环系统的高效畅通。整合重组为垦区主导产业龙头企业的业务流程再造提供了良好的契机，企业可以以实现整合重组的战略目标为动力，着手重新整合企业现有的各类业务流程，以提供更好的产品和服务，并促进发展战略的实现。整合重组中业务流程再造，可以从以下三个方面着手：

一是再造企业的各项制度。完善的制度是提升组织各项活动的效果和效率，实现组织预期目标的重要保障。在企业的整合重组过程中，要在最短的时间内重新建造制度，配合集团化经营和股份化改造，强化企业办事的准则和程序规范，同时设定监察机制以确保整合重组没有偏离既定的战略目标。

二是改变过时的业务流程。要适应当前农产品市场竞争的需要，彻底打破传统分工理论的约束，跨越职能部门的条条框框，以简洁流畅的流程为目的，重建企业的运行机制和组织结构，将传统组织中的纵向职能控制转变为流程中各项活动的横向协调，实现企业对流程的有效管理和控制，使企业真正直接面对客户。

三是加强核心业务的整合和自动化。核心业务流程是一个企业内部最重要的循环体系，在企业经营中占据主导地位。要通过对核心业务流程的自动化及整合，找出企业经营的最佳策略及方法，从根本上提高农业企业在跨国发展中应对复杂环境的能力。

（3）健全风险管理。垦区主导产业在整合重组中的风险，既包括原有企业经营时已经面临的战略风险、经营风险、财务风险、信息风险、政策风险以及自然风险等，也面临着整合过程中产生的资产清算、职能调整、管理变革、文化冲突等风险。整合重组一方面将使原有的风险进一步放大，同时还会带来变动导致的新的风险。不管是哪一类的风险，一旦这些风险发生，小则给企业带来较大的经济损失，大则有可能导致重组战略失败，甚至造成企业的破产倒闭。

正是因为整合重组带来高风险性，才使得企业的风险管理与防范日益重要，建立必要的风险管理体系也就成为企业整合重组的必要条件。随着主导产业整合重组进程的推进，探寻建立一整套完善的应对复杂环境的企业风险管理系统刻不容缓。要建立健全一套科学完善的风险管理体系，加强对各类风险的预测、监督、控制，强化管理，通过相互监督与制衡，达到规避风险、减少风险、分担风险的目的，以便把风险控制在企业的风险忍耐度和风险容量以内，达到风险管理的目标。可以从以下四个方面入手，加强农业企业跨国发展风险管理体系的构建。

一是从会计职能入手，依照相关法律法规等强制性约束和准则规范，建立会计内部控制制度，形成会计内部控制框架。加强母公司对子公司和分公司的审计职能，重点是要加强对应收账款、库存等企业业务流程和会计循环中的关键点的控制和监督。

二是从管理职能入手，在经营过程中加强风险评估和风险管理。管理层和员工一起进行内部控制自我评估和监督，定期或不定期采用结构化的方法对内部控制的效率和效果进行评估，关注业务过程和控制的效果。

三是从信息化建设入手，完善风险管理的技术平台。通过信息技术真正实现信息的共享，减少人为因素的干扰，减少企业内部和企业内外的信息不对称和信息不畅通，使企业随时掌握营运状况和组织中发生的情况。

四是从内外部检查入手，建立企业的风险诊断体系。要建立包括内部自检和外部诊断在内的检查机制，引入第三方评估机构，使企业能够及时发现各种风险隐患，并进行有效的解决。

（4）推进品牌建设。品牌是产品的身份体现，是产品质量、商业信誉的集中体现。农产品的一个重要属性特征就是质量隐蔽性很强，难以简单地通过外观等途径识别质量高低，特别需要利用品牌对农产品的质量特征进行集中表达和保护。农产品品牌对农业企业发展的作用在于，可以降低产品的市场推介等交易成本，提高产品的市场竞争力，实现市场范围的迅速拓展。品牌战略是企业战略的一个重要方面。实施名牌带动战略，打造核心竞争力，是企业走向市场、参与竞争的有效手段和有力措施。

垦区主导产业要在激烈的竞争中实现生存和发展，必须提高产品质量并实施品牌化经营。在当今的农产品市场竞争中，一定程度上说谁拥有名牌谁就能占领较多的市场份额，获得更多的利益。实践证明，当前的市场竞争尤其是大型农业企业集团之间的竞争，已经逐步由产品竞争、资产竞争向品牌竞争过渡。有没有品牌优势，有没有核心竞争力，直接关系主导产业的发展能否立足长远。在垦区主导产业的整合过程中，必须把建立品牌、开展品牌经营，进而创立国际知名品牌作为重要的战略措施，品牌经营增加企业的无形资产、提升行业知名度，树立良好的企业和产品形象，进而以较小的成本，开拓市场地域范围，实现整合重组后尽快站稳脚跟和发展壮大。

根据当前垦区自有品牌较多、部分品牌社会知名度高的特点，北大荒集团的品牌建设适宜采用母子品牌战略。由北大荒集团公司统一打造"北大荒"的母品牌，并对该品牌进行统一管理和宣传。各个主导产业要利用农产品生产基地、全产业链、全程可追溯管理等方面优势，培育自己的优质农产品品牌，并根据品牌成熟度与母品牌进行整合，最终集中打造优质安全农产品品牌集群，让"北大荒"成为世界品牌，提高北大荒产品整体形象和社会影响力。

（5）加强组织学习。企业是由员工组成的一个智能有机组织，同样像人类一样能够表现出整体学习的能力，组织学习机制是使组织通过知识积累和创新，以适应不断变化的环境的过程。组织的学习过程可以定义为，通过对组织更好的认识和理解，从而提高组织行动能力的过程（陈国权、马萌，2000）。组织学习使得组织可以更好地认识和理解自身，从而提高行动能力，意义不仅仅局限于对企业外部环境变化的适应性反应上，而且重在提高组织对外部信息的识别和反应速度上，是提高企业适应性与竞争力的根本途径。

一个组织的学习能力和速度，在一定程度上决定了组织能否适应自我改造并最终在动态环境中得以竞争取胜。垦区主导产业整合重组的过程中，是经历变革和创新活动的集中时期，企业的内外部环境都在发生显著的变化，迫切需要用新的战略目标和任务来引导组织行为，重新构建不同资源间的相互作用方式，创新性地解决变革中的各种冲突。这些都迫切要求企业采取组织学习的措施，通过在新的环境中获取知识，并通过内部加工消化，从而在能力上适应整合重组后新的组织形态要求。

加强组织学习必须创建有利于组织内员工学习的企业文化，组织结构和制度能够鼓励员工之间相互开展合作，同时还要提供必要的方法和工具帮助员工学习。加强组织学习的有效方式就是创建学习型组织。学习型组织是组织里的人们不断地扩张他们的能力来创造他们真正想要的结果；学习型组织里可培育出新的思考模式、释放出集体灵感以及大家不断学习如何一起学习（Peter Senge，1998）。

建立学习型组织首先在个人层次上，应将旧的心智模式，如片段式的思考、个人的竞争、遇到问题才反应的心态，透过学习转换成为整合式的系统思考、相互的合作及实践的精神。在组织行为上，要强调全体参与，透过团队运作达成组织的共同愿景，组织内更需建立健全的管理程序和制度，以鼓励人员的合作和成长。学习型组织具有持续学习的能力，可以不断适应重组整合的战略需要，增强自我发展能力，保持持久的竞争优势。

（6）创新企业文化。虽然不同学者对企业文化的定义各不相同，但一般认为企业文化是组织中各个成员共同持有的信念、期望和价值观的集合，从而形成员工个人和企业整体的一种默契的行为规范。企业文化的作用在于可以以较小的成本，整合企业内部各种不同的思维观念，减少内部各种摩擦冲突，使之围绕企业共同的战略目标而奋斗。企业文化是一种潜移默化的力量，可以把全体员工紧密地联系在一起，真正发挥员工的积极性和主动性，自觉地把企业的战略目标转化为个人行动。同时，企业文化还可以外显张力，协调企业与社会的关系，为企业塑造良好的整体形象，增强企业信誉和扩大影响。企业文化在被视为企业发展的无形资源和重要推动动力的同时，对于提高企业的竞争能力增强经营业绩的作用也愈发明显。

在整合重组过程中，能否根据战略愿景而塑造出共同的、先进的企业文化，在一定程度上关系到整合重组的顺利实现。农业企业在跨国发展中，受到自身原有价值追求和东道国文化的双重影响，必须要通过整合和创新，建立起符合自身发展需要的先进文化，保障跨国发展战略的实现。只有创新企业文化，才能够减少整合重组中的各种障碍和壁垒，以较小的成本充分调动和整合企业的内外部资源，围绕新的发展战略而一致行动，迅速适应复杂市场经营环境的变化。要在整个北大荒集团公司大力弘扬"诚信务实创新卓越"的北大荒核心价值观、"忠诚坚守忘我"的北大荒文化精神和"开放开发智慧包容"的北大荒文化，使之成为北大荒人共同遵守的价值追求和行为准则。

五、垦区的政企和社企分开

理顺政企和社企关系，直接关系到垦区集团的市场主体地位能否真正确立，垦区的内生动力和发展活力能否得到全面提高。理顺政企和社会关系，是推进垦区集团化改革必须要实施的重要举措，必须毫不动摇地坚持政企分开、社企分开的改革方向。

（一）垦区行政和社会职能的基本情况

由于垦区规模大小不一，开垦历程有所不同，同时受到管理体制变化和改革进程影响，各垦区承担的社会职能状况也有所区别。目前，全国农垦的35个垦区中，除北京、天津、上海、重庆、广州等5个城郊型垦区，将承担的行政和社会职能基本移交当地政府外，其他垦区或多或少地都还承担着大量的行政和社会职能。

1. 行政和社会职能的类型及项目

从目前垦区承担的行政和社会职能来看，主要包括行政管理、社会管理和公共服务三大类，以及其他与企业生产经营无关的职能。

行政管理类的职能主要有：公安、司法、消防、交通、农业、水利、林业、国土、环保、文化、工商、民政、社保等。

社会事业类的职能主要有：教育、医疗、卫生、防疫、血防、计划生育、优抚、公证等。

公共服务类的职能主要有：广播、电视、市政、客运、供水、供电、供暖、养老、物业管理等。

此外，垦区承担的其他与生产经营无关的职能有：检察院、法院、边防巡逻、民兵训练、武器管理、难（移）民安置等，有的垦区和国有农场还代管部分农村的乡镇政府或村委会。

但是，在每项行政和社会职能当中，又包含着许多具体的管理和服务内容。在同一职能项目和管理机构中，存在着行政执法、社会管理、公共服务等内容的相互交叉。

例如，民政包括优抚恤、敬老、助残、济困、居民最低保障、赈灾等许多方面；教育和卫生职能中，既包括教育管理和卫生监督等行政职能，也包括中小学、幼儿园、医院等社会事业。

表 1.3　垦区行政和社会职能类型

类型	项目
行政管理	公安、司法、消防、交通、农业、水利、林业、国土、环保、文化、工商、民政、社保等。
社会事业	教育、医疗、卫生、防疫、血防、计划生育、优抚、公证等。
公共服务	广播、电视、市政、客运、供水、供电、供暖、养老、物业管理等。
其他职能	检察院、法院、边防巡逻、民兵训练、武器管理、难（移）民安置、场带乡（村）等。

从目前承担行政和社会职能最多的黑龙江垦区来看，按照《黑龙江省国营农场条例》和《黑龙江省垦区条例》规定，省农垦主管部门对国有农场的行政和社会职能实施系统管理。

黑龙江省人大、省政府通过地方性法规、政府规章和规范性文件授权或委托农垦系统的行政和社会职能有 94 项，其中法规授权 41 项、法规委托 9 项，规章授权 28 项、规章委托 5 项，省政府及部门文件委托 11 项。具体包括：

种子管理、植物检疫、耕地保养管理、农机管理、农机监理、森林管理、森林防火、森林病虫防治、种畜禽管理、动物防检疫、草原管理、野生动物保护、水资源管理、河道管理、水土保持、防汛抗旱、水利工程管理、农业综合开发管理、人工增雨防雹管理、绿色食品管理、粮食市场管理。

农村能源管理、燃气管理、专用公路管理、乡村建设管理、城市规划、城市道路管理、建设工程造价管理、测绘任务登记、环境保护管理、环境监测管理、自然保护区管理、风景名胜区管理。

文明单位创建、档案管理、出版管理、音像制品经营管理、电影发行放映管理、书报刊和电子出版物市场管理、广播电视管理、文物调查勘探、体育经营活动管理、公共卫生监督、饮用水卫生监督、食品卫生监督、保健用品卫生监督、传染病监测管理、计划生育管理、母婴保健管理、野生药材资源保护管理。

义务教育投入、教育督导、职业教育、科技成果转化、农业技术推广、统计执法检查、劳动监察、劳动安全监察、社会保险费征缴、信访、民政、地名管理、残疾人就业、公证管理、法律援助管理、消防监督管理、民兵预备役管理、民兵武器装备管理，等等。

这些社会行政和社会管理职能，由黑龙江省农垦总局、管理局和国有农场各层级行政和社会机构实行系统管理、分级负责。

2. 行政和社会职能的机构及人员

从统计调查情况看，截至 2014 年底，全国农垦自办的行政和社会机构共有 9400 个。其中，数量最多的是社区管理机构，教育和卫生机构的数量在总数中也位于前列。

垦区共有各类社区管理机构 3550 个，占总数的 37.77%。社区管理机构涵盖的范围较广，这主要包括垦区范围内由农垦企业所办的街道办事处、居民委员会等社区服务机构，含企业内部服务机构、保安保卫性质机构等。

垦区教育机构是社会职能移交较多的部门，目前只有 16 个垦区还承担教育职能。现有教育机构 1098 个，占总数的 11.68%，这主要是指实施普通教育的学校，包括幼儿园、小学、中学、大学、职业学校、技工学校等。

垦区医疗机构的移交相对滞后，目前大多数垦区仍承担有此项职能。现有医疗机构 1732 个，占总数的 18.43%，这主要包括垦区所办经卫生管理部门批准有营业执照的医院，不包含医务室等纯企业内部服务机构。

表 1.4　截至 2014 年底全国农垦行政和社会管理机构及人员

项目	机构数量（个）	比例	人员数量（人）	比例	离退休人员（人）	比例	资产总额（万元）	比例
教育	1098	11.68%	72117	25.90%	36153	13.23%	793323	20.10%
医疗	1732	18.43%	46161	16.58%	17455	6.39%	423604	10.73%
市政	258	2.74%	20233	7.27%	9511	3.48%	179541	4.55%
公检法司	809	8.61%	6997	2.51%	3025	1.11%	160961	4.08%
社区管理	3550	37.77%	89639	32.19%	173345	63.44%	1916032	48.54%
物业管理	220	2.34%	6798	2.44%	6514	2.38%	70856	1.79%
供电	90	0.96%	2311	0.83%	397	0.15%	31614	0.80%
供水	283	3.01%	4185	1.50%	887	0.32%	83328	2.11%
供热	881	9.37%	19775	7.10%	8852	3.24%	264249	6.69%
其他	479	5.10%	10259	3.68%	17104	6.26%	24035	0.61%
合计	9400	100.00%	278475	100.00%	273243	100.00%	3947543	100.00%

垦区的公检法司机构大部分已移交地方，但在新疆生产建设兵团、黑龙江等垦区仍具备完整体系。垦区现有公检法司机构 809 个，占总数的 8.61%，这主要包括经主管部门核准有正式编制的公安（含公安分局、派出所）、检察院、法院和司法部门，不含保安保卫性质机构。

其他相对较多的办社会机构，主要还有供热、供水、市政和物业管理等部门，这些主要包括企业所办的应由政府承办的有关市政管理和服务的机构。

从人员数量来看，构成和机构数量分别相似。目前，全国农垦共有行政和社会管理人员 27.85 万人，其中数量最多的是社区管理，人数较多的还有教育、医疗、供热、市政等机构。

但是也存在机构和人员比例差别较大的情况。教育机构数量占比 11.68%，但人员占比 25.90%，这说明教育机构平均人员数量较多；相应的公检法司机构数量占比 8.61%，但人员占比 2.51%，每个机构拥有的人员数量相对较少。

在离退休人员数量方面，全国农垦行政和社会管理机构共有离退休人员 27.32 万人，数量同在职人员数量基本相当，但是分布却有着截然不同的差别。离退休人员主要分布在社区管理机构，占总量的 63.44%，这主要是由于垦区的离退休人员大部分实现社会化管理，离退休之后同原有的行政和社会管理机构脱离关系。

表 1.5　截至 2014 年底黑龙江垦区行政和社会管理机构及人员

项目	机构数量（个）	比例	人员数量（人）	比例	离退休人员（人）	比例	资产总额（万元）	比例
教育	251	13.95%	17763	25.16%	11009	7.58%	212620	9.84%
医疗	295	16.40%	8555	12.12%	4460	3.07%	85218	3.94%
市政	67	3.72%	2126	3.01%	211	0.15%	103162	4.77%
公检法司	364	20.23%	6618	9.37%	609	0.42%	64716	2.99%
社区管理	662	36.80%	31929	45.22%	127857	88.00%	1579251	73.08%
物业管理	34	1.89%	1469	2.08%	559	0.38%	17877	0.83%
供水	50	2.78%	895	1.27%	207	0.14%	30881	1.43%
供热	42	2.33%	992	1.41%	93	0.06%	65827	3.05%
其他	34	1.89%	254	0.36%	280	0.19%	1418	0.07%
合计	1799	100.00%	70601	100.00%	145285	100.00%	2160970	100.00%

从资产总量来看，全国农垦行政和社会管理机构，共有资产总额 394.75 亿元，仍然是数量庞大的国有资产。资产的数量同机构和人员的数量基本相关，但社区管理部门资本比重偏大，医疗机构资产比重明显偏低。

这同调研中了解的情况一致，垦区医疗机构建设缺乏政府投入支持，在移交预期下企业投入也较少，同时由于经营状况差，自身积累也很薄弱。而相应的社区管理机构，主要是为垦区职工和家属服务，同企业生产经营关系密切，因此投入的资产也较多。

从黑龙江垦区情况看，行政和社会管理机构、人员、资产等均在全国占有重要比重。解决黑龙江垦区政企和社企分开问题，是全国农垦的重点和难点，也是垦区推进集团化改革的必由之路。

黑龙江垦区现有行政和社会管理机构 1799 个，人员 7.06 万人，离退休人员 14.53 万人，资产总额 216.1 亿元。在构成上同全国农垦类似而又稍有差别。

黑龙江垦区公检法司机构健全，因此占有的比重比全国要大。垦区集中开发建设时间早，离退休人员仍实行系统管理，因此离退休人员数量是在职人员数量的 2 倍多。

黑龙江垦区作为中央直属垦区，办社会职能投入很多纳入中央财政保障范围，因此经过多年累积形成了规模庞大的资产。同时，垦区近年来集中推进城镇化进程，在社区管理上进行了大规模投入，因此在社区管理部门形成了较大的资产。

3. 行政和社会职能的经费收支

2014 年，全国农垦行政和社会管理部门经费收入共计 279.81 亿元，来源主要有三方面：

一是机构经营及规费收入 43.04 亿元，占收入总额的 15.35%。这部分收入包括机构当年发生的经营收入及按规定收取的规费、手续费等各项收入。

从不同机构的经营和规费收入占比来看，供电和医疗机构的经营和规费收入占总收入的比重超过 50%，供水、供热和物业管理等机构的经营和规费收入占总收入的比重也较高。

对于机构的经营和规费收入占比较高的这些部门来说，政府和企业的负担相对较轻，在今后的改革过程中，也更加容易全部或部分地推向市场，实行企业化改革。

二是财政补助 136.31 亿元，占总收入的 48.72%。这部分收入包括行政和社会管理机构当年接受的财政部门和教育部门及行业主管部门拨付的各项财政资金。

表 1.6　2014 年全国农垦行政和社会管理经费收入

项目	收入总额（万元）	1. 经营和规费收入	所占比例	2. 财政补助	所占比例	3. 企业补助	所占比例
教育	604013	42850	7.09%	448941	74.33%	112222	18.58%
医疗	428903	225493	52.57%	133819	31.20%	69591	16.23%
市政	150497	6564	4.36%	40865	27.15%	103068	68.49%
公检法司	98141	4954	5.05%	55975	57.04%	37212	37.92%
社区管理	1030150	50130	4.87%	469127	45.54%	510893	49.59%
物业管理	51135	8169	15.98%	18902	36.96%	24064	47.06%
供电	39957	24903	62.32%	8662	21.68%	6392	16.00%
供水	32871	11372	34.60%	6236	18.97%	15263	46.43%
供热	308929	53357	17.27%	152522	49.37%	103050	33.36%
其他	53474	2612	4.88%	28087	52.52%	22775	42.59%
合计	2798070	430404	15.38%	1363136	48.72%	1004530	35.90%

从不同机构的财政补助占比来看，教育机构比重最高达到 74.33%，公检法司、社区管理、供热等机构的财政补助比例也在 50% 左右，财政补助比例最低的供水机构也达到 18.97%。

对于财政补助比例较高的机构来说，相应的企业负担较轻，在今后的改革过程中需要支付的成本也比较少，这类机构改革需要重点解决理顺管理体制的问题。

三是企业经费补助 100.45 亿元，占总收入的 35.9%。这部分收入包括主办该机构的农垦企业当年拨付的各项补助资金。

从总量来看，每年农垦企业需要支付的行政和社会负担十分沉重，除去教育、医疗、公检法司等财政补助和经营及规范收入比重较高的机构外，市政、社区管理、物业管理、供水等机构的企业补助都在 50% 左右，其他机构也或多或少需要企业拿出部分资金予以补助。

对于这类企业补助比重较高的行政和社会机构来说，今后改革的重点是要减轻企业的负担，将所需经费纳入到公共财政保障范围，使企业能够轻装上阵参与市场竞争。

表 1.7　2014 年黑龙江垦区行政和社会管理经费收入

项目	收入总额（万元）	1. 经营和规费收入	所占比例	2. 财政补助	所占比例	3. 企业补助	所占比例
教育	169832	5925	3.49%	131730	77.56%	32177	18.95%
医疗	87296	42720	48.94%	18923	21.68%	25653	29.39%
市政	46128	851	1.84%	1667	3.61%	43610	94.54%
公检法司	53335	1715	3.22%	35040	65.70%	16580	31.09%
社区管理	574656	24828	4.32%	285503	49.68%	264325	46.00%
物业管理	8053	663	8.23%	1453	18.04%	5937	73.72%
供水	6431	1860	28.92%	245	3.81%	4326	67.27%
供热	45777	22273	48.66%	150	0.33%	23354	51.02%
其他	2102	3	0.14%	169	8.04%	1930	91.82%
合计	993610	100838	10.15%	474880	47.79%	417892	42.06%

从黑龙江垦区的行政和社会机构收入来看，2014 年收入总额 99.36 亿元，其中，经营和规费收入 10.08 亿元，占 10.15%；财政补助 47.49 亿元，占 47.79%；企业补助 41.79 亿元，占 42.06%。基本上财政补助和企业补助总量相对，各占一半左右。

社区管理的收入在整个经费中占有最大比重，2014 年共收入 57.47 亿元，占总收入的 57.84%。其余收入总额较大的职能还有教育、医疗、市政、公检法司和供热。

从收入的构成来看，黑龙江垦区和全国农垦类似，医疗和供热机构的经营及规费收入占比较高，教育、公检法司、社区管理等机构财政补助占比较高，其余机构中企业补助占有较高的比重。

表 1.8　2014 年全国农垦行政和社会管理经费支出

项目	支出总额（万元）	1. 人员经费	所占比例	2. 公用经费	所占比例	收入总额（万元）	当年结余（万元）
教育	601498	413524	68.75%	187974	31.25%	604013	2515

续表

项目	支出总额（万元）	1.人员经费	所占比例	2.公用经费	所占比例	收入总额（万元）	当年结余（万元）
医疗	428786	208326	48.59%	220460	51.41%	428903	117
市政	153861	31335	20.37%	122526	79.63%	150497	−3364
公检法司	98370	58003	58.96%	40367	41.04%	98141	−229
社区管理	1050735	552643	52.60%	498092	47.40%	1030150	−20585
物业管理	51394	20278	39.46%	31116	60.54%	51135	−259
供电	38561	11927	30.93%	26634	69.07%	39957	1396
供水	33814	14804	43.78%	19010	56.22%	32871	−943
供热	309021	99616	32.24%	209405	67.76%	308929	−92
其他	52838	25026	47.36%	27812	52.64%	53474	636
合计	2818878	1435482	50.92%	1383396	49.08%	2798070	−20808

2014 年，全国农垦行政和社会管理部门经费支出共计 281.89 亿元，从支出分类来看，人员经费 143.55 亿元，占总支出的 50.92%；公用经费支出 138.34 亿元，占总支出的 49.08%。人员经费和公用经费支出总量及占比基本相当。

从机构分类来看，社区管理仍是经费支出的最大部门，全年总支出 105.07 亿元，占支出总额的 37.27%，其余支出较多的部门还有教育、医疗、供热、公检法司等机构。

不同机构的人员和公用经费比重也有所不同，教育和公检法司机构中人员经费占的比重较大，市政、供电、供水、供热等机构中，公用经费占的比重较大，其余机构则大体相当。

从 2014 年收支比较看，当年亏空 20808 万元，有的机构有所盈余，而有的机构则有所亏空，其中亏空最大的是社区管理机构，当年亏空 20585 万元，是造成年度亏空的主要原因。

2014 年，黑龙江行政和社会管理部门经费支出共计 99.36 亿元，从支出分类来看，人员经费 54.56 亿元，占总支出的 54.56%；公用经费支出 45.15 亿元，占总支出的 45.44%。人员经费支出要大于公用经费支出。

表 1.9　2014 年黑龙江垦区行政和社会管理经费支出

项目	支出总额（万元）	1.人员经费	所占比例	2.公用经费	所占比例	收入总额（万元）	当年结余（万元）
教育	169832	126695	74.60%	43137	25.40%	169832	0
医疗	88031	49662	56.41%	38369	43.59%	87296	−735
市政	46571	7614	16.35%	38957	83.65%	46128	−443
公检法司	53853	35032	65.05%	18821	34.95%	53335	−518
社区管理	572874	312423	54.54%	260451	45.46%	574656	1782
物业管理	8053	4024	49.97%	4029	50.03%	8053	0
供水	6431	1989	30.93%	4442	69.07%	6431	0
供热	45864	3073	6.70%	42791	93.30%	45777	−87
其他	2101	1640	78.06%	461	21.94%	2102	1
合计	993610	542152	54.56%	451458	45.44%	993610	0

从机构支出构成看，同样是社区管理、教育、医疗、市政、公检法司、供热等机构是经费支出的主要部门，其中社区管理支出 57.29 亿元，占支出总额的 57.66%。从 2014 年收支比较看，有的机构有所盈余，但总体上垦区内部实现收支平衡。

（二）垦区政企和社企分开的实践探索

垦区政社企合一的体制，为保障垦区经济和社会事业协调、健康发展起到重要的促进作用，特别是在建垦初期发挥了巨大的体制优势，但也给农垦企业和职工带来沉重的负担。

改革开放以后，为解决农垦的政企、社企矛盾，理顺政企和社企关系，各垦区进行了艰苦的探索，创造了一些体制模式。但是，部分垦区在改革方向尚未根本明确的情况下，为争取更有利自身发展的外部环境，一些行政和社会职能不仅没有减少，有的反而进一步增加，企业行为与政府行为严重混杂的情况越来越突出。

随着以建立社会主义市场经济体制为目标的改革不断推进，农垦政社企合一，企业办社会、管社会的弊端日益暴露，不仅加重了农垦企业和职工的负担，而且制约了垦区建立现代企业制度的进程，影响了企业竞争力的提高。

1995年，农业部召开全国农垦经济体制改革工作会议，提出了垦区集团化的改革方向，并且明确了逐步分离企业行政和社会职能的改革目标，以及分离行政和社会职能的主要途径。此后，在每年的全国农垦工作会议上，都会对推进农垦政企和社企分开提出明确要求，通过各种方式和手段，全力推进垦区政企和社企分开。

目前，全国农垦34个垦区都进行了政企和社企分开的改革，特别是在建立健全社会主义市场经济体制的改革过程中，许多垦区和国有农场在改革行政和社会职能方面进行了多方面的积极而有益的探索，大致形成了五类政企和社企分开的改革模式。

1. 全面移交属地地方政府管理

这种模式是将垦区企业所承担的行政和社会职能、机构、人员及相关资产移交给属地地方政府，纳入政府管理序列，经费由财政承担。这是解决垦区行政和社会职能的最终途径，可以从根本上减轻农垦企业负担，有助于农垦企业成为名副其实的现代企业。目前，全国农垦绝大多数垦区都选择了这种改革模式。

例如，北京垦区1998年在实行场乡体制改革时，随着农场将原来代管的乡镇集体经济交给当地区县，垦区行政和社会职能也同时全部移交给所属的区县政府，实现了政企和社企彻底分开，为垦区的整体集团化改革奠定了基础。

这种改革模式在体制上实现彻底的政企和社企分开，特别是将企业的负担转移给了地方政府，对地方财政实力提出较高要求。同时，对于集团化管理的垦区，国有农场对属地市县政府税收等贡献较小，地方政府接受垦区行政和社会职能的意愿也不强，改革进程往往要受当地政府财政状况和职能发育状况的影响。由于垦区大多是在偏远地区开发建设起来的，地方政府财力薄弱，因此除北京、上海、重庆、浙江等少数垦区实现彻底分离外，选择这种模式的大多数垦区，目前还没有实现政企和社企的彻底分开。

大部分选择这种模式的垦区，分离行政和社会职能的原则是有条件的先移交，没有条件的待条件成熟时再移交，随着职能的逐步移交，农垦企业的负担也在逐步减轻。实践中也有两种情况：一种情况是将垦区的行政和社会职能逐步移交当地政府管理，农垦的经费负担逐年降低，政府的相应支出逐年增加，直至最终完全承担。另一种情况是将人员、资产等条件优质的机构一次性移交地方政府，其余人员和债务负担较重的机构和其他社会职能逐步移交，这种做法要求省级农垦管理部门或农场层面上加大对行政和社会机构的改革步伐，为彻底移交创造条件，也有利于移交后的健康发展。

例如，广西垦区在分离行政和社会职能时，采取了有条件的教育和卫生机构先移交，其他的待条件成熟后再移交的办法。移交过程中，广西农垦医院采取一次性整体移交，其他的学校和规模较小的医院采取了分步移交办法，除资产及部分人员一次性移交外，用三年时间过渡。过渡期间经费仍由农垦企业负担，过渡期满后由当地政府全面接收并按照公办学校、医院进行管理。

2. 在垦区范围内新设一级政府

这种改革模式以新建立的县（市区）或乡镇政府，取代农场或农场管理局，行使原由农垦企业承担的行政和社会职能，经费纳入财政渠道，农场实行企业化经营，实现政企和社企彻底分开。

这种改革模式，需要垦区规模集中连片，国有农场的土地和人口具备一定规模，这样才能够使得新设立的政府机构能够降低运营成本，更好地为垦区和农场发展服务。这种模式主要是在上世纪八九十年代，部分垦区在探索政企和社企分开改革初期的试验。

例如，辽宁省在大洼和盘锦垦区分别建立大洼县和盘锦县；黑龙江省在友谊农场设立的友谊县；河北省在柏各庄农场建立唐海县（现唐山市曹妃甸区）；湖北省在武汉市东西湖农场建立东西湖区；湖南省在岳阳市君山农场和钱粮湖农场设立君山区；新疆生产建设兵团在农八师设立石河子市等，都属于这种改革模式。

案例研究：新疆生产建设兵团设立石河子市

为推进新疆生产建设兵团管理体制改革，更好地发挥兵团作用，新疆维吾尔自治区党委从1982年开始，在兵团农八师与石河子市进行师市合一体制探索，以农八师为基础，重新组建了石河子市。

中央高度评价和肯定了新疆的探索，并于1997年10月专门下发了《中共中央关于加强新疆生产建设兵团工作的通知》（中发〔1997〕17号文件），明确新疆生产建设兵团为党政军企合一的特殊组织，自行管理兵团内部行政事务，同时要求自治区和兵团"积极创造条件，参照石河子的管理模式，在兵团其他各师设立自治区直辖县级市"。

"石河子模式"即：师与市党政机关及其各部门实行"师市合一，一套机构，两块牌子，合署办公"的体制，依照国家和自治区的法律、法规，分别在师属区域和市辖区域内行使师和市的党政职能，受自治区和兵团的双重领导。其具体内涵：

（1）市委市政府同师党委、行政对内为一套领导班子，师党委书记即市委书记，师长即市长，对外挂新疆生产建设兵团第八师、新疆自治区石河子市两块牌子。

（2）石河子市的行政区域，以原兵团师管辖的区域为基础，按照县级市的人口、用地规模重新调整和划定；石河子市与周边的地市州没有隶属关系，工作直接受自治区和兵团双重领导。

（3）石河子市建立人民代表大会制度和政治协商会议制度，市人大、政协机构按国家规定单设；公检法司机构在原有基础上完善；建立财税分流的财政体制，师财务处和市财政局各自承担师属财务和市政府财政工作。

3. 在农场设立管理区（开发区）

这种改革模式是在国有农场范围内设立管理区（开发区），作为政府的派出机构管理区域行政和社会职能，同时设立财税机构，用于保障行政和社会机构的经费支出。这种办法基本都做到了政企和社企分开，政府的事政府管，企业的事企业管，资金也有了渠道，企业的总负担有所减轻。

这种改革模式产生有着特定的背景。在 2000 年前后，由于亚洲金融危机、自然灾害、农业经营效益低下等原因，河北、湖南、湖北、江西等垦区和国有农场的生产经营陷入困境，为解决企业既要缴纳税收，又要承担行政和社会机构支出的双重负担，这些省份采取将省属农场下放地方，并设立政府和财税机构以减轻企业负担的改革办法。由于难以解决行政代码和机构编制等问题，因此就临时性给予管理区（开发区）的组织设置。

由于这种改革模式虽然有了税收渠道，但范围只有农场区域且还要与属地政府分成。同时，由于没有行政代码难以解决中央和省级财政的转移支付等问题，因此在实际操作中也没有真正做到由财政承担行政和社会经费，农场的政企和社企也没有彻底分开。因此，这种模式总的来看还是一种临时性或过渡性的改革办法，只是对一些区位条件好、利于招商引资增加税收的农场比较有利。

案例研究：中捷友谊农场设立管理区

河北省沧州市中捷友谊农场成立于 1956 年，辖区面积 268 平方公里，耕地 10 万亩，总人口 4.2 万；目前，下辖 13 个生产队、11 个行政自然村。

2003 年 3 月，河北农垦在经营难以为继的情况下被迫改革，原直接隶属于河北省农垦局的中捷友谊农场，被下放到沧州市管理，并被赋予开发区职能。沧州中捷友谊农场改革可以概括为"属地管理、派出政府、一级财政"。

（1）省属中捷友谊农场划归属地管理，由沧州市直接管理，区域内的道路交通、教育卫生等基础设施建设和社会事业发展全部纳入了沧州市的统一规划，进入政府投资建设序列。

（2）在中捷友谊农场区域内设立中捷产业园区，建立园区管委会，下辖"四局四中心"，即发改局、财政局、人事局、社会事务局以及交通建设中心、管理服务中心、文教体育中心、卫生计生中心，以规模较小的机构管理区域内行政和社会事务。

（3）沧州市政府上报省政府同意，在中捷友谊农场设立财税机构，赋予其区域内财政和税收权力，极大地调动了农场招商引资和职工投资创业的积极性。

中捷友谊农场的改革办法，一定程度上实现了政企分开、政事分开。特别是独特的区位优势和产业基础，使得园区利用财税体制招商引资获取了巨大经济回报，使农场的双重负担问题得到了彻底解决。2014 年，中捷友谊农场完成 GDP 119 亿元，全部财政收入 32.4 亿元，公共预算收入 8.7 亿元。

4. 在农场内部实行政企和社企分开

这种模式是在现行体制的基础上，在农场内部将生产经营职能与行政和社会职能机构、人员、经费预算等分开，生产经营职能由企业经营机构承担，行政和社会职能通过政府授权等方式，由农场内部设立的社区管理机构承担。

在这种模式下，国有农场的管理部门在党群机构共设、综合部门合署的基础上，做到"四分开"，即：社会行政机构与企业机构分开，公益事业与企业经营分开，企业经营性资产和公益事业性资产使用权分开，财务核算分开。同时，国有农场内部设立社区管理委员会，专门承担政府委托的行政和社会管理职能。

这种改革模式主要是行政和社会职能暂时难以移交的垦区，以及教育、医疗、公检法等职能已经全面移交，剩余社区管理等职能难以移交的垦区。这种内部分开的做法，有利于生产经营和行政及社会管理分别纳入规范化轨道，但并没有减轻垦区的行政和社会职能负担，并不是解决政企和社企问题的最终办法。

案例研究：江苏垦区的政企和社企内部分开

江苏垦区在教育、公安、社保等机构已全面移交地方政府，剩余社区管理职能暂时难以移交情况下，开始逐步探索推行国有农场办社会职能内部分开。

目前，垦区已经形成了在农场党委的统一领导下，以农场社区管理委员会为主，以居民自治为基础的社会治理机制，实现了农场管理与居民自治的有效衔接和良性互动。

（1）根据农场所承担的社会职能，江苏垦区在18个农场全部设立了社区管理委员会，下设社会行政科、社会事业管理科、社会服务科，负责场域内的社会事业管理；分场层面设立社区办事处，由专人负责。社区管理委员会的人、财、物相对独立，实行单列财务管理，费用开支按预算执行，收费项目实行收支两条线管理。

（2）江苏垦区积极争取地方政府部门依法授权（委托）管理，部分农场先后争取到城管、司法、城建督查、计划生育、水政管理、土地管理、安全生产和环境保护等多项政府授权管理事项，并得到了相应的工作经费补贴，初步形成了政府部门依法授权、社区依法管理社会事务的衔接机制，使垦区社会管理更加规范。

（3）江苏垦区依托农场原有的组织网络，经由当地政府批准登记，在18个农场社区设立了100个左右的居民委员会。居委会在农场党委的领导下，选举产生居委会主任、委员和居民代表，制定社区居民公约和居民自治章程，开展扶贫帮困、民事调解、治安联防等工作，实现了居民的自我管理、自我服务和自我监督。

5. 将社会职能作为产业发展

这种模式是将有条件的社会事业逐步推向市场，实行企业化自主经营，自负盈亏，作为产业来发展，农垦企业逐步减少乃至不再给予补贴。有的垦区还将部分面向社会服务的机构，直接改制为民办或股份制企业，同农垦企业实现脱钩。

这种改革模式，需要针对特定的医疗、养老、供水、物业管理等既面向广大公众服务的社会职能，又可以实现市场化服务收费的机构。同时，这些机构和职能，还具有良好的发展基础，在技术、人才、资金、区位等方面具有独特优势，这样推向市场的时候，才能够在激烈的市场竞争中生存和发展。

实践中，多数垦区选择医疗行业作为改革对象，这样既可以减少企业和政府的负担，同时可以利用原有的人员、资产和设备，同养老等服务业嫁接融合，促进三次产业融合发展，培育和发展壮大垦区新的产业增长点。

案例研究：广东农垦燕岭医院的市场化改革

广东农垦燕岭医院始建于 1982 年，是广东省农垦总局直属的一家全民所有制、具有国家二级甲等医疗资质的综合性医院。2009 年 7 月，广东省农垦总局同南方医科大学签署协议，将燕岭医院交由南方医院以院区托管模式建设，并更名为南方医科大学南方燕岭医院。

（1）广东农垦属于中央直属垦区，医院资产属于中央部门管理，难以直接采取市场化方式处置，托管在不改变燕岭医院产权、行政隶属、人员身份、管理体制和经费管理渠道的前提下，由南方医院提供品牌、技术与管理，燕岭医院提供资金、场地和设备。以南方医院为主体，双方共同派人组建托管医院管理办公室进驻南方燕岭医院，行使医院管理权。

（2）燕岭医院原有基础非常薄弱，南方医院综合实力强，品牌和美誉度高，两所医院地理位置接近。南方医院成建制的专业技术人员进驻南方燕岭医院，以"科室托管科室"的方式整合被托管医院和受托医院的医疗资源，将南方医院文化、管理机制、技术力量、品牌资源全面融入燕岭医院。

（3）燕岭医院被南方医院托管 2 年后，医疗服务的质和量都有了较为明显的提升，经济状况也明显改善，重大疾病救治能力也得到了提升。医院门急诊量、住院病人量都有了较明显的增加，病床使用率、病床周转率、每名医生的年门急诊量及出院人次均有大幅度提升，医疗收入增加了401.50%，床均收入增加了3002%。

（三）垦区政企和社企分开的影响因素分析

农垦企业承担行政和社会职能，有其历史的必然性，在社会主义市场经济体制的新形势下，分离农垦行政和社会职能也是历史必然。但是，农垦以土地为依托、农业生产经营为主的特性，导致垦区行政和社会职能往往是分而不离。

因此，在目前多数国有企业已经彻底实现政企和社企分开的情况下，多数垦区还依然或多或少地承担行政和社会职能。要从根本上解决垦区政社企分开的问题，则需要对政企和社企分开的影响因素认真加以分析，在此基础上提出进一步改革路径。

1. 垦区政企和社企分开的必要性

客观地看，农垦政社企合一的体制并非一无是处，农垦在政府社会管理职能不能辐射的情况下，承担行政和社会职能，可以在垦区内统筹经济和社会发展，统一指挥、统一管理，以凝聚民心，稳定队伍，减少矛盾，使社会事业的发展更好地为经济发展服务，经济发展为社会事业的建设提供保障。

从历史角度看，农垦系统依靠自身力量发展教育、卫生等各项社会事业，解除了职工及家属就医难、就业难以及子女上学难等诸多后顾之忧，同时依靠自身力量建立起公检法司等社会管理机构，创造了良好的社会环境和治安条件，很大程度上稳定了职工队伍，为完成国家赋予的屯垦戍边等战略任务提供重要支撑。

同时，农垦依靠自身力量发展起一批以农场为中心的小城镇，成为边远地区的政治经济、科技文化、教育医疗中心，在改善职工生活条件的同时，对繁荣区域经济，统筹城乡发展，带动周边农村发展等方面，发挥了重要作用。

随着社会主义市场经济体制的逐步完善和对外开放水平的不断提高，农垦的生存与发展环境发生了巨大变化，垦区的行政和社会职能及费用如果继续由企业和职工承担，弊端将更加凸显，不仅严重制约农垦企业改革和竞争力增强，而且严重制约垦区社会建设和职工收入水平的提高，还容易因待遇落差等因素引发社会矛盾。

(1) 农垦企业和职工背负不合理负担。农垦企业承担行政和社会职能，是在按照国家法律和政策规定缴纳各项税费之后，额外拿出资金负担行政和社会性支出，存在严重的双重负担。

改革开放以前，农垦企业虽然实行统收统支的财务管理体制，办社会的很多费用都由国家承担了，但这种体制是在低分配、高积累的原则下进行的，表面看是国家在承担办社会的全部费用，但实际上是企业和职工通过高积累的分配形式在帮助国家分摊办社会的费用。

党的十一届三中全会后，随着农垦财务包干体制的建立，农垦企业和职工的行政和社会性负担被逐步固化下来，虽然各级财政给予了补贴，但随着垦区社会事业的发展，财政支持的增长始终赶不上社会支出的实际增长，企业负担仍然是大头，开支缺口只能由企业自筹，经层层分解，最终又落到了职工身上。

党的十五届四中全会后，随着市场经济体制改革的不断深化，国企剥离社会职能、农村税费改革以及政府职能转换的步伐加快，国企和农民基本上不再直接承担社会负担。相比之下，农垦企业和职工的负担有所减轻，但却依然没有彻底解决，随着社会建设水平的快速提高，有的垦区的负担甚至还越来越沉重。

(2) 农垦体制和机制改革受到严重制约。改革国有农场办社会职能是农垦体制和机制改革的关键环节。垦区政社企不分的体制不符合现代企业制度"产权清晰、权责分明、政企分开、科学管理"的要求，不利于市场经济体制在垦区的建立和完善。

由于行政管理体制、社会管理体制和企业管理体制并存，使农垦企业难以建立一套规范运作、决策科学的管理体制和运行机制，并向主业突出的经营性企业转变，农垦企业长期存在的行政性翻牌公司问题不能得到有效解决。

虽然国有农场具有经济性、社会性和区域性的特点，但它的基本属性是企业，所以必须遵循市场经济规律和企业发展规律，沿着企业化发展路径推进办社会职能改革，坚持政企分开、社企分开，把农场打造成为真正的企业和市场主体，让企业干企业的事，政府干政府的事，社会干社会的事。

垦区政社企不分如果得不到有效解决，国有农场就难以向主业突出的经营性企业转变，难以建立一套运作规范、决策科学的运行机制，整个农垦改革的任务就不能根本完成，建立与社会主义市场经济相适应的体制机制的目标也就不可能实现。

（3）农垦企业的实力和竞争力难以提升。由于要承担大量的行政和社会管理职能，农垦企业的利润要大批转移去维持社会运转，从而使企业追求利润最大化的目标无法实现，企业目标与政府目标的矛盾无法协调，企业的管理也大打折扣，漏洞多多，无法考核，直接影响农垦企业的实力提高。

目前，农垦企业不仅要与实力不断壮大的非公有制经济竞争，更要在国际竞争中面对大型跨国企业集团的挑战。农垦作为企业既要向政府纳税，又要在企业利润中承担本该由政府承担的行政和社会职能支出，双重叠加的负荷不仅降低了企业的整体经济效益，更削弱了企业的市场竞争力。

农垦承担行政和社会职能，不仅会直接降低企业的经济效益，使许多企业难以扩大再生产，甚至导致有的企业负债经营，生产都难以为继，更何谈在竞争中发展壮大，以及承担国家赋予的职责和使命。据统计，目前农垦政策性、社会性等原因形成的债务共计 602.0 亿元，其中办社会形成的债务561.6 亿元。

改革垦区行政和社会职能，是提高农垦企业发展活力的必由之路，只有加快推进垦区政企和社企分开，将行政和社会职能全面移交属地政府管理，经费纳入公共财政保障范围，才能为农垦企业公平参与市场竞争创造条件。

（4）垦区社会建设的速度和质量相对滞后。由于垦区社会事业管理不能纳入政府管理序列和财政预算，很多政策落实都只能是"一事一议"，经常出现"落空"和"慢半拍"的现象。农垦企业的资金既要投入生产经营，又要投入社会管理，有限的资金很难满足当前垦区发展教育、卫生、文化等事业的需要。

垦区社会建设的资金来源没有正常的投资渠道，主要依靠企业自身的积累，有了利润才投入，没有利润就会少投入或不投入，这种低水平的投入，会很大程度地影响垦区社会事业发展的速度和质量，尤其是经济困难的垦区，根本无力向社会事业投入。

由于资金投入长期严重不足，造成垦区的许多社会职能履行不到位，公共服务、基础设施严重落后，影响了垦区社会事业的长远发展。特别是垦区的教育事业发展严重滞后，许多学校教室陈旧破烂，教学设备严重不足，农场子弟享受不到与农村儿童相同的读书条件，教职工待遇远远低于当地政府学校教师的经济收入。

垦区社会事业发展长期滞后，特别是同周边地区差距越拉越大，极有可能导致职工群众的不满，长此下去容易激化矛盾，影响垦区的大局稳定。要真正解决垦区社会建设"政策边缘化"和公共服务均等化问题，则必须理顺政企、社企关系，从体制上把农垦的社会发展和社会管理纳入各级政府管理体系，经费纳入公共财政保障范围。

2. 垦区政企和社企分开的特殊性

从现实情况看，推进农垦政企和社企分开，必须充分考虑垦区的特殊性。同城市围墙企业不同，农垦不仅是一个经济组织，同时又是一个特殊的社会群体，既要负责生产经营管理，又要负责社会管理和公共服务。农垦在六十多年的经济建设过程中，也在同步发展社会事业，社会管理系统也很完善，与企业管理系统相一致。

垦区以土地为依托，集区域性、社会性、经济性于一身的特点，以及国有农场所处区域经济社会发展的承受能力，决定了农垦不同于其他一般国有工商企业，在政企和社企关系上有其自身的特殊性，这也是农垦办社会职能尚未根本解决的重要原因。

（1）垦区的历史性特征。分离垦区行政和社会职能，必须充分考虑其产生的历史渊源和发展的演进过程。垦区大规模开发建设是在人迹罕至、渺无人烟的亘古荒原上进行的。在党中央的号召下，50 年代中后期，先后有大批复转官兵、大专院校毕业生和各地支边青年相继挺进荒原，投身农垦的开发建设。

垦荒大军继承了人民解放军"艰苦奋斗，排除万难"的光荣传统，在远离社会依托，条件极端艰苦的环境下，踏实布点，拓荒建场。在垦区开发建设的进程中，数十万开发建设者扎根农场安家立业，对社会公益服务事业产生了客观需求。在当时地方政府鞭长莫及的情况下，农场自力更生兴办教育、文化、卫生等各项社会事业，形成了农场办社会的特殊体制。

随着垦区经济建设的不断发展，各项社会事业不断进步，逐步形成了先进的农业生产力系统和完整的社会服务系统。垦区的行政和社会管理体系，是随着农垦生产力的发展和社会事业进步而不断调整、改革和理顺的，已经成为农垦事业和农垦文化的有机组成部分。

垦区从开发建设至今已有 60 多年的历史，承担的行政和社会职能也有 60 多年的历史，同生产经营职能有着千丝万缕的联系，是许多农垦人意识中垦区不可或缺的组成部分。要将垦区的行政和社会职能一下子彻底分离出去，不仅同长期合二为一的生产经营职能彻底分开难度很大，而且要考虑长期形成的债务、养老等历史遗留问题，此外许多农垦人从感情上也难以割舍。

（2）垦区的区域性特征。农垦和城市的围墙企业不同，是地域极其广阔的开放空间，行政和社会职能管辖的区域大、范围广。全国农垦现有土地总面积 36.37 万平方公里，约和云南省的地域面积相当，按省的地域面积比较可以排在第 8 位，而且在全国每个省（区、市）都有广泛分布。

从国有农场来，以土地为载体的农业生产经营，同工商企业以厂房和机器设备等为载体的生产截然不同。以黑龙江农垦为例，平均每个农场占有土地 80 万亩，土地面积在 50 万亩以下的小型农场 37 个，50 万—100 万亩的中型农场 40 个，100 万亩以上的大型农场 27 个，规模最大的友谊农场土地面积达 284 万亩。

同时，垦区土地集中连片，地域界线明显，形成了相对独立、封闭的社会经济区域。在黑龙江垦区，国有农场中有 11 个农场跨地市，33 个农场跨县（市），甚至有的生产队跨两个县。如果将这些农场的行政和社会管理职能交还当地政府，势必造成两三个县（市）管一个农场的局面，行政社会工作的多头管理势必造成事权分割，肢解垦区现有系统管理的优势，容易引发管理上的混乱。

全国农垦还有很多"飞地"农场。如上海农垦的大丰农场位于江苏省境内，黄山农场位于安徽省境内；河北农垦的芦台农场、汉沽农场位于天津市行政区划内。这类农场的行政和社会职能移交地方政府，需要省级甚至更高层面的沟通协商，难度很大。

（3）垦区的社会性特征。垦区是个开放的空间，与围墙企业的重要差别，就在于农场的社会性。国有农场不仅是一个经济组织，同时又是一个特殊的社会群体，生产经营和行政及社会管理区域重叠，职工和非职工难以分开，生产和生活难以分开，这也势必造成行政和社会职能难以从垦区彻底分离。

在农业经营体制上，农场与农村一样，实行以家庭承包经营为基础、统分结合的农业双层经营体制。职工家庭农场既是生产经营的主体，又是基层社会活动的细胞，农场的经济活动与社会活动紧密相连。垦区既要负责生产经营管理，又要负责社会管理和公共服务工作，客观上有利于统筹区域经济社会发展。

特别是远离中心城镇、相对独立的国有农场，既是社区居民社会生活的共同体，又是生产活动的共同体，还是周边农村农民和生产要素的聚集区，行政和社会管理及服务的情况更为复杂、内容更为丰富、任务更为艰巨，很难分清职能和经费中哪些是服务垦区职工，哪些是服务职工家属，哪些是服务周边农民。

目前来看，有些垦区的行政和社会管理职能已经与农场的经营管理融为一体，行政和社会职能从垦区彻底分离，有利于将各自纳入规范的轨道去运营，但也容易造成生产经营和行政社会管理"两张皮"，增加垦区内外不同部门之间的协调成本，造成相互推诿和扯皮，不利于区域经济和社会的统筹发展。

（4）垦区的复合性特征。垦区不仅包含国有农场以及国有农业企业，而且是以农业生产为主，工商运建服综合经营，社会事业全面发展，多元利益主体和多种所有制成分并存的社会经济区域。

在过去的实践中，垦区在推进经济体制改革和经济结构战略性调整过程时，坚持以公有制经济为主导，大力发展非公有制经济；坚持以农业为基础，实行农工商运建服综合经营，坚持经济与社会统筹发展，使垦区国有经济布局和产业结构发生了根本改变，呈现了国有经济与非国有经济、农业与非农产业、经济与社会全面综合发展的局面，这也给行政和社会职能的分离增加了难度。

目前，多数国有农场实行场长负责制，统筹组织、领导生产建设和科学、教育、文化、卫生、计划生育等工作，负责组织协调场区内的经济和行政社会管理。在改革以后，势必使得生产经营和行政及社会管理产生两个领导体系，企业利益和社会效益之间的差异性，容易引发矛盾。

同时，垦区与垦区之间、农场与农场之间，在管理体制、自然历史条件、生产力水平、当地改革环境、自身改革程度和发展水平等方面存在很大差异，情况十分复杂，即使在一个垦区，已有的改革方式也是多种多样，不可能形成统一的行政和社会职能改革模式，需要从实际出发，在实践中不断地探索推进。

3. 垦区分离行政和社会职能中的问题

长期以来，许多垦区和国有农场在分离行政和社会职能方面进行了积极的、有效的探索和尝试，正在朝既定的目标努力，也取得了显著的成效，但是移交进展缓慢，分离难度很大。

从目前情况看，能够彻底移交的垦区和农场毕竟是少数，而且在分离行政和社会职能过程中，以及分离行政和社会职能之后也暴露出许多问题。只有全面理清这些实践中存在的问题，找到解决问题的方法，才能为继续深入推进垦区行政和社会职能分开奠定基础。

（1）移交后企业和职工的负担没有减轻。垦区分离行政和社会职能，最主要的客观约束在于地方政府财力的制约。农垦大多数国有农场都位于经济不太发达地区，当地经济发展水平较低，财政收入状况不好，有的甚至维持自身收支都十分困难，根本无力承担国有农场的办社会支出，加上当地政府社会管理机构的力量有限，难以一次性全面承接国有农场区域内的行政和社会职能。

由于长期以来垦区教师、医生、公安等人员工资比地方低，没有严格的行政或事业编制约束，造成具有从业资质的人员少，工勤闲杂等富余人员较多，并且按企业人员省份参加养老和医疗保险，不仅需要一次性支付巨大的改革成本，而且需要提高地方的财政支出基数，才能够实现同地方行政和社会体系接轨。

实践中，许多地方在行政和社会职能移交中，制定了严苛的移交条件，仅接受优质资产和少量人员，将历史债务、富余人员、离退休人员等全部留给农垦。移交过程中，农垦要为安置富余人员支付大量改革成本，为减小同移交地方人员的待遇落差，有的垦区还要逐步提高遗留安置人员的待遇标准。

移交后，许多地方政府不能保障垦区社会发展所需经费，人员工资、办公经费、基础设施维护等，仍然需要农垦企业负担。由于移交后的行政职能直接影响农垦企业的生产经营活动，社会事业主要服务农垦企业的职工和家属，农垦企业自愿或不自愿地要继续负担大量的垦区社会建设投入，难以实现彻底的脱钩。

（2）移交后垦区社会事业发展水平降低。长期以来，垦区和地方的行政和社会管理体系，分别按照两套独立的体系在运行。垦区行政和社会职能移交地方后，机构和人员难以融入地方管理体系，地方行政和社会管理机构也难以将垦区同等对待。有的地方行政和社会职能移交后，虽然垦区进入了公共财政保障范围，但由于位置偏远等原因，社会事业建设难以作为投入重点。

垦区行政和社会职能移交地方后，地方政府势必要从区域整体布局出发，对学校、医院等社会事业进行重新布局调整。由于多数国有农场的社会事业同地方政府存在重复建设的问题，因此在行政和社会职能移交地方后，垦区范围内的学校和医院往往在几年之内被撤并，造成职工和家属上学、就医等不方便的问题。部分垦区和农场认为，虽然办社会职能增加了企业负担，但是方便了垦区范围内的职工群众，只要负担不是十分沉重，有的就不愿意移交。

同时，在部分组织体系健全、企业效益较好、社会建设长期投入较多的垦区，有些国有农场的学校、医院在教育质量、办学条件及医疗水平方面都明显好于地方，有的已经成为当地著名的学校和医疗机构，甚至成为垦区和农场领导的重要政绩。有的职工和群众担心学校和医院移交给地方后，垦区取消经费投入，地方会因管理不当或经费不足使原有水平下降。

（3）移交后垦区经济发展环境有所恶化。垦区承担行政和社会职能，虽然需要支付经费负担，但是也具有区域内的行政和社会管理权限。这些权限同企业的生产经营密切相关，特别是公检法司等行政执法机构，经费已经基本纳入财政保障范围，移交后许多反倒不利于垦区的经济发展。

垦区的公安职能是分离比较早也比较彻底的，机构已多数移交地方，但是从部分垦区移交后的情况看，公安职能移交地方管理后，在体制上农垦企业从公安部门的管理者变成了被管理者，垦区公安也不再将农垦企业的需要放在首位。许多垦区公安移交地方后，不再负责农场的安全保卫工作，农场不得不重新设立保卫科，配备专门人员，并负担人员工资、车辆维修和办公经费等。

部分前期已经进行行政化倾向改革的垦区，以及部分争取到赋予地市级行政和社会管理权限的垦区，通过比照市县或乡镇政府建立分税制财政体制，设立财政管理机构、税收征管机构和国库，从而将利用垦区国有土地招商引资，作为推动垦区经济发展的重要引擎。这些垦区和国有农场，有的认为将土地、规划、财税等职能移交地方后，不利于垦区整体经济的发展和职工的就业增收，前期争取到的税收分成等政策也将化为泡影。

（四）黑龙江垦区政企和社企分开的实施路径

黑龙江垦区建场时间早，国有农场数量多、规模大，行政和社会管理体系健全，其政企和社企分开改革备受关注。长期以来，垦区按照中央和省委省政府关于农垦体制改革的系列部署，不断探索推进行政和社会管理体制改革，为垦区经济社会发展提供了有力保障。

回顾总结垦区政企和社企分开改革的历史经验，分析当前面临的新形势新变化，理清下一步改革的总体思路、基本原则和实施路径，对于推进黑龙江垦区的整体集团化改革，以及示范全国农垦的政企和社企分开改革，具有重大而深远的意义。

1. 黑龙江垦区政企和社企分开的历史经验

上世纪 60 年代以来，黑龙江农垦就开始探索国有农场的政企和社企关系问题。改革开放以后，特别是 1984 年以来，按照中央和省委省政府的要求，黑龙江垦区先后进行了友谊农场"建政"、虎林六场"还政"和绥滨农场内部分开等不同模式的试验探索，为垦区政企和社企彻底分开提供了宝贵的经验和借鉴。

（1）友谊农场的"建政"试验。友谊农场是 1954 年苏联政府援助建设的大型机械化谷物农场。1960 年 4 月，以友谊农场管理范围设置友谊县，实行场县合一、职责分开、两税自留、自求平衡的领导体制，由农垦系统和地方政府双重领导，以农垦系统领导为主。

1968 年 6 月，友谊农场编入沈阳军区黑龙江生产建设兵团，同时决定撤销友谊县；1984 年 12 月，经国务院批准，黑龙江省再次恢复友谊县，同友谊农场实行县场合一体制。1988 年 3 月，黑龙江省委省政府决定，在友谊进行县场分设、政企分开的改革试验。友谊县和友谊农场机构分设，政企职能彻底分开。友谊县行政隶属佳木斯市（后隶属双鸭山市），友谊农场由黑龙江省农垦总局、红兴隆农场管理局实行系统管理。

从 20 多年的运行实践看，设立友谊县一级政府后，承担了友谊农场辖区内公检法司、行政管理和中小学教育、医疗卫生等社会管理和公共服务职能，较大幅度地减轻了友谊农场的办社会负担。但是，实践中也暴露出许多突出问题，主要有：

一是国有农场属于全民所有制性质，友谊县政府难以在农场的分场和生产队建立相应的乡镇政府机构和村民自治组织，友谊县大体只负责县城区域的行政和社会管理，友谊农场仍然要负责所辖分场和生产队的行政及社会管理，并承担逐年增长的社会性支出，没有从根本上解决企业办社会问题。

二是友谊县管辖区域和友谊农场区域重叠，由于分别归属两个不同的领导系统，双方之间难以建立协调沟通机制，难以实施区域统一规划、统一建设和统一投入，也难以形成区域经济建设和社会发展的合力。同时，友谊县和友谊农场依旧承担的部分行政及社会管理职能交叉，经常引发矛盾和摩擦。

三是友谊农场虽然土地面积 1888 平方公里，但人口只有 12.5 万人，而且绝大多数是友谊农场职工及家属。友谊县按照县级政权组织，配备了"四套班子"和相应的几十个部委办局，但多数的职能仍然由友谊农场承担，建政运行成本特别是"养人"成本巨大，财政收支缺口主要靠省市财政拨款补贴。

总的看，各方面友谊农场的"建政模式"都不太满意，友谊县设立了政权组织，但是和友谊农场的区域重叠、职能交叉，没有形成统筹区域经济社会发展的合力，政府的行政管理和公共服务职能也没有得到充分发挥，而且行政运行成本巨大。

(2) 虎林六场的"还政"试点。黑龙江省虎林市（1996 年虎林撤县建市），占地 9334 平方公里，总人口 31.7 万人，下辖 11 个乡镇。在虎林县的区域范围内，还有黑龙江农垦总局牡丹江管理局所辖的八五零、八五四、八五六、八五七、庆丰、云山六个国有农场。

1995 年底，黑龙江省委省政府决定在虎林县进行"还司法行政权于政府、还生产经营权于企业"的国有农场政企分开试点，实行区域经济一体发展。试点过程中，黑龙江农垦总局将虎林县境内所辖 6 个国有农场的公检法、工商、土地、交通等行政职能、机构、人员及资产同农场彻底分开，划归虎林县相关部门管辖，其他行政和社会管理职能也一并移交虎林县统一管理。

在试点方案中，这些移交的行政和社会管理机构所需经费，计划从国有农场逐步过渡到由虎林县财政承担。以 1995 年实际发生额为基数，从 1997 年开始农垦负担的经费每年递减 10%，虎林县财政每年递增 10%，10 年后全部由虎林县承担。

这次试点仅仅把国有农场承担的行政管理职能及机构分离给虎林县政府管理，但没有分离国有农场承担的教育、卫生、文化、社区管理等社会职能，农场办社会负担减轻得不明显。同时，由于行政管理权限全部移交虎林县政府，还引发了国有农场与地方政府之间的矛盾，没能收到预期试点效果。

在试点两年后，由于虎林县财政难以承担逐年递增的行政开支，同时农场和政府之间的矛盾日益突出。1998 年 6 月，黑龙江省委决定结束虎林试点，将移交给虎林县的行政和社会管理机构恢复试点前农垦系统管理的体制。

虎林六场"还政"的改革模式，在理论上符合政企和社企分开改革趋向，有利于彻底解决国有农场政企和社企分开问题，但实践中由于国有农场集中连片地区，地方政府财力一时难以承担集中移交的行政和社会职能，中央及省市财政又没有给予相应补助，同时没有统筹处理好移交顺序及垦地之间关系，造成改革试点没有取得成功。

（3）绥滨农场的内部分开。黑龙江农垦绥滨农场土地总面积 5.4 万公顷，耕地面积 3.2 万公顷，总人口 1.95 万人，职工 1.09 人。1987 年，绥滨农场被确定为全国农场综合改革试验区，进行"大农场套小农场"双层农业经营体制改革试验。

1994 年，一期改革试验完成后，按照国家改革领导小组要求又进行了以建立现代农垦企业制度为核心的二期试验。1995 年 5 月，按照内部政企分开原则，绥滨农场成立了"农垦绥滨社区管理委员会"，承担绥滨农场区域内的行政和社会管理职能。社区管理委员会履行农场区域内的准政府职能，经费收支仍维持原状未变，纳入预算支出的由财政拨款，未列入预算的由农场补贴或自收自支。

同时，农场改制为农工商实业总公司，成为专门从事生产经营活动的法人实体和参与市场竞争主体。社区管委会和农工商总公司共设一个党委，对总公司生产经营活动起保证监督作用，对社区管理委员会起领导作用，同时协调总公司与社区管委会之间的关系。

绥滨农场按照试验要求成立了社区管理委员会，进行了国有农场内部政企分开的探索，但是并没有通过立法明确社区管理委员会的行政主体地位，争取到地方政府对农场区域内行政和社会事务的授权，特别是没有争取到税收分成等财税职能。

绥滨农场实行的政企分开，初步理顺了政企关系，但原来的资金渠道财政预算拨款严重不足，企业自办社会负担问题没有解决，沉重的经济包袱仍由农工商总公司承担，也制约了现代企业制度的建立，限于外部环境的制约，试验没有达到预期效果。

2. 黑龙江垦区政企和社企分开的新环境

近年来，国家对农垦改革发展的政策支持力度越来越大，随着各垦区改革的持续深入推进，农垦经济保持持续健康发展。特别是 2015 年，中央出台进一步推进农垦改革发展的文件，垦区政企和社企分开的内外部环境发生了深刻的变化，以前阻碍政企和社企分开的困难正在逐步消除，试点中遇到的问题正得以破解。

（1）中央明确了垦区政企和社企分开的改革方向。长期以来，中央对垦区管理体制改革缺乏明确的方向指引以及相应的配套政策支持，使得地方政府尤其是欠发达地区地方政府，在推进垦区政企和社企分开改革中很难有大的突破。实践中，部分垦区及国有农场对往行政化还是企业化方向改革摇摆不定，对彻底解决政企和社企问题难下决心，这使得改革难以持续深入推进。

2015 年 12 月，中共中央、国务院印发《关于进一步推进农垦改革发展的意见》（中发〔2015〕33 号），这是时隔 24 年后中央再次出台全面指导农垦改革发展的专门文件。《意见》明确指出集团化是垦区管理体制改革的主导方向，要求继续推进垦区集团化改革，并对深化行政管理体制、农垦行业指导管理体制、国有资产监督管理体制、农业生产经营体制等关键领域改革做出了重要部署，提出明确的要求，并给予相应的政策安排。

《意见》突出强调了要坚持社企分开的改革方向，推进国有农场生产经营企业化和社会管理属地化。同时，综合考虑农垦对改革成本的承受能力、各地经济发展及政府财政收入状况、垦区内外认识已逐步统一的条件，《意见》提出用三年左右的时间，将国有农场承担的社会管理和公共服务职能纳入地方政府统一管理，并妥善解决机构编制、人员安置、所需经费等问题。

（2）中央财政对垦区政企和社企分开予以补助。2006 年，国务院出台深化国有农场税费改革的意见，取消了国有农场的农业税和农场职工承担的类似农村"乡镇五项统筹"收费，中央财政每年给农垦系统补助近 50 亿元，减轻了农场和农工的负担，部分解决了垦区办社会职能的问题。

2012 年，国务院农村综合改革工作小组选择内蒙古等 8 个省份以省（自治区）为单位开展国有农场办社会职能改革试点，之后又扩大到江苏等 15 个省份。在试点中明确，中央直属垦区国有农场办社会职能改革成本由中央财政予以适当补助。地方国有农场办社会职能改革成本原则上由地方财政承担，中央财政通过转移支付予以适当补助。目前，中央财政已安排专项补助近 40 亿元。

为彻底解决垦区政企和社企分开问题，中央关于农垦改革发展文件中又提出了两项重要支持政策：

一是充分考虑国有农场的特殊性和地方财政承受能力，借鉴国务院农村综合改革工作小组开展国有农场办社会职能改革试点的经验，中央财政对改革国有农场办社会职能继续予以适当补助。

二是为妥善解决办社会职能改革中存在的遗留问题，真正使国有农场轻装上阵，提出对农垦政策性、社会性等原因形成的债务根据实际情况进行甄别和处理。对于企业办社会职能等原因形成的债务，凡属于政府应当偿还的债务应纳入政府债务统一管理。其他由于办社会职能原因形成的债务，特别是已经构成银行呆坏账的，由金融机构按照相关规定予以处理。

（3）垦区内部政企和社企分开改革持续深入推进。虽然，黑龙江垦区行政和社会职能没有移交地方政府，但是垦区内部政企和社企分开改革在持续深入推进，机构、职能、经费等在逐步理顺，为彻底解决政企和社企分开问题创造了条件。

一是垦区推进了国有农场和管理区的布局调整。积极稳妥地推进相邻相近中小型农场的合并，特别是通过撤销生产队、合并设立管理区改革，大幅扩大了管理半径，压缩了管理层级，精简了管理人员。

二是在国有农场设立了社区管理委员会，并根据农场规模和社区管理机构职能，重新核定社区管理机构编制和领导干部职数，将公益事业性资产与企业经营性资产使用权分开，社会性收支与企业经营性收支分账核算，把内部政企分开改革推进到位。

三是积极探索相对集中许可制度，推行"一站式服务"，建立"政务大厅""行政服务中心"等集中办理行政许可，简化和规范办事程序。整合行政执法力量，开展综合执法试点，探索"两级授权、一级派出、综合执法、分区管理"的行政执法体制。

四是创新公益事业经费保障机制，积极争取国家"一事一议"财政奖补等政策支持，增加对公益事业建设的投入，保障公益事业健康发展。鼓励社会力量参与举办公益事业，建立多元投资机制，拓宽公益事业投资渠道，增强公益事业发展能力。

　　五是在建三江管理局、九三管理局以及共青农场，开展设立管委会试点。管委会作为省政府派出机构，与管理局（国有农场）合署办公，委托农垦总局管理。在赋予管委会行政和社会管理职能的基础上，又赋予了特殊建制县的财税职能，实行税收超基数财税返还，用于支持区域经济发展和减轻企业社会负担。

　　（4）职工群众支持垦区政企和社企分开改革。从调研了解的情况看，垦区广大干部和职工，普遍认为目前垦区经济效益好，企业经营收入充裕，垦区的社会发展水平普遍高于周边地方。但是，大家也认为将行政和社会职能移交地方，是农垦改革的大趋势，有利于进一步减轻农场和职工的负担。

　　2015 年 4 月，在对建三江管理局辖区内全部 15 个农场随机选的 306 户职工家庭的调查中，19% 的农户对垦区社会职能发展水平非常满意，50%的农户表示比较满意。总体上，69% 的农户对垦区的社会发展水平满意，不满意或不太满意的农户比例只占 31%。

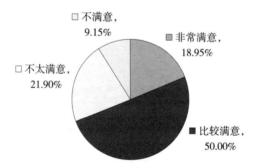

图 1.11　职工对垦区社会事业发展水平满意度

　　对于垦区和国有农场的改革方向，86.93% 的职工对垦区集团化、农场企业化改革表示支持，76.14% 的职工认为现阶段垦区应加快推进政企和社企分开，将国有农场承担的行政和社会职能剥离出去。对于行政和社会职能的负担问题，有 61.11% 的职工认为，将农场的行政和社会职能剥离后，有助于提高农场的经营绩效和职工收入，但也有 38.89% 的职工对此表示不确定。

　　对于行政和社会职能分离后对垦区社会事业发展会有何影响，大多数职工对此表示不确定，比例占到 54.90%。有 20.92% 的职工认为将社会职能从农场剥离出去之后，会导致垦区社会建设水平的下降。与此相反，24.14% 的职工相信剥离社会职能后，不会降低垦区的社会事业发展水平，地方管理也会发展得越来越好。

3. 黑龙江垦区政企和社企分开的可行路径

按照《中共中央国务院关于进一步推进农垦改革发展的意见》（中发〔2015〕33 号）的决策部署，以及推进垦区集团化改革的总体要求，结合垦区行政和社会管理实际，黑龙江垦区应坚持社会主义市场经济改革方向，统一思想，坚定信心，加大力度，加快步伐，着力推进垦区政企和社企彻底分开。

在现阶段，黑龙江垦区的部分国有农场，以及农场承担的部分行政和社会职能，还难以一次性彻底移交。在坚定不移地推动将垦区行政和社会职能移交给政府的同时，需要从实际出发，因地制宜采取过渡性改革办法，多种途径地推进政企和社企分开，为垦区集团化改革打下坚实基础。

在具体改革中，既要坚持政企和社企彻底分开的方向不动摇，又要从实际出发探寻可行的路径，要充分考虑农垦集区域性、经济性、社会性于一体的特点，充分考虑农垦企业实际和地方政府的承受能力，充分考虑农垦国有经济和农业农村经济的双重特性，总结借鉴已有的改革经验和教训，坚持以下原则：

一要坚持因地制宜，分类指导。黑龙江垦区幅员辽阔，每个农场的地理位置、资源禀赋、发展状况等差异很大，要采取"一场一策"，对不同经济区域、不同发展状况、不同管理水平和不同类型的行政和社会职能，研究采取差别化的改革政策，允许采取不同的解决办法和途径，不搞一刀切，一风吹。

二是坚持逐步推进，平稳过渡。由于每个国有农场与所在地的状况不同，政企和社企分开的方式和进度也不强求一致，允许一次性移交，允许分步分项移交，也允许内部分开、管办分离，成熟一个推进一个，成熟一项改革一项。在改革过程中，要坚持进度服从质量，确保各项工作有序衔接、职能履行到位，保障垦区经济社会和谐稳定，社会事业持续健康发展。

三是坚持彻底分清，减轻负担。垦区政企和社企分开改革的重点，要集中到如何解决将国有农场行政和社会职能纳入规范化轨道，解决钱怎么来、事怎么办的问题。无论采取哪种改革方式，都要将国有农场承担的社会管理和公共服务职能纳入地方政府统一管理，将所需经费纳入公共财政保障范围，彻底减轻农垦企业的负担。

四要坚持以人为本，保持稳定。要加强政策宣传，讲求方式方法，注意保护职工利益不受侵犯；对于改革中的矛盾问题，要遵循依法处理，合情合理，保持垦区生产生活大局稳定。要发挥国有农场党委统揽全局、协调各方的作用，建立经营机构和社会管理机构间协调沟通机制，促进农场区域经济社会协调发展。

总的来看，对黑龙江垦区政企和社企分开的具体路径选择，应该建立在不同管理层级以及不同社会职能的详细分类基础上，提出不同类型机构和职能的可行改革办法，采取多种途径加以推进。总的考虑是，在纵向上按照农垦总局—农垦管理局—国有农场的层级划分，提出不同层级机构的改革办法；在横向上按照行政管理、教育、医疗、公检法司、社区管理、公共服务等具体职能进行划分，提出不同类型职能的改革办法。

（1）按管理层级划分。目前，黑龙江垦区主要有农垦总局、农垦管理局、国有农场三个管理层级，国有农场内部还下辖管理区，部分规模较大农场在管理区下面还设有生产队。不同管理层级承担的行政和社会职能性质是有所差别的，因此在政企和社企分开的过程中，也应该采取差别化的改革路径。

农垦总局。农垦总局机关主要履行行政职能，起到对各个管理局和国有农场行政及社会职能的指导、管理、协调和服务的作用，负责整个垦区范围内的统筹规划和总体布局，以及中央及省级各项政策的协调和贯彻落实。

在实现垦区整体集团化彻底改革到位以后，黑龙江省农垦总局可以考虑撤销或者仅保留牌子不再作为实体机构存在。但是，考虑到黑龙江垦区区

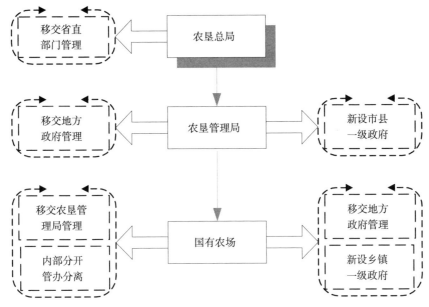

图 1.12　黑龙江垦区政企和社企分开可行路径

域范围广和长期自成体系的状况，垦区范围内的行政管理和社会事业发展仍然需要相应机构统筹协调，总局机关的行政职能和机构，以及所属的事业单位，可以整体划入相应的省直有关部门。

省直有关部门在内部设立相应的农垦（垦区）管理机构，负责协调管理垦区范围内的行政和社会职能。农垦总局机关人员可以随同划转到相应省直单位，也可以本着"老人老办法"的原则，保留行政级别和退休待遇等，过渡为北大荒集团公司人员。

农垦管理局。黑龙江农垦总局下辖的 9 个农垦管理局，行政和社会管理职能同农垦总局有所区别。农垦管理局不仅负责协调处理区域内外的行政和社会关系，贯彻落实上级的各项方针政策，而且直接负责局直属区域和所辖国有农场行政管理、社会管理和公共服务，处于工作的直接一线。对于黑龙江垦区农垦管理局的政企和社企分开改革，要区分为两类情况选择两种不同的改革方式。

第一类是管理局机关位于地方城市的市区范围内、没有独立的直属管理区域，而且所辖的国有农场地理位置相对分散的哈尔滨管理局、绥化管理局、齐齐哈尔管理局、北安管理局。这四个管理局政企和社企分开的改革路径，应该是将行政和社会职能彻底移交属地市县政府管理。农垦管理局在职能移交后予以撤销，市县直有关部门可以在内部设立相应的农垦（垦区）管理机构，用以对接省直有关部门，以及协调服务原来农垦管理局范围内行政和社会事务。

第二类是管理局机关具有独立的直属管理区域，并且发展成为初具规模的中心城镇，管理局所属国有农场集中连片的宝泉岭管理局、红兴隆管理局、建三江管理局、牡丹江管理局、九三管理局。这五个管理局政企和社企分开改革的路径，应该是以管理局局直为中心，以所辖国有农场区域范围调整行政区划，新设立省直辖的市县政府。管理局机关及所属部门转为正式的政府机构，履行地方政府的行政和社会管理职权。在设立市县政府之前，可以将在管理局基础上设立管委会、开发区等政府派出机构，作为过渡方式。

国有农场。国有农场是垦区承担行政和社会职能的主体，也是推进政企和社企分开的改革重点。由于每个国有农场土地规模、人口数量、地理位置差别很大，以及所属管理局行政和社会职能改革有所差异，政企和社企分开可以考虑采取四种不同的改革路径。

一是远离中心城镇，人口规模、地域面积等指标符合设立乡镇政府条件的国有农场，在充分考虑历史沿革的前提下，可以调整行政区划，在区域范围内新设立乡镇一级政府。国有农场将行政和社会职能彻底分离给新设立的乡镇政府。

二是人口规模、地域面积较小的农场，以及与周边农村城镇毗邻或融为一体的国有农场，可以设立社区管理委员会或居民委员会，负责农场区域的行政和社会职能。同时，将社区管理委员会或居民委员会从农场分离出去，交由附近的乡镇或市县政府管理。

三是远离中心城镇等不具备社会职能移交条件的农场，在成立社区管理委员会的基础上，继续完善推进行政和社会职能内部分开、管办分离，由市县采取授权委托、购买服务等方式赋予相应管理权限和提供公共服务，所需经费全额纳入公共财政保障范围。同时，逐步创造条件将行政和社会职能整体移交给地方政府管理。

四是对于所属农垦管理局计划设立市县政府或派出机构的国有农场，可以在内部政企和社企分开的基础上，先行将行政和社会职能整体移交给所属农垦管理局直接管理。然后，根据农垦管理局的行政和社会职能的改革进程，在农场范围设立相应政权组织。

（2）按职能类型划分。目前，垦区承担的行政和社会职能类型和经费来源有所差别，有的以行政管理为主，有的以公共服务为主，有的经费主要靠经营和规费收入，有的经费则已经基本纳入公共财政保障范围，相应地应采取不同的改革路径。同时，对每种社会职能也应根据实际状况，选择不同的改革路径。

教育。垦区承担的教育类机构包括，幼儿园、义务教育学校、高中、职业院校，以及教育行政主管机构，既包括行政，也包括事业，可考虑采取以下四种办法改革。

一是一次性移交。有条件的农垦行政管理机构、义务教育学校和幼儿园、高中等，地方政府有能力接收的，可将机构连同资产和人员，成建制移交给地方政府管理，经费纳入政府财政预算。整体移交的教职工，按规定应纳入地方事业编制，由当地政府人事部门和教育行政管理部门管理。

二是分批分次移交。一次移交地方有困难的，可采取3年左右的过渡性移交办法。先将义务教育学校移交地方政府管理，然后逐步将高中、幼儿园和教育行政管理机构移交地方政府管理。移交地方后，经费全额纳入财政预算管理，人员按规定纳入相应编制。

三是委托农垦代办。对远离城镇的边远农场，因政府社会管理的能力暂时无法达到，且移交会给职工子女上学带来不便、农场又有继续办学条件的，可纳入地方教育行政管理部门管理后，继续委托国有农场代办，经费全额纳入财政保障范围。

四是实行市场化改革。对于部分基础设施好、有一定知名度、有稳定生源的职业院校和幼儿园，可以实行公办民助、国有民办等多种办学体制，还可以按照产业发展思路，将职业院校整体改制成为农垦集团所属的企业化实体。

医疗。垦区承担的医疗类机构包括自办的医院以及卫生防疫站、卫生监督机构、妇幼保健机构和卫生行政主管机构，医疗机构原则上要与国有农场实现彻底分离。

一是一次性移交。对具有一定规模的企业医院，经同当地政府协商同意，可连同资产和人员整体移交政府医疗卫生行政管理部门管理，并确保职工就医看病需要。

二是分批分次移交。通过 3 年的过渡期，按照卫生防疫站、卫生监督机构、妇幼保健机构、医院和卫生行政主管机构的顺序，逐步完成垦区医疗类机构的移交工作。

三是实现市场化改革。对于有一定办医条件且市场需求较大的医院，可按产业发展思路，改制为自主经营的经济实体，在保证职工就医看病的前提下，面向社会开放经营，按市场运作收取服务费。

四是撤并或关停。对医疗技术和设备比较落后，不符合区域医疗卫生发展规划的医院，农场认为无必要而当地政府又无法接收的，可以就近并入其他医院，该撤销的要坚决撤销。

公检法司。垦区承担的公检法司机构和职能，继续坚持全部移交的原则，人财物全部整体移交省法院、检察院、公安厅和司法厅等省直有关部门。移交人员经考核考试认定符合条件的，纳入相应编制序列。垦区的公检法司的职能移交后，继续实行垦区内系统垂直管理，所需费用全额纳入财政预算管理。

社区管理。对于位于城镇周边国有农场的社区管理职能，要全面移交地方政府管理。对于远离中心城镇等不具备社区管理职能移交条件的国有农场，也要纳入地方政府职能部门的管理，经费纳入公共财政预算。社区管理职能移交不出去的国有农场，要在内部设立专门的社区管理委员会，同经营职能实行彻底的政企、社企分离，地方政府可采取授权委托、购买服务等方式赋予其相应管理权限和提供公共服务，经费纳入财政预算管理。

行政管理。根据垦区集团化改革进展，垦区范围内的质检、农业、文化、劳动、林业、交通等行政管理职能和机构，逐步移交相应的省直部门管理。省直有关部门内设农垦管理处室，并对原农垦管理局和国有农场相应机构进行整合，实行垦区范围内系统垂直管理，依法管理垦区范围内的行政事务。

公共服务。供水、供热、客运等公共服务类的职能，要主要采取市场化的改革办法。要将垦区的道路、饮水、供电、供热等基础设施建设，纳入区域统一规划，垦区和国有农场不再承担相应支出，国有农场和职工作为消费者享受责任和承担义务。对于以公共设施作为经营的机构，可以引入民营资本实行混合所有制改革，使之逐步推向市场，真正成为自负盈亏的经济实体。

六、垦区市场化机制的建立

通过完善国有资产管理体制、推进主导产业的整合重组，以及政企和社企分开，垦区现代企业集团的机构基本形成。垦区集团化改革的重点，应逐步转向市场化机制的建立，解决在集团内部继续以行政方式管理和经营企业的问题，建立优胜劣汰、经营自主灵活、内部管理人员能上能下、员工能进能出、收入能增能减等内部约束有效、运行高效灵活的经营机制。

（一）垦区集团的规范化治理

在垦区集团公司进入实质运营阶段，一方面，通过运用现代产权制度，理顺集团内部的多层次关系，形成以产权为纽带的大型企业集团母子公司新体制；另一方面，通过运用现代企业制度，把体制机制创新放在突出位置，真正发挥法人治理结构的作用，形成市场化运营机制，实现公司运行既有活力又有规范，为垦区集团实现健康可持续发展提供根本保障。

1.明确集团母子公司的职责定位

垦区集团建立母子公司体制，是指明确母子公司的出资关系，进行规范的公司制改造，建立资本联结纽带，形成以母公司为核心、子公司为主要成员的企业集团组织体系。垦区集团公司层面在明晰产权、建立健全法人治理结构的同时，要以产权为主要纽带，着力把集团公司和所属企业联成一个有机整体。

集团的子公司包括全资子公司和控股子公司。母公司单独投资设立的公司为其全资子公司，母公司持有 50% 以上股权，或持有股权虽不足 50% 但拥有实际控制权的公司为其控股子公司。母公司虽持有部分股权，但不拥有实际控制权的公司为其参股公司。参股公司及其他与母公司、子公司在生产、经营、科研、销售等方面具有协作、配套关系，并承认集团章程的企业或机构，可以成为集团的成员。

对于黑龙江垦区而言，北大荒农垦集团的目标是要打造成为跨地区、跨行业、跨所有制、跨国的具有较强经济实力和竞争能力的现代大型农业企业集团。集团公司主要依照出资人授权，经营监管北大荒集团占有、使用的全部国有资产，通过对子公司资产投资、融资、控股、参股、资产重组、企业并购等方式进行资产经营和资本运营活动，并承担保值增值责任。集团母子公司关系主要体现在：

一是母公司与子公司是出资人与被投资企业之间的关系。母公司依持有的股权对子公司、参股公司行使出资人权利，依所持股份承担有限责任。母公司不是子公司的行政管理机构，与子公司之间不是上下级行政隶属关系。母公司不能违反法律和章程规定，直接干预子公司的日常生产经营活动。

二是母公司依照《公司法》和国家有关规定对其投资的子公司、参股公司行使资产收益权。母公司依法取得的资产收益、转让其股权而取得的收益，按有关规定核算并主要用于资本的再投入。

三是母公司按照《公司法》规定的程序和权限对其子公司、参股公司行使重大决策权。除《公司法》明确规定的重大决策外，对子公司、参股公司的大额借贷和资金使用、对外提供重大信用担保、重要资产的转让、对外投资等事项，要根据需要，通过集团或公司章程列入重大决策内容。

四是母公司可以通过组织制修订所属子公司的章程，用法律文件的形式明确集团公司出资人的法定地位；按所持股份行使股东权利，通过向参股公司委派股权代表参加股东会，委派产权代表就重大决策事项向集团公司请示报告等制度，推荐或任命董事、监事及委派外部董事监事等组织手段，实现出资人到位。母公司按照《公司法》的规定对其投资的子公司、参股公司享有选择管理者的权利，并依法进行监督和考核。

2. 建立健全法人治理结构

在明晰产权关系的基础上，要组建集团公司的董事会、监事会，由董事会聘任产生总裁班子，按照"各负其责，互相制衡，协调运转"的要求，建立规范的法人治理结构，健全权责对等、运转协调、有效制衡的决策执行监督机制，规范董事长、总经理行权行为，充分发挥董事会的决策作用、监事会的监督作用、经理层的经营管理作用、党组织的政治核心作用，形成决策、执行、监督相互独立、有效制衡的运行机制。

依据《公司法》的有关规定，垦区集团作为国有独资公司可以不设股东会，董事会为集团公司的最高决策机构，董事长为集团公司的法定代表人。董事成员中应设置有一定比例的懂经济、技术、管理、法律等方面的专家型董事，丰富董事会组成人员的知识结构、专业背景、工作经验和能力结构，更重要的是形成董事会对重大事项的决策，可以产生不同产权话语权间的博弈、不同角度的审视和更加严格的考量。董事会的主要职责是：拟订和修改集团公司章程；决定集团公司的发展战略、发展规划和经营计划；审定年度财务预、决算方案，决定公司利润分配方案和弥补亏损方案；决定集团公司内部管理机构的设置，审定公司基本管理制度；决定集团公司重大投资方案和资产经营方式；依照法定程序和规定收取子公司和参股公司国有资产投资收益；制定国有资产产权转让或产权收购的方案，拟定公司注册资本变更的方案；审定子公司合并、变更、解散方案，依法处置投入子公司和参股公司的国有资产；聘任或解聘总经理并决定其报酬和奖惩事项；向全资子公司委派监事；向控股子公司委派产权代表参加董事会或监事会；向参股公司委派产权代表，并对其进行考核等。

按照《公司法》的有关规定，垦区集团公司应设立监事会，监事会成员中应有懂财务、管理、法律的专业人员，职工监事由职工代表大会选举产生，外部监事应占有一定比例，以利于监事会对董事会和总裁班子的监督。监事会的主要职责：检查公司财务；对董事、高级管理人员执行公司职务的行为进行监督，对违反法律、行政法规、公司章程的董事、高级管理人员提出罢免的建议；当董事、高级管理人员的行为损害公司的利益时，要求董事、高级管理人员予以纠正；向公司董事会提出提案；依照《公司法》的有关规定，对董事、高级管理人员提起诉讼等。

经理机构为集团公司的执行机构，总经理主持集团总公司的日常经营管理工作，对董事会负责，总经理和副总经理由董事会聘任或解聘。总经理行使下列职权：主持公司的经营管理工作，组织实施董事会决议；组织实施公司年度经营计划和投资方案；拟订公司内部管理机构设置方案；拟定公司基本管理制度，制定公司具体规章；提请公司董事会聘任或解聘公司副总经理、财务负责人及分公司总经理；聘任或解聘除应由董事会聘任或解聘以外的公司部门负责人，决定公司高级管理人员以下公司员工的奖惩、升级或解雇、辞退；在董事会授权的范围内以公司的名义对外开展业务活动等。

3. 加强内部管控制度建设

规章制度的核心在于解决权限的划分，实现集权和分权的平衡，并确保程序的严格遵循。《公司法》和公司章程规定了股东会、董事会和总裁职权边界划分的基本原则。但在具体操作中，必须结合公司运作中事项决策和执行情况，用具体的规章制度细化职权，能够量化的做到尽量量化。垦区集团公司建立后，董事会、监事会、经理层应分别制定《董事会工作制度》《监事会工作制度》《经理层工作制度》等系列规范法人治理机构运作的基本管理制度，明确权责，规范程序，依法治企。同时，还应围绕战略规划、对外投资、资产处置和大额度资金运作等重大决策，制修订基本管理制度和具体规章，构筑规范有效的集团内控体系架构。基本的经营管理制度应包括：

一是重大决策责任追究制度，对因决策失误给企业带来损失的，有责任的董事要负经济上的连带责任；对长期决策态度不明或频繁出现决策失误的董事，应及时调换人选；在企业决策、执行中出现重大问题监事失察的，有责任的监事人员要负经济连带责任。

二是总经理经营目标责任制，发挥公司总经理领导下的公司高管人员的积极性和主动性，树立业绩目标意识，并约束、激励总经理带领全体员工实现公司的经营目标，在企业经营活动中因经营管理失误给企业造成经济损失的，追究总经理经济责任。

三是资产经营责任制，以资本效益为核心，以国有资产保值增值为目标，制定资产经营绩效评价指标体系和考核办法，根据企业法人财产占有量，确定考核目标，规定双方权利义务，签订《资产经营责任书》，严格考核，奖惩兑现。

四是委派财务总监和产权代表制，集团母公司对子公司委派财务总监，对监管企业重大财务事项实行日常监督和专项监督，对各项财务活动实行定期报告和专项报告，重要事项经总经理办公会讨论后报公司董事会和监事会。

五是建立重大问题报告制度，企业资产重组、资产处置、对外投资、对外合作、对外担保、主要管理人员调整、分配方案制定等重大事项，需报集团公司批准或备案。依法建立企业信息报告制度，通过企业资产负债表、损益表、现金流量表和统计报表等定期报表信息，对企业经济运行状况实施有效监控。对经济运行质量不稳定的企业，实施特别监管。

六是有效的激励与约束机制，企业经营者收入与企业经营业绩挂钩，激励与约束并重，深化企业内部分配制度改革。实行企业经营者年薪制，依据企业经营规模，核定年薪标准，根据资产经营绩效考核结果兑现薪酬，规范分配行为，增加经营者收入透明度。

4. 提高董事会科学决策水平

董事会是企业的经营管理决策机构，处于法人治理结构的枢纽地位，对企业的生存与发展具有决定性作用。董事会决策的科学化水平，是法人治理结构发挥有效作用的前提。在推进垦区集团化改革中，必须充分发挥董事会的核心作用，构建董事会科学的决策机制，提高董事会管理决策的科学性、正确性和时效性。

在垦区集团化改革的过程中，需要董事会研究解决的问题很多。为提高董事会的科学决策水平和决策效率，集团公司董事会从设立开始，就应着手制定并组织实施专门委员会的工作制度。一般而言，集团公司董事会可设立董事会战略和投资委员会、提名委员会、薪酬考核委员会和审计与风险控制委员会等专门委员会，其中薪酬考核委员会、审计与风险控制委员会等专门委员会，可由外部独立董事担任主任委员。提交董事会讨论的重大事项，首先由相关专门委员会讨论提出专业的审核意见，并与议案一并提交董事会讨论。这样就更加保证了董事会重大决策的科学谨慎，提高决策效率。

严格董事会决策的程序化，是保障决策科学化的重要基础。董事会决策议题确定后，应由董事会办公室牵头组织相关职能部门人员及有关专家开展调查研究，进行多方可行性分析论证。董事在决策前享有知情权，凡涉及决策的有关信息，如市场分析、行业分析、竞争对手分析、企业内外资源分析、可行性研究报告、专家论证意见等，必须事前书面提交每位董事阅知。有关决策议题的分析调研结果，先提交经营班子成员讨论研究并形成统一意见后，在董事会会议讨论决策前需以书面形式把有关材料提交每位董事，以便各位董事在召开董事会之前掌握相关情况，必要时再对有关事宜作进一步深入的了解，提高决策的正确性。

规范董事会的会议决策程序，确保全体董事能对提交董事会讨论的问题进行深入研究、仔细研判，独立发表明确的意见，是董事会真正发挥作用的根本保证。在召开每次董事会时，提出议案的内部董事在会前认真做好说明议案的准备，董事会秘书按规定时间提前把准备提交董事会讨论的议案及有关材料发到董事手中。对于比较复杂的重大问题，董事长在董事会召开前，组织召开沟通会，向外部董事详细介绍有关情况，以便帮助全体董事掌握更多与决策相关的事实和依据。外部董事中的财务和法律专家则从专业的角度为董事会的决策做好把关。集团董事会对所议事项的表决，一律实行逐项表决和书面投票表决，当场宣布表决结果，充分发挥了董事会集聚智慧、集体决策的作用。

（二）产业公司的股份化改造

在垦区整体推进集团化改革的过程中，股份化主要是对产业公司优化资本结构的基本要求，通过投资主体多元化，完善企业法人治理结构，有效改变农垦企业长期以来因纯国有和"一股独大"形成的各种弊端，改变并完善企业经营机制。同时，通过吸收外来资本，解决发展资金不足，为做强主导产业、做大企业集团创造条件。

垦区的主导产业一般都属于竞争性行业和领域，属于商业类国有企业，原则上都要实行公司制股份制改革。股份制是推进产业结构、资本结构调整和优化的重要力量，能够通过吸收和组织更多的社会资本，达到放大国有资本，提高国有经济活力、影响力、控制力和抗风险能力的目的和效果。

改制后的产业公司将是由国家持股、民间资本持股、职工持股、高管奖励持股等多种形式参股的混合所有制企业，公司对投资者负责，自主经营，自负盈亏。垦区集团同产业公司之间的关系，不是行政隶属关系，而是控股或参股关系，控股是绝对控股还是相对控股，需要按具体情况而定。

1. 推进引入战略投资者

战略投资者的引入，对于完善公司治理、转换经营机制、提升管理水平、实现发展战略有着重要作用，是垦区产业公司股份制改革进程中不可或缺的重要一环。引进战略投资者，不光可以引进其雄厚的资金，更重要的是可以引进其先进技术、先进管理、营销策略，使公司自身发展壮大，增强整体创利能力；同时，战略投资人所携带的市场视野、产业运作经验和战略资源可以帮助企业更快地成长和成熟起来，从而在比较短的时间内改善企业的收入成本结构，提高企业的核心竞争力并最终带来业绩的提升。战略投资者的加入会要求企业财务规范化、信息透明化，并改变传统的管理方式，对国有资本出资人的权利有所限制，对农垦企业来说可能需要艰难的适应过程。

在引进战略投资者的过程中，应注重战略投资者的选择。在选择战略投资的伙伴时，关键在于合作能否产生优势互补的效应，形成稳定的合作基础，否则双方利益违背，反而会使公司决策和发展受到严重影响。对于垦区的产业公司而言，重点选择具有资金、技术、管理优势的战略投资者以及社保基金、保险基金和股权投资基金等机构投资者参与股份化改造。要审核战略投资者的资质条件，重点考察是否具有良好的财务状况和经济实力、良好的商业信誉和诚信记录、行业领先技术和自主知识产权、现代管理模式和先进的企业文化、知名品牌和健全的营销网络等。引进的战略投资者最好是同农垦企业的产业、产品构成上下游关系，能够进行项目合作、资源整合，促进产业升级，共同打造农业全产业链。

引进战略投资者要坚持公开、公平、公正的原则，切实防止改革过程中的国有资产流失。垦区集团要切实履行出资人职责，严格股权变更的审批程序，明确产权（股权）转让的比例限制，以及对战略投资者的具体要求和选择条件。引进战略投资者的方式包括兼并、收购、增资扩股、合资合作等多种方式，农垦企业应主要采取减持股权或增资扩股吸收增量资本入股的方式。在具体操作上，要提前做好可行性研究，提出引进战略投资者的实施方案，广泛征集战略投资者，有条件的还可以到产权市场公开交易，积极而又稳妥地推进改革。

2. 推进企业经营者持股

由于长期以来农垦政企和社企不分，受到行政和事业身份管理人员薪酬限制等规定制约，即使产业公司已经改为股份制企业，多数仍然没有建立有效的经营者激励机制。建立和完善经营者激励机制，是农垦企业建立规范的现代企业制度、完善法人治理结构的重要方面，在产业公司的股权多元化改革中，需要重点考虑经营者持股的制度设计。经营者持股主要是针对企业经营者，包括骨干技术人员的一种长期激励机制，通过让经营者持有股票或股票期权，使之成为企业的股东，将经营者的个人利益与企业利益联系在一起，以激发经营者通过提升企业长期价值来增加自己的财富。

经营者持股的实现形式，主要有三种：一是股票期权计划，是指公司给予其经营者在一定期限内按照某个既定价格购买一定数量公司普通股的权利，期权本身不能转让，可以把管理者的长远利益与公司的长远利益结合起来。二是定向发行股票，或者鼓励经营者从二级市场上购入股票并锁定。通过向经理人员定向发行股票的方法来增加管理人员的持股，定向发售的股票价格应不低于股票在二级市场上的市价。三是向完成经营目标的经理无偿授予"绩效股权"，这样做既可形成长远的激励，又可得到一些税收优惠。

根据企业经营者持股的一般要求，垦区产业公司推进经营者持股需要考虑以下过程。首先，要进行经营者持股的可行性研究，包括涉及到的有关政策的允许程度、对企业预期激励效果的判断、企业财务计划、企业股东的意愿等等。其次，对企业进行全面的价值评估，由于经营者持股涉及到所有权变化，合理公正的价值评估对于企业和经营者来说都十分必要，价值高估或低估，都将损害一方利益。最后，要聘请专业咨询机构参与经营者持股计划的制定，经营者持股改革涉及内部相关利益主体，有必要聘请富有专业经验和有知识优势的咨询机构参与。

3. 推进国有资产证券化

资产证券化（Asset Securitization）是近40年来世界金融领域最重大和发展最迅速的金融创新和金融工具。广义的资产证券化包括"实体资产证券化、信贷资产证券化、证券资产的证券化和现金资产的证券化"四大类业务。从其运作的过程和目的来看，资产证券化指的是把缺乏流动性但具有未来收入现金流的资产收集起来，通过结构重组，将其转变为可以在金融市场上出售和流通的证券，据以融通资金的过程。在垦区集团化改革的过程中，资产证券化推进混合所有制是非常重要的改革路径。

国有资产的证券化有助于促进政企和社企分离，建立规范的现代企业制度，形成市场化运行机制。一方面，国有资产证券化实现政企和社企分离的改革阻力小，通过发行股票和可转换债券可实现增资降杠杆；另一方面，国资证券化之后，国有企业产权将直接由政府控制的单一主体变为多元主体，多元化产权则意味着政企和社企分开，有助于国有企业形成股东会、董事会和管理层相互制衡的公司治理结构，资本市场的外部监管压力促使国企完善公司治理，建立有效的激励约束机制，提高盈利能力。

国有资产证券化最直接的利益是获得资金，只要具有较高业绩和发展潜力，就很容易再度在证券市场上筹措源源不断的资金并易获得银行的信任。上市公司要求有高度集中的业务范围，严密的业务发展计划和清晰的业务发展战略，较大的业务增长潜力，准备上市的企业应提出具体的经营策略，让投资者相信企业的确有经营能力和发展前景拥有良好的成长性。公司股票在证券市场上的流动性有助于公司用来收购其他业务，增加资产活动扩展经营规模，有利于企业明确主营业务，保持良好的成长性，提升科技含量。

资产证券化还有利于农垦企业盘活资产，提高资产周转率，改善自身的财务状况。农垦企业受间接融资方式的限制，其资本结构以大量负债为主，企业的银行贷款占其外源融资的比重很高。在流动性过剩，银行收缩银根的情况下，企业要想获得足以支持自身发展的贷款，难度更大。资产证券化能将流动性低的资产转变为流动性高的现金，还能将未来的资产收益转变成当前的现金收入，也能通过资产负债表外融资，改善企业的资产负债结构。通过资产证券化融资，农垦企业不会增加资产负债表上的负债，从而可以改善自身的资本结构。

（三）国有农场的企业化改革

在《中共中央国务院关于进一步推进农垦改革发展的意见》（中发〔2015〕33 号）中明确要求，推进垦区集团化、农场企业化改革。农场企业化改革是垦区集团化改革的微观基础，没有农场行政化色彩的消除，把国有农场还原为真正的市场主体，垦区内部就没有彻底解决政企和社企不分的问题，也就没有垦区的真正集团化。

1. 农场企业化的基本内涵探讨

一般认为，国有农场的基本属性是企业，本质上是以国有土地为依托，主要从事农业生产经营的一种经济性组织。由于国有农场社会形态与农村社会形态没有本质的差别，只是两者的所有制性质不同。国有农场的国有经济性质主要取决于其土地属于国家所有，农村的集体经济性质主要取决于其土地归集体经济组织所有。因此，从实践中看，各地对于国有农场的属性定位不清楚，是企业，还是政府，还是一般的农村。只有在理论上予以明确界定，政府才能制定出适应的政策，国有农场才有改革基础。从黑龙江省的政策体系梳理来看，对国有农场的属性定位一直影响企业定位。

1951 年 2 月 19 日，《中共黑龙江省委〈关于整理各县公营农场的指示〉》中指出："必须认识公营农场是社会主义性质的国有经济……是象征着中国农村经济发展方向的新的经济形态。"

1952 年 8 月 4 日，《中共中央东北局〈关于加强国营农场工作的决定〉》中指出："国营农场是社会主义性质企业，是整个农业经济中最先进的部分。"

1962 年 11 月 22 日，《中共中央转发〈国营农场领导管理体制的规定〉的批示》中明确："国有农场是全民所有制的农业企业，应该按国营企业的管理原则管理。"

1962 年，《黑龙江省地方国营农（牧）场工作条例草案》明确："国营农场是社会主义全民所有制的农业企业。"

1992 年 8 月 18 日，《黑龙江省国营农场条例》中规定："国营农场是全民所有制农业企业，是依法自主经营、自负盈亏、自我发展、自我约束的商品生产和经营单位，并依法负责场区范围内的经济和社会行政管理工作。"

2010 年 10 月 15 日，《黑龙江省垦区条例》中规定："国有农场是以国有土地为基本生产资料，以农产品生产、加工、销售为主营业务，依法自主经营、自负盈亏、自我约束、自我发展，独立承担民事责任的国有农业企业。"

实践中来看，由于国有农场承担了大量行政和社会职能，在企业属性的基础上还要履行政府事务，实际形成了政企合一的体制。因此，也有的研究认为国有农场是以国有土地资源为基本生产资料、以家庭为基本生产经营单位，从事农产品生产经营，兼具区域性、社会性的国有农业企业。国有农场政企、社企合一的体制弊端突出，为了破除这种政企合一体制，实践中有三种主要的改革方向：

一是国有农场企业化改革。即彻底分离国有农场的行政和社会职能，按照现代企业制度要求，对农场进行规范化改革，建立产权清晰、权责明确、激励约束机制完备的现代企业主体，实现传统企业向现代企业的转型。

二是国有农场行政化改革。即通过国有资产的转让退出，国有企业职工的身份置换，国有土地的长期租赁经营等方式去除国有农场的经济属性。国有农场不再作为经营主体而存在，在农场辖区建立政府机构，承担区域内的行政和社会事务管理。

三是国有农场的事业化改革。即保留农场建制，并将农场从企业性质改为事业性质，主要职能从以生产经营管理为主，改为以农业技术推广等公益性服务为主。

从垦区集团化改革来看，国有农场企业化改革更多立足于国有农业企业的根本属性、更充分考虑国有农场的经济性特点、更注重强化国有农场的经济职能，是改革的主导方向。

2. 农场企业化改革的主要模式

国有农场的企业化改革，是垦区集团化改革的重要环节，但由于各垦区资源禀赋、主导产业、资产规模等实际状况差异很大，各垦区采取多种模式和途径，以不同方式探索农场企业化改革新模式，为继续推进国有农场改革提供了有益借鉴。实践中主要有两种模式：

（1）改为产业公司分公司。国有农场立足本身资源和产业条件，根据产业公司产业链经营的需要和区域布局要求，改造成为垦区集团所属产业公司旗下的生产分公司。这种改革充分发挥了国有农场在土地资源和农业种植、畜禽养殖等生产环节上的分工优势。国有农场改为产业公司的分公司

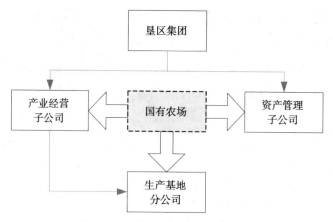

图 1.13 国有农场企业化改革模式

后，一般不再保留原国有农场的独立法人资格，不进行独立核算。同时，国有农场的管理体制由原来的农垦总局直接管理，变为垦区集团的三级公司，同产业公司的关系由平行关系，变为下属的分公司关系。

这种改革模式需要具备相应的条件：一是国有农场的行政和社会性职能基本实现分离，或者内部政企和社企彻底分开，特别是最基层的管理区、生产队实现分开。二是国有农场的主导产业单一，可以集中对应一个产业公司，而不是分散地对应多个产业公司；非主导产业占比较小，可以采取长期租赁等方式进行改革，不影响主业的生产管理。三是这种改革模式，通过将国有农场的生产环节嫁接到产业公司的加工、营销等整个产业链体系之中，有利于打造农业全产业链，提高产业综合竞争力。因此，也需要产业公司具有较强的带动能力，增加国有农场的生产效益，而不是侵害农场和农工的利益。

（2）改为集团公司子公司。这种模式将国有农场直接改造为现代农业企业，按照现代企业制度规范为独立的市场竞争主体，同时在体制上作为垦区集团的二级子公司。国有农场按《公司法》要求，由全面所有制企业改为公司制企业，推进公司化改造和规范管理，依法自主经营、自我管理、自负盈亏，实行独立核算，逐步向现代企业制度转型。这种改革模式的主要特征是将国有农场改造成为国有独资公司，由原来的行政性管理为主向企业管理为主转变，具体而言也有两种模式，一种是改为产业经营型子公司，另一种则是改为资产经营型子公司。

以专业化的无公害食品、绿色食品、有机食品等农副产品生产为主，具有名特优产品和良种繁育基地，规模大、科技含量高、有市场竞争力的国有农场，可以围绕主导产业逐步延伸产业链条，从生产环节直接对接市场，逐步改为产业经营型的子公司，作为垦区集团独立的产业公司而存在。

对于主导产业特色不突出，市场经营能力比较薄弱，而且土地多数实行家庭长期承包经营的国有农场，则可以改为集团公司所属的农业国有资产经营公司，由垦区集团授权经营管理和开发利用农场国有资产和土地资源，收取土地承包和租赁等资源资产经营收益，同时为职工家庭经营提供农业社会化服务。

需要说明的是，无论采取哪种改革模式，都是打破垦区内国有农场，包括集团下属其他企业之间的地域、资源、管理界限，使原来以国有农场为平台的"块块式"产业布局转变为以专业集团公司为主体的"条条式"布局。同时，还要推进产业相近、地域相邻国有农场的重组整合，减少管理层级，扩大管理范围，提升管理效率。

3. 黑龙江垦区农场企业化改革模式选择

黑龙江垦区的国有农场是由大批转业官兵及大批城市知识青年等垦荒而成，从事农业生产经营的国有企业。在计划经济体制下，国有农场只是单纯的生产经营型企业。在市场化改革进程中，特别是在创办职工家庭农场、构建大农场套小农场双层农业经营体制和产权制度改革中，国有农场的生产和经营内涵发生了重大转变。黑龙江垦区国有农场由原来的实行产品统购统销的唯一经营主体，变为三种类型数量众多的经营主体。

一是职工家庭农场，通过实行推行"两自理、四到户"改革，国有农场和家庭农场间的生产组织、经济核算、产品分配等关系被彻底割裂，家庭农场演化成为独立的市场主体，生产资料投入和农产品销售等直接面向市场。

二是民营经营主体，通过实行农业机械和长期作物产权转让，以及部分农场二三产业企业民营化改革，积极培育和发展非公有制经济等措施，国有农场范围内发展起大批的民营农业经营主体，成为为整个农业生产经营提供服务的生力军。

三是原来的国有农场，经营内容和角色发生了根本转变，主要从事土地的承包和租赁，收取土地承包和租赁费用。调研中，有的农场场长认为，现在国有农场只剩办公楼，收租金，办社会，其中办社会是农场主要从事的工作。此外，国有农场在农作物布局，农资供应、病虫害防治、农产品销售等方面为家庭农场也提供部分服务。

据统计，2014年黑龙江垦区共有各类农业经营主体39.83万个，其中职工家庭经营26.12万个，占65.57%，职工子女租赁经营5.21万个，占13.09%，外来人员租赁经营3.41万个，占8.54%。这三类经营主体合计占垦区经营主体的87.21%，是农业经营主体的主力军。从垦区土地经营状况来看，经营的耕地总面积4230.42万亩，其中职工家庭经营3344.05万亩，占79.05%，职工子女租赁经营334.48万亩，占7.91%，外来人员租赁经营514.86万亩，占12.17%。这三类经营主体合计占垦区土地总面积的99.12%。

从黑龙江垦区农业经营状况看，国有农场已经从农业生产经营型企业转为主要从事土地承包和租赁经营的企业，农业职工、职工子女、外来人员是农业生产经营的主体。目前，黑龙江垦区的农业以种植业为主，主要的农作物是水稻、玉米和大豆，都是大田的大规模种植。对于这种类型的农业生产，从世界范围看，家庭农场作为分散化的经营主体，直接从事农业生产经营活动，这是由农业生产的特性决定的，符合农业自然再生产和经济再生产重合的特点。

根据建设现代大型跨国农业企业集团的黑龙江垦区集团化改革目标，以及国有农场范围内以国有土地为主的资源资产状况，垦区的国有农场多数适宜改为北大荒农垦集团公司的资产经营型子公司，主要从事国有土地等原国有农场范围内国有资源和资产的管理及经营，按照承包租赁等市场机制进行经营，对国有资产进行高效配置，实现国有资产保值增值。对于少数如马铃薯等龙头企业和生产基地联系紧密的产业，可以将生产基地的相关资产，以股份的形式注入专业性产业公司，以获得利润最大化。虽然在垦区范围内部，但对国有农场资产的重新配置，不宜采取强行的行政手段，而应通过市场化运作形成公平的利益表达和谈判机制，以保障各方面的利益，调动各方面参与改革的积极性。国有农场实施企业化改革后，也可以实施归并调整，以地域相近为原则进行归并，以优化资源配置，发挥资源集聚效应。

七、结论与政策建议

在系统梳理垦区集团化改革进程、改革中存在的主要问题的基础上，对垦区集团化改革的内涵进行全面剖析，对改革的界定进行划分并明确阶段性特征，对改革中涉及到的主体关系进行分析。同时，以黑龙江垦区为例，提出深化垦区国有资产体制改革、推进主导产业整合重组、实现政企和社企分开，以及建立垦区市场化经营机制等方面的思路措施和可行路径。

（一）主要结论

（1）垦区管理体制变革，大致经历了多头管理体制、兵团管理体制、三级管理体制三个阶段。根据垦区集团化改革的深化程度，可以划分为党的十一届三中全会到党的十四大、党的十四大到党的十五届四中全会、党的十五届四中全会至今三个阶段。当前，垦区集团化改革存在着国有资本经营和配置效率普遍较低，政企和社企不分尚未根本解决，产业资源缺乏有效整合和一体化，企业法人治理结构还有待完善等方面的突出问题。

（2）通过对集团化和非集团化两类垦区比较可以看出，不仅在存量上集团化垦区优势明显，而且在近年来的发展态势上，集团化垦区也表现突出，非集团化垦区有利于区域经济发展，集团化垦区更有利于国有农业经济和农业企业做大做强，有利于农垦更好地服务国家战略需要，是农垦改革的主导方向。

（3）垦区集团化改革是对农垦体制和机制的根本性变革，也是涉及农垦管理体制、经营机制、行政和社会管理体制等各个方面的综合变革，其内涵主要体现在：以国有资产监管体制改革为突破，构建以资本为纽带的母子公司新体制；以资源和资产的整合重组为突破，构建以产业公司为核心的经营新主体；以政企分开和社企分开为突破，构建垦区社会管理和公共服务新模式；以公司化和股份化改革为突破，构建现代农业企业集团经营新机制。

（4）垦区集团化改革是复杂的系统工程，垦区的行政管理体系难以一步跨越成为现代企业集团，需要经历以行政管理体系为主、以企业经营体系为主和实现政社企彻底分开等演化阶段。在垦区集团化改革过程中，需要妥善处理好农垦总局与农垦集团、农垦集团与产业公司、产业公司与国有农场、国有农场与农业职工、农垦企业与地方政府、农垦企业与社区组织、农垦集团与国资监管部门、垦区集团与垦区集团等方方面面的关系。

（5）黑龙江垦区的"省部共管、以省为主"的体制，造成省部之间以及部门之间管理权责不对等，垦区集团出资人尚未明确，政企社企关系尚未理顺，集团化改革陷入长期停滞状况，垦区内部人控制状况严重，公共政策边缘化问题突出，继续深化垦区集团化改革十分迫切。

（6）黑龙江垦区需要加快建成两个层次的垦区国有资本管理体制：第一层次是及早建立国有资本投资公司，使得国有资本产权明确清晰；第二层次是农垦企业经营管理体制改革，建立新的自主经营的、投资者自负盈亏的、产权界定清晰的北大荒农垦集团公司。

（7）在北大荒农垦集团公司的出资人，可以由中央和地方共同履行：一方面，在中央层面设立中国农垦国有资本投资公司，持有北大荒农垦集团公司51%的股权，履行控股股东的出资人职责；黑龙江省政府持有北大荒农垦集团公司49%的股权，履行参股股东的出资人职责。

（8）垦区产业整合重组的战略目标是将生产要素在企业间、产业间进行转移和合理配置，达到经营效益最大化的目标。对黑龙江垦区而言包括掌控核心资源、降低运营成本、扩大市场规模、改善盈利能力和创新管理模式等五方面。在战略目标的导向下，产业整合重组需要从业务流程再造、组织结构变革、健全风险管理、培育国际名牌、加强组织学习、创新企业文化等六方面入手，将原属于不同管理体制、运行机制、企业文化的企业整合成为有机整体。

（9）黑龙江垦区的主导产业整合重组，围绕战略性、基础性和优势性产业，聚焦打造"从田头到餐桌"的产业链战略，把现代农业、食品制造、商贸流通、现代金融作为集团的核心主业，把房地产、建筑、制药、通讯等垦区有基础、有优势，而且盈利水平较高的产业作为支撑产业，形成"4＋1"的主导产业发展格局。

（10）垦区承担的行政和社会职能主要包括行政管理、社会管理和公共服务三大类，政企和社企分开模式主要有全面移交属地地方政府管理、在垦区范围内新设一级政府、在农场设立管理区（开发区）、在农场内部实行政企和社企分开、将社会职能作为产业发展等五种类型。推进政企和社企分开，必须充分考虑垦区的特殊性，路径选择应该建立在不同管理层级以及社会职能详细分类基础上，提出可行改革办法，采取多种途径加以推进。

（11）推进垦区集团的规范化治理，可以从明确集团母子公司的职责定位，建立健全法人治理结构，加强内部管控制度建设，提高董事会科学决策水平等方面入手。垦区产业工资原则上都要实行公司制股份制改革，通过引入战略投资者、推进经营者持股、资产证券化等方式，改制成为有国家持股、民间资本持股、职工持股、高管奖励持股等多种形式参股的混合所有制企业。

（12）国有农场的基本属性是企业，本质上是以国有土地为依托，主要从事农业生产经营的一种经济性组织。国有农场体制改革有企业化、行政化、事业化三种路径，农场企业化是垦区集团化改革的基础条件和重要环节。农场企业化主要有改为产业公司分公司和改为集团公司子公司两种模式。从黑龙江垦区实际看，国有农场适宜改为北大荒农垦集团公司的资产经营型子公司。

（二）政策建议

目前，垦区集团化改革已经具备了很好的外部条件，面临着难得的机遇。垦区企业集团虽然具备了很好的发展基础，但无论是与国外同类企业比较，还是与国内其他产业企业比较，在经营规模、资本实力、技术人才等方面，都还存在十分明显的差距，继续深化体制机制改革的任务仍很繁重。一方面，垦区要结合自身实际状况，选择合适的改革路径；另一方面，政府的大力支持也是深入推进垦区集团化的重要基础，要进一步建立健全支持、保障和促进政策，加快垦区各项改革的推进速度和质量。为此，提出如下政策建议：

（1）设立中央层面农垦国有资产运营公司。由国务院授权财政部作为出资人，以财政性资金为引导，同时引入农垦系统有实力的垦区企业集团、国有金融投资公司以及和农垦优势互补的大型国有企业作为战略投资者，成立中国农垦国有资产运营公司。黑龙江北大荒农垦集团公司和广东农垦集团公司51%的国有资产划转到中国农垦国有资产运营公司旗下，并行使控股股东的出资人职责。中国农垦国有资产投资运营公司将持有的垦区企业集团中紧密层企业的国有资产，统一授权给黑龙江北大荒农垦集团公司和广东农垦集团公司经营，建立垦区集团与产业公司之间的产权纽带，使产业公司成为垦区集团的全资子公司或控股子公司。按照完善国有资产管理体制的要求，构建有农垦特色的国资监管新模式，国务院国资委和农业部可经国务院授权，以委派董事和监事的方式，履行对中国农垦国有资产投资运营公司的监管职责。国资委重点管好国有资本布局、规范资本运作、提高资本回报、维护资本安全，确保国有资本保值增值。农业部重点监管中国农垦国有资产投资运营公司是否以农垦国有资本投资运营为主，推进粮食、棉花、油料、糖料、种业、乳业等农垦主导整合重组，确保履行好保障国家粮食和重要农产品安全供给、示范带动现代农业建设等战略任务。

（2）支持垦区主导产业打造农业全产业链。现代农业产业的竞争，更多体现在农业全产业链的竞争。国际大型农业跨国公司通过利用资本优势，实现对农业产业的上游原料、期货，中游生产、加工、品牌和下游市场渠道、供应等关键环节的控制，主导和操纵农产品市场定价权，以此获取核心竞争优势和高额的垄断利益。推进垦区集团化改革根本目标是打造具有国际竞争力的现代大型跨国农业企业集团，这是发挥国有农业企业作用的重要途径，也是服从服务于国家战略需要的重大抉择。建议支持农垦实施农业"全产业链战略"，促进产加销一条龙、贸工农一体化、一二三产业融合发展。流通和贸易环节是农垦产业链的短板，要支持农垦集团加快构建以国内外主要农产品产区为原点，以国内和"一带一路"沿线重要的港口城市及交通枢纽为节点，稳定可靠的粮食和农产品供应网络体系。加大对垦区集团的信贷支持，创新土地抵押贷款、信用贷款、知识产权质押贷款等操作方式。对垦区集团购置大型农业机械、农产品加工设备、建设仓储物流和港口码头等设施的贷款给予贴息，适当合理地下调贷款利率，延长贷款期限，降低融资成本，促进企业技术改造和更新换代。支持垦区集团公司参与金融机构运作，设立财务公司，控股或参股成立小额贷款公司、村镇银行、农村商业银行等涉农金融机构，支持黑龙江垦区组建北大荒银行，以更好地发挥大宗农产品的金融功能，促进垦区农业主导产业做大做强。

（3）对垦区集团化改革给予专项税收政策支持。在垦区集团化改革过程中，原有的以行政为主的管理主体，转变为以企业经营主体；原有的全民所有制企业，经过股份制改革为混合所有制企业，这会在无形之中给垦区增加大量的税费负担，影响垦区集团化改革的积极性和进程的推进。建议针对垦区集团化改革，在改革过渡期一定的时限内，出台专门的税收优惠政策，以支持垦区集团发展，增强企业集团凝聚力：一是对垦区集团实行合并纳税政策，垦区集团分别对紧密层企业资产控股为 100% 的，可由控股成员企业选择由核心企业统一合并纳税，核心企业盈亏相抵后，减轻集团成员企业总体税负水平，帮助经营效益较差的企业尽快摆脱困境，为深化改革和扭亏增盈增加回旋空间。二是在垦区主导产业的整合重组过程中，涉及到大量国有资产和股权在垦区集团内部不同企业之间的划转，建议在一定的改革过渡期内，对垦区集团内部企业隶属关系的调整，包括资产和股权的收购、划转等免征企业所得税，以支持农垦主导产业做大做强。三是国有农场经过公司制改造后，无论是改为产业公司还是资产管理公司，内部仍然实行由职工或其他人员承包租赁的经营方式，但是需要增加大量的税费负担，建议对垦区农业生产环节的统一经营免征增值税和企业所得税。

第二部分

农垦混合所有制经济发展研究

一、农垦发展混合所有制经济的
理论与现实基础

2015 年 12 月 1 日，《中共中央国务院关于进一步推进农垦改革发展的意见》正式发布，这意味着新一轮的农垦改革正式启动。农垦经济是以全民所有制国营农场为基础，是社会主义农业结构中的示范部分。产权制度改革是农垦企业改革的核心，现代企业制度建立是根本，国有资产监管与运营是主线，农垦企业改革必须通过产权制度改革，引进多元投资主体，建立股权多元化的混合所有制经济，通过现代企业制度的建立实现国有资产的高效监管与运营，从农垦企业的体制机制着手，创新农垦企业的组织结构和资本结构，进而实现把农垦建成重要农产品生产基地和现代农业的示范带动力量的目标。

从全国来看，全国国资委系统的国有控股上市公司已达 1082 家，中央企业混合所有制企业户数占比已达到 67.6%，各地监管及其及下属企业中实行混合所有制的数量已经超过 50%。从各地实践来看，中国建材有 6 家上市公司，80% 的资产在上市公司里。兵装集团旗下建设工业公司 2013 年与美国耐世特成立合资公司，兵装集团确定 4 家混合所有制改革试点企业，在长安汽车推行中高管持股试点。中国石化公布对成品油销售业务重组，25 家投资者缴纳增资款 1050 亿元认购 29.6% 的股权。

（一）国内外研究现状

农垦改革的核心问题在于理顺垦区体制，建立起两个层次的垦区国有资本管理体制。一个层次是建立国有资产投资公司管资本，另一层次是将农场企业改为混合所有制企业后管经营。这是改革的核心及方向，也是最难之处。困难主要体现于，农垦国有资产和资源的产权管理体制不清楚，股份制实现过程中未能使产权清晰界定。[①]

1. 农垦改革宏观层次研究动态

从宏观层次来看，主要有三方面研究：延伸和扩大农垦产业链，构造以产业为主线的新体制；与市场经济接轨，推进和完善农垦的行政管理体制改革；从农垦的实际出发，加快各农场或区域间的合作经济组织建设。

第一方面，延伸和扩大农垦产业链，构造以产业为主线的新体制。王锋（2003）分析了海南农垦区域经济的特点和优势，对农垦经济的发展提出了一个思路：海南农垦经济是一个复杂的社会经济体系，必须努力发展工业和服务业，加强三大产业的协调统一发展，根据资源、技术、市场开发程度确定区域优势和专门化发展方向。[②] 范芝和徐成德（2004）在对农垦改革情况分析基础上和已经取得的初步成效，以产业为主线构造新的体制是农垦改革关键；对农垦集团内的各级组织和层级要重新定位和构建，努力调整好各机构的职能并做好内部激励和控制。[③] 田静（2005）阐述了现行的农垦管理体制所存在的弊病，提出建立双层经营体制，确立家庭农场的主导地位；在非农产业方面要与现代企业制度接轨，加快非农产业发展，实现其产业化、制度化和私人化，促进农民收入的快速增长。[④]

第二方面，与市场经济接轨，推进和完善农垦的行政管理体制改革。吴丽珍（2007）考察了海南农垦处于困境的主因，提出了向市场经济转型和接轨的方针，如组建新型企业集团，将省农垦同国家农业部由上而下的行政隶属转型为集团公司集团内法人实体的横向经济联系为主的联系，进行人事

[①]　李恩树：《厉以宁：农垦改革核心在于双层体制建设》，《中国农垦》2016 年第 1 期。

[②]　王锋：《海南农垦经济管理体制改革探讨》，《华南热带农业大学学报》2003 年第 1 期。

[③]　范芝、徐成德：《积极稳妥地推进橡胶垦区管理体制改革——橡胶垦区管理体制改革工作会议纪要》，《中国农垦经济》2004 年第 1 期。

[④]　田静：《农垦管理体制改革探析》，《沿海企业与科技》2005 年第 12 期。

制度、工资分配和社会保障的改革。①

第三方面，从农垦的实际出发，加快各农场或区域间的合作经济组织建设。庞启武（2009）通过明晰海南改革发展的现状，提出科学发展、加快发展。如要有上级领导和兄弟垦区的大力支持；要努力建立与外省垦区或国际机构和区域经济的合作发展机制，拓宽农垦外部发展的新途径，寻求农垦新的经济增长点。②

2. 农垦改革微观层次研究动态

目前来看，主要有以下三方面研究：垦区内部经营体制多元化和合理化；垦区资源优化配置；内部管理机制的完善。

第一方面，垦区的内部经营体制多元化和合理化。贾大明（1999）在论述了越来越多的家庭农场已然成为农垦农业经营的主要形式，这种形式不仅促进农业生产力发展，解放了农业生产关系，也加快了农垦管理体制改革前行脚步，推进农垦不断发展，认为家庭农场在国有经济中占有举足轻重的地位，未来农垦的发展要朝着这种趋势，不断激发该经营体制的能量。③ 支有凤（2010）提出公司化是国有农场改革的趋势，农场公司化的改革有四种方式：第一种是农场自身注册成公司，变国有企业为国有独资有限公司，按《公司法》规范管理；第二种是以农场资产与战略投资者成立合资有限公司，共同经营土地；第三种是以农场资产与地方政府所属公司成立合资公司，利用农场土地共同开发工业园区；第四种是农场成为产业化龙头企业、产业公司的子公司或分公司。④ 杨英等（2003）认为广东省国有华侨农场在体制改革方面存在五个方面的问题：体制改革仍不彻底；地方政府的责、权、利难以得到保障；遗留问题较多；政企协调机制缺乏，运作不畅，交易成本增加

① 吴丽珍：《改革、发展和稳定的辩证统一——海南农垦改革实践的启示》，《今日海南》2007年第5期。
② 庞启武：《海南农垦改革发展现状与展望》，《中国农垦》2009年第3期。
③ 贾大明：《家庭农场：贡献不小问题不少》，《中国国情国力》1999年第6期。
④ 支有凤：《国有农场体制改革的思考》，《企业科技与发展》2010年第16期。

及现行农场体制中企业"越位"及政府"缺位"。国有农场的改革应遵循四个方面的基本思路：准确定位改革主体实现责权利对等；坚持因地制宜；配套改革与重点突破相结合；引入激励原则。① 耿晔强和马志敏（2004）认为在市场经济条件下，山西国有农场体制改革必须符合市场化要求，要以产权制度改革为突破口、以产业化龙头企业推动体制改革，以现代企业制度规范体制改革。②

第二方面，垦区资源的优化配置。操香水（2005）在建议江西农垦管理体制改革中对大多数处于资源优势的低端和产业特色不明显的农垦企业，宜由地方政府管理，融入区域经济；少数拥有较大产业规模的、强大区域功能的农垦企业可通过设立开发区，建立一级管理机构。③ 隋凤富（2008）分析了现有的农场内部政企制度，比照乡镇政府的职能和机构设置，调整农场和管理区的布局，整合管理资源，完善社会公共服务体系。④

第三方面，内部的管理机制的完善。田静（2005）提出了内外部两种分离方式，内部分离即"一个机构、两块牌子"，保留农垦局行政管理体制的同时，成立独立于行政之外的农垦集团公司的企业运作形式，把行政和企业两种职能系统的从农垦内部分开；外部分离方式是由地方政府接收农垦的行政和社会管理职能，使农垦脱离社会负担，让农垦外部的行政和企业两种系统形式的彻底分开。⑤ 尤石和（2007）认为推进云南农垦建设现代农业的要转变垦区的管理职能，促使农垦管理体制更加顺畅，催生出企业经营机制高效和活力，让农垦的经济发展向更坚实方向迈进。⑥ 文振富

---

① 杨英、傅汉章：《广东省国有华侨农场体制改革基本思路探索》，《中国农村经济》2003 年第 2 期。

② 耿晔强、马志敏：《山西国有农场体制改革问题的研究》，《山西农业大学学报：社会科学版》2004 年第 4 期。

③ 操香水：《创新管理体制促进企业发展——对新时期江西农垦管理体制改革与创新的思考》，《中国农垦》2005 年第 11 期。

④ 隋凤富：《深化管理体制改革增强垦区发展活力》，《农场经济管理》2008 年第 5 期。

⑤ 田静：《农垦管理体制改革探析》，《沿海企业与科技》2005 年第 12 期。

⑥ 尤石和：《推进云南农垦现代农业建设的思考》，《中国农业经济学会第八次会员代表大会暨 2007 年学术年会论文集》，2007 年。

（2009）提出了黑龙江垦区内部微观方面的建议，进一步精简农场管理机构，减少管理层次和管理人员，提高管理效率、降低管理成本，逐步减轻农场职工压力。①

（二）混合所有制经济改革的理论基础

在混合所有制经济概念体系中，主要包含有混合所有制、混合所有制经济、混合所有制企业等概念，目前来看，并没有形成统一的观点。三者应该是属于从宏观到中观再到微观的包含关系，在宏观层面是混合所有制，是以公有制为主体多种所有制经济成分并存的所有制成分中的一种；在中观层面是混合所有制经济，是混合所有制下的经济主体成分多元化的具体体现；在微观层面是混合所有制企业，是具体到某个企业的所有制主体混合化。

具体来看，混合所有制是宏观层面的概念，是我国的基本经济制度形式，是我国公有制为主体、多种所有制经济共同发展的社会主义初级阶段的基本经济制度中一种具体的经济制度，不同所有制并存和混合。混合所有制是公有制成分与非公有制成分在企业内部相结合的所有制②，包括以公有制成分为主体的混合所有制和以非公有制成分为主体的混合所有制③。混合所有制经济是中观层面的概念，是不同所有制下的经济形态，不同的所有制主体混合存在、相互融合，共同组成所有制来源多样的经济形态。混合所有制企业是微观层面的概念，是所有制实现的形式，通过不同产权主体的相互渗透和融合④，多个所有制主体不同的投资主体共同投资组成企业或公司，是现代企业的一种财产组织形式和经营方式⑤，包括混合股份制企业、混合合作企业、股份合作企业等表现形式。

---

① 文振富：《进一步实施东北振兴战略》，《中国经贸导刊》2009 年第 21 期。

② 王渐苏：《混合所有制初探》，《求实》1999 年第 9 期。

③ 龙绍双：《"混合所有制"质疑》，《理论导刊》1999 年第 3 期。

④ 常修泽：《中国国有企业改革和民营经济发展中的几个突出问题》，《经济社会体制比较》2004 年第 4 期。

⑤ 季开胜：《关于推进混合所有制经济发展的思考》，《经济问题探索》2000 年第 2 期。

1. 混合所有制的产生和发展

混合所有制经济具有开放性、联合性、多元性、灵活性等特征。混合所有制经济以多种经济成分作为基础，通过不同所有制经济的多种联合方式，可以产生形式各异的混合所有制经济具体形式，既可以是在现有经济成分中引入其他所有制经济成分形成混合所有制经济，也可以是不同所有制经济成分共同组成新的混合所有制经济。混合所有制经济的不同所有制经济成分混合，使得混合所有制经济具有不同所有制经济成分的特点，能够根据复杂多变的市场经济形势组成不同所有制成分、不同所有制经济比例的混合所有制企业，具有很大的灵活性。

中国形成混合所有制、发展混合所有制经济、培育混合所有制企业具有历史必然性。改革开放以来，为解决我国传统所有结构单一所带来的弊端，从所有制结构这一基础出发，鼓励发展非公有制经济，进而在实现公有制和非公有制之间的联合和融合。经过近 40 年的改革，在宏观层面上，从单一的公有制发展为公有制为主体，多种所有制共同并存、共同发展的基本格局；在企业层次上，多种所有制成分之间相互渗透、相互融合、股权多元化的混合所有制企业逐步出现与发展①。

党的十二大提出"坚持国营经济的主导地位和发展各种经济形式"，并在其后的党的十二届三中全会和 1984 年《中共中央关于经济体制改革的决定》中明确指出个体经济和利用外资举办的合资经营企业独资企业是对我国社会主义经济必要的有益的补充。"党的十三大在所有制结构上进一步提出目前全民所有制以外的其他经济成分，不是发展得太多了，而是不够，要鼓励城乡合作经济、个体经济和私营经发展。党的十四大提出建立社会主义市场经济体制，其所有制结构包括以公有制为主体，个体经济、私营经济、外资经济为补充，多种经济成分长期共同发展。发展社会主义混合所有制的基本前提就是多种经济成分长期共同发展。党的十四届三中全会通过的《中共

---

① 万华炜：《中国混合所有制经济的产权制度分析》，《中南财经政法大学学报》2007 年第 6 期。

中央关于建立社会主义市场经济体制若干问题的决定》明确提出随着产权的流动和重组，财产混合所有的经济单位越来越多，将会形成新的财产所有结构。党的十五大提出"以公有制为主体、多种所有制经济共同发展，是我国社会主义初级阶段的一项基本经济制度"，为我国发展混合所有制提供了重要的制度保障。公有制和其他多种所有制形是我国社会主义初级阶段所有制的重要组成部分。党的十五大报告首次提出了混合所有制经济的概念，明确指出公有制经济不仅包括国有经济和集体经济，还包括混合所有制经济中的国有成分和集体成分，并且针对国有企业改革，提出要以资本为纽带形成跨所有制的大企业集团。

党的十六届三中全会通过的《关于完善社会主义市场经济体制若干问题的决定》在党的十五大报告的基础上更进一步地肯定了混合所有制经济，提出在适应经济市场化中增强公有制经济活力，需要大力发展国有资本、集体资本和非公有资本等参股的混合所有制经济，提出了混合所有制经济的主要实现形式。要充分利用股份制这一手段，实现投资主体多元化和公有制实现形式多样化。

党的十七大报告更进一步提出了为了更好地实现混合所有制经济的发展，要以现代产权制度为基础。在国有企业改革中，要充分利用混合所有制经济的形式，引入非公有制经济，拓宽民间投资的领域和范围，推动各种所有制经济平等竞争、共同发展，促进国有资产的资本化运作，激发国有企业的活力。

党的十八届三中全会通过的《中共中央关于全面深化改革若干重大问题的决定》又进一步强调了要积极发展混合所有制经济，指出：国有资本、集体资本、非公有资本等交叉持股、相互融合的混合所有制经济，是基本经济制度的重要实现形式，有利于国有资本放大功能、保值增值、提高竞争力，有利于各种所有制资本取长补短、相互促进、共同发展。国有资本、集体资本、非公有资本等交叉持股、相互融合是混合所有制经济的特征所在。肯定了混合所有制经济在社会主义经济制度的重要实现形式，并从理论上指出了混合所有制经济在社会主义经济体制中的重要作用。

从党的十二大提出"坚持国营经济的主导地位和发展各种经济形式"到党的十八届三中全会肯定"国有资本、集体资本、非公有资本等交叉持股、相互融合的混合所有制经济,是基本经济制度的重要实现形式",混合所有制经济在我国社会主义市场经济中的重要性不断凸显,也是我国社会主义市场经济从理论到实践、再从实践到理论的不断升华。党的十二大提出发展各种经济形式,党的十三大提出非公有制经济发展得不够要继续鼓励发展,党的十四大提出多种经济成分要长期共同发展,党的十五大首次提出了混合所有制经济的概念,党的十六届三中全会提出了实现混合所有制经济的主要形式并给予了大力肯定,党的十七大提出要以产权制度为基础各种所有制经济公平竞争实现混合所有制经济的发展,党的十八届三中全会肯定了混合所有制经济是我国基本经济制度的重要实现形式,并总结了混合所有制经济的优势和特征。

公有制经济与其他非公有制经济的交叉持股和相互融合是混合所有制经济的基本特征。不同所有制经济交叉融合所形成的混合所有制经济有利于各种所有制资本的取长补短、相互促进,更加有利于国有资本放大功能、保值增值。在我国社会主义市场经济建设中,混合所有制经济的作用更加突出。一是能够在强化公有制主体地位的同时更好地促进经济发展。公有制的主体地位主要体现在公有制经济的控制力和影响力,公有制经济与非公有制经济的交叉持股和融合发展,有利于公有制经济以更小的资本更加有效地控制国民经济命脉,提高公有制经济的控制力和影响力。二是有利于建立产权清晰权责明确的现代企业制度。要实现混合所有制发展,必须要基于清晰的产权结构,在此基础上要实现有效的法人治理结构,各种所有制经济根据其出资比例和企业章程行使权力和承担责任,建立起有效的现代企业制度。三是能够实现更加合理的社会融资机制。混合所有制经济的提出,使得各种所有制经济处在同等地位,在大部分领域都能实现与公有制经济的公平竞争和相互融合,使得社会资本能够在各种所有制经济中充分流动,从而有利于实现更加有效的社会资源配置,既有利于非公有制经济的发展,也有利于实现中小国有企业的做大做强。

2. 混合所有制经济与产权制度

(1) 产权制度的概念及内涵

建立现代企业制度是构建社会主义市场经济的微观基础，建立现代企业制度的核心问题是进行产权制度改革。产权制度也就是一种制度安排，它是相关的产权关系及一定的规则融合成的。它主要用于减少交易成本，并增加资源的利用效率等。一个合理的产权制度对企业来说能大大增加企业的利润，达到资源使用最大化。

2003 年，党的十六届三中全会通过了《关于完善社会主义市场经济体制若干问题的决定》的报告，提出建立"归属清晰、权责明确、保护严格、流转顺畅"的现代产权制度。产权主体与产权收益归属清晰是现代产权制度的基本要求；权责明确、保护严格是现代产权制度基础；流转顺畅、利益对称和财产权利是现代产权制度确立的重要标志。

公有产权是国家对全民所有的财产所享有的占有、使用、收益和处分的权利，也是一项确认和保护全民财产的法律制度，是全民所有制在法律上的表现。[①] 公有产权不同于私有产权，两者存在较大的差异，主要体现在：一是两者的所有者不一致。公有产权的所有者是全体公民，公有产权的权力只能由政府或者授权机构行使，所有者和主体是虚置的，而私有产权的所有者是私有者个人，具有明确的所有者指向，私有产权所有者能够行使相应权力。二是两者的产权完备性不一致。公有产权的所有、转让、使用等权力分别由政府、授权机构和全体公民分置，而私有产权则是完备的由私有产权所有者行使和处置。三是两者的产权效率不一致。公有产权由全体公民共同所有，由政府或其授权机构行使使用权力，两者权力不对称，使得公有产权使用效率降低，而私有产权则所有和使用权力相对应，能够最大化体现产权效率。四是两者在市场中作用不一致。公有产权由于产权不完备，在市场机制作用下难以发挥有效作用，但是其可以弥补市场机制下配置资源的缺陷，私有产权则能根据市场机制充分发挥作用，但无法有效解决市场失灵的

---

① 　谢军：《中国混合所有制企业国有产权管理研究》，武汉理工大学 2013 年博士毕业论文。

难题。

(2) 产权制度对经济效率的影响

在《新帕尔格雷夫经济学大辞典》里,"产权是一种通过社会强制而实现的对某种经济物品的多种用途进行选择的权利。"现代西方产权理论主要研究不同产权结构对资源配置的影响。科斯 (Coase) 1960 年发表的论文《社会成本问题》奠定了西方产权理论的基础,阿尔钦 (Alchian)、德姆塞茨 (Demsetz)、张五常 (Cheung)、诺斯 (North)、威廉姆森 (Williamson) 等人的研究大大丰富和完善了产权理论的内容。在经济学上假设社会资源是稀缺的,而人们由于得到的资源有限,就会加倍珍惜所能获得的资源,并加以充分利用。这种假设成立的话,社会将创造更多的财富,也更符合可持续发展的要求。明晰产权就是将稀缺的资源分配给具体的个人身上。产权制度对经济效率的影响主要体现在降低交易成本、减少经济活动的不确定性、完善市场价格机制这三个方面。

降低交易成本。市场运行过程是一个会产生交易费用的利益博弈的过程,直接关系到市场经济主体的交易成本经济规模的追求,从而制约一个社会资源分配的过程。科斯认为"交易成本就是使用市场价格制度的成本"。[①]市场价格机制肯定要付出代价,肯定会出现交易成本。产权可以降低市场交易费用,权利制约着市场主体的交易行为,其本身就是无法替代的生产要素。

减少经济活动的不确定性。产权制度对经济活动的不确定性是指无产权或没有确切划分产权这两种情况,人们面临的环境总有不确定性,但又希望通过其他渠道降低这种不确定性。大家只能尽量使产权明晰化,确定彼此的社交空间,清楚自己同别人可能的选择。产权若不明晰,主体之间产权关系也会不明晰,这意味着没有限制主体权利也不能保证自己的产权,也就等于没有产权。

完善市场价格机制。产权的所有者对资源有着独占性的所有权和排他

① R. H. 科斯:《社会成本问题》,盛洪译,《法律与经济学杂志》1960 年第 3 期。

性的使用权，其他人若想使用资源，就得给所有者报酬作为补偿。在明确界定资源产权的情况下，要想获得资源的权利，只能通过市场上出高的价格，而不能依靠其他方式去进行无序的争夺，这样就能避免人们在经济活动中为取得稀缺资源所造成的不正当竞争，资源能更有效地利用，从而实现经济增长。

从我国经济体制改革的实践看，混合所有制是一种能够实现公有产权和私有产权优势互补，有利于提高社会生产力的新型所有制形式，因而也是适应社会化大生产要求和适应社会主义市场经济发展要求的公有制实现形式。混合所有制财产组织制度实行"谁投资、谁所有、谁受益"的原则，从而理顺了各产权主体之间的产权关系，使产权主体人格化，调动了各产权主体对共同拥有的资产保值、增值的积极性。因此，产权制度的改革是国有大型企业改革的核心，也是国有中小企业混合所有制改革的核心。

我国以公有制为主体、多种所有制共同发展的基本经济制度决定了不同产权长期共同存在、共同发展的基础。从改革开放以来的发展实践来看，混合所有制是实现公有产权和私有产权优势互补、共同发展的所有制形式，有利于进一步丰富我国公有制为主体的所有制形式，也是适应社会化大生产和社会主义市场经济发展要求的公有制实现形式。实行混合所有制，有利于理顺各产权主体之间的产权关系，调动各个产权主体的积极性，实现资产保值增值，既有利于国有企业做大做强，也有利于带动非国有企业发展。

3. 混合所有制经济与公司治理

（1）公司治理的概念及内涵

"公司治理"理念起源于威廉姆森提出的"治理结构"的理念。① 公司治理的概念可以从广义和狭义去理解。青木昌彦认为，狭义的公司治理问题实际上主要就是股东与董事会、董事会与经理之间的复杂关系问题，广义的

---

① Williamson, Oliver E., "Markets and Hierarchies：Analysis and Antitrust Implications", *Economic Journal*, 1976, 86 (343).

公司治理指的是股东、债权人、职工等利害关系人之间有关公司经营权利配置的机制。① 科克伦（Philip L. Cochran）和沃特克（Steven L. Wartick）从公司治理所包含的问题和内容入手，指出构成公司治理核心的应该是"谁从公司决策或高层管理阶层的行动中受益"以及"谁应该从公司决策或高层管理阶层的行动中受益"，当两者之间存在不一致时，公司治理问题就会出现。②

（2）公司治理理论基础

在现代经济中，完全合约是不存在的，因此，现代企业中普遍存在由所有权延伸出来的剩余控制权和剩余收益权。剩余控制权的主要特征在于它的排他性、可转让性和可分离性③。剩余控制权和剩余收益权的的相互结合是所有权激励发挥作用的重点。

两权分离理论。"两权分离理论"即"所有权与经营权分离的理论"。亚当·斯密认为两权分离将造成股份公司的低效率："在钱财的处理上，股份公司的董事为他人尽力，而私人合伙的伙员，则纯为自己打算。所以，想要股份公司董事们视钱财用途，像私人合伙公司伙员那样用意周到，那是很难做到的。"④ 安道夫·伯利（Adolph Berle）和格迪纳·米恩斯（Gardiner Means）认为到 20 世纪 20 年代末，现代企业的控制权已经不可避免地从私人资产所有者手中转移到经营者手中，股份公司的发展已经实现了"所有与控制的分离"。⑤ 詹森和麦克林（Jensen and Meckling）分析了公司价值与经理人员股票所有权之间的关系，认为经理人员有激励去消费薪金外特权享有的东西，有激励去采取有利于自己而损害外部股东利益的投融资政策。⑥ 利

---

① 青木昌彦：《经济体制的比较制度分析》，中国发展出版社 1999 年版。

② Cochran P. L., Wartick S. L., "Corporate governance：a review of the literature", *Financial Executives Research Foundation*, 1988.

③ David J. D., Denis K. D., A Sarin. "Agency Problems, Equity Ownership, and Corporate Diversification", *Journal of Finance*, 1995, 52 (1)：135-160.

④ 斯密：《国民财富的性质和原因的研究》，商务印书馆 2002 年版。.

⑤ 伯利：《现代公司与私有财产》，商务印书馆 2005 年版。

⑥ Jensen M. C., Meckling W. H., "Theory of the firm：Managerial behaviour, agency costs and capital structure", *Ssrn Electronic Journal*, 1976, 3 (4)：305-360.

兰和派尔（Leland and Pyle）证明企业家自己投入到项目中的赌注能完全表明他对项目资产回收的信心，企业家股份越高，则表明项目的价值越高①。

委托—代理理论。两权分离的现代企业制度不可避免的会产生委托—代理关系，但是由于利益和信息的不对称，经营者可能违背所有者的利益而作出符合经营者利益的事情，从而产生委托—代理问题。委托—代理理论的核心是建立一定的激励约束机制，对代理人进行激励和监督，使得委托人的利益实现最大化的目标。

现代管家理论。与委托—代理理论相对应的是现代管家理论，其认为代理人既有可能是自私的，也有可能是无私的，无私的代理人就是一个好管家。现代管家理论是 Lex Donaldson 教授于 1990 年提出的，他认为，成就、荣誉和责任等是比物质利益更重要的激励公司经营者的因素，经营者出于对自身尊严、信仰以及内在工作满足的追求，会像善良的管家一样勤勉地为公司工作，成为公司的好"管家"。

（3）混合所有制经济的公司治理

混合所有制经济是由公有制经济和其他所有制经济混合而成，因而既具有公有制经济的公司治理特质，也具有其他所有制经济的公司治理特质，是两者的混合体，具有特殊性。主要包括新老三会并存、股东目标一致性和利益主体分配机制等方面。

新、老三会共存。国有企业的传统治理方式是由党委会、工会和职代会组成的"老三会"行使治理职能，在计划体制背景下的企业治理中发挥了重要作用。但是在现代企业治理制度中，主要是股东大会、董事会和监事会组成的"新三会"行使治理职能。在以公有制产权为基础的国有企业像公有制产权和其他所有制产权共同组成的现代企业转型过程中，"老三会"体系下的治理结构并不能在短时间内完全消失，而"新三会"的建立，必然对"老三会"的治理结构产生负面影响。新、老三会共存下如何更好地实现新、老三会间的职责分工和协作是混合所有制经济公司治理面临

---

① 何维达：《现代西方产权理论》，中国财政经济出版社 1998 年版。

的首要问题。

不同所有制股东目标一致性。企业股东目标决定了激励约束企业经理人的经营目标。公有制经济内的国有股东代表的是全体公民，其主要目标是全社会的福利最大化，而非公有制经济的股东代表的是其自身，其主要目标是企业利润最大化，两者之间存在差异，如何协调两者之间的目标一致性在公司治理中具有十分重要的作用。

利益主体分配机制问题。公有制经济下国有企业的管理人员主要有国有资产管理部门任命，职业经理人制度尚未全面实行，经理人的劳动报酬并未完全市场化，国有企业经理人在物质激励和职位晋升的报酬中难以抉择。而其他所有制经济的企业基本上都建立了较为完善的职业经理人制度，根据市场机制给予合适的物质报酬。如何在混合所有制企业内实现公有制经济的产权代表和其他所有制经济的产权代表以及经理人报酬的确定，都在探索之中，激励机制的缺失将使混合所有制企业的优势难以充分发挥。

（三）农垦发展混合所有制经济的现实基础

1. 农垦发展混合所有制经济的历程

目前，中国农垦体制大体上分为三大类。一是新疆生产建设兵团，实行党政军企合一的体制，由中央直接管理；二是中央直属垦区，包括黑龙江垦区和广东垦区，实行"部省双重领导、以省为主"的管理体制，即只有财政预算、部分基建投资和国资监督等由中央部门负责，干部管理、党的关系和其他各项工作均由地方党委、政府负责；三是地方管理垦区，又分为农场由省直属和市县管理两种体制。①

1979 年以后，以党的十一届三中全会为转折点，农垦事业的发展进入了改革开放的新历程，这一阶段可分为三个时期。

---

① 李恩树：《厉以宁：农垦改革核心在于双层体制建设》，《中国农垦》2016 年第 1 期。

（1）试验探索时期（1979—1991 年）

1979—1991 年是试验探索时期，其主要特点是，改革传统的经营模式和经济管理体制，从传统逐渐走向开放，主要改革方向是实行农场场长负责制、兴办职工家庭农场和创办农工商联合企业。

国务院下发的《关于〈全国国营农场工作会议纪要〉的通知》（国发〔1978〕20 号）强调："要把国营农场作为企业来办"。1979 年，国家为解决农场长期亏损的问题，按照财务包干的办法，对农垦企业实行独立核算、自负盈亏，亏损不补，有利润自己发展生产、资金不足可以贷款，通过扩大农场自主权，调动了积极性和主动性。到 1986 年，根据中共中央《关于在国营企业中试行厂长负责制的通知》和农牧渔业部对农垦系统试行场长负责制的部署，对农垦企业领导体制进行重大改革，开展农场场长负责制试点，全面实行场长（经理）负责制。1988 年农业部出台相关规定，给予农场工业企业八项经营自主权，并提出通过竞争确立企业经营者，同时还对场办工业企业进行承包经营责任制改革，并对小企业租赁、处置、转让等办法作了规定。通过几年的调整，在一定程度上改变了农场单纯依靠行政手段管理场办企业的局面，多数场办企业开始向相对独立、单独核算、有一定自主权的生产经营单位转变。

为了解决职工吃农场大锅饭问题，1983 年 4 月的全国国营农场工作会议提出兴办职工家庭农场。1984 年农牧渔业部农垦局下发了《关于国营农场兴办职工家庭农场的意见》，从而建立了国营农场大农场套小农场的双层经营体制。对于不便家庭承包的如机械化水平要求高的，可以由机组作为一个整体来承包经营。由于职工家庭农场是国营农场内统分结合的一种经营形式，它将分散的家庭经营集中化，并让职工产生优越感从而调动职工的积极性，发挥了农场的优势，取得了显著的效果。它还有效地解决了"不管庄稼长不长，农工月月照发饱"的农工吃农场大锅饭问题，使农垦系统的经营管理体制发生了重大转变。①1986 年中央提出认真办好家庭农场，建立和完善

---

① 中华人民共和国农业部农垦局：《中国农垦五十年》，中国农业出版社 2000 年版。

大农场套小农场的双层经营模式，各垦区系统根据自身情况，创办联户农场、生产队承包、机组承包等多种方式的小农场，还率先提出成立统分结合的农业双层经营体制。国有农场即大农场，在创办以家庭农场为主的小农场时，采取多种形式强化统一经营的功能，服务各家庭农场和承包主体。

为改变农垦系统单一的农业格局，1986 年中共中央、国务院批转农牧渔业部《关于农垦经济体制改革问题的报告》，提出创办农工商联合企业，发挥农业现代化建设的示范作用。农垦农工商联合企业在经营管理制度上，突破了从中央到地方各种旧条条框框的限制和束缚，明确农场作为农工商综合经营的区域性经济组织，具有全民性、社会性、企业性的特殊属性。农场实行农工商综合经营，在农业生产的基础上，可以发展为大城市和工矿区副食品生产、加工基地和农产品加工、运输和销售中心。

（2）稳步推进时期（1992—2004 年）

1992—2004 年是农垦系统稳步推进时期，此阶段的标志是邓小平南方谈话和建立社会主义市场经济体制的提出。此阶段农垦主要在促进管理体制改革、转换企业经营体制、建立现代企业制度和调整所有制结构等方面进行改革。

在促进管理体制改革方面，农业部提出对有条件的垦区，积极走集团化、公司化的路子，省级农垦机构成建制改组，由行政管理体制转变成企业集团体制，农场实行公司化经营。鉴于垦区情况的特殊性，集团公司在体制改革过渡期间，仍延续使用原有的行政机构牌子，经当地政府授权代行相关行政职能，在条件成熟时取消行政机构牌子。对于不符合向集团转制要求的垦区，也要按照市场经济的要求，加强对企业的宏观管理、指导和服务，创造有利于企业发展的条件。江苏农垦和安徽农垦分别于 1996 年和 1998 年成立省农垦集团公司，省农垦集团公司的主要职能由管生产转变到管资产和土地资源，农场职能主要是生产经营、社会化服务和社区管理。

在转换企业经营机制方面，在"破三铁"的基础上，按照市场经济体制要求，着重在权力下放和干部聘任等两方面进行改革。农垦主管部门减少机构数量，将部分权力下放；实行干部聘任制。在企业内部进行制度改革，建立良性的竞争机制，将干部和工人分离开来；实行全员聘用合同制，优化团队合作模式；遵循按劳分配原则，以贡献大小为基础确定劳动报酬；建立团队风险捆绑机制，干部和工人共同分担风险，形成利益共同体。

在建立现代企业制度方面，根据党的十四届三中全会国有企业改革要以建立现代企业制度为目标，使企业成为自主经营、自负盈亏、自我发展、自我约束的法人实体和市场竞争主体的要求，农场应是从事生产经营、独立享有法定权利和承担法律责任的企业法人，国营农场正式改称为国有农场。农业部依照现代企业制度的要求选择一些农场和工业企业开展试点，并取得了一定的进展。进行公司制改革的工业企业中有数十家企业已经上市，改革过后的企业更具有市场竞争力和影响力，为农垦创造了一批龙头企业，很好地带动垦区其他企业的发展。

在调整所有制结构方面，1997 年党的十五大提出了所有制理论的新观点，掀起了农垦系统调整所有制结构的浪潮，有力地促进了非公有制经济的发展。农垦系统摒弃以国有资产为主的局面，因地制宜，采取相应有利的措施和政策，促进非公经济的发展，寻找新的经济增长点，实现垦区所有制经济的多元化。

（3）全面深化时期（2005—2015 年）

2005 年 4 月，《国务院关于 2005 年深化经济体制改革的意见》中明确要求农垦系统"全面推进垦区集团化改革，加快垦区集团现代企业制度建设"。全国各垦区通过产业化和投资多元化，打破原有农场以行政手段为主的管理格局，将原属农场的社会职能逐步向地方转移，构建了企业经营集约化的母子公司体制。随着改革发展的不断深入，大部分实行集团化经营的垦区，逐步将传统的"省农垦总局—管理局—农场—家庭农场（承包户）"的行政管理体制，转变为"省农垦集团公司—产业龙头企业—农场（基地）—家庭农场（专业户）"的以资产为纽带的运营机制，建立完善了集团母子公司体制，形成了产业化、集团化、股份化的经营管理格局。① 农垦集团下的

---

① 江泰：《做好顶层设计稳步推进农垦改革发展》，《中国农垦》2016 年第 2 期。

产业龙头企业按照专业化、链条化的思路，打破产业各环节和产权所有制的界限，整合优势资源，通过引进投资者、集团控股、各企业相互参股等方式实行混合所有制经济改革，优化产业结构，壮大企业规模，增强竞争力。

2. 农垦发展混合所有制经济的经验

2014 年，全国农垦实现生产总值 6500 亿元，人均生产总值 46000 元。一、二、三产业结构为 27.2∶44.5∶28.3。农垦国有及国有控股企业 5400 多家，国有资产（不含土地等资源性资产）10392 亿元，实现利润总额 199.8 亿元，农垦人均纯收入 13495 元，职工平均工资 28039 元。农垦生产总值连续 11 年保持 12% 以上的增速。农垦管理体制既有计划经济时代的特征，又结合社会主义市场经济的要求，在不断完善中形成了目前的管理体制，其主要经验可以总结为政企分开、政资分开和企社分开。

在政企分开方面，通过行政管理和企业管理的分离，改革政企合一的管理体制。部分地区通过"一个机构、两块牌子"的方式，在保留农垦局的同时，成立农垦集团公司，分别对应行政系统与企业系统。通过政企分开，既保留了农垦系统传统的行政管理体制，有利于各垦区和农场与农垦系统的行政、财政对接，而集团公司则通过建立现代企业制度参与市场化竞争，

在政资分开方面，国有农场通过产权制度改革，逐步理清了行政管理职能和国有资产经营职能。通过将农场国有资产划入地方国资委系统或者成立农垦国有资产管理委员会，将垦区内的国有资产委托给农场国有资产管理公司进行经营和管理，明确国有资产所有权。在国有资产经营和管理过程中，通过转让、入股、租赁、承包等多种方式，建立现代企业制度，盘活国有资产。

在企社分开方面，农场办社会职能的分离破解了农垦企业建立现代企业制度的重要瓶颈，同时减轻了企业负担、增强了市场竞争力。各垦区根据实际情况，将公检法、教育、卫生、社区等办社会职能逐步移交给地方政府，或者在农场设立管理区或行政区，通过管理区和行政区来承接相应的办社会职能。

3. 农垦发展混合所有制经济存在的问题

改革开放以来，通过政企分开、政资分开和企社分开，逐渐体现了农垦在大农业发展过程中的优势，培育了一批知名的农垦企业，如上海垦区的光明食品（集团）有限公司、黑龙江垦区的北大荒集团和海南垦区的海南橡胶等，这些企业在集团公司经营体制中，或多或少地进行了混合所有制经济改革，激发了企业活力，增强了企业竞争力。但从全国农垦系统来看，在发展混合所有制经济过程中仍然存在一些问题，主要包括思想观念尚未完全转变、经营管理体制模糊混乱、农场内部利益主体多元化、政企社企关系难以理顺、企业法人治理结构不完善、产权制度改革滞后于发展需要等问题。

思想观念尚未完全转变。农垦系统长期实行计划经济，对市场经济比较陌生，对现代企业制度的认识和理解出现许多误区，很多人不知道现代企业制度指的是什么，有些人存在着错误的认识。部分农场领导存在体制依赖，不愿变动现有政企不分的管理方式。

经营管理体制模糊混乱。现今国有农场的管理体制复杂和不规范，突出反映在政企不分上，这就为建立现代国有农场制度设置了障碍。从管理体制上看，有政企合一的体制，即通常所说的两块牌子、一套人马；有政企分开的体制，即政、企各自单设；有以企业为主，拥有交办的政府职能；等等。多数国有农场现行的组织制度和体制框架基本上仍是适应计划经济需要的"老套路"，不具备进入市场的根本条件，特别是缺乏新技术开发能力和市场运营能力。尤其是由地市县实行属地和行业管理的垦区，缺少龙头企业带动而动力不足，公检法、教育、卫生、社区等仍未完全剥离移交，惠农政策覆盖不到位，农场不可能摆脱作为政府部门的附属物。部分地区对农场实现公司化改造过程中，并未根本突破原有国有农场的管理模式，虽然加挂了公司牌子，但是并没有按照现代企业制度运行，反而因为增加了机构造成效率低下。

农场内部利益主体多元化。农场内部多法人和利益主体多元化的现状，给公司制改组时主权及利益关系的调整出了难题。首先，从国有农场现状看，一些大中型农场的农林牧副渔、工商运建服各业齐全，内部企业（多具独立法人资格）数量众多，加之实行大农场套小农场双层经营体制，利益主体多元化的格局已经形成。其次，从农场存量资产积累情况看，并不纯粹是由国家投资而形成的，有些农场在"场社合一"时，有集体财产并入农场，而且，所有农场长期以来都实行低工资制，在存量资产中应该有职工活劳动原始积累。最后，由于家庭农场"两金"自筹，风险抵押承包的普遍推行，个体、私营、"国有民营"等迅速发展，产权主体向多元化、混合型转变。国有农场这种多法人与利益主体多元化的实际，给农场实行公司制改组时产权的界定、权力和利益关系的调整，都会带来许多具体的难题。如果不研究这种实际情况，生搬硬套其他国有工建交商企业公司制改组的办法，可能会损害现有的利益结构，不利于调动各方面的积极性。

政企社企关系难以理顺。国有农场有企业属性，但是又不完全等同于一般意义的企业。由于特殊的区域、经济和社会属性，农垦长期以来承担着办社会管理社会职能。尽管近年来农垦分离办社会职能取得一定成效，但从实际情况看，部分地处边疆、经济欠发达地区的垦区，许多社会职能，诸如城镇建设、城镇管理、基础设施、社区管理、戍边任务、维稳工作建设和民生等问题，仍需要农垦承担。2010 年，农垦企业社会负担机构 8256 个，主要是自办社区和医疗机构，全年社会性支出 193.69 亿元，其中财政补助 95.57 亿元，农垦社会实际负担 71.93 亿元。① 政企关系可通过转换经营机制逐步理顺，而社企关系则因为各农场的情况不一，更为复杂。

企业法人治理结构不完善。股份制企业多数仍是国有股"一股独大"，集团化垦区的法人治理结构还不够完备，新、老三会长期并存的局面很难改变。造成的主要问题是农垦内部管理不适应市场机制运行的要求，缺乏发展活力和动力。

产权制度改革滞后于发展需要。以往的改革没能解决国有农场经营机制的转换，没有实现自负盈亏、自我发展、自我约束，其关键原因在于没有

---

① 贾大明：《浅议我国农垦在"工业化、城镇化、农业现代化"进程中的实践与探索》，《农业经济与管理》2011 年第 6 期。

进行产权制度的改革，国有农场没有法人财产权。农垦企业产权制度的主要特征是企业集所有权、行政权、经营权于一身①，造成农垦产权人格化主体虚置，资产的保值增值处于无人负责的状态，特别是在双层经营体制中，农场集体所有资产流失现象频繁。同时，由于农场来源形式多样，有国家资本、借贷资本、企业资本，有国有、集体和私人等所有制成分，在产权制度改革时如何界定，是一个非常棘手的问题。

---

① 李盛涛、韩伯海：《国有农垦企业产权制度改革初探》，《农村经济与技术》2001 年第 8 期。

二、农垦发展混合所有制经济的目标与思路

农垦混合所有制经济改革的主要问题在于政企职责不分、经营自主权难以落实、国有资产流失等问题，其根源就在于产权关系不清晰和现代企业制度缺失，必须要从根本上进行制度突破，既要体现市场经济的一般规律，又要准确把握社会主义制度的本质特征，确保在做大做强农垦的同时，不偏离农垦服务于国家战略的重要目标。

（一）农垦发展混合所有制经济的原则

农垦发展混合所有制经济要按照《中共中央国务院关于进一步推进农垦改革发展的意见》（中发〔2015〕33 号）、《中共中央国务院关于深化国有企业改革的指导意见》（中发〔2015〕22 号）、《国务院关于国有企业发展混合所有制经济的意见》（国发〔2015〕54 号）及农业部、国资委关于农垦改革、国企改革系列文件的精神，深刻认识新时期农垦的特殊地位和重要作用，明确新时期农垦改革发展的总体要求，以推进垦区集团化、农场企业化改革为主线，推动完善现代企业制度，健全企业法人治理结构，全面增强农垦内生动力、发展活力、整体实力。

——国有主导，服务大局。围绕发挥国有经济主导作用，完善国有农业经济的所有制形式和实现形式，走规模化发展道路，构建现代农业经营体系，促进一二三产业融合发展，全面增强农垦内生动力、发展活力、整体实力，切实发挥农垦在现代农业建设中的骨干引领作用，更好服务国家战略

需要。

——政府引导，市场运作。尊重市场经济规律和企业发展规律，深化农垦市场化改革，推进政企分开、社企分开，推进资源资产整合、产业优化升级，在确保国有资本绝对或相对控股的情况下，充分发挥市场机制作用，把引资本与转机制、产权多元化与完善企业法人治理结构结合起来，探索农垦企业混合所有制改革的有效途径。

——统筹兼顾，稳步实施。把握好改革的节奏和力度，鼓励大胆探索、试点先行，从各地实际出发平稳有序推进，不简单照搬一般国有企业的改革做法，着力解决突出矛盾，处理好国家、企业和职工利益关系。完善与农垦履行使命相适应的支持政策，切实保护混合所有制企业各类出资人的产权权益，调动各类资本参与发展农垦混合所有制经济的积极性。

——严格程序，规范操作。坚持依法依规，健全国有资产交易规则，科学评估国有资产价值，完善市场定价机制，切实做到规则公开、过程公开、结果公开。强化交易主体和交易过程监管，杜绝国有资产流失。

——分类指导，稳妥推进。注重不同垦区和国有农场管理体制、资源禀赋、发展水平的差异性，采取有针对性的改革举措。对通过实行股份制、上市等途径已经实行混合所有制的农垦国有企业，要着力在完善现代企业制度、提高资本运行效率上下功夫；对适宜继续推进混合所有制改革的农垦国有企业，要充分发挥市场机制作用，宜独则独、宜控则控、宜参则参，一企一策，成熟一个推进一个，确保改革规范有序进行。

（二）农垦发展混合所有制经济的目标

农垦推进混合所有制经济，不是为了"混"而是为了"优"，混合所有制适应了社会化生产对资本运作社会化的要求，促进了国有企业向国有资本的转化，从而扩充国有资本功能，实现国有资本流动重组，增强国有经济的活力；混合所有制优化了资本的所有制关系，有利于国有企业真正实现政企分开，建立健全适应市场经济要求、富有效率的管理体制和经营机制，打造一批具有国际竞争力的现代农业企业集团。推进垦区集团化、农场企业化，推进资源资产整合、产业优化升级，全面增强农垦内生动力、发展活力、整体实力。

1. 有利于更好地服务于国家战略

新形势下农垦承担着更加重要的历史使命。农垦农业生产经营规模化水平较高，科技成果推广应用、物质装备条件、农产品质量安全水平、农业对外合作等走在全国前列。必须适应新形势新要求推进农垦改革发展，促进垦区更好地在国家战略中将农垦建设成为保障国家粮食安全和重要农产品有效供给的国家队、中国特色新型农业现代化的示范区、农业对外合作的排头兵、安边固疆的稳定器。

2. 有利于建立健全现代企业制度

有利于建立健全现代企业制度。分离政府、社会职能，实现政企分开，是农场混合所有制改革的重要目标。政企分开必须构建能够实现政企分离的产权基础，使农垦的投资主体多元化，推动不同利益主体相互制约的混合所有制，打破农垦国有所有权单一的格局，按现代企业制度的要求，改造成为自主经营、自负盈亏、自我约束、自我发展的市场竞争主体，促进农垦成为市场经济的主体。

3. 有利于形成现代农业产业体系

规模化、产业化、全产业链发展是中国农业未来发展的重要方向，农垦目前具备了的规模化生产优势不能放弃，但是长期国有性质背景造成了部分体制不顺，需要借助集团化和股份化方向对农垦管理体制进行梳理，激活农垦内在活力。[1] 要加快培育若干个具有国际竞争力的大型农业产业化龙头

---

[1] 张敬石、刘云菲、李万明：《新常态下中国农垦发展与改革的思考》，《新疆农垦经济》2015 年第 8 期。

企业，通过资源合并重组、上下游产业链整合，形成完善的现代农业体系，也有利于从全产业链的角度来分担经营风险。

4.有利于盘活放大农垦国有资本

通过交叉持股、共同投资、整体上市等方式发展成为混合所有制企业，国有资产也将彻底资本化。农垦的大部分企业都缺乏发展资金，但同时有大量的土地、闲置厂房和设备等国有资源、资产等待投资盘活。引进个体、私营、外资等具有市场经济活力的非公有制经济，有利于盘活及开发国有资产、资源，放大农垦国有资本，提高农垦的市场竞争力。

（三）农垦发展混合所有制经济的思路

注重不同垦区和国有农场管理体制、资源禀赋、发展水平的差异性，推进不同层次的企业化改革，构建以管资本为主的管理体制，促进多样化发展，充分发挥市场机制作用，因地施策、因业施策、因企施策，通过产权制度建设，推进农垦企业现代制度建立，推动农垦混合所有制经济发展。

1.加快农垦产权制度建设

市场制度和企业制度建设的核心就是产权制度的建设，产权制度改革是混合所有制改革的核心所在。第一，明晰国家和企业的产权关系。确立产权的关键是实行出资者所有权与法人产权的分离，企业以其全部法人财产对出资者承担资产保值和增值的责任，出资者按投入企业的资本份额享有所有者的权益，割断政企不分的纽带，理顺国有资产的产权关系。第二，投资主体的多元化。如果国有资本所有者的委托人因为"虚置"而不能有效履行相应的权责，企业作为国有资本代理人也不能履行相应的权责。以产权主体明晰为前提实现投资主体多元化，可以组成混合所有制形式，形成法人治理结构的经济基础，有效解决产权主体"虚置"的问题。第三，国有股权的流动与转让。股东对公司的控制是按持股比例确定的，根据实际情况需要，合理确定国家资本的股份，在不涉及土地等国有资产流失等问题时，可以考虑国有资本相对控股，或者不控股，改变由政府说了算的经营管理体制。

2. 推进不同层次的企业化改革

针对集团化垦区、非集团化垦区，通过混合所有制改革分别建立大型现代农业企业集团和区域性现代农业企业集团，促进区域内资源整合，更好地发挥龙头带动和产业支撑作用。针对城郊型垦区、沿河沿海经济发达垦区、东北垦区、南方热作垦区、西部垦区等不同类型垦区，根据其发展定位，选择有针对性的产业进行混合所有制改革，放大国有资本功能。针对粮食、棉花、糖料、天然橡胶、牛奶、肉类、种子、油料等不同产业，生产经营、加工商贸流通、科技研发等不同环节，在非重要产业和领域引入非国有资本，着力打造纵向一体化的企业集团和横向一体化的农业全产业链。针对集团公司总部、产业公司、农场企业等不同层级，在保障国有资本不流失的情况下，按照需求引入非国有资本。

从宏观角度看可以分为：公司化的农场（企业）和非公司化的农场（企业）；公司化农场可分为有限责任公司和股份有限公司，非公司化农场可分为股份合作制农场和国有农场。从当前来看，优化方向是：非公司化农场向公司化农场转变，以有限责任公司和股份合作制为主，条件具备的建成股份有限公司，争取有更多的股票上市。

公司化农场一般应有以股东会、董事会、总经理为代表的经营管理机构和监事会的组织结构。从垦区的实际情况出发，公司化农场组织结构的优化方向是：董事会与经理（场长）班子趋于统一，董事长由农场场长兼任，董事可担任副总经理（副场长）等职务；监事会可设在公司化农场以外，有权任免董事会成员和总经理，监事会由农场主管部门委派。

综合性的集团化公司。以公有制为主体的大型贸工农一体化的集团化公司，特征是：以产权联结的纽带，以跨地区、跨行业为特点，以提供高新技术和高质量产品为中心，以适应市场经济发展特别是国际市场的需要，以提高规模效益为目的的大型企业集团。

行业性公司。农垦系统行业比较多，其中有些行业在国内甚至在国际上都有一定竞争能力。已有的行业性公司一般都是松散的、合作型的，应逐步改组为控股公司。条件成熟时可逐步扩大控股范围，直至成立全省、全国行业股份公司，比如糖业股份公司、乳业股份公司、橡胶股份公司、药业股份公司、大豆加工业股份公司等。各垦区要根据本地实际情况，积极发展行业性公司。

区域性公司。农垦系统各地区差别很大，一个或几个相近的农场可以联合组成股份制企业，形成区域性公司。这种联合必须是自愿的，是一种共同经济利益的联结，不能有任何形式的行政命令。这种组织形式适合于：农场与农场地域相接，生产经营项目基本相同或相互衔接和补充，急需扩大市场覆盖面。

股份合作制企业。农垦系统的小型工商企业或农业生产队，或在承包经营基础上逐步改组为股份合作制。不适宜变为股份合作制的单位，可以承包租赁、拍卖给集体和个人。

3. 集团公司推进混合所有制改革方式

一是内部产业整合。①"合并同类项"。按照有利于专业化经营、提高主营产业核心竞争力的原则，促进和引导内部产业的集聚发展，通过全国资企业与混合所有制企业合并同类资产的方式，在推进混合所有制改革的同时，实现做大做强做优集团核心产业。②产业链一体化。按照产业链上中下游一体化的方式，将集团同一产业链上的全国资企业与混合所有制企业整合，实现优质资产向优势企业集中，优势企业向优秀经营者集中，逐步形成优势互补、合理分工、协调发展的产业格局。

二是资产证券化。① 内部存量 IPO、借壳上市、注入已上市公司。推动符合上市条件的内部存量资产、资源，通过 IPO、借壳上市和资产注入等方式，向上市公司集聚和集中，特别是推动境外资产、境内对集团核心指标影响较大的资产，以及处于快速发展阶段、对融资需求比较大的资产的证券化。② 外部增量：上市公司对外并购和再融资。通过加大上市公司对外并购和再融资的方式，提升混合所有制经济的质量。

三是引进投资者。可以根据企业的具体情况，引入以产业整合为目的的产业投资者，或者是引入单纯以获取投资回报为目的的财务投资者。① 引入战略投资者。引入战略投资者的目的除获得一部分资金外，更应该关注能够获得成熟先进的管理模式、生产技术、销售渠道等。集团的专业经营类、综合运营类的企业如果要引入投资者，应以引入战略投资者为主。② 引入财务投资者。引入财务投资者的主要目的是使企业获得发展所需要的资金，财务投资者应放弃或最小化对企业的管理权。集团的产业金融类、任务目标类企业如果一定要引入投资者，可能更适合选择引入财务投资者。

四是股权激励。对公司管理层或员工实施股权激励，可以将管理层或员工的利益与公司利益紧密结合在一起，既可以实现国有大股东、管理层或员工利益的一致性，最大程度降低"委托—代理"风险，也符合中央关于企业职工共享改革成果的政策导向。① 管理层持股。目前管理层持股的股权激励主要集中在上市公司。由于上市公司市场化程度比较高，公司运营的可比性、激励指标相对比较明确，关于上市公司的股权激励、相关政策制度也比较健全，中国证监会、国务院国资委均明确了上市公司股权激励的规则。而在非上市公司的股权激励，特别是国有或国有控股非上市公司的股权激励方面的规章制度很少。在探索非上市公司管理层持股的同时，可以结合实行职业经理人制度，健全和完善企业管理体系，为集团下属子公司带来全新的公司治理结构和产权结构。对于创新型企业或快速成长期的企业，在劳资双方的契约中给予职业经理人一部分股权，充分调动职业经理人的积极性，以吸引优秀的管理人才，提升企业的管理和绩效水平。② 员工持股。与股权激励相比，员工持股的覆盖面更广、实施难度更低。但碰到的困难与管理层持股一样，也是上市公司员工持股的相关制度较为健全，非上市公司的相对缺乏。

五是互相持股。可以选择与集团目标相一致、具有一定实力的战略伙伴，通过互相交换股权结成利益共同体的方式，组建战略联盟，实现互惠共利，共同发展。

（四）小结

在推进混合所有制改革时，确保对企业的控股权是混合所有制改革的底线，包括上市公司也要保证控股权。混合所有制改革的目的主要是完善公司治理结构、引入优秀战略投资者、实现员工有效激励。首先，国有企业最大的弊端就是权力太大，不受控制，通过外部机构的介入完善公司治理结构。虽然有些企业仍然是国资委或者多个国企100%持有集团的股份，但是集团仍然要设置董事会，而且董事会里外部董事占比要超过公司内部董事。其次，混合所有制改革要引入优秀的战略投资者，综合考虑技术、产业链、市场、渠道和品牌，实现了强强联合，提升市场份额和市场影响力。最后，通过内部管理层和员工持股保证利益共同体，在子公司层面鼓励经营者持股，共同为企业发展付出努力。

三、农垦发展混合所有制经济的实施路径

产权制度改革、现代企业制度建立和国有资产监管与运营是农垦发展混合所有制经济的关键，也是实施路径。在垦区、企业和农场层面发展混合所有制经济都要经过这三个环节，只有这样才能保证在激发农垦活力、放大农垦效应的基础上，确保国有资产不流失和实现国有资产保值增值。

（一）农垦发展混合所有制经济的产权制度改革

产权制度改革是建立现代企业制度的基础，明晰产权是改革的突破口，在确保国有资本控股前提下，积极引进战略投资者，推进股权多元化改革，切实保护混合所有制企业各类出资人的产权权益，结合引资本与转机制，结合产权多元化与完善企业法人治理结构。

1. 农垦产权制度改革的思路和内容

（1）农垦产权制度改革的思路

农垦企业要彻底实现政企分离、政资分开，实现资产所有权与企业法人财产权的分离，必须建立与现代企业制度相适应的产权制度，实现企业产权主体的多元化和流动化，使企业真正成为市场竞争的主体。

农垦产权制度改革的基本思路是：以推行股份制和股份合作制为重点，以产权明晰化、产权结构合理化和产权市场化为中心内容，使农垦产权实体由实物形态转变为价值形态，实现国有财产的最终所有权与法人所有权的分离，建立真正的农垦法人财产制度，促进现代化企业制度的尽快建立，保证

农垦经济的持续、快速、健康发展。

（2）农垦产权制度改革的原则

农垦企业产权制度要实现建立与现代企业制度相适应的产权制度，必须要建立产权清晰、合理流动的产权制度，在产权制度改革中必须要坚持以下原则：

一是政资分开。各级政府部门要将农垦系统的国有资产所有权分离出来，成立代表国家从事农垦国有资产管理的专职部门，实现行政管理权与资产所有权的分离，避免用行政手段代替市场行为。

二是政企分开。农垦国有资产管理部门要将农垦企业经营权交给农垦企业，农垦企业实现自主经营、自负盈亏，政府主管部门专门从事宏观调控的行政管理职能。同时，将国有农场中兼有的属于政府的办社会职能要彻底分开，使企业成为真正的市场主体。

三是所有权与法人财产权分开。要合理划分农垦国有资产的所有者和企业对农垦国有资产管理和经营权的具体权能，从根本上消除国有资产所有权虚置导致的保值增值无人负责的状态，要切实确定农垦企业的法人财产权地位。

四是保证国有资产保值增值。在农垦企业产权制度改革过程中，要建立严格的产权占有、使用、收益、处分等产权制度，要保证国有资产免受流失、要担负国有资产保值增值的责任、要保证实现所有者和经营者都获得相应的权益。特别是涉及国有土地处置时，必须坚持土地国有的根本原则，股权多元化改革可以在使用权的有偿转让上，并且要建立规范的土地使用权交易程序。

（3）农垦产权制度改革的内容

农垦产权制度改革的主要内容是实现产权关系明晰化、产权结构多元化、产权交易市场化、产权管理科学化。

产权关系明晰化。界定产权是农垦企业（尤其是农场）进行产权制度改革的基础性工作，必须进行产权界定，使产权关系明晰化。只有明确的产权才能够有效保证国有资产的完整性和使用的有效性。其次，只有独立的产权才能够协调各方面的利益，形成各方面利益主体之间的有效制约。最后是国企应该建立完善的所有权结构，加快建立有效产权市场。现在国有农场的产权名义上属全民所有，实际上是虚置，无人关心国有资产的保值增值，都在吃国有资产的"大锅饭"，而且产权关系模糊不清，很难形成权、责、利的统一。当前，国有农场产权界定的关键，是利用契约或法律的形式，明确规定国家对农场财产的所有权和农场法人财产所有权。

产权结构多元化。经过十几年的改革，虽然使原有一元化的产权结构有了改变，但只是浅层次的、部分的。产权主体不明确且又集中，使直接的生产者、经营者没有独立的财产所有权，失去了利益驱动作用，造成农场活力不足和效益低下。产权制度改革的实质是物质利益关系的调整与重构。只有使产权主体多元化，才能发挥利益导向作用，实现产权的分散化、多元化，激励更多的农场职工和组织为发展垦区经济而努力工作。

产权交易市场化。在建立市场体系时，一定要考虑产权市场。全国现在已建成二十几处产权市场，使产权交易有了场所。农垦系统还没有出现产权市场，国有农场资产交易没有固定的场所，直接影响产权交易和产权交易的规范化。产权市场是市场体系的关键部分，对推动产权制度改革、资源的优化配置有着重要的作用。只有建立起产权交易市场，才可以使国有农场产权交易走上市场化的道路，从根本上杜绝各级政府对国有资产的无偿调配和无法律保证的私下交易。为了加快产权市场建设速度和布局合理，可以与其他组织和部门联合建立区域性的产权市场。

产权管理科学化。产权制度改革必须置于科学化管理的领导、协调、控制之下。国有农场的主管部门要认真组织学习国家关于产权的法律、法规和政策，搞好规划，有步骤、有组织地实施，以规范产权制度改革的行为。

（4）农垦产权制度改革的目的

在公平竞争的前提下，让更多的外部自然人参与投资，既符合市场经济的要求，又有利于建立起相互制衡的产权结构，从而有利于构建完善的公司治理结构。推进股权多元化，探索公有制实现的多样化。一是吸收国内大集团的资本购买垦区的部分资产使其成为原企业的股东，并改造其为有限公司；二是将垦区部分优良资产通过重组改造为股份制有限公司，并积极争取上市；三是在现有国有独资企业中采取置换股权的方式，变单一国有股东为多元法人股东；四是采取"国退民进"的方式，即国有产权退出农垦国有企业，民间资本进入农垦国有企业。"国退民进"主要有三种方式：一是原企业的职工购买原国有企业，使之成为原国有企业的所有者；二是非国有性质的法人购买原企业，使之成为原国有企业的所有者；三是原国有企业以外的自然人购买原企业，使之成为原国有企业的所有者。

2. 设计产权结构

产权结构市影响企业所有权和经营权的基础。农垦企业推产权制度改革时，要在确保国有资本不会遭受流失的基础上，对土地等重要的国有资产要保证绝对的国有资本控股，对于重要的领域和环节，要确保国有资产占有相对控股的地位，对于可以完全实现市场化经营的领域和环节，可以考虑让非国有资产实现控股。具体来说，可根据《公司法》中股权比重的不同而拥有不同程度的控制权和表决权来考虑国有资产的比重。比如，要保证在所有公司决策中都具有绝对控制权，国有资产股权比重需在67%以上，如果要保证能够提议召开股东大会、董事会、监事会等，国有资产股权比重需在11%以上。

3. 引进战略投资者

引进战略投资者可以有多种方式，一是可以为农业产业化经营的龙头企业引入战略投资者或战略联盟者。二是加强龙头企业与科技的合作，增强自主创新能力。要与现代农业技术研究处于国内领先地位的科研机构、顶尖的科技人才，通过比较稳定的利益机制，实行多种方式的合作，提高龙头企业的科技创新能力。三是购并"顶尖企业"。在全国范围内搜寻一批有优势、有特色、有基础、有前景的地方性的农业产业化龙头企业（包括已经被批准为国家级的重点龙头企业），利用资产重组、收购兼并、参股、租赁等各种手段，纳入农垦系统的生产经营体系。

4. 探索企业员工持股

党的十八届三中全会明确了允许混合所有制企业实行企业员工持股，形成资本所有者和劳动者利益的共同体。实现企业员工持股是企业内部有效的股权激励制度，有利于提升企业治理能力。企业员工持股要通过公开市场来操作，利用市场发现价格，要求规范的审计。

企业员工持股形式主要可以分为以下三种：

一是从出资角度划分为存量型企业员工持股和增量型企业员工持股。存量型企业员工持股是指在企业改组过程中，将企业资产划分为若干份股权，可以按工龄、奖金等方式折算为股权派发给企业员工。增量型企业员工持股是按照增资扩股的方式，允许企业员工通过个人出资的方式，以增量投入的形式获得企业股权。

二是从持股对象角度分为经理层、技术骨干和一般员工持股。对于企业中的不同对象应该给予不同的持股方式，以建立与其对企业贡献相对等的激励机制，使得各方利益得到最大程度的体现。特别是对于经理层和技术骨干，应该支持和鼓励凭借其特殊的人力资本入股，持有相对较多的企业股份，体现其特殊价值。

三是从股份种类角度可分为积累股、产权股和配购股。三者的区别主要是股权来源的不同。积累股是根据历年积累的绩效、劳动节余、员工贡献等因素，给员工分配不同的股权。产权股是根据企业员工在现金、劳动、技术、管理能力等投入企业而形成的股权。配购股是指按照无偿配送和有偿购买的形式将股权出让给员工。

企业员工持股占企业总股本的多少并没有统一的标准，但是在实践中，既要保证企业作为劳动者能够与资本所有者之间形成利益共同体，又要避免因为企业员工持股而影响企业的正常经营决策。如果实行平均持股而不能调动企业员工的积极性，则容易形成"大锅饭"体制。如果企业员工持股比例过低，则不利于激发员工的积极性，则容易形成收入分配不公。企业员工持股占企业总股本的比例，应根据实际情况给予区别对待，特别是竞争性企业和垄断性企业的区分。竞争性企业的企业员工持股比重应足以保证激发企业员工的积极性，而垄断性企业过高地设定企业员工持股比重的话，则丧失了其应有的意义。

5. 规范产权交易市场

积极参与产权市场的交易活动是指新产权制度应走社会化、市场化的发展道路。农场包括国有产权在内的各种产权可以在产权市场上自由交易，形成新的多元混合产权主体和产权结构，在相互竞争、渗透、联合中得到更快发展。具体来看，在保证产权交易符合国家规章制度的基础上，产权交易还必须符合"优化、平等、规范"的要求。

优化是指通过产权交易，必须实现资源的优化配置，提高企业的经济效益，而不是为了实现混合所有制而盲目地通过产权交易而引入多元化股权。平等是指产权交易过程中应该按照市场经济规律，赋予各种所有制产权主体平等权利。规范是指产权交易必须按照程序进行，采取公开招投标方式，要有产权评估机构依法进行产权作价，要有政府机构进行监督监察，要保证产权交易过程中不损害各方的利益，要保证国有资产不会流失。

（二）农垦发展混合所有制经济的现代企业制度建立

党的十四届三中全会提出要建立"产权清晰、权责明确、政企分开、管理科学"的现代企业制度，这是我国政府文件首次对现代企业制度的基本特征进行概括。党的十八届三中全会在坚持和完善基本经济制度中，提出推动国有企业完善现代企业制度，鼓励有条件的私营企业建立现代企业制度。要实现发展混合所有制经济的目标，其根本就是要建立现代企业制度，以资本为纽带完善法人治理结构，国有资本和各类非国有资本的出资人以股东身份履行权力和职责，以规范的经营决策，提高企业效率，公平参与市场竞争，使混合所有制企业成为真正的市场主体。

1. 农垦建立现代企业制度的思路

建立现代企业制度包括外部和内部两个角度。从外部角度来说，建立现代企业制度就是确定企业的市场主体地位，政府不干预企业的自主经营，确保企业按照市场经济的行为方式参与市场竞争。从内部角度来说，就是建立规范的法人治理结构，股东不干预企业的日常运营，推进职业经理人制度和市场化选人用人制度。

农垦企业发展混合所有制经济中现代企业制度的建立也与之相似。从外部角度来说，要推进政企、政资、社企分开，确保作为农垦资产所有者的政府出资人代表不干预企业自主经营，实现混合所有制的农场企业的市场主体地位。从内部角度来说，就是要规范国有企业的传统治理方式中党委会、工会和职代会组成的"老三会"和现代企业治理制度中股东大会、董事会和监事会组成的"新三会"之间的权责关系，建立市场化的选人用人和激励约束机制。

农垦企业发展混合所有制经济中，建立现代企业制度是保障利益相关各方权责的基础，实现企业高效运转、充分参与市场竞争的根本。国有农场系统幅员辽阔、门类齐全，场与场之间差别明显，行业与行业之间区别显著，产权关系复杂，经营情况各异，要根据农垦系统企业的实际情况，选择不同的形式，因地制宜，区别对待。

2. 健全法人治理结构

发展混合所有制经济的农垦企业建立现代企业制度的核心是健全法人治理结构，其目的是为了保证在产权多元化的农垦企业中能够实现依法保护各类股东权利，在企业内部建立完善的治理结构。一方面，要完善法人治理的组织机构，形成股东会、董事会、监事会、经理层各司其职、有效制衡的体系，特别是要处理好新、老三会之间的关系。对于国有独资的集团公司，在其子公司中通过引入战略投资者而形成的混合所有制企业，应由集团公司总部建立国有资产代表人制度，派出股东代表和董事人选、监事会主席等，并明确国有资产代表人的权责，加强对混合所有制企业的监督。另一方面，要建立完善的议事规则。明确"三会"及经理层的权责，明确集团公司和子公司之间的权责，对于重大的对外投资决策以及重大资产重组、资本经营、资产经营等重大事项，应确保由集团公司授权。对子公司应加强内部审计制度的建立，并要加大检查、考核和审计。

对于农垦企业而言，由于拥有土地等重要国有资产，在推进混合所有制经济时，必须考虑到国有资产的保值增值。最好的办法就是采取集团公司管理体制，有母公司拥有国有农场的土地所有权，在子公司层面进行混合所有制改革，只拥有土地的使用权和经营权，并且涉及土地的重大事项决策，必须要征求母公司的意见，由此保证土地资产的保值增值。

3. 推行职业经理人制度

发展混合所有制经济的主要目的是让民营企业的活力与国有企业的实力相结合，在建立法人治理结构的基础上，其中的核心就是要推行职业经理人制度。

可以考虑直接吸纳民营企业家作为职业经理人。农垦企业由于长期属于国有企业，并不存在真正的企业家和职业经理人，而民营企业家则大都是经过市场的洗礼后产生的经营管理人才。在与民营企业联合建立混合所有制企业的过程中，可以考虑直接将原民营企业家转化为职业经理人，既有股本，又是管理者，能够充分激发积极性。但是，国有资产所有者应该派出董事长和财务总监，制衡职业经理人，防止国有资产流失。

同时，要积极创新建立职业经理人选拔机制。一是要面向农垦系统内的企业经营者开展职业经理人方面的培训，学习现代企业管理和运营知识。要在农垦系统内建立职业经理人市场，培养和选拔专门经营管理人才。二是要实现董事会的选人用人权。既要实现党管干部，又要保证董事会能够落实选人用人权，保证董事会能够选聘考核经营层、经营层对董事会负责。三是要对现有的农垦企业经营人逐步转换为职业经理人。对农垦企业经营人进行市场化配置，在董事会提出选人用人标准和选聘程序后选定的职业经理人，在经企业党委确定后，由董事会聘任，给予市场化的薪酬。

最后，要加强对职业经理人的管理和建设工作。要根据职业经理人市场供求状况和经营管理业务，合理确定薪酬标准体系，实现与经济效益、经营目标、行业水准相当的薪酬分配机制。同时，要建立职业经理人退出机制，确保实现考核工作目标。要把职业经理人制度和队伍建设纳入农垦人才工作的重要内容，建立符合农垦特色的职业经理人认证标准，建立职业经理人市场供求信息体系，促进农垦系统企业之间的职业经理人制度的交流推广。

（三）农垦发展混合所有制经济的国有资产监管与运营

全国农垦系统拥有的企业资产总额为 12116 亿元，另外还拥有数量庞大的国有土地资源，土地总面积 36.6 万平方公里，管理和经营着 9316 万亩耕地、2.28 亿亩草地、5955 万亩林地等国有资源资产。这些国有资源资产，必须通过明晰产权关系，加强监督和管理。特别是在农垦企业发展混合所有制经济过程中，在引入战略投资者、经营者持股等改革手段时，要着重解决好国有资产的监管与运营问题，建立符合农垦特点的国有资产监管体制，确保国有资产保值增值。

建立符合农垦特点的国有资产监管与运营体制，首先要对农垦国有资产进行评估定价，科学评估国有资产价值，完善市场定价机制，确保在进行产权多元化改革过程中不会造成国有资产流失。其次，要建立国有资产监管体制，以管资产为主的监管体制，建立国有资产产权代表制度。最后，要建立国有资产运营体制，在管资产的监管体制下，要理顺政资、政企、社企关系，通过农垦国有资本投资运营，实现国有资产的保值增值，放大农垦国有资产效益。

1. 农垦国有资产评估定价

农垦企业国有资产并不一定都要进行相关评估定价，《国有资产评估管理办法》（国务院令第 91 号）对企业应当进行资产评估的情形作了明确规定，涉及农垦企业混合所有制改革过程中需要进行资产评估的包括：企业整体或部分改制；以非货币资产对外投资；合并、分立、破产、解散；非上市公司国有股东股权比例变动；产权转让；资产转让、置换；收购非国有单位的资产；接受非国有单位以非货币资产出资。可以发现，国有企业自身改制、以非货币资产投资、非国有单位对企业投资等行为，凡是涉及国有企业的产权比例变动的，都需要进行资产评估定价。通过资产评估定价能够有效避免国有资产流失的情形，需要建立一整套的评估定价程序对此予以保障。农垦企业的非货币资产主要为国有农场土地，这是农垦企业最重要的资产，农垦企业在改制、投资过程中，必须要对以国有农场土地为代表的非货币资产进行评估定价。

（1）明确行为主体

混合所有制企业进行资产评估时，应当由国有资产产权持有单位委托有资质的资产评估机构进行评估，国有资产产权所有者应该根据其相应权限范围内的权力进行资产评估委托，不能超出规定的经济行为权限，要保证委托人应当具有合法的委托权，避免非国有资产产权所有者擅自进行资产评估，以免造成国有资产流失。国有资产产权评估主体应当按照公开、公平、公正的原则，选择有资质、有信誉的评估机构开展国有资产评估工作，避免国有资产所有者或者使用者与资产评估机构恶意串通、隐匿资产等舞弊行为。

（2）规范评估程序

资产评估机构应按照《资产评估准则》的规定，独立、客观、公正地开展资产评估工作。资产评估机构要根据评估对象、价值类型等选择合适的评估方法，对委托范围内的资产、负债要实地勘察、核对，最大限度保证评估结果的真实、合理和完整性，为资产处置提供客观的价格依据。特别是对农垦企业的国有土地、品牌价值等独特的资源要充分体现价值，原则上应该采取两种以上的评估方法进行验证。

（3）建立监督机制

国有资产管理部门应当及时了解和掌握资产评估机构的职业情况，对评估人员、评估机构、评估项目进行质量抽查，确保资产评估报告真实、合法、有效。同时，要建立资产评估专家评审委员会制度，对重大资产评估项目实行专家评审，提供更加真实有效的资产评估报告，保障资产评估的科学合理性。最后，要引入公众监督，建立资产评估公示制度，资产评估机构的评估报告必须接受群众的监督和检查。

(4) 审核审批报告

各级国有资产管理部门应严格按照资产评估程序，对资产评估报告核准、备案进行严格审查。主要内容包括：评估目的和范围是否与经济行为相一致、评估基准日起是否合理、评估方法是否科学、资产价值影响因素是否全面、评估结构是否公正公平等方面。国有资产管理部门应行使出资人权力，全面审查资产评估项目和资产评估报告所对应的经济行为是否合理合法，并对资产评估方法的正确性和评估结果进行合理性判断。

2. 农垦国有资产监管机制

目前我国大部分国有企业都由国资委作为出资人管理国有资产，实行委托—代理制，在市场经济基础上，必须要构建适应混合所有制企业国有产权需要的管理体系。农垦系统国有资产数量大、分布广、类型多，必须要建立完善的国有资产监管机制。

(1) 设立资产监管机构

目前来看，农垦系统的国有资产管理机构可以分为国资、财政、行政主管等三种管理体系，在集团化垦区基本上实现了由国资委作为出资人管理农垦国有资产，在非集团化垦区，则存在由财政系统或者行政主管单位管理农垦国有资产的情况。《企业国有资产法》规定国务院和地方政府设立国有资产监管机构，代表本级人民政府对国家出资企业履行出资人职责，也可以授权其他部门、机构代表本级政府对国家出资企业履行出资人职责。因此，国务院和地方政府设立的国有资产监管机构和政府授权的其他部门、机构都可以代表本级政府对国家出资企业履行出资人职责。农垦企业目前按照国有资产监管机构和授权的其他部门、机构都可以履行出资人职责，但是，应当优先由国务院国有资产监管机构和地方人民政府设立的国有资产监管机构履行出资人职责。国有资产监管机构相比于授权其他部门、机构可以更好地在行政区域范围内整合相关资源，避免各部门、机构既作为行业主管部门，又代表企业参与市场竞争，不利于建立规范有序的市场竞争方式。特别是农垦企业目前涉及的行业门类较多，已经超出了某一部门或机构的主管范围，如果仍然由原农垦局行使出资人责任，则难以实现在区域范围内更好地做大做强农垦企业的目标，不利于农垦企业长远发展，应当优先由国有资产监管机构统一行使出资人责任，在尚未建立国有资产监管机构的情况下，由财政部门承担相应的出资人责任。

（2）缩短资产管理层级

产权链条越长，每一层级的委托—代理过程都会削弱出资人的控制力，最初的出资人对产权链条末端的企业经营的监督约束力度越小，出资人的政府在自上而下的执行过程中扭曲变形、监督成本高等现象越严重。在建立集团化管理体制时，要特别注意防止产权链条过长而实际上失去对企业控制权的现象。

央企、国企产权层级过多的情形较多，对企业控制力度不够。早在2004年，国务院国资委印发了《关于推动中央企业清理整合所属企业减少企业管理层次有关问题的指导意见》（国资发改革〔2004〕232号），原则上要求将央企法人管理层次控制在3层以内，通过清理整合形成一批竞争力强的大公司大企业集团。

解决产权层级过多的主要办法就是扁平化，减少管理层级的同时增加管理幅度，金字塔型的管理结构转换为扁平化。实行扁平化管理，要注重抓好重点产业、剥离非主业，要合理设置机构、避免虚设重设，要建立内部控制体系、相互监督制约。

农垦企业基本上属于地方国企，管理层级相对于央企要少，特别是已经下放给市县（区）的农垦企业，基本上都还未建立集团化管理体制，管理层级基本上是1级或者2级。但是，对于已经建立了集团化管理体制的垦区，管理层级也在不断增加，部分垦区已经有6—7级的管理层次。增设管理层次，有利于保障母公司重要的国有资产不流失，但是也会带来控制力下降的问题，要在两者之间进行合理取舍。

（3）建立国有出资人（产权）代表制度

混合所有制企业中固有资产出资人职责的权限是对国有产权管理的最大挑战。国有资产出资人与自然人出资人相比，仍然缺乏有效监督资产经营的动力。现有的委托—代理制度，可以部分实现国有资产管理机构的经营管理目标。国有资产管理机构可以委托或者委任特定自然人为国有资产出资人代表来行使国有资产管理机构的权利，参与对企业的内部控制，使出资人的权利影响企业经营者的经营、管理行为。

国有资产管理机构可以委派国有资产出资人代表作为董事、董事长、监事、财务总监等分别行使相应的权利，董事代表出资者行使企业的资产控制权和经营决策权，董事长行使法定代表人权力，监事行使对企业董事会和经营者的监督权，财务总监监督企业财务活动。国有资产产权代表要进入股东会，行使股东权力，使股东会正确反映国家出资人的意见和诉求，通过国家法律和公司章程维护国有产权的权利。

完善的国有产权代表制度主要包括选拔委派制度、报告制度、激励约束制度和考核监督制度等。其中，选拔委派制度是基础制度，直接决定了国有产权出资者是否能够有效维护自身利益，既要有决策、经营、业绩能力，也要有政治觉悟，确保能够有效执行出资者的决策。国有产权代表报告制度主要是规范企业重大事项的报告范围，包括企业董事监事等领导人员的职务变动、企业经营中发生的重大损失或危及国有资产安全的情况；企业的一定额度以上的担保、投资情况；企业对外的参股或控股情况、企业增资扩股方案、利润分配方案等。

3. 农垦国有资产运营机制

探索以管资本为主的国资监管是新时期国企改革的重要方向。党的十八届三中全会提出："完善国有资产管理体制，以管资本为主加强国有资产监管，改革国有资本授权经营体制，组建若干国有资本运营公司，支持有条件的国有企业改组为国有资本投资公司。"之后，国务院印发了《关于改革和完善国有资产管理体制的若干意见》《关于推动中央企业结构调整与重组的指导意见》《关于建立国有企业违规经营投资责任追究制度的意见》《关于深化国有企业和国有资本审计监督的若干意见》《国务院国资委以管资本为主推进职能转变方案》等一系列文件，为国有资产运营夯实了制度基础。

2013年以来，有19家省级国资委制定了国资监管机构职能转变方案，省级经营性国有资产集中统一监管面已达80%左右，36家省级国资委改组组建了142家国有资本投资运营公司。党的十八届三中全会以来，共完成11组22家中央企业重组、组建2家公司，中央企业从2012年底的115家调整到目前的102家。国家开发投资公司是国资投资公司改革试点，主要业务向"命脉"和"民生"领域集中，以基金投资引领的战略性新兴产业加快发展。诚通集团是国资运营公司试点企业，定位为服务国资战略结构调整和布局优化的国有资本市场化运营平台，促进国资合理流动，实现保值增值，成为"国资结构布局调整的抓手"。

国有企业建立现代企业制度的主要目的就是要提高国有资产运营效率，实现国有资产保值和增值。长期以来，国有农场国有产权运营主体缺位，造成了资产的低效运营和严重流失，解决这个问题的关键，就是要明确国有产权运营主体。国有产权运营主体可由国家授权给国有农场主管部门，主管部门在此基础上，成立国有资产经营公司、国有投资公司、控股公司；或者可以由国家直接授权给企业集团的母公司或大企业等形式。

四、农垦混合所有制改革的跨垦区联合模式

——中垦乳业股份有限公司

谷物、天然橡胶和奶业是农垦在全国农业发展中的重要产业，也是农垦的优势产业。2014 年初，农垦系统提出实施"联合联盟联营"战略和启动农垦大粮商培育计划，以谷物、天让橡胶、奶业等三大农业战略产业为重点，聚焦科技创新、种子种业、仓储运销业等三大关键环节平台，通过资源集聚和资本运作，成立了中国农垦种业联盟、中国农垦天然橡胶产业联盟、中国农垦乳业联盟。这些行业大联盟的成立，使得农垦在全国农业发展战略中的话语权和控制力逐步提高，标志着农垦进入到大整合、大发展的阶段。本章选取目前已经正式成立的，由重庆、宁夏、陕西三垦区组建的中垦乳业联盟作为案例，分析农垦跨垦区联盟中的混合所有制经济发展。

（一）中垦乳业成立背景

农垦成立中垦乳业是履行农垦职责使命、应对激烈市场竞争和做强做优全产业链的需要。

一是履行农垦职责使命。保障乳制品供应是农垦履行保障国家农产品供给职责的重要组成部分。但当前农垦系统乳业产业链不完整、优质奶源分散、内部竞争激烈等问题，使得农垦乳业一直不能在全国乳业产业中占据一定地位。要实现提升乳制品供给保障能力，必须通过联合联盟联营，实现互利共赢、合作发展。将中垦乳业打造成为中国乳业发展的重要领军企业、成为"中国农垦"品牌的重要支撑力量、成为具有全国影响力的国资农垦名片。

二是应对激烈市场竞争。乳业在快速发展的同时，优势资源加快整合，乳业寡头加快吞并地方乳业企业赖以生存的鲜奶市场和常温奶市场，让地方乳业企业逐步丧失竞争力。农垦企业如果仍然按照传统模式，以单个垦区来与乳业寡头竞争，几乎已经丧失了成功的机会。必须要通过整合壮大力量，提升市场竞争力。

三是做强做优全产业链。乳业是农垦的优势产业，但是长期以来，各垦区乳业企业各自为阵，难以形成合力，在部分地区的市场竞争中处于不利地位。要实现乳业企业的做大做强，就要从全产业链着手，从牧草种植、奶牛养殖、鲜奶加工到终端销售的各环节进行资源整合。重庆、宁夏和陕西三个垦区，在乳业领域各有优势，但也有不足的地方。重庆农垦虽然已经全产业链布局，但是并没有稳固、优质的奶源；宁夏农垦的奶源质量占有优势，但是加工和市场存在不足，优质奶源只能作为乳业企业的原料，处于价值链低端；陕西农垦的乳业发展还处于起步阶段。重庆、宁夏和陕西垦区可以互补有无，合力打造全产业链的乳业产业体系，有利于占据价值链高端，做大做强乳业企业。

（二）中垦乳业总体情况

中垦乳业股份有限公司（以下简称中垦乳业）成立于 2015 年 4 月，由农业部农垦局牵头协调，由重庆市农业投资集团有限公司、宁夏农垦集团有限公司、陕西省农垦集团有限责任公司共同出资成立，是在重庆两江新区注册成立的全国第一家"中字头"乳业企业，是全国农垦系统贯彻落实 2015 年中央 1 号文件精神和农业部联合、联盟、联营"三联"战略的重大举措，是农业部农垦局打造农垦国际大粮商的重要载体，已经发展成为中国奶业 D20 企业联盟成员企业（中国奶业 20 强）、中国农垦乳业联盟副主席成员企业。

中垦乳业注册资本 1 亿元，三家股东重庆市农业投资集团有限公司、宁夏农垦集团有限公司、陕西省农垦集团有限责任公司分别持股 50%、35%、

15%，并按照现代企业制度要求，明确了股东会、董事会、监事会和经理层职责，形成各负其责、协调运转、有效制衡的公司法人治理结构。

中垦乳业具有两大优势，一是重庆农垦在重庆市场上的成功运作模式，重庆农垦旗下的天友乳业拥有重庆 95% 以上的优质奶源，占有重庆乳业消费市场半壁江山，是全国液态奶第 6 强企业，拥有低温奶"淳源"、常温奶"百特"、奶粉"山城"等全国知名品牌。二是宁夏农垦、陕西农垦的丰富优质奶源，近 10 万头的奶牛养殖规模使得中垦乳业具有显著优于其他乳企的强大优势。

中垦乳业以大城市为中心，形成"片区集约、多个中心、组团发展"的中垦乳业独特商业模式，产业分布在重庆、宁夏、四川、陕西、甘肃 5 个省区市；乳制品包含巴氏鲜奶、常温奶、酸奶、奶粉等多个品类，市场覆盖近 10 个省市，占有重庆 70% 市场份额；44 个牧场总存栏规模约 7 万头，5 个乳品加工基地年总加工能力近 70 万吨；基本具备草场、牛场、工场、市场的全程质量控制体系和全产业链经营体系。未来 3—5 年，选择奶源充足、市场广阔的中心城市，通过新建或重组乳业企业，形成牧场到工场的奶源新鲜半径、工场到市场的产品新鲜半径，在全国 50 个城市布局"城市型乳企"，建成以中垦乳业为总部的巴氏鲜奶全国化运营企业群。

（三）打造"互联网＋乳业"全产业链模式

乳业全产业链涵盖生鲜乳生产、乳品加工、仓储物流、市场销售等诸多环节。全产业链可以进行全程质量追溯，确保乳品质量安全。全产业链模式，可以是由产业链上某一环节的企业主导、上下游环节通过市场行为参与的松散型全产业链，也可以是上中下游各环节整合到一个企业集团内的紧密型全产业链。两者各有优缺点，松散型容易造成信息不对称，紧密型需要大量的内部管理协调成本。中垦乳业结合乳业市场竞争态势和自身情况，确立打造"互联网＋乳业"全产业链模式，通过运用互联网思维与技术，乳业全产业链上各交易主体借助市场契约和互联网技术集成，形成产业链闭环，具有质量可控制、过程可追溯和交易成本低等显著特征。

一是质量导向的发展定位。三聚氰胺事件后，国内乳业产品明显不如国外乳品受欢迎。事实上，中垦乳业的牧场都建立在适合奶牛养殖的西部广袤的国家农垦，农垦牧场已经建立了严格的乳品质量保证体系，乳品质量并不劣于国外乳品。中垦乳业的工作重点是养好牛和加工好乳品，把牧场建成可以开展体验营销的"互联网＋养殖"、行业标杆智慧牧场，把乳品厂建成可以开展工业旅游、工业4.0范本的智能化工厂。比如，宁夏天宁万头规模化牧场已建成综合集成移动互联网、物联网、云计算、大数据和afimilk系统的智慧牧场，产出的生鲜乳品质量达到国内行业标杆和国际领先水平；重庆天友乳品加工厂已是重庆市工业旅游的主要景点之一。

二是扁平化的组织架构。互联网时代，"去中心化、去层级化"是企业做大做强的根本。中垦乳业采用扁平化组织架构，只设置中垦乳业公司和下属业务单元两个层级，业务单元相互之间不存在行政管理上的隶属关系，只有业务上的交易关系和股权投资利润分配关系，并且按照内部市场化的运作机制。中垦乳业只管控各业务单元的收入和利润指标，各业务单元可以按照自身实际情况来制定和实施年度业务计划。

三是全产业链互联互通。中垦乳业通过企业基础管理信息化和构建与消费者沟通的自媒体平台实现全产业链的互联互通。企业基础管理信息化就是架构统一管理系统，如OA系统、EPR系统、CRM系统和SRM系统，推进系统间联网和集成，将内部系统与外部有市场契约关系的供应商、经销商、商超、专卖店、社区店的业务系统互联互通。企业自媒体平台就是将官网、APP、微信、微博、网店、二维码相互嵌入，全方位开展消费者教育、新品征集、包装设计、产品销售、品牌推体验营销活动及产品二维码全程质量追溯等活动。比如，利用微信公众平台及自定义菜单，将中垦乳业在售产品及售点地理位置展现给消费者，"随时、随地、随便买"，增强消费者粘性。中垦乳业的最终目标是要建成乳业开放式的全产业链网络化生态圈，在一个网络平台上，各独立经营单元做优势业务环节，其他业务环节则在网络平台上由其他经营单元进行网络众包。

（四）小结

中垦乳业是农垦系统为了实现垦际、垦地间农业战略产业资源有效整合而成立的区域性农业产业公司，向仓储、加工、物流和贸易营销等产业高端布局，建设农业全产业链，放大农垦国有资本的控制力和影响力。中垦乳业最大的优势是有重庆农垦在重庆市场上的成功运作模式输出和宁夏农垦、陕西农垦丰富优质奶源。中垦乳业注册资本1亿元，重庆农投集团、宁夏农垦集团、陕西农垦集团分别持股50%、35%、15%，按照现代企业制度要求，明确股东会、董事会、监事会和经理层职责，形成各负其责、协调运转、有效制衡的公司法人治理结构。中垦乳业的成立有效整合了重庆、陕西和宁夏农垦之间的产业资源，三垦区乳业企业互补有无，合力打造全产业链体系，占据乳业价值链高端，获得更广阔的发展空间和更强劲的发展能力，能够实现履行农垦职责使命的战略要求和应对激烈竞争市场。

中垦乳业的成立，对于全国农垦系统"联合联盟联营"战略和农垦国际大粮商培育计划都有良好的借鉴意义。虽然目前中垦乳业三家股东都是国有企业，没有相应的民营企业混入，但是能够保障农垦这一特殊形态的国有企业能够完成国家战略的需求。在下一步，为了做大做强中垦乳业，放大农垦国有资本的影响力和控制力，进一步激发农垦国有资本的活力，可以在中垦乳业之下成立负责研发、仓储、物流、销售等全产业链环节的子公司，引入符合相应要求的战略投资者。

五、农垦混合所有制改革的集团化模式

—— 上海光明食品（集团）有限公司

上海农垦从 1989 年股份制试点工作开始，经历了股份制企业、农工商集团和光明食品（集团）有限公司多个阶段，对于全国其他地区的大部分垦区而言，都具有十分重要的借鉴意义。

（一）股份制改革试点阶段

上海农垦从 1989 年起，开始进行股份制试点工作，旨在通过股份制改造促使农垦企业在新的产权格局下实现自主经营，以独立的法人财产自负盈亏，真正成为独立享有民事权利并承担民事责任的法人实体，从而彻底转换经营机制，使农垦企业充满生机和活力。经上海市政府有关部门正式批准的股份制企业共四家：一是根据《股份有限公司规范意见》组建的两家股份制企业，分别是以定向募集方式由上海市东海农场的 16 家直属企业组建的上海东海股份有限公司和以社会募集方式由上海市农垦农工商综合商社成建制改组的上海市农垦农工商综合商社股份有限公司；二是根据《上海市城镇集体股份合作制企业试点办法》组建的两家股份合作制企业，即上海市农工商展销总公司物资经营部、上海都城实业公司商贸经营部。股份制试点工作为上海农垦深入进行产权制度改革，建立现代企业制度，打开了思路，积累了有益的经验。

1. 明晰产权关系

上海农垦系统从理顺产权制度入手，分四个层次对组织结构、管理体制实行改造：第一，上海市农场局转变成企业集团公司，逐步建设成国有资产的、具有投资控股等多种功能的核心企业，整个集团成为一个有实力的跨国企业集团；第二，现有的农场、公司改造成由集团控股的有限责任公司或股份有限公司，其中大多数农场逐步建设成为综合贸易公司，局属专业公司逐步建设成为融流通、生产、科技于一体的多功能流通企业，有的公司将成为集团内某一方面的"龙头企业"；第三，农场、公司所属的大中型工商企业改造成由农场、公司控股、参股的公司。第四，农场、公司所属的规模较小的企业，可以实行承包经营、租赁经营，或者改组为股份合作制企业，或者出售给集体或个人。

上海农垦企业的资产情况比较复杂，实际价值与账面价值的差异比较大，在试点企业的资产评估中，一般用以下做法：对房屋建筑物，采用重置成本法；对机器设备及其他固定资产，以重置成本法为主，有的采用现行市价法；对存货，在清查盘点调整账面存量的基础上，采用现行市价法。按上述办法评估并经上海市国资局确认，上海东海股份公司原国有净资产升值65%，上海市农垦农工商综合商社股份公司原国有净资产升值36.4%。经过合理的评估，体现了国有资产价值，既保证国有资产不会流失，也不会侵犯其他股东的权益。

2. 理顺外部关系

股份公司是社会公共公司，国有企业改组为股份公司以后，与社会各方面的关系也将随之发生变化，必须理顺这些关系，使股份公司在良好的环境下顺利运作。

——关于国家股股权代表的委派。一般来说，各级国有资产管理部门是国有股权的专职管理机构，可依法向股份公司委派代表管理国家股权。但是，国有资产管理部门没有力量向每个试点企业直接派出既精通国有资产管理，又熟悉试点企业经营业务的股权代表。从既有利于加强国有资产管理，又有利于加快试点企业经济发展出发，经市国资局和农场局共同商定，上海东海股份公司和上海市农垦农工商综合商社股份公司两家股份公司的国家股权代表从农垦系统的干部中选派。

——关于国家股股利的收缴。按有关法规规定，股份公司的国家股股利应由国有资产管理部门依法组织收缴。上海东海股份公司和上海市农垦农工商综合商社股份公司这两个试点企业国家股比重较大，税后利润在提足公积金、公益金后，大部分要作为国家股股利上缴。但是上海农垦长期以来依靠企业利润，承担了很多的政府行政和社会管理职能，农垦企业改组为股份公司后，这方面开销将没有渠道列支。经与市国资局商定，在 1995 年底前东海股份公司国家股股利按规定上缴市国资局后又全额返回市农场局，并转给东海总公司解决农场社会负担，以支持农场的发展。

——关于所得税。根据国务院的规定，农垦企业在 1995 年底以前享受免缴所得税的优惠政策，对加快农垦经济发展和保障农场社会安定等方面起了重要的作用。在进行股份制试点时，试点企业曾向财税部门要求继续享受此项政策，但财税部门认为，免缴所得税后，所增加的利润经分配，一部分将流到非农垦企业法人和个人股东的口袋里，有悖于国家对农垦企业扶持的初衷，因此，还是要求试点企业按规定缴纳所得税（上市公司缴 15%，定向募集公司和股份合作制企业缴 33%）。

——关于联营企业和合资企业。上海东海股份公司和上海市农垦农工商综合商社股份公司这两家试点企业原来都有一些联营企业和合资企业，改组为股份公司后，采用了"一变四不变"的办法，即联营或合资的我方，由原企业改为股份公司，但原联营、合资的性质不变；原投资的比例不变；原各方的权利、义务不变；原人事安排不变，使这些联营、合资企业的生产和经营没有发生波动，效益也没有受影响。

3. 转换内部机制

搞股份制的主要目的是转换企业经营机制，增强企业活力。但是国有企业改组为股份公司以后，仍需通过建立现代企业制度来实现这一目标。

——政企分开的领导机制。试点企业都明确了股东会是企业最高权力机构，董事会是其常设权力机构。董事会成员都由股东大会选举产生，董事长、副董事长由董事会选举产生，总经理等高级管理人员则由董事会任免。试点企业的党委书记进董事会，都经股东大会选举，股东会和董事会都按规范要求活动，采用表决制决定股份公司的重大事项，实现了比较规范的股份制企业的领导机制。

——自主经营的管理机制。试点企业都实行了董事会领导下的总经理负责制，按精简、高效的原则设置管理机构，总经理根据董事会的决策，自主地负责企业的日常经营管理。

——自我激励的用工和分配机制。试点企业全面推行全员劳动合同制和管理人员的逐级聘用制，实施灵活、多样的分配制度，如岗位技能工资制、计件工资制、拆账工资制等，并实施了社会统筹的待业保险和养老保险等配套改革，初步形成了"上岗靠竞争，报酬凭贡献，管理有合同"以及"职工能进能出，干部能上能下，收入能高能低"的机制。

——自我发展的积累机制。试点企业执行股份制会计制度和财务管理的暂行规定，可以依靠提取公积金、增资扩股等自身积累来实现企业的自我发展。

——公开、公正的监督机制。试点企业都按规定建立了监事会，纪检委书记和审计负责人被选进了监事会，三分之一的监事会成员由职工代表担任，使监事会能很好地发挥作用。

（二）上海市农工商集团阶段

1994 年 9 月，上海垦区改革组建上海农工商集团，原农场管理局改组为集团母公司——上海农工商（集团）总公司。1995 年底，上海市国资委授权上海农工商（集团）总公司依据产权关系统一经营集团内各成员企业的国有资产。上海市国资委作为授权主体，是上海农工商（集团）总公司的国有资产出资人，并且是国有独资公司；上海农工商（集团）总公司作为授权经营的国资营运机构，是集团内各成员企业的国有资产出资人。上海农工商（集团）总公司的成立和运作，标志着上海农垦建立现代企业制度的改革开始全面启动。上海农工商（集团）总公司的管理格局为：以资产为纽带的母子公司的管理体制，管住与放开相统一的管理机制，管人与管资产相结合的管理方法。

1. 以资产为纽带的母子公司管理体制

改制以后，上海农垦成为一个大型的企业集团。总公司是集团的母公司，原局属农场、公司等企事业单位，按不同的投资构成，分别成为总公司的全资子公司、控股子公司、参股公司和直属事业单位，形成母子公司的管理体制。

（1）总公司的管理职能和组织机构

总公司的管理职能。总公司的基本职能是国有资产的经营管理，即根据上海市国有资产管理委员会的授权，将所经营的国有资产投资于企业，通过独资、控股、参股、联合、兼并、拍卖、租赁等方式，不断推进存量资产的流动重组和增量资产受益、重大决策和选择管理者等权利。同时，总公司对集团的生产经营活动，还负有企业内部的管理职能，包括建立必要的内部管理机构，制定内部规章制度，决定并组织实施集团的发展战略和经营方针。另外，由于地域和历史的原因，在一段时间内，经上海市政府授权，总公司还继续承担上海农垦系统内的行政和社区管理职能。

总公司的领导体制和组织机构。总公司是国有独资有限责任公司，根据决策机构、执行机构和监督机构相互独立、权责明确、相互制约的原则，经上海市政府及有关机关批准，形成由董事会、经理层和监事会组成的内部组织管理机构，各司其职，有效行使决策、执行和监督权。董事会是总公司的最高决策管理机构，董事长是总公司的法定代表人。经理层依照总公司章程和董事会授权，负责总公司的日常经营管理。监事会对董事、经理执行公司职务进行监督。总公司党委会依据党章开展活动，发挥政治核心作用，保证监督党和国家方针政策的贯彻执行。总公司党委成员通过法定程序进入总公司的董事会、经理层和监事会。总公司职工依法组织工会，开展工会活动，维护职工合法权益。总公司为本公司工会提供必要的活动条件。依照宪法和有关法律的规定，总公司通过职工代表大会和其他形式，实行民主管理。总公司按照权责明确、管理科学、高效精干的原则，设置若干办事部门。有的办事部门可以合署办公，有的办事部门可以几个名称一套班子。

（2）子公司的管理职能和组织机构

——子公司的管理职能

子公司有两大类，一类是地处市郊和外省的农场，一类是市区专业公司。农场这个层次一般不直接从事生产经营，其基本经营管理职能是将所经营的全部法人财产，再投资于孙公司，进行价值形态的资产经营管理。市区专业公司一般同时兼顾生产经营和资产经营，即以所经营的全部法人财产，既直接从事生产经营，同时也将部分资产再投资于孙公司，进行价值形态的资产经营管理。规模大的市区专业公司也可以只从事资产经营。子公司经营管理的资产，不是通常意义上的国有资产，而是包括总公司投资在内的全部法人资产。子公司对孙公司，按投入的资本额享有所有者权益，承担有限责任；对总公司所投入的国有资产则承担保值增值责任。在总公司的领导下和市有关部门的指导下，农场还负有本场范围内的行政和社区管理职能。

——全资子公司的领导体制和组织机构

上海农工商（集团）总公司的子公司大部分是总公司的全资子公司。全资子公司实行重大问题由管理委员会集体领导决策和日常经营管理的经理负责制相结合的领导体制。全资子公司设立管理委员会，既是为了形成科学的决策程序，提高决策水平，也是为了形成对高级管理人员的监督制约机制。管理委员会的成员一般包括经理，党、团组织的负责人，工会主席，财务负责人和技术、经济部门负责人，以及由总公司委派的监事。管理委员会主任是总公司委派的产权代表，也是该全资子公司的法定代表人。经理则是执行机构的负责人，组织日常生产经营管理工作。管理委员会成员和经理、副经理都由总公司董事会聘任。为提高效率，管理委员会主任一般都兼任经理。全资子公司的党组织，在总公司党委的直接领导下，依据党章开展工作。经总公司党委会和董事会批准，全资子公司党组织负责人可与管理委员会主任、经理、副经理等交叉任职或兼职。全资子公司职工依法组织工会，在本公司党组织和总公司工会领导下开展活动。全资子公司按照权责明确、管理科学、高效精干的原则，设置必要的办事部门。这些办事部门不必与总公司的办事部门——对口。

——控股子公司、参股公司的领导体制和组织机构

控股子公司、参股公司按照《公司法》的规定，建立法人治理结构（如果是中外合资企业，则按照《中外合资经营企业法》的规定建立法人治理结构）。总公司向控股子公司、参股公司委派股权代表，参加这些公司的股东会，依照所持股份比例，行使股东权力。通过在股东会选举和更换董事、监事，来参与这些公司的董事会、监事会的工作，从而控制或参与其决策、经营与监督。总公司委派到控股子公司的股权代表，应是该控股子公司的法定代表人。委派到参股公司的股权代表，应是该参股公司的董事。控股子公司的党组织，在总公司党委的直接领导下，依据党章开展工作。控股子公司党组织负责人，可以通过法定程序，进入其董事会、监事会，并与董事长、经理、副经理、监事会主任等交叉任职或兼职。参股公司党组织，如果隶属于总公司党委的，也可照此办理。控股子公司职工依法组织工会，在本公司党组织和总公司工会领导下开展活动，维护职工合法权益。参股公司的工会也可以挂靠总公司工会。控股子公司、参股公司通过适当的形式，实行民主管理。控股子公司、参股公司的内部管理机构设置，由其董事会决定。

2. 管住与放开相统一的管理机制

总公司对子公司管理的指导思想是：有利于调动两个积极性，加快生产力发展，贯彻"管少，管好，该管的管住，不该管的放开"的原则，使总公司很好地发挥母公司的作用，同时让子公司充分行使自主经营权。

（1）总公司成为"五个中心"

总公司是整个集团的目标管理中心、资产经营中心、人事管理中心、

综合服务中心和监控管理中心。同时，国务院 1992 年印发的《全民所有制工业企业转换经营机制条例》（国务院第 103 号令）赋予企业的十四项经营权，各类子公司可继续自主行使。但是，为了适应母子公司管理体制的要求，对全资子公司在某些方面，实行集权和分权相结合的办法。控股子公司和参股公司则完全按《公司法》的规定行使全部法人财产权。

（2）对全资子公司的经营管理

总公司按照董事会的统一决策对子公司实施经营管理，可以直接行使下列权力，实行"十个管住"：一是决定或批准全资子公司的领导体制，任免全资子公司的管理委员会主任、经理、监事、财务负责人等高级管理人员，并对其进行考核、评价和奖惩；二是对全资子公司的资产进行清查，审批财产的报损、冲减、核销，核实资本金，并组织产权登记；三是决定或批准全资子公司的发展战略和经营方针；四是决定或批准全资子公司的资产经营形式，包括全资子公司整体进行公司制改造（改造为有限责任公司或股份有限公司）、整体与外商合资合作、整体承包和租赁，并在整体公司制改造或整体与外商合资合作中作为该企业的股东，在整体承包、租赁时作为发包人或出租人，享有权利，承担责任；五是决定或者批准全资子公司的产权变动，包括增加或减少资本，包括以产权交易主体和身份出让全资子公司的全部产权或部分产权，包括审批全资子公司关键设备、成套设备或者重要建筑物的出租、抵押或有偿转让；六是决定或批准全资子公司的设立、合并、分立、变更、解散、清算，并收缴解散或破产企业应归总公司所有的剩余财产；七是决定或批准全资子公司税后利润的分配方案，可以采取增加所有者权益的形式留给全资子公司使用，也可以收缴一部分上来集中使用；八是审批全资子公司对外的重大投资和举债决策，同时可以依照国家规定将产权出让净收入和投资收益及法律允许的融资，与全资子公司联合进行资本的再投入，以及与全资子公司联合对其他企业进行收购、兼并、参股等；九是决定或批准全资子公司范围内国有土地资源使用以及土地使用权转让、出租、抵押的方案；十是向全资子公司下达国有资产保值增值指标，并对其经营状况和财产状况进行全过程监控。

总公司对全资子公司的经营管理，同时又实行"八个放开"：生产经营权放开，产品、劳务定价权放开，产品销售权放开，物资采购权放开，劳动用工权放开，人事管理权放开（子公司的主要经营管理人员归总公司管理），工资奖金分配权放开（子公司的主要经营管理人员的工资奖金分配归总公司管理），内部机构设置权放开。

从既有利于强化管理，又有利于调动上下两个积极性出发，总公司对全资子公司还实行"五个分权"：一是投资决策权的分割。全资子公司涉及总公司"十个管住"权力范围的产权投资和项目投资活动，必须得到总公司的批准，其他的投资活动全资子公司有权自主决策。二是资产处置权的分割。全资子公司的关键设备、成套设备或者重要建筑物的出租、抵押、有偿转让，必须得到总公司的批准，而对一般固定资产全资子公司有权自主决定出租、抵押或者有偿转让，子公司处置生产性固定资产所得收入，必须全部用于设备更新和技术改造。三是联营、兼并权的分割。全资子公司采用联营、兼并方式，整体与其他出资者合作改造为新的经济实体（包括有限责任公司、股份有限公司、股份合作制企业、中外合资合作企业）的，必须得到总公司的批准，全资子公司对孙公司的联营、兼并活动有权自主决定。四是留用资金支配权的分割。全资子公司税后利润的分配方案，特别是公积金和公益金的提取比例，必须得到总公司的批准。对已提取的公积金和公益金全资子公司有权自主支配。五是进出口的分割。总公司经政府有关部门批准依法享有进出口经营权之后，对全资子公司一般不再赋予自营进出口权（以前已获得自营进出口权的企业作个案处理），在此前提下全资子公司享有《全民所有制工业企业转换经营机制条例》赋予一般企业均可享有的进出口权。

（3）对二级公司实行间接管理

总公司对其控股子公司和参股公司，通过以下途径实施管理。

总公司按照所持股份比例，委派股权代表，通过参加这些控股子公司和参股公司的股东会、董事会工作，贯彻总公司董事会的战略意图和重大决策。总公司负责对这些股权代表进行考核、评价和奖惩。

掌握控股子公司和参股公司的股权结构，对这些控股子公司和参股公司股权结构、股本规模变更等重大事宜进行研究，并通过股权代表控制或参与这些公司股权变更的决策。

收集控股子公司和参股公司经营状况和财务状况的报表等有关资料，进行分析评价，必要时可以要求股权代表向总公司作出说明。

向派往控股子公司的股权代表下达国有资产保值增值指标，并通过控股子公司的股东大会和董事会得到确认和贯彻；向派往参股公司的股权代表提出国有资产保值增值的要求，力争通过参股公司的股东大会和董事会作出有利于国有资产保值增值的决策。

对总公司委派的股权代表进行有关产权管理的专业培训，提高管理技能。

（4）总公司对子公司的监督

为了使母子公司的管理机制正常运作，总公司对子公司从六个方面强化监督，即强化监事监督、审计监督、效能监察监督、管理监督、党委监督和民主监督。

3. 管资产与管人相结合的管理方法

建立和实行管资产与管人相结合的管理方法，是总公司实现"管理科学"目标的重要措施和途径。要在"以人为本"的现代企业管理思想指导下，既有激励，又有约束，致力于调动人的积极性和创造性，促进总公司两个文明建设的健康、顺利发展。

（1）管理对象

根据党管干部的基本原则和总公司运行与管理的要求，总公司对其全资子公司和控股子公司干部管理的对象主要是五种人：管理委员会主任（或控股子公司的董事长）、经理、党委书记、财务负责人、监事。总公司派往参股公司的产权代表亦属总公司干部管理的范围。

（2）重点是管好产权代表

总公司对子公司干部的管理，重在精心配备干部和全面加强子公司领导班子的建设。根据国有资产经营管理的要求，总公司要重点管好产权代表。总公司董事会委派的产权代表，在全资子公司和控股子公司中应为该企业的法定代表人，在参股公司中应为企业董事会的董事。这些产权代表必须具备良好的政治与业务素质。总公司对全资子公司和控股子公司产权代表的聘任，要引进竞争机制，实行推荐、竞争和任命三结合的方法，做到"两个高"（即透明度高，效率高），"三个结合"（即党内党外相结合，领导与群众相结合，推荐、竞争与任命相结合）和"四个性"（即公开性、群众性、民主性、竞争性），形成双向选择、优胜劣汰的新机制。

（3）建立和实行资产经营责任制

通过签订资产经营责任书，明确全资子公司和控股子公司法定代表人对总公司承担的资产保值增值的责任，强化资产经营的监督和约束机制。主要考核指标为：国有资产保值增值率。参考指标为：净资产收益率、总资产收益率、成本费用利润率、资产负债率、折旧提足率和销售利润率等。总公司对全资子公司和控股子公司的党政主要负责人全面考核，主要考核国有资产保值增值指标完成情况，并直接与薪酬标准相挂钩。总公司对派往参股公司的股权代表，也要提出国有资产保值增值的要求。

（三）上海光明食品（集团）有限公司阶段

2003 年，上海农工商集团由上海市农委主管改为上海市国资委主管。2004 年，上海农工商（集团）总公司实行股份制改造，由国有独资企业转变为国有多元投资主体的有限责任公司。2006 年 8 月 8 日，上海光明食品（集团）有限公司正式组建，由上海益民一厂（集团）有限公司、上海农工商（集团）有限公司、上海市糖业烟酒（集团）有限公司和锦江国际（集团）有限公司组建上海光明食品（集团）有限公司。上海光明食品（集团）有限公司资产规模 458 亿元，注册资本 3.43 亿元，其中，上海市国资委占51%，上海市国资委全资控股的 6 个国有企业作为小股东共占 49%。新组建的光明食品集团仍然挂"上海市农场管理局"牌子，与全国农垦的关系不变。在上海光明食品（集团）有限公司阶段，上海农垦进一步规范法人治理结构、调整总部机构职能、加强产权代表管控，完善适应市场竞争的现代企业制度。

截至 2015 年 8 月 31 日，集团所属企业总数为 984 户，其中混合所有制企业为 712 户，占企业总数的比例为 72.36%。按层级来看，2 级次企业混合所有制企业有 8 户，占全部混合所有制企业的比例为 1.12%，3 级次 300 户，占比为 42.13%，4 级次 331 户，占比为 46.49%，5 级次 49 户，占比 6.88%，6 级次及以上 24 户，占比 3.38%。可以看出，集团的混合所有制企业主要集中于 3 级次和 4 级次，两者的混合所有制合计户数占集团整体混合所有制企业总量的 88.62%。按"8+2"主业划分来看，在乳业、糖业、肉业、粮油、蔬菜、现代农业、品牌食品、分销零售的混合所有制企业数量有 384 户，占全部混合所有制企业数量的比例为 53.93%，地产物流、金融服务有 117 户，占比 16.43%，两者合计占比 70.36%。"8+2"主业以外还有 211 户混合所有制企业，占比为 29.64%。按分类管理分，综合运营类企业的混合所有制企业占比最高，占比超过一半，达到 54.50%。专业经营类占比也达到 39.37%。产业金融类占比较少，任务目标类则没有混合所有制企业。

1. 法人治理结构

光明食品（集团）有限公司有 18 个二级子公司，包含乳业、糖业、肉业、粮油、蔬菜、现代农业、品牌食品、分销零售、地方物流和金融的"8+2"主营业务。其中，A 股上市子公司 4 家，分别是光明乳业股份有限公司、上海梅林正广和股份有限公司、光明房地产（集团）股份有限公司、上海金枫酒业股份有限公司。新西兰新莱特乳业为新西兰主板上市公司。

规范公司法人治理结构，正确处理好公司治理和公司管理的关系，是上海光明食品（集团）有限公司的首要举措。在规范法人治理结构中，上海光明食品（集团）有限公司建立了以外部董事为主的董事会结构，规范集团决策层与执行层的权责，明确公司治理和董事会运作的流程和实施细则，建立以战略管控为主的管控模式，董事会注重研究制度战略规划和对经理层组织实施战略规划的指导和监督，不断完善对经理层的绩效考核和薪酬管理。

图 2.1　光明食品（集团）有限公司母子公司架构

在集团董事会的构成中，外部董事占了大多数，"内部人"只有 3 个：董事长、总裁、工会主席；经营层中只有总裁一人是董事会成员，其余都不是。2005 年又健全了监事会，上海市委派来的党建督察员兼任外派的监事会主席。总裁机构作为公司执行机构，要组织实施董事会的决议，全面主持集团的生产经营管理工作。总裁职权的行使原则是"三个依照"：一是依照法律行使职权；二是依照公司章程的规定行使职权；三是依照董事会的授权行使职权。为了明确总裁行使职权中的具体权限，公司董事会通过了《关于向总裁授权的议案》，在资金使用审批、子公司投资项目审定、存量资产处置和第三层次企业改制审批、为子公司借款提供担保的审批、合同签署等五个方面，明确规定了总裁的权限。在董事会授予的权限范围内，总裁机构可以充分行使这些职权。

为防止国有企业变为新集团后可能出现的"一把手说了算""内部人说了算"和穿着新鞋走老路状况，光明食品（集团）有限公司在法人治理结构和制度规范中突出抓好五个方面：一是通过公司章程赋予大小股东都有董事、监事人选的推荐权。二是按照设立外部董事、监事的制度，主动腾出 2

图 2.2 光明食品（集团）有限公司总部机构设置

个原由"内部人"出任的董事岗位，改变董事会和监事会以"内部人"为主的人员结构，只保留董事长、总裁、工会主席和财务总监 4 名内部董事，其余 8 名均为外部董事。外部董事在董事会中所占比例达到三分之二以上。三是优化董事会成员专业知识结构，8 名外部董事中，3 名是市国资委推荐的财务和法律专家，5 名是由小股东单位委派的产权代表，从而丰富了董事会组成人员的知识结构、专业背景、工作经验和能力结构。四是将董事会和总裁班子在人员组成上基本分开，实现决策机构与执行机构独立运行。五是在监事会 4 位成员中，设立 2 名外部监事，占 50%，主席由国资委委派，独立实施对董事会和总裁班子的监督。

为提高董事会的科学决策水平和决策效率，从集团公司成立的第二年开始，董事会着手制定并组织实施专门委员会的工作制度。目前已设立了董事会战略和投资委员会、提名委员会、薪酬考核委员会和审计与风险控制委员会等 4 个专门委员会，其中薪酬考核委员会、审计与风险控制委员会外部董事占多数，并由外部董事担任主任委员。提交董事会讨论的重大事项，首先由相关专门委员会讨论提出专业的审核意见，并与议案一并提交董事会讨论，确保董事会重大决策更加科学谨慎。

上海农垦在集团化改革后，先后三次改革集团总部的机构职能。在上海光明食品（集团）有限公司阶段，按照适应新的国有资产管理体制、履行集团母公司出资人职责的要求，围绕资本运营、监控、服务来整合和理顺集团总部的机构设置和职能分工，改进管理方式，完善权责利的相统一机制。上海光明食品（集团）有限公司总公司重点加强战略、预算和契约三大管理，建立管人、管资产、管事相结合的集团母子公司运营管理体制。

调整总部机构职能后，产权代表成为集团公司管理控股、参股子公司的主要手段，如何加强对产权代表的管控则成为建立规范的集团母子公司经营管理体制的关键。上海光明食品（集团）有限公司总公司通过建立对控股子公司的产权代表委派制度和对产权事务的管理制度来加强产权代表管控。在管人方面，集团公司充分行使出资者选择经营管理者的权力，对控股、参股的子公司，委派产权代表、监事会主席、推荐总经理等高级管理人员人选，并建立以经营业绩为核心的考核评价制度，通过契约化管理将考核结果与薪酬挂钩。在管资产方面，集团公司通过财务预算制、财务总监委派制、审计监督、国有资产处置审批决定权高度集中等手段充分履行出资人职责。在管事方面，集团公司通过产权代表对控股子公司的重大事项进行管理，控股子公司的股东会、董事会决定公司重大事项时，产权代表必须事前向集团公司请示，并按照集团公司的指示发表意见和行使表决权。

2. 资本运营

面对国内食品行业在资源、环境等方面的约束，上海光明食品（集团）有限公司通过"产业＋资本"双轮驱动的资本运营模式，推动集团持续快速发展。作为推进战略性调整的主要抓手，就是打破现存"小而全"、低水平重复、场域封闭的"块块格局"，围绕集团主导产业的发展，以集团母公司为运作主体，在集团的子公司层面上加大改革和资产重组、业务重组的力度，优化资源配置，形成规模经济、集约化经营的新格局。主要做法有四种：

通过内部共同投资和股权收购形成专业公司。上海光明食品（集团）有限公司由农工商集团、益民食品集团和烟糖集团三家国企组建而来，原有集团部分业务交叉，组建初期存在较为严重的同业竞争现象。比如，分属益民集团和烟糖集团的华光酿酒厂和金枫酒业公司分别生产"和酒"与"石库门老酒"这两种营养型黄酒，分属光明乳业和农工商超市集团"可的"和"好德"都是知名便利店品牌。上海光明食品（集团）有限公司成立后，大力推进内部资产整合。比如，把益民集团的黄酒产业资产置换到隶属烟糖集团的上市公司金枫酒业，使后者拥有"石库门"与"和酒"两个品牌，成为国内最大的黄酒类上市公司，销售收入和企业绩效在同行业名列第一；把"可的"便利店置换给农工商超市集团，与"好德"便利店整合，使农工商超市集团成为中国最大的便利店企业。再比如，在出租汽车行业，上海垦区早在上世纪 80 年代中期就进入出租汽车行业，到 90 年代初期共有 23 个农场和公司建立了 29 个车队，所有车队统一使用"农工商"牌子，但是各自分散经营，虽然拥有了品牌效应，但是各个车队经营管理水平参差不齐，整体水平还是相对较低。上海光明食品（集团）有限公司通过共同投资组建农工商出租汽车有限公司提升了集团公司在出租汽车行业的影响力和竞争力。集团总公司和 23 个子公司作为股东，共同投资组建农工商出租汽车有限公司，然后，集团总公司为了保护好优质资产，出资收购大部分子公司在出租公司的股权，并向集团外企业法人转让部分股权，逐步理顺产权关系。出租汽车有限公司按照现代企业制度的要求建立了法人治理结构，强化了内部管理，短短几年，就成为上海出租汽车业五强之一，企业经济效益三年翻了一番多。

培育具有发展潜力的优势企业成专业子公司。上海光明食品（集团）有限公司把具有发展潜力的优势企业培育成集团的专业子公司，再逐步带动相关资源的重组，比如，农工商超市有限公司和星辉蔬菜有限公司等专业子公司。农工商超市于 1994 年由集团商业总公司出资 200 万元兴办。1999年 10 月，集团董事会对农工商超市实施改制，在集团内部调整股权结构，使农工商超市上升为集团子公司，同时实施主要经营者期股激励试点，到

2000 年，销售额超过 54 亿元，在全国连锁企业百强排行榜中居第 3 位。星辉蔬菜有限公司于 1993 年由星火农场创办，到 1998 年出口蔬菜量在上海市出口总量中占一半左右的份额，集团总公司以现金出资控股，星火农场以原蔬菜公司经评估确认的净资产出资，共同组建上海星辉蔬菜有限公司，目前成为蔬菜产业化经营的龙头企业，带动和整合集团内外的资源，形成了规模效益。

与集团外企业法人共同组建新的专业公司。集团公司根据食品行业特点，以强化渠道管理为重点，控制产业链关键资源，推进产业联动和对外战略合作，集中有效资产与集团外企业法人共同组建新的专业公司，集团核心业务板块由产业链单要素向产业链全过程转型升级。比如，五四农场和燎原农场以 9000 亩土地出资，吸引上海市城建投资公司 5000 万元现金投资，共同组建以苗木生产经营为主的世纪森林有限公司；以现金出资方式与新疆兵团、中国农垦上海公司共同组建种业公司；集团糖业营销实现全国布局，2011 年食糖销量突破 220 万吨，国内市场占有率达 18% 左右，实现销售收入 140 亿元，同比增长 29%；2009 年 8 月，集团糖业投资 8.2 亿元收购云南最大的制糖企业——英茂糖业 60% 的股权，使集团糖业拥有的资源量达到 75 万吨；2009 年 12 月，光明食品集团与西双版纳州合作开发石斛产业；牛奶公司依托奶牛养殖技术、管理优势，积极拓展牧场经营、奶牛专用饲料供应、培育繁殖技术服务以及畜粪循环利用环保产业等新业务，积极探索"从牛头到牛尾"产业链全过程转型的新模式。

支持优势企业上市。上海光明食品（集团）有限公司对原有的上市公司进行资产重组，使上市公司成为集团企业形象的代表，加大利用资本市场的力度，提高优质资产的集中度。比如，在乳业行业，光明乳业股份有限公司是农业部等 8 部委公布的农业产业化国家重点龙头企业之一，2002 年成功在上海证券交易所 A 股市场上市。

鼓励经营者和员工持股。农工商超市（集团）有限公司是光明食品集团旗下最大的连锁销售企业，包括大卖场、商超、标超、便利店等业态，农工商超市集团的经营者持有 20% 的股权，农工商集团为经营者提供了发展的空间，经营者通过农工商集团实现了自己的利益。上市公司中，光明乳业已经成功完成了第一期股权激励的实施，目前在二期的实施过程中。梅林股份也启动管权激励项目，其激励意向已经上报国资委备案。从光明乳业股权激励实施后的情况看，股权激励的效果还是比较明显的，激励期内经营规模扩大了近 3 倍，归属母公司净利润实现翻番，实现单品销售过 60 亿元的良好业绩。而且，在激励期内，光明乳业还成功并购了新西兰、以色列的优质乳品企业，在新西兰的所属企业信莱特在海外成功上市。但是在其他非上市专业型公司大多实施的是中期激励，受制于法律法规的限制和防范国有资产流失的红线，集团并没有出台关于在非上市公司实施股权激励的相关制度。

3. 推进国际化并购

近年来，上海光明食品（集团）有限公司积极实施"走出去"战略，加快全球配置资源和网络的步伐，聚焦食品这一核心主业，打造从"田头到餐桌"的食品全产业链，推进国际化并购，实现"两个市场、两种资源"的有效对接。上海光明食品（集团）有限公司根据降低投资风险的目的，主要采取三种"走出去"的方式：一是直接股权投资，直接获得海外市场的各种资源；二是海外投资建厂，把部分技术成熟的产业转向其他国家，规避国际贸易壁垒；三是让国外企业为自己贴牌加工。① 上海光明食品（集团）有限公司进行海外并购主要遵循六个原则：一要符合集团战略，国际化并购和国际化经营聚焦食品主业，围绕"资源、网络、品牌、技术"等关键要素展开；二要产生协同效应，并购的海外企业和业务要在资源、产品和技术等方面与国内业务和国内消费市场产生较好的协同，在管理、文化、理念和人才等方面也能产生协同效应；三要保证估值合理，光明食品集团作为战略投资者，首先关注目标公司的长期发展潜力，项目估值要在一个理性的区间范围

---

① 　瞿长福、乔金亮：《城郊型垦区如何做大做强——对上海农垦（光明食品集团）的调研》，《中国农垦》2013 年第 7 期。

之内，获得合理的投资回报；四要项目风险可控，在并购尽职调查过程中，充分揭示潜在风险，并制定相应的应对机制，力求降低项目整体风险；五是看重团队优秀，注重考量被并购企业的管理团队，并根据是否拥有丰富行业从业经验、是否具备优秀的企业运营管理能力、是否认同光明食品集团的文化理念等来决定是否让对方继续管理被并购企业；六是选择优质企业，被并购企业要拥有良好的运营业绩、现金流，并具备一定的行业话语权和知名度，要有足够的发展空间和发展潜力。

在国际化并购六大原则的指导下，为光明食品集团打造国际化的本土跨国公司创造了有利条件。2010 年 9 月，集团旗下的光明乳业成功收购新西兰第二大乳品企业——新莱特乳业 51% 股权，当年投资当年见效，合作生产的高端婴儿奶粉已于 2011 年成功推向中国消费市场。澳大利亚综合食品品牌运营商和分销代理商玛纳森公司在全球 28 个国家拥有 75 个主要供应商和物流系统，2011 年 8 月，集团以 3.15 亿澳元成功收购玛纳森公司 75% 股权，为集团拓展食品产业、集成引进国外中高端产品、采购原材料开辟了新空间。维他麦公司是英国乃至全球领先的谷物类食品制造商，是英国第二大早餐麦片生产商，2012 年 5 月，集团以 67.46 亿元人民币收购维他麦公司 60% 股权，上海光明食品（集团）有限公司的品牌代理和零售平台为维他麦进入中国市场提供了新路径。2012 年 6 月，上海糖酒集团投资 1470 万欧元收购法国波尔多地区著名葡萄酒经销商波尔多公司 70% 股权。

上海光明食品（集团）有限公司在"走出去"的同时，还注重"引进来"海外的资源、网络、品牌，引入跨国人才、科研技术、管理经验、企业文化。国际并购为实现国内外资源、网络对接创造了有利条件，也推动集团相关产品出口、原材料采购和业务模式复制。2012 年，光明食品集团的国际业务收入 146.94 亿元，占集团总销售规模的 10.55%；海外资产规模为 203.76 亿元，占集团总资产规模的 16.41%，集团国际化程度在中国企业联合会发布的"中国 100 大跨国公司"中位居第 37 位。

4. 国有资产监管与运营

集团国有资产转让按照"三个关口""两报两批"的程序操作。上海市国资委出台了《本市国有企业混合所有制改制操作指引（试行）》，规范国有企业混合所有制改制操作，把好科学决策关、审计评估关、市场交易关，有效防范风险，有序发展混合所有制经济，

第一个关口是科学决策关。规范决策程序，增强决策透明度，确保企业改制工作科学决策、民主决策、依法决策。制定企业混合所有制改革的出发点、目标要科学，对改制方案、整体设置等一系列文件都要明确的要求。企业混合所有制改制应同时符合以下条件：(1)符合国家和本市有关国有企业混合所有制改制的法律、法规和政策规定；(2)符合行业发展趋势、企业发展规律和市场经济规则；(3)具备混合所有制改制条件，改制方案操作性较强，总体可行。

第二个关口是审计评估关。国资转让的时候要有规范的、有资质的中介机构进行评估，以评估的价格作为转让的依据。按照《关于印发〈上海市国有企业改制财务审计管理暂行办法（修改版）〉等文件的通知》（沪国资委评价〔2011〕153 号）等规定，做好财务审计工作。审计委托应按照"公开、公平、公正"的原则，通过随机选择、招标等公开方式，选聘符合 153号文规定的会计师事务所，委托主体是改制企业的国有产权持有单位。按照《关于印发〈上海市企业国有资产评估项目核准备案操作手册〉的通知》（沪国资委评估〔2012〕468 号）等规定，做好资产评估工作。企业改制由国有产权持有单位委托评估机构。一般可从年度候选资产评估机构中选聘，重大项目可单独进行招投标。

第三个关口是市场交易关。企业国有产权对外转让应按照"公开、公平、公正"原则，按照相关法律法规和《关于〈企业国有产权交易操作规则〉相关操作细则的通知》（沪产管办〔2009〕34 号）等规定，在产权交易机构公开进行。国有产权转让价格应以经核准或备案的评估结果为基准，首次信息公告时的挂牌价不得低于评估结果。转让方可根据实际情况，合理设置受让方的主体资格、管理能力、资产规模等资格条件和交易条件。企业实

施增资引入社会资本，应通过产权交易机构公开进行，根据企业发展需求，"公开、公平、公正"择优选择投资者。增资行为涉及改制的，应同时符合改制有关要求。增资企业以经核准或备案的资产评估结果为基准确定挂牌价格，挂牌价格不得低于评估结果。增资企业可根据项目特点、增资目的等，从市场、技术、管理或资源等方面设置必要的资格条件和交易条件。

集团内部还有"两审两批"制度。第一审是审改制方案。对于企业改制，要说明出于什么目的实行改革，对应上海混改指引手册中的科学决策关。提出意向之后，形成初步方案上报集团，集团内各相关部门对该方案进行审批。第一批是批改制方案。通过集团审批之后，集团发给批复，有了批复之后才能做后面的审计评估。第二审是审计评估。通过批复之后，原则上同意了改制意向，改制企业可以聘请有资质的机构做审计评估工作，把审计评估备案附在改制方案后上报集团。第二批就是批审计评估报告。根据审计评估的结构和备案情况给批复。第一审对应的是科学决策关，第二审对应的是审计评估关和市场交易关，通过这两个关口之后才能去公开市场挂牌，通过市场发现价格，确保国有资产增值。

推进混合所有制改革和国有资产转入的时候，底线就是不能让国有资产流失。审计评估关就是为了确保国有资产不流失。为了确保审计评估的结果、价格公平合理，集团出台了相应的措施。一是选择有相应资质的审计评估机构。二是成立审计评估领导小组。审计评估结果备案时，集团会成立专门的审计评估领导小组，成员包括审计部、财务部、投资部、监察室、资产部在内的相关专业部门。当审计评估结果出来，还没有备案时，先经过相关部门的审核。三是审计评估结果公示。审计评估结果要在企业公示不低于10个工作日，让人民群众来发现审计评估中的问题，在报方案、第二批时，要把公示情况拍照作为附件附在方案后面。四是重大项目要开专家评审会。评估结果超过一定数目，就要召开专家评审会，组织5位或者7位上海市评估行业的专家学者，对评估报告发表观点。五是公开市场挂牌。交易过程一定要去公开市场挂牌，通过市场发现价格。

（四）小结

上海光明食品（集团）有限公司由 1989 年的农场股份制改革逐步发展而来，领先于国内大部分垦区的发展进程。光明食品集团一直都在推进混合所有制改革，但是在不同的阶段，混合所有制改革的侧重点并不一样。在 2003 年之前，推进混合所有制改革出发点是给企业减轻负担。2003 年之后，都是从企业发展的角度出发，以内生的、自身的需求去推动混合所有制改革。

1989 年的农场股份制改革，明晰了产权关系，理顺了外部关系，转换了内部机制，促使农垦企业实现自主经营，彻底转换经营机制。为上海农垦深入进行产权制度的改革，建立现代企业制度，打开了思路，积累了有益的经验。在产权关系方面，上海市农场局转变为企业集团公司，农场、公司改造成由集团控股的子公司，农场、公司所属的企业改造成农场、公司控股、参股的公司。在外部关系方面，国家股权代表从农垦系统的干部中选派，对于企业改制后的国家股股利返还给农场局，并转给试点公司解决农场社会负担，所得税按照规定缴纳。在内部机制方面，成立了股东会、董事会、监事会，都按规范要求活动，实行董事会领导下的总经理负责制，推行全员劳动合同制和管理人员逐级聘用制，提取公积金、增资扩股等自身积累来实现企业的自我发展。

在上海市农工商集团阶段，上海市国有资产管理委员会授权上海市农工商（集团）总公司依据产权关系，统一经营集团内各成员企业的国有资产。市国资委作为授权主体，是上海市农工商（集团）总公司这个国有独资企业的出资人；而上海市农工商（集团）总公司作为授权经营的国资营运机构，是集团内各成员企业的国有资产的出资人。总公司形成了以资产为纽带的母子公司的管理体制、管住与放开相统一的管理机制、管人与管资产相结合的管理方法。总公司的基本职能是国有资产的经营管理，即根据上海市国有资产管理委员会的授权，将所经营的国有资产投资于企业，不断推进存量资产的流动重组和增量资产受益、重大决策和选择管理者等权利，总公司形成由董事会、经理层和监事会组成的内部组织管理机构。全资子公司层面，农场基本经营管理职能是将所经营的全部法人财产，再投资于孙公司，市区专业公司一般同时兼顾生产经营和资产经营。控股子公司、参股公司按照《公司法》的规定，建立法人治理结构，总公司向控股子公司、参股公司委派股权代表，参加这些公司的股东会，依照所持股份比例，行使股东权力。

2004 年，上海市农工商（集团）总公司实现股份制改造，由国有独资企业转变为国有多元投资主体的有限责任公司。在这一阶段，上海光明食品（集团）有限公司进一步规范法人治理结构，调整总部机构职能，加强产权代表管控。通过推进混合所有制改革的企业，在绩效、管理等方面，总体上比全国资企业要好。通过机制的引入、投资者的引入、相互制衡机制的设置和权利限制等共同发挥作用，有力地提升了企业效率。

总体来看，上海光明食品（集团）有限公司的混合所有制经济发展道路主要是处理好了发展初期的债务处置和政企社企职能分开，发展过程中注重建立规范的产权制度、法人治理结构和资本运营模式。同时，值得注意的是，上海农垦改革过程中，在集团总部层面，一直保持着纯国有经济的形态，即使在进行股份制改革之时，也注意引入企业为国有经济，以保证土地等国有资产的不流失。而且，集团总公司较早地向资本运营转变，将产业公司和专业公司向子公司、孙公司转移，能够让母公司保证在子公司、孙公司的运转过程中较好地分割风险，保证国有资本的安全。

但是，也应该注意到，上海光明食品（集团）有限公司因为下属子公司和农产有其自身独特的发展历程，子公司、农场以及子公司和农场所属的孙公司在产业之间容易产生交叉和竞争，不利于资源优化和产业整合。而且，由于公司层级链条过长，总公司对于三级、四级以下的企业管控能力减弱，无法有效地监督企业的正常运转。

六、农垦混合所有制改革的资本运营模式

——重庆农业投资集团有限公司

重庆农垦由于原农场不到 1 万亩的国有土地已基本成为城市建设用地或城市公共绿地，必须要采用与农户和企业合作的模式，创新利益机制分配，才能担当农垦"现代农业国家队"的职责。重庆农投集团始终以市场为导向，强化品牌意识，加强市场推广，推动传统优势产业优化升级，构建起"现代农业＋商业地产＋产业金融＋都市服务"的现代产业格局，建立起乳业、肉业、水产、冷链和种业 5 个农业产业链，辐射到全国 10 多个省、市、自治区，在全国化布局中形成现代农业企业集团的基本构架。当前，集团正按照《中共中央国务院关于进一步推进农垦改革发展的意见》（中发〔2015〕33 号）把"北京、上海、天津、重庆等城郊型垦区建设成为都市型现代农业示范和优质鲜活农产品供应基地"的要求，努力建成重庆重要农产品的第一保供平台、重庆国有农业资本的第一投资平台，努力建成全国城郊型农垦的重要代表、中国农垦国际大粮商建设的支撑力量。

（一）改制以来的总体情况

重庆农垦从成立之初就一直小而弱。特别是在市场化竞争中，到上世纪末已经面临难以生存的困境，农垦示范带动作用难以发挥。

2000 年，重庆农垦开始改制，由原重庆市农垦局在 2000 年整体改制组建重庆农业投资集团，关停被市场经济淘汰的企业，建立现代企业制度。在卸下包袱的同时，也丧失了大部分的农业资源，只能把主要精力放在守住既

有资源、经营改制后并于优势的城市物业资源、近郊观光型农业资源。但是，面对激烈的市场竞争，没有能够支撑发展的战略性资源，守住家业都难以实现，扛起农垦这面旗帜的责任担当更是无从谈起，直到2006年都没有实现质的突破，产业弱小、资金短缺、资源匮乏的现状没有改变。必须要开拓新的农业资源、发展新的农业产业，全面对外开放合作，跳出传统的依靠自身资源的发展思维，走快速的资源整合之路是重庆农垦实现跨越式发展的必然选择。

2007年，重庆农业投资集团调整发展思路，推进资源重组并购，整合各种所有制农业企业超过20户，形成集团发展的增长点和支撑点。2007年以来，重庆农业投资集团主要经济指标连续8年保持在20%左右的增速，2013年实现资产总额和经营收入的双百亿，成为重庆市第一个百亿级的农业产业链经营集团，成为具有较强影响力的重庆现代农业龙头企业，重庆农业投资集团的国有资产得到极大的保值增值，国有资产功能明显增强。重庆农业投资集团现代农业产业从乳业增加到乳业、生猪、水产、冷链物流、种业5个农业产业链体系，农产品从乳品增加为猪、奶、鱼、鸡、蛋、菜6个门类，战略性农业生产资料从饲料发展为饲料、种猪、仔猪、种鸡、作物

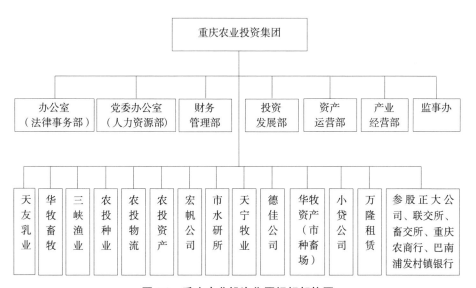

图2.3　重庆农业投资集团组织架构图

种、有机肥 6 大品种。重庆农业投资集团二级企业包括天友乳业、华牧畜业、三峡渔业、农投种业、宏帆公司、天宁牧业、德佳公司、万隆租赁等，其中有 4 个国家级和 16 个市级农业产业化龙头企业。到 2015 年底，重庆农业投资集团资产总额、经营收入、利润总额分别是 2006 年底的 4.4 倍、6.8 倍和 10 倍。

重庆农业投资集团承担国有资产授权经营职能，由重庆市国资委管理，行业归口农业部农垦局，履行省级垦区行业管理职能。实行集团总部——专业公司——项目公司三级管控，集团有控股二级企业 13 户，参股二级企业 9 户，三级企业 50 户，管理正处级事业单位 2 个。集团改制成立后，经历 10 余年的结构调整，特别是 2007 年以来，已逐步转型为以农业产业链经营为核心主业的现代企业集团，经营发展迈入良性发展的新阶段。

（二）实施资源整合推进跨越发展

只有通过股权多元化，建立与市场经济相适应的企业运行机制，才能把有限的资源用在刀刃上，最大限度发挥资本效益，进一步解放和发展生产力，进一步提升集团经营活力、运行效率和核心竞争力。重庆农投集团坚持走股权多元化发展之路，大力发展混合所有制经济，推进资源重组并购，形成集团新的经济增长点和支撑点。

1. 乳业产业

一是跨区域联合国有资本，建成全国第一个"中"字头乳业企业。作为第一发起人，联合宁夏、陕西两省区国有资本，形成 50%、35%、15% 的股权结构，于 2015 年 5 月成立中垦乳业股份有限公司，成为全国第一个"中"字头乳业企业，拥有奶牛总存栏规模约 7 万头，拥有 5 个乳品加工基地，年乳制品加工能力超过 70 万吨，市场覆盖近 10 个省市。已经发展成为中国奶业 D20 企业联盟成员企业（中国奶业 20 强）、中国农垦乳业联盟副主席成员企业。

二是大力度推进国资民企联合，建成全国液态奶加工企业前 5 强。引入民营资本新希望集团，在重庆、四川、宁夏、陕西建成 4 个大型现代化乳品加工基地，正在陕西渭南建设 30 万吨低温乳制品加工基地，乳制品年产能达到 70 万吨，成为全国液态奶加工 5 强企业。

三是多维度整合优质资源，建成具有全国影响力的奶牛养殖标杆体系。第一，引入外资企业以色列阿菲金公司，在宁夏中宁、陕西渭南建成 2 个万头示范牧场，奶牛年单产量超过 10 吨、菌落总数低于 2 万个、蛋白含量接近 3.5，达到行业较高水平。第二，引入民营资本，在重庆及四川建成 35 个千头规模牧场、西南地区第一个有机牧场。第三，引入外资企业阿牧网云公司，以大数据和网云技术为基础，建立起协调全产业链上、中、下游各环节的智慧乳业大数据平台。第四，引入国际教学科研资源，建成全国第一个牧场现场教学的培训机构——宁夏天宁现代牧场管理学院，以实战为主要内容开展专家一对一培训，促进行业技术水平整体提升。

2. 生猪产业

一是引入世界 500 强企业资本，建成重庆最大饲料生产基地。引入正大（中国）投资有限公司（泰国正大集团的中国区总部企业），出资 236.8 万美元，合资设立重庆正大、双桥正大、广安正大、涪陵正大，成为重庆最大饲料生产商。

二是联合民营资本，建成全国第二大猪肉食品深加工中心。收购民营企业重庆德佳肉类科技发展有限公司 54% 控股股权，整合优质产业资源，建成全国第二大猪肉食品精深加工产地，产品远销港澳、东南亚、非洲市场。

三是整合民间资本，建设生猪产业生产经营共同体。整合广大农户资金，设立渝垦生猪专业合作社，建立合作社创业投资基金，发展社员超过 500 户，形成年出栏超过 80 万头生猪的养殖规模。

3. 生态渔业

按照"技术＋标准＋市场"的轻资产运营模式，与民营企业实施经营合作，以总投入不到 7000 万元的轻资产运营机制整合 5 个省市近 30 万亩水域资源，成为国家三峡生态养殖综合标准化示范区。目前，已在重庆市内建成 200 多个"三峡鱼"营销网点，日均销售"三峡鱼"有机产品超过 5000公斤。

4. 冷链物流

重庆农业投资集团引进民营企业武汉万吨公司，形成重庆农投 60%、武汉万吨 40% 的重庆万吨公司股权结构，重庆农投集团履行出资人监管职责，武汉万吨专业管理团队入驻重庆万吨公司行使日常经营职能，合力推进集团冷链物流近年来的快速发展。经过 8 年发展，建成冻库总规模 15 万吨、年市场交易额 200 亿元的西部最大、总体规模位列全国第七的冷链物流产业。

5. 种业产业

一是联合国有民营资本，建立种业产业发展体系。2011 年以来，重庆农业投资集团先后增资重组国有重庆金穗种业公司、民营重庆吨粮种业公司、甘肃经禾种业公司、辽宁北票兴业玉米高新技术研究所科研资源，4 年时间快速建立起集团种业全国化发展的基本架构。

二是引入科研资本，推动种业产业实现大跨越。2015 年，重庆农业投资集团出资近 1.6 亿元并购民营企业湖南科裕隆种业公司 51% 股权，引入 2 名业内专家资源，成为全国种子骨干企业前 40 强，提速集团种业产业至少 8 年发展进程，在印尼等东南亚地区拓展国际市场，正在建设全国"育繁推"一体化种业企业前 20 强。

6. 商业地产

重庆农业投资集团引进民营企业北京华盈置地、深圳华建伟业，改制江北农场，重组宏帆实业公司，形成重庆农投、华盈置地、华健伟业各占 34%、33%、33% 的股权结构，在确保重庆农业投资集团相对控股的前提下，引入专业化的管理团队、建立规范化法人治理结构，奠定宏帆公司近年来跨越式发展的体制、机制基础。已经建立在中小城市建设"宏帆广场"城市综合体的商业模式，在四川邻水、南江、宣汉，云南大理，陕西渭南等西部中小城市开工建设近 10 个项目，四川邻水"宏帆广场"已建成投入运营，日均聚集人流量超过 5 万人次，成为邻水当地最具吸引力和影响力的商业新坐标。江北农场改制为宏帆置地，成为全国农垦系统国有贫困农场改革的一个样板。

7. 融资租赁

重庆农业投资集团联合国有、民营、外资资本，发起设立中外合资企业万隆融资租赁公司，形成重庆农投 35%、重庆锦力实业 30%、重庆华信资产 10%、鑫濠投资 25% 的股权结构，建立遍布全国 10 多个省、自治区、直辖市的专业营销服务网络，服务多个行业、多个领域近 50 家企业，融资租赁规模近 10 亿元。目前，重庆农业投资集团正在农业部农垦局的指导、支持下，牵头发起设立中垦融资租赁平台公司，2016 年 4 月 20 日，中垦融资租赁有限公司合作框架协议在重庆签署，共计 9 个省、自治区、直辖市农垦国有企业和 3 个社会资本的意向发起人共同宣告中垦融资租赁平台起步建设。

（三）小结

重庆农垦作为国有农场土地总量不超过 1 万亩且几乎都已经被城市化挤占，在传统的守住农垦土地资源、守住家业的发展观念上，虽然重组组建了重庆农业投资集团，但是仍然不能避免在市场经济冲击下走向逐渐没落、濒临被收购的危险境界。重庆农业投资集团以较小的国有土地资源，轻装上阵，通过并购重组，与农业企业和农户充分合作，建立利益共享机制，重发展为拥有乳业、生猪、水产、冷链物流、种业 5 个农业产业链体系，猪、奶、鱼、鸡、蛋、菜 6 个门类，饲料、种猪、仔猪、种鸡、作物种、有机肥

6 大战略性生产饲料品种的现代农业企业，包括有 4 个国家级和 16 个市级农业产业化龙头企业。

重庆农业投资集团的发展历程就是国有经济和民营经济混合发展的历程。在多个农业产业链体系中都大胆与民营企业重组并购，利用较少的资源有力地撬动了更大的资本，释放了国有资本活力，放大了国有资本实力。在集团总公司层面，由于是单一的国有股东，能够较好地实现国有资产授权经营的职能。集团总部—专业公司—项目公司的三级管控模式能够较好地分割企业运营风险。重庆农业投资集团在与民营企业重组并购过程中，充分利用政府、银行、战略投资者资金，建立完善的法人治理结构，通过股权机制，确保重庆农业投资集团在项目公司中拥有相对控股权力。同时，充分注重整合技术资源、科技专家团队和管理专家团队，极大地提升了集团创新驱动能力。为进一步带动重庆农户发展，重庆农业投资集团加大与农户及其农产品资源的整合力度，逐步形成"支农惠农资源整合＋产业联动模式创新＋企农共享发展成果"的企农合作的整体解决方案，充分发挥重庆农垦的示范带动作用。

七、结论与政策建议

目前，农垦混合所有制的主要模式包括中垦乳业的跨垦区联盟模式、上海光明食品集团的集团化模式、重庆农垦投资集团公司的资本运营模式和农产企业化股权多元化改革模式。不同模式在产权制度改革、法人治理结构、国有资本运营等方面都存在一定的异同。

（一）产权制度改革

不同模式的资产产权制度改革存在一定的异同。通过设计产权结构、引进战略投资者、探索职工持股、规范产权交易市场等方式来奠定混合所有制经济改革的基础。

合理界定农垦企业资产的所有权。农垦系统企业由于存在时间较久、企业成长历史原因复杂，而且涉及土地等国有资产，企业产权界定困难。农垦系统企业产权界定涉及国家、债券、集体、个人等多个方面，要充分界定企业资产形成历史关系，合理界定农垦系统企业资产的所有权。

依法保障国有资产安全。在设计产权结构方面，为了保障国有资产不流失，对于涉及到土地等重要国有资产时，保证完全国有绝对控股。

合理引进战略投资者。在引进战略投资者方面，充分考虑战略投资者与企业之间的关系。第一，高度重视资产评估。在清产核资的基础上进行资产评估，是搞好国有企业产权交易的前提条件，必须制定好国有资产评估的规则和程序，规范评估行为，从根本上杜绝国有资产流失。第二，贯彻公开、公正、公平竞争的原则，完善国有企业产权转让机制。第三，要慎重考察合作方，特别是针对民营企业和个人投资者，要选择有实力、信誉好、战略目标相一致的合作方。

探索建立管理层和科技人员股权和分红激励机制。要做大做强农垦企业，必须在传统的生产经营基础上，积极探索对管理层和科技人员实施更加有效的激励机制。要根据企业内管理层、科技人员的管理和技术的投入及效益情况，综合考虑岗位价值、实际贡献、承担风险和服务年限等因素，合理确定管理层、科技人员的持股和分红激励范围，建立科学合理的中长期激励体系。

探索建立员工持股试点。员工持股既要保护各类股东的权益，又不能侵犯非持股员工的合法权益，还要保证入股员工能够与企业共享改革发展成果，共担市场竞争风险。探索建立员工持股试点过程中，要严格遵守国有企业改制、国有产权管理等规定，严格防止国有资产流失。员工持股主要采取增资扩股、出资新设等方式开展，并要确保国有资本处于控股地位。员工持股主要范围应是关键技术岗位、管理岗位和业务岗位人员。要建立健全员工持股的股权内部流转和退出机制，避免持股人员、持股比例的固化僵化。

完善国有资产交易。国有资产交易应充分发挥市场的资源配置作用，遵循公开公平公正和等价有偿的原则，在依法设立的产权交易机构中公开进行国有资产交易。国有资产出资企业应当建立科学完善的子企业产权转让管理制度，确定出资企业的审批管理权限，并按照企业章程和企业内部管理制度进行决策，确保产权转让规范有序，避免造成国有资产流失。

（二）现代企业制度建立

构建多层次的集团化管理体制。组建企业集团，可以促使企业组织结构优化，实现产业结构和产品结构的合理调整，做大做强企业。在垦区层面，进行政企分开、政资分离，由财政、国资部门授权经营国有资产。集团总公司与其全资子公司、控股子公司之间，形成以资本为纽带的出资人制度，集团总公司在子公司的产权代表、投资、财务、收益分配、审计等方面具有决定性的权力。集团总公司要加强对子公司的企业改制方面的督促。减少集团公司内部的管理层次，解决法人层次过多、容易造成国有资产流失的问题。

建立健全法人治理结构。产权制度改革必定会引起公司治理结构的改变，要在明晰产权的基础上，实现企业内同股同权，依法保护各类股东权益。在集团总公司本部，要完善组织结构，形成股东会、董事会、监事会、经理层各司其职、各负其责的有效制衡结构体系。对于涉及到土地等重要国有资产的企业，应将土地等国有资产产权授予集团公司总部经营，在集团公司总部实行国有独资或者国有绝对控股。在各层级公司中，要建立完善的规则，明确"三会"和经理层的各自权限、职责，明确集团公司及所属子公司、企业各职能部门的权限范围和相应职责。

分类推进不同类型国有农垦的现代企业制度建立。对于国有大中型农场，经营状况较好的可按一般公司体制改组成立有限责任公司，积极吸收非国有资金入股，建立完善现代企业制度。对于经营状况一般的可考虑重组，或者联合多个农场成立集团公司。国有小型农场，一般可实行股份合作制，可以采取承包、租赁等方式实行国有民营。国有大中型工商企业，应该实行有限责任公示或者股份有限公司，积极引入非国有经济成分，小型工商企业应该逐步将产业转让给集体和个人，在更高层面实现农垦系统的优化重组。积极发展跨地区、跨行业的大型企业集团，以资产联结为纽带，以扩大国内外市场覆盖面为目的，提高规模效益和市场竞争力。

积极推行职业经理人制度。推行职业经理人制度能够有效结合职业经理人的活力和农垦企业的实力。农垦系统长期缺乏善于经营管理的企业家，在实行混合所有制改革时，应该充分联合民营企业家，将他们转化为职业经理人，激发企业家的积极性。同时，农垦企业国有资产出资人要派出董事长和财务总监，建立制衡机制，防止国有资产流失。积极培育农垦系统内部的职业经理人，构建垦区系统的职业经理人市场。在农垦系统企业逐步推行职业经理人制度，将建立职业经理人制度和队伍纳入农垦人才建设的重要工作内容，建立符合农垦特点的职业经理人认证标准。

（三）国有资本监管和运营

规范和加强混合所有制企业国有资产评估管理。在国有资产评估管理工作中，按照"明确职责、严格程序、规范操作"的目标要求，来规范和加强混合所有制企业国有资产评估管理。明确委托主体、严格选聘条件、规范评估程序、实行专家评审、加大监督力度、引入监督机制、审核审批报告。

建立符合农垦特色、以管资本为主的监管体制。根据国有资产管理体制，建立清晰的农垦国有资产权属关系，国有资产出资人通过委托、委任自然人为国有产权代表来行使股东权力，委派国有产权代表进入股东会、董事会、监事会和经理层，通过国有产权代表参与企业内部经营管理，使出资人能够正确反映国有资产出资人的意见和诉求。

利用国有资本运营完善农垦系统企业优化重组。根据发展需要，对垦区的优质资产、优势企业进一步重组，坚持服务国家战略的发展目标，并以管资本为主加强国有资产监管。通过成立投资控股有限公司，开展资本运营，通过股权、资产的买卖以及清理三角债的办法，将垦区的优势产业、优质资产整合在一起，实现强强联合，使企业轻装上阵，迎接挑战。通过加快二、三产企业的产权改革，采取股份制、股份合作制、兼并、联合、重组、划拨等形式进行改组改造，尽快使国有资本从非主导产业中退出，实现投资主体多元化。

完善企业经营业绩考核制度。国有资产出资人要切实履行职责，建立有效的激励约束机制，防止国有资产流失，落实国有资产保值增值责任。要建立农垦国有企业违规经营投资责任追究制度，在集团管控、转让产权、投资并购、改组改制等方面严格管控国有资产产权代表的权责。

探索建立中央层级的国有资产投资运营公司。目前，国有产权运营主体一般通过政府授权确立，并采取不同的运营体制：一是授权国有企业主管部门，二是建立专业投资开发公司或控股公司，三是授权给具有投资控股能力的大企业或企业集团中的母公司，四是结合机构改革新组建其他国有产权运营机构。农垦系统具有组建国有资产投资运营公司的必要性和可行性。第一，农垦系统企业大多分布于同类型的产业。农垦系统企业以农林牧渔业为主，几乎在各个垦区均有分布，垦区之间具有一定的优势互补性，但是目前由于垦区之间更多的是竞争关系，导致垦区之间难以合作。建立中央国有资产投资运营公司，将各省区同类型产业重组，能够做大做强农垦企业。第二，农垦系统企业大多是不具有市场竞争性的企业。农林牧渔业的农垦企业大部分并不能完全地参与市场竞争，需要政府扶持和保护，只有将同类型的企业重组，形成具有一定规模的大型企业，才能在市场竞争中具有相应的领导地位。第三，中央对农垦系统的财政投资可以作为国有资产投资运营公司的启动基金。中央政府每年对各垦区的产业发展都有相应的财政资金支持，将这部分资金作为国有资产投资运营公司的启动基金具有一定的可行性。第四，垦区间的企业重组需要中央的指导和规范。随着地区之间的充分竞争关系不断完善，各垦区企业也充分认识到垦区之间需要进一步加强合作关系，做大做强垦区企业需要垦区之间同类型产业的企业合作，而各垦区企业地位平等，重组成立新企业需要新的成员进入才能建立相对完善的公司治理体制，中央层面建立国有投资运营公司，能够从更高的层面来面对重组企业的发展运营。具体来看，农垦系统中央层面的国有资产投资运营企业可以有以下两种方案：第一是完全由中央财政出资建立，在农业部农垦局下建立国有资产投资运营公司，由该公司参与重组各垦区间企业的重组和优化布局，该方案的优点是能够完全体现中央政府的发展战略，但是可能存在财政资金匮乏或者公司治理体制问题；第二是由中央财政和地方优质农垦企业共同出资建立，该方案能够避免财政资金匮乏和公司治理体制的问题，但是对于体现中央政府发展战略可能存在一定的制约性。

第三部分

中国农垦新型城镇化发展研究

一、垦区新型城镇化与农村新型城镇化：基于基础特性的比较分析

针对农垦系统而言，推动农垦的新型城镇化建设不仅适应当前国内和国际的宏观经济形式，符合国内推进"新型城镇"建设的大政方针，同时作为具有中国特色城镇建设的伟大探索，对于国家战略实施和垦区自身发展均具有重要意义。从国家层面来看，推动垦区系统的新型城镇化建设是保障国家粮食安全，统筹城乡发展和实现城乡一体化建设的重要保障，是推动"四化"协调互动的必要前提。从垦区自身层面来看，加强具体地区的新型城镇建设有利于整合优势资源，促进垦区形成合理和高效的城镇发展模式和垦区经营模式，同时通过新型城镇化建设实现社企和政企分离，以解决长期形成的历史遗留问题。

然而，无论是新型城镇化的推行基础和推进主体，还是城镇发展中的发展动力和发展内容，垦区新型城镇化与农村新型城镇化均存在本质上的区别。不过，两种类型城镇化提出的动机具有共性之处，即都作为解决"三农问题"的重要途径、实现城乡一体化的有力支撑、增强内需拉动经济的主要引擎。本节在阐述新型城镇化基本内涵的基础上，立足于垦区新型城镇化的基础特性，对垦区新型城镇化与农村新型城镇化的异同进行了对比分析。

（一）新型城镇化的基本内涵

"新型城镇化"的概念具有丰富的内涵和重要的意义，它是在建设中国特色社会主义道路上理论结合实践的探索和总结。这一概念最早来自党的

十六大所提出的新型工业化战略，其中指出要通过产业融合来推动城乡一体化发展。在党的十八大，特别是在 2012 年的中央经济工作会议中，首次将生态文明建设融入进城镇化发展中，并提出要走"集约、智能、绿色、低碳"的新型城镇化发展道路，自此以来，新型城镇化建设日益受到社会各界的广泛关注。

在传统城镇化的基础上，"新型城镇化"逐步得以演变与发展，两者在人口集聚、发展非农产业、空间扩张及观念意识转化等方面并没有实质性的差异，但各自拥有不同的时代背景、发展重点与方向，以及推进主体和发展模式。如表 3.1 所示。

表 3.1　新型城镇化与传统城镇化的区别

	传统城镇化	新型城镇化
时代背景	农业经济、计划经济主导体制	农业经济向工业经济结构转型 计划经济向市场经济体制转型
侧重方向	人口城镇化、城镇规模、空间扩张	城镇化质量提升、城乡统筹发展、资源环境与人的协调发展
推进主体	各级政府	政府、企业、农民工、市民
发展模式	"自上而下"为主、"自下而上"为辅	"自下而上"为主、"自上而下"为辅
动力机制	传统工业化	农业现代化、新型工业化、信息化

资料来源：张荣天等：《中国新型城镇化研究综述与展望》。

总体而言，传统城镇化向新型城镇化的转型与发展，主要呈现出两种变化，一是由"硬件城镇化"转变为"软件城镇化"；二是由"物的城镇化"转变为"人的城镇化"。其中，"人的城镇化"正是新型城镇化的核心内涵，它强调的是以可持续的集约发展为目标，以新型工业化发展为支撑，以技术创新为驱动，进而实现城镇的内生增长及质量的持续提升。如表 3.2 所示，新型城镇化的内涵可以概括为强调民生、强调可持续发展和强调质量等三点，并可分别从经济、社会、体制制度和城市建设等四个层面予以解读。

表 3.2　新型城镇化内涵框架

新型城镇化三大内涵		不同层面	具体内容
新型城镇化内涵框架	内涵一：民生的城镇化	经济层面	收入差距、城镇居民人均可支配收入
		社会层面	福利水平、社会保障能力、医疗服务水平、教育水平、老年群体及弱势群体关注度
		体制制度层面	户籍制度、医疗制度、教育制度、土地制度、行政管理体制、城乡统筹、收入分配制度
		城镇建设层面	生态建设、公共服务均等化、基础设施覆盖水平、保障房安居工程
	内涵二：可持续发展的城镇化	经济层面	产业转型与升级、现代农业、现代服务业发展、产业结构调整
		社会层面	文化事业、社会网络、非政府团体机构
		体制制度层面	服务型政府、民营发展、民间投资、政务及财产公开
		城镇建设层面	低碳理念、自然环境、历史文脉、绿色建筑、垃圾循环、新能源新材料
	内涵三：质量的城镇化	经济层面	区域协调一体化、低污染、低能耗、低排放
		社会层面	文明及综合素质、受教育能力与水平、食品安全、市民健康
		体制制度层面	门槛调整、准入制度、监管制度
		城镇建设层面	速度与质量、土地集约节约、空气及水环境质量、公共服务便捷程度、品质生活

资料来源：根据单卓然等《新型城镇化概念内涵、目标内容、规划策略及认知误区解析》整理。

1. 民生的城镇化

新型城镇化强调以人为核心，实现人的现代化。在推行新型城镇建设时，不仅要调节城乡各方面利益关系，整体上扭转财富分配不公的局面，提高城镇居民人均可支配收入；还要注意改善民生，注重提升福利水平、社会保障能力、医疗服务水平和教育水平，实现公共服务均等化，提高基础设施覆盖水平，保障房安居工程，加大对老年群体等弱势群体的关注度等。同时还要兼顾人与自然的和谐发展，实现人与自然的和谐共处。

2. 可持续的城镇化

可持续发展作为科学发展观的基本要求，对于推动城镇高质量建设具有重要意义。在新型城镇化建设中，它强调经济建设的可持续、发展战略的可持续、文化传承的可持续、社会建设的可持续和生态建设的可持续。经济发展的可持续是指在推进城镇建设当中，通过产业调整实现产业链的结构性升级，实现由过去低附加值产业向高附加值高科技含量的产业过渡，通过培育城镇发展的核心优势，带动城镇的高效益和高质量建设。发展战略的可持续强调城镇规划的准确和合理定位，同时还强调城镇建设中较强的执行能力，它要求具有相对完备的人才队伍和相对齐全的城市规划法律条款。文化传承的可持续强调对城镇优良历史文化、自然景观和人文风情的继承和延续，在推行城镇建设中注重维护城市发展脉络，保留地区发展特色。社会建设的可持续是指在推行城镇建设时的社会机体必须完备，包括城市基础体系和城市发展体系等，前者包括必要的政务体系、医疗体系、教育体系、环境卫生体系、文化传媒体系等，后者包括工农业生产和供应体系、金融体系等。生态建设的可持续强调在城镇建设当中注重人与自然的和谐共处，实现低碳、绿色发展。

3. 质量的城镇化

与传统的城镇化相比，新型城镇化的发展更为注重整体质量的提升，主要致力于由侧重数量和规模的扩张，向侧重提升质量和内涵转变，其中不仅包括城镇规模、人口规模的扩大，同时还要促进推动城乡统筹、人居环境、产业结构等各个方面实现根本性的转变。从经济层面来看，是要实现低碳、绿色和可持续发展，并加快推动区域与城乡的协调发展；从社会层面来看，要提高社会整体文明程度、教育水平，以及健全完善社会保障等体制机制；从制度层面来看，要加强社会整体的医疗、卫生、食品安全等公共服务监管，完善相关法律法规；从城建层面来看，要实现由求速度向求质量的转变，关注环境质量、公共服务质量等，坚持集约、高效的土地利用，进而提高居民整体的生活水平和便利程度。

（二）垦区新型城镇化的基础特性分析

新中国的农垦系统是由国家直接投资、经过半个多世纪的开荒建设，围绕农业产业经营的主体领域形成的具有较大规模的经济社会系统，是中国国民经济的重要组成部分。长期以来，中国农垦不仅是保障粮食安全，发展现代化农业的重要力量，同时，由于其特殊的地理位置和组织模式，在屯垦戍边、维护国家安定等社会政治方面也发挥了不可替代的重要作用。

1. 产业特性："四化"协同发展

"工业化、信息化、城镇化、农业现代化"的协调同步发展，是全面建成小康社会和推动城乡一体化发展的内在要求。而农垦整体领先于全国的农业现代化水平，使其充分发挥了重要的示范带动作用[①]。

农垦从创建之时起以建设现代农业，探索我国农业现代化道路为己任。通过长期不断的摸索和实践，紧密围绕发展现代化农业、保障粮食等主要农产品供给的使命和任务，锐意进取、努力开拓，加强基础设施和装备建设，强化发展粮食生产，大力提升农业科技水平，加快推动技术创新，并积极开展推广应用，创新和完善农业经营体制机制，农垦整体的农业现代化水平得到了显著的提升，为"四化"协同发展提供了有力的产业支撑。

同时，农垦坚持以科学发展观为引领，充分契合于国家产业政策，以自身特色主导产业为依托，积极推动工业发展，经过长期不懈的努力，垦区工业的发展速度和质量不断提升，规模效益逐步凸显，集聚效应日益增强，并已成为垦区经济的支柱产业，为"四化"协同发展提供了重要的产业支撑。

此外，新型城镇化的快速发展，促进了资源要素在垦区的流动集聚和优化组合，促进了工业化进程和第三产业的兴起。2014 年，中国农垦实现

---

① 成德波、许成德：《农垦在"四化同步"中的示范带动作用及实现路径》，《农场经济管理》2013 年 4 月。

工业增加值 2866.25 亿元，同比增长 9.5%；第三产业增加值 1810.67 亿元，同比增长 12.06%，均连续多年保持较高增速，成为农垦经济发展的重要动力。同时，许多农场小城镇无论是在建设水平，还是管理水平，都处于领先地位，成为区域经济文化中心、引领发展的重要增长极，以及地方政府实施城镇化发展战略的重要平台。许多农场还积极开展场县共建，以城镇化为载体，推动垦地资源共享、优势互补、共同发展。此外，农垦的新型城镇化同时也带动了边远地区的经济社会发展，在促进民族团结、边疆繁荣稳定等方面发挥着重要的作用。

2. 发展特性：自我发展的动力机制

在长期的发展中，农垦始终坚持以自我发展为原动力，不断提升自我发展能力。随着生产力发展水平的不断变化，自我发展的动力机制在城镇化进程中发挥了决定性作用，从而使其具有典型的"内生性增长"特征。其主要体现为，一是由于农垦绝对的农业资源优势，使其在现代化农业方面的发展成效显著，从而形成市场力；二是现代化农业的建设充分带动了"四化"协同发展，从而形成内源力；三是由于体制的特殊性和管理的高效性，从而形成行政力。

而相比之下，农村城镇化是一种自发性的发展。其主要是通过一定的外在驱动，从而推动城镇化的进程。其主要体现为，一是在非农部门外在拉力和农业部门内在推力的双重作用下，生产要素流向非农部门，产业结构布局也逐步向城镇或城市转移；二是在城镇和农村的相互作用下，农村城镇化主要依赖于城镇现代产业对农村传统产业的改造，以及城镇经济社会结构的转换升级对传统农村经济社会结构转型的带动；三是技术创新应用和新型工业化发展对农村城镇化结构升级的推动促进。

3. 政策特性：政策性效应

农垦作为中国国民经济的重要组成部分，其发展离不开国家政策的扶持，例如，早期的拓荒、屯垦戍边政策是农垦形成和发展的基础。在垦区的发展进程中，政策性效应较为显著，其主要可以分为生产、民生和体制等三个方面：

（1）发展垦区产业

一直以来，农垦充分发挥其示范带动作用，不断完善现代农业发展思路，大力提高现代农业发展水平，为提升保供给、作示范的能力奠定了坚实基础。例如，2006年，农垦积极开展"全国农垦现代农业示范区"创建工作，各示范区以优势主导产业为重点，以点带面，有效地带动了辐射区发展。

此外，在推动热作产业发展方面，以国家出台的天然橡胶产业和热带作物产业发展政策为指引，一方面，积极推动热作农技推广与体系建设、天然橡胶良种补贴、热作种质资源保护、热作疫情监测与防控等现代农业产业技术体系等财政专项，强化热作科技支撑。另一方面，大力推进热作基础设施建设，设立天然橡胶基地建设专项，把热作良种繁育基地和生产示范基地建设纳入国家扶持范围。

同时，将天然橡胶列入国家战略物资收储规划，推动天然橡胶等作物纳入农业保险保费补贴范围，并对天然橡胶生胶和浓缩胶乳、木薯等热作初加工产品实行企业所得税优惠政策。

（2）保障垦区民生

随着国家对民生和社会建设力度的不断加大，全国农垦紧密契合相应的国家政策扶持，着力于解决垦区民生和社会发展中的突出问题，并取得了显著的成效，有效地维护了垦区经济社会的和谐安全稳定。

在养老保险方面，自2003年始，农垦职工和退休人员全部被纳入企业职工基本养老保险范围[①]。在社会救助方面，2003年，根据相关政策，使880多万职工家属由农业户口转为城镇户口，农垦困难职工家庭按照有关政策规定纳入城市低保覆盖范围[②]；2011年，农垦国有农场受灾人员全部享受

[①]　劳动和社会保障部、财政部、农业部、国务院侨办：《关于农垦企业参加企业职工基本养老保险有关问题的通知》（劳社发〔2003〕15号）。

[②]　农业部、公安部：《关于落实农垦系统国有企事业单位职工家属非农业户口政策有关问题的通知》（农垦发〔2003〕2号）。

民政自然灾害救助①。在土地管理方面，根据相关政策，明确了农垦国有土地确权登记发证及解决土地纠纷的相关政策和土地维权、耕地保护、土地开发利用等政策，规范了农垦国有农场土地使用管理行为，有力保护了国有农场土地合法权益②③。

　　在职工住房建设方面，各垦区把落实政策放在突出位置，2007 年将安置归难侨的福建、广东、广西、海南、云南等五垦区近万户归难侨纳入危房改造范围，并于 2008 年开始，逐步将全国各垦区危房改造纳入国家保障性安居工程范围，农垦职工住房条件得到前所未有的显著改善。截至 2012 年底，累计下达农垦危房改造任务 139.7 万户，中央财政投资 109.7 亿元，带动各类投资 767.9 亿元。目前，危房改造任务已累计开工 128.6 万户，开工率 92.1%，竣工 99.6 万户，竣工率达到 71.3%。许多垦区职工群众的居住条件全部实现了楼房化、花园式。如广东农垦 6.08 万户职工、2.93 万户水库移民、1386 户归难侨相继纳入危房改造政策扶持，人均住房面积提高到 25 平方米，农场的城镇面貌发生了翻天覆地的新变化。此外，垦区按照"人口向城镇集中，产业向园区聚集、农业向现代转变"的发展战略，集中力量、整合资源，推进农场场部小城镇建设，加快垦区新型城镇化发展进程。例如，截至 2013 年，黑龙江垦区已完成撤队建区、居民点整体搬迁工作，共整体搬迁居民点 1905 个，26.47 万户居民搬进新居，垦区城镇化率达到了 85.8%④，实现了耕作在广袤田野上，居住在现代城市里。目前，中国农垦有 21 个垦区城镇化率超过 60%，11 个垦区城镇化率超过 80%，小城镇总面积达 5675.96 平方公里。

　　最后，在公共服务设施建设方面，各垦区加大给排水、供热、供气、

---

① 民政部、农业部：《关于进一步做好农垦国有农场救灾工作的通知》（民发〔2011〕109 号）。

② 国务院办公厅：国土资源部、农业部：《国务院办公厅转发国土资源部、农业部关于依法保护国有农场土地合法权益意见的通知》（国办发〔2001〕8 号）。

③ 国土资源部、农业部：《关于加强国有农场土地使用管理的意见》（国土资发〔2008〕202 号）。

④ 黑龙江农垦总局统计数据。

道路等配套设施建设力度，积极开发利用清洁能源，推广应用建筑节能新技术，使小城镇的功能日趋完善，职工生活条件显著改善。2010—2012年期间，中国农垦累计完成电网改造项目1531个，饮水安全项目693个，道路建设19875公里，投资总额96.17亿元，其中中央财政投资55.39亿元。同时，义务教育、公共卫生服务和公共文化服务体系建设逐步完善，职工群众足不出场就可以享受到优质的教育资源、优良的医疗服务和多彩的文化生活。农场社区管理模式创新有序开展，农场的城镇建设不仅实现了环境优美，而且达到了秩序优良。

(3) 推动体制创新

针对农垦的特殊性，围绕其重点改革内容，国家相应出台了一系列的政策文件，为重大改革措施的顺利实施提供了有力的保障。例如，《国务院办公厅关于深化国有农场税费改革的意见》（国办发〔2006〕25号）、《国务院农村综合改革工作小组关于开展国有农场办社会职能改革试点的通知》（国农改〔2012〕4号）等。

同时，在历年的中央一号文件、国务院关于深化经济体制改革的意见，以及党的十七届三中全会通过的《中共中央关于推进农村改革发展若干重大问题的决定》中，均对深化农垦改革工作作出了具体的安排部署。这一系列政策文件形成了推动农垦改革的合力。

此外，在2015年出台的《中共中央国务院关于进一步推进农垦改革发展的意见》中，针对存在的管理体制尚未完全理顺、经营机制不活、社会负担重、政策支持体系不健全、部分国有农场生产经营困难等问题，就进一步深化改革、促进农垦事业持续健康发展作出了详尽的安排部署。

（三）垦区新型城镇化和农村新型城镇化

2013年12月，习近平总书记在中央城镇化工作会议上明确指出，推进新型城镇化是解决农业、农村、农民问题的重要途径。中国作为一个农业大国，农业、农村和农民"三农"问题是关系到经济社会整体发展，全面建成小康社会的关键性、根本性问题。同时，它也是中国新型城镇化进程中所面临的首要难题。其主要体现为，一是农业稳定发展和农民收入提高难度较大，统筹城乡发展任务繁重；二是城镇化水平较低，中心城市的辐射带动作用不强，农村富余劳动力转移和城镇就业压力较大；三是地区发展不均衡，革命老区、民族地区、贫困地区发展相对滞后，扶贫任务艰巨。

1. 垦区新型城镇化和农村新型城镇化的共性

(1) 解决"三农"问题的重要途径

在 2015 年中央 1 号文件中，提出"中国经济发展进入新常态，正从高速增长转向中高速增长，如何在经济增速放缓背景下继续强化农业基础地位、促进农民持续增收，是必须破解的一个重大课题"，并首次从国家层面明确了农垦的改革发展方向、重点、路径和任务。由此可见，经济新常态下的"三农"问题亟待破题，农垦改革发展面临着新的机遇与挑战。新的时期，农垦将继续承担建设国家重要农产品基地和现代农业示范力量的历史使命。

在长期的改革发展历程中，作为中国特色农业经济体系不可或缺的重要组成部分，农垦与农村集体经济、农户家庭经济、农民合作经济等共同构成中国特色农业经济体系①。而经济的繁荣是中国新型城镇化的根本支撑，无论是农垦新型城镇化，还是农村新型城镇化，均是通过发展三次产业来推动城镇化进程，同时又通过城镇化促进产业的发展，进而形成产业发展和城镇化的良性循环。这是决定新型城镇化成败的关键所在，也是检验新型城镇化健康发展的基本标准。

农垦和农村是"三农"的重要载体，城镇化是解决"三农"问题的根本途径，无论是农垦新型城镇化，还是农村新型城镇化均是以解决"三农"问题为导向，并且两者间相互融合、相互支撑，在推进城乡一体化中发挥了

---

① 中共中央、国务院：《关于进一步推进农垦改革发展的意见》（中发〔2015〕33 号），2015 年 11 月 27 日。

重要的积极作用。农垦和农村新型城镇化建设对于提高垦区职工（农民）收入水平、改善乡镇旧有面貌和推动农业现代化都具有重要意义。

（2）实现城乡一体化的有力支撑

在中国新型城镇化进程中，统筹城乡发展，促进城乡一体化是衡量城镇化发展的基本标准之一[①]。中国改革从农村开始，然后进入城市，虽然经过几十年的发展，城市取得了长足的发展，但是，农村依旧非常落后，城乡差距仍较为突出。其主要的原因在于农村制度性变革的落后[②]。然而就目前而言，城乡统筹主要集中于解决"三农"问题，并没有将农村经济与社会体制改革纳入其中。如果不改革农村的体制，将会为城乡统筹带来极大的阻碍，也就难以实现城乡一体化。因此，作为农村经济与社会体制改革的重点对象，无论是农垦区域，还是农村区域，其体制的变革将会发挥决定性的作用。尽管与农村相比，农垦具有较大的特殊性，但是两者间仍存在一定的共同之处。其主要体现为经济职能与社会职能不分。从农村来看，"村"级单位并未纳入中国的行政划分之中，根据《村民委员会组织法》的规定，由村集体产生的村民委员会被定义为"基层群众性的自治组织"，但是在实际的运行中，村委会不仅承担了计划生育、公共卫生、社会治安等政府行政职能以及社会职能，同时承担的更多的是经济职能，例如乡镇企业等集体经济发展。而从农垦来看，农场的国有企业性质毋庸多言，除原本应该承担的经济职能以外，同样也承担了大部分的行政、社会等政府职能，甚至比农村更为全面、系统，具体包括公检法、交通水利、通讯以及文教卫等。长期以来，一直扮演着企业和政府的双重角色。

此外，农垦和农村在空间区位上的融合，使两者共同成为中国新型城镇化的重要载体。从城镇化类型来看，农垦的新型城镇化主要为就地城镇化或就近城镇化。而农村的新型城镇化则主要表现为两个层面，一是农村人口向城市转移的异地城镇化；二是以新农村（社区）建设为核心的就地城镇

---

① 厉以宁、艾丰、石军：《中国新型城镇化概论》，中国工人出版社 2014 年版。
② 朱善利：《城乡统筹和农村改革》，载于鸿军、蔡洪滨主编：《经济学理论和中国道路》，北京大学出版社 2010 年版。

化①。"就地城镇化"作为两者的共同之处，同时也需要农垦和农村共同承载人口、产业的集聚，基础设施建设以及社会公共服务的延伸。

（3）增强内需拉动经济的主要引擎

扩大内需是经济增长的主要动力，也是重大的结构调整。随着中国经济步入新常态，培育经济增长的持续动力在于推进新型城镇化建设。通过不断提高垦区和农村的基础设施和公共服务，能够增强新型城镇的承载能力，加大对新型城镇的投资力度可以直接拉动内需。同时，城镇本身的不断发展也能为垦区（农村）富余劳动力提供大量相对稳定的就业机会，通过稳定这部分人的收入预期也可以增加他们的消费欲望，又可进一步拉动内需，最终形成一个城镇健康发展与内需持续扩大的良性循环。

2. 垦区新型城镇化和农村新型城镇化的区别

（1）新型城镇化的推行基础不同

垦区和农村开展新型城镇建设的基础具有很大差异，集中体现在土地使用性质、公共服务保障和人员结构性质等三个方面。

土地使用性质差异。土地作为农垦和农村重要的生产资料，是其生存和发展的基础，特别是在中国新型城镇化发展进程中，土地作为重要的载体，其作用尤为关键。从土地权属来看，农村土地属于农民集体所有，其中包括农民的宅基地、自留地与自留山；而农垦土地属于国家所有②③。从土地使用来看，农村土地为集体土地建设用地使用权，其中农民拥有宅基地的使用权，以及承包地的经营权；而农垦土地为国有土地使用权，被无偿划拨给各垦区农场使用，从而形成了农场国有土地使用权。此外，随着农村家庭联产承包责任制的实施，自 1980 年开始，农场国有农用地由农场统一经营发

---

① 厉以宁：《促进农民工"就地城镇化"》，中国改革论坛网，http：//www.chinareform.org.cn/people/L/lyn/Article/201309/t20130926_177027.htm，2013 年 9 月 26 日。

② 国土部：《确定土地所有权和使用权的若干规定》（〔1995〕国土〔籍〕字第 26 号），1995 年 5 月。

③ 国土资源部、农业部：《关于依法保护国有农场土地合法权益意见的通知》（国办发〔2001〕8 号），2001 年 2 月。

展转变为以职工家庭承包经营为基础的双层经营，进而在农场国有农用地使用权的基础上派生出农垦国有农用地承包经营权①。

公共服务保障差异。长期以来，中国农村一直处于弱势地位，巨大的城乡差距使得农村的教育、卫生、医疗、公共服务建设等方面得不到发展。虽然近年来，中央政府在农村实行了"统筹城乡经济社会发展""多予、少取、放活"以及"三减免、三补贴"等一系列"三农"工作方针和政策，在一定程度上推动了农村各项建设事业的发展，但是，农村的公共服务供给问题仍未能得到根本有效的解决，并在一定程度上为农村发展带来制约。而相比之下，农垦在公共服务保障方面取得的成就是农村所无法比拟的。农垦所承担的社会职能，其形成具有特殊的体制环境及历史渊源，它是伴随着农垦事业的成长而逐步发展起来的，至今业已成为农垦事业重要的组成部分，成为农垦区域性、社会性的重要标志和体现，在农垦事业几十年的发展中作出了不可磨灭的贡献。由于人口基数的差异，在"量"的层面，两者间不具备可比性，在这里通过对教育、卫生医疗、社会保障等方面"质"的对比，从中可以窥探出两者间的显著差异。首先是教育。在垦区内已基本形成学前教育、九年义务教育以及中等教育的办学格局。例如，黑龙江垦区红兴隆管理局现有 28 所学校，其中省级示范高中 1 所，17 所达到了先进学校的标准。然后是医疗卫生。垦区已具备健全完善的医疗卫生体系，其中包括医院、社区卫生服务中心以及基层卫生所。例如，黑龙江垦区共有各级医院 121 所，其中三甲医院 3 所。最后是社会保障。由于垦区各农场国有企业的特质，农场职工享有以农场户（城镇户口）为主的户籍待遇，与之挂钩的包括养老保险、失业保险、医疗保险、工伤保险、生育保险以及城镇居民医疗。此外，非公有制企业、灵活就业人员和农民工也被纳入社会保障覆盖范围，并为其提供基础的社会保障。由此可见，与农村相比，农垦具有极为坚实的社会服务保障基础。

人员结构性质差异。农垦与农村相比，人员结构更趋复杂，农垦地区

---

① 高海：《农场国有农用地使用权的权利属性与物权构造》，《法商研究》2015 年第 2 期。

不仅包括邻近农民还包括隶属于国有企业的普通职工。此外，依附于土地之上的劳工性质也更趋多样，既包括建立在劳动合同基础上的经营合同关系，又包括建立在国有资产基础上的终身雇佣关系，还包括建立在家庭联产承包基础上的承包租赁关系等。但总体而言，在新型城镇化推进过程中，垦区的人员构成具有组织化程度高、规模化特征突出、产业体系健全等独特优势，且农垦系统的凝聚力和战斗力也是农村远远无法比拟的。

（2）新型城镇化的推行主体不同

农村推行新型城镇建设的主体较为简单且相对明确，包括政府、企业、农民工、市民等。比较而言，垦区的情况更为复杂，由于历史遗留问题以及盘根错节的利益纠葛，对部分垦区而言，在进行新型城镇建设时推行新型城镇改造的主体尚不明晰。此外，不同垦区中一些已经明确了的新型城镇化推行主体构成也存在显著性差异。具体而言，由于全国各垦区的发展模式不同，既包括集团化发展模式又包括各具不同特色的非集团化发展模式。比较而言，后者推行新型城镇建设的迫切性更为强烈。针对非集团化垦区，目前主要形成了行政化改革、事业化改革、企业化改革和采取过渡模式经营的发展模式。在这些垦区推进新型城镇建设时需要兼顾并处理好各方面利益关系，包括农垦企业与地方政府的关系、国有农场与农场职工的关系、农场职工与当地农民的关系等。鉴于此，相比农村的新型城镇建设，垦区在推行城镇化建设时需要考虑的问题更为特殊，尤其是要做好垦区新型城镇化建设的主体识别工作。

（3）新型城镇化的发展动力不同

垦区和农村在推行新型城镇建设时都强调一、二、三产业联动发展，通过产业结构转变和升级形成新型城镇建设发展的长久动力。但是，从存量上来看，垦区和农村在推行新型城镇建设时依然具有动力基础上的差异性，主要包括当前享有政策待遇的差异、土地经营模式的差异、已有产业基础的差异。

享有政策待遇差异。尽管农垦和农村均作为"三农"建设的重要载体，但是长期以来，农垦系统在涉及"三农"建设的政策方面享有的待遇却并不是很多，乃至于在某些发展力量比较薄弱的垦区经常有"两块牌子，一套人马"的情况出现。究其原因，是其政策和制度设计时出现了漏洞。这就要求在开展垦区新型城镇建设时，既要循序渐进不能急于求成，又要多方面兼顾防止形成过分差别对待。此外，不同垦区的税收分成也千差万别，有的垦区尽管占据较大面积，但是却享受不到税收分成。而对于一些较为分散的小型垦区，由于其对地方政府的税收贡献较小，地方政府推行政策的积极性往往不高，乃至于垦区内的基础设施建设落后于其他地区。而这些垦区是开展新型城镇建设时需要重点考虑的对象。

土地经营模式差异。由于农村与农场的土地性质不同，两者在土地经营方面具有很大的差异。由于垦区肩负着长期历史任务，在所有土地国有性质的基础之上，相比邻近农村垦区具有明显的规模优势、技术优势、机械化优势等，而且在经营理念和管理方式上也要普遍超前。垦区土地经营模式上存在的差异性对于推进垦区特有的新型城镇建设具有很强的借鉴意义。

已有产业基础差异。农村与农垦在产业方面的差异较为明显，其主要体现于非农产业的发展。从经营主体来看，农村的产业基本上是以私营企业为主，自20世纪80年代初期开始，中国农村兴起了大办乡镇工业的热潮，并使一些乡镇成为非农产业的集中地和经济中心，从而形成了如今的"小城镇"。但是，随着经济社会的快速发展，既往以集体和村办为主的乡镇企业，越来越不适应市场经济的发展需要，大部分乡镇企业破产、倒闭，或进行了企业改制，最终形成了以私营企业为主体的发展格局。相比之下，农垦则是以国有企业为主，并日益呈现多元化的趋势。经过长期的发展，农垦积极推动经营管理体制改革，深入推进产业化、集团化和股份化改革，培育了一批规模大、实力强、以资本为纽带的大型垦区企业集团，目前已形成以国有农场为核心，股份（国有控股）、集团、专业合作社以及家庭承包等为辅的多元化格局。从产业类型来看，虽然进入21世纪以来，农业在国民经济中的基础地位得到了进一步的加强，以乡镇龙头企业为主体的非农产业产值明显提高，但就目前而言，农村仍是以农业为主，二、三次产业发展相对较为滞后。而近年来，农垦产业发展取得了巨大的成就，生产总值持续保持了 10% 以上的增长，产业结构日益优化，1995 年的三次产业比重为 46.1∶31.4∶22.5，截至 2014 年，三次产业比重为 27.2∶44.6∶28.2，产业结构的优化和调整取得了显著的成效。

(4) 新型城镇化的发展内容不同

在新型城镇建设时，农村和农场在推行基础、推行主体和发展动力上的差异决定了两者在进行新型城镇改造时发展内容也存在一定差异。垦区开展新型城镇建设基本上是围绕"抓城、强工、带农"的统筹发展策略，即主抓新型城镇化建设，加强集约节约工业发展，推动实现文明农村、现代农业、幸福农民的"三农"新格局。

其中，"抓城"要主抓新型城镇建设，实现城镇化与工业化的良性互动，通过设计产业集群合理规范城镇工业园区，以经营城市的理念加快城镇化建设。同时要注重社区功能完善、精神文明先进、社会生态和谐的城镇塑造。

"强工"主要抓好两方面，一是大型龙头企业，二是中小型企业。前者主要解决一股独大问题，通过引进多种所有制经济真正按现代企业制度规范运行。此外，通过调优结构提高素质、培育企业的自主创新能力以此提高其效益水平。后者则主要通过改善产业园区条件，包括合理规划、政策扶持、品牌连接、中介服务等措施促进中小型企业的快速发展。

"带农"的主要任务是抓住两方面，一是强化龙头企业与基地的联系；二是全力打造"三精农业"，即精致农业、精特农业和精品农业。所谓精致农业（也可称精细农业、精准农业）是一种现代化的农业理念，囊括了现代化的农业管理模式、信息化的农业经营方式和设施化的农业培育技术。所谓精特农业重点突出区域特色，融入文化底蕴，通过构建创意农业体系打造精良、特色农产品，形成"一场一品"或"一场多品"的竞相发展的新格局。所谓精品农业重在推行品牌战略，通过产品设计和市场营销增强农产品在国际和国内的市场竞争力。包括积极推行无公害产品、绿色食品和有机食品认证工作，实现垦区主导产品加工原料、供应城市消费的食用农产品和出口农产品的标准化生产和基地供应等。

二、垦区的新型城镇化发展

随着中国经济的快速发展，农垦把小城镇建设作为促进垦区产业结构调整，加快垦区经济社会发展，促进就业和改善人民生活质量的重大战略来抓，通过科学规划、合理布局、加大投入，城镇化建设快速发展，城镇化水平得到不断提高。本节在考察中国整体城镇化展的基础上，主要从四个方面对垦区的新型城镇化展开了梳理，首先阐述了垦区城镇化的基本现状，其次从纵向和横向两个维度分析了农垦城镇化发展的特征，然后探讨了农垦推行新型城镇化建设的障碍和存在的主要问题，最后指明农垦实现新型城镇化的重点所在。

（一）我国新型城镇化发展的现状与趋势

1. 新型城镇化的发展现状

一般而言，城镇化表现为城镇的人口集中、规模扩大，及其所引发的一系列经济社会变化的过程，其实质在于经济结构、社会结构和空间结构的变迁。城镇化的核心是人的城镇化，即变农民为市民的过程。从国外的发展经验来看，城镇化是一个长期且持续累积的过程，它是人类经济社会发展的必然。城镇化过程包括量的扩张和质的提升，是城镇化数量（速度）和质量的有机统一。从长远来看，单纯追求速度、缺乏质量的城镇化是不可持续的。

自改革开放以来，伴随着经济社会的快速发展，中国城镇化进入了加速推进的轨道。1978—1995 年期间，中国城镇化率平均每年提高 0.64 个百分点，而在 1996—2012 年则年均提高 1.38 个百分点。根据联合国发布的《2011 世界城市化展望》，在 1981—2010 年期间，中国城镇化率年均提高 0.9 个百分点，而世界平均水平仅为 0.41 个百分点，其中，发达地区和欠发达地区分别为 0.25 个百分点、0.55 个百分点。①

然而，我们应该清晰地发现，近年来中国城镇化的快速推动是以传统的发展模式为基础，从而导致存在许多弊端：一是相对于人口、居住、居民素质和生活质量的城镇化而言，过多地强调土地的城镇化。2012 年，全国统计在城镇人口中的农业转移人口高达 2.34 亿人，他们虽然在城镇就业工作，却不能在城镇安家落户，不能共享城镇化的成果，从而导致市民化程度较低；二是未能充分重视城镇资源的配置效率，高度消耗的资源、严重的环境污染，导致城镇化的资源环境付出了较大的代价；三是生产—生活—生态"三生"严重失衡，其表现为城镇工业用地比重高，生活居住、休闲及生态用地比重低，土地利用效率低下，城镇的宜居性严重不足；四是城乡两极分化，特别是在户籍、就业、公共服务以及社会保障等方面，城乡二元结构的特征较为显著，严重制约了城乡的一体化、协调发展；五是城镇欠缺特色，城市品位不高，文化缺失，同质化现象较为严重。由此可见，以往传统的城镇化发展模式难以实现城镇的可持续发展，且不符合科学发展观的指导思想。②

2011 年，中国的城镇化率首次突破 50% 的拐点，并于次年达到了 52.57%。这充分表明中国城镇化业已迈入重要的战略转型阶段。推动城镇化战略转型，全面提高城镇化质量，将是当前中国面临的重大战略问题。这种战略转型将主要集中于以下几个方面：一是由加速推进向减速推进转变。据预测，至 2033 年，中国城镇化将达到 70% 左右，这说明在今后的一段时期内，中国仍将实现城镇化的快速发展，但增速会逐步放缓，预计年均将保持在 0.8—1.0 个百分点。未来的城镇化将进入减速阶段。二是由速度型向质

---

① United Nations, Department of Economic and Social Affairs, Population, 2012, *Word Urbanization Prospect：The 2011 Revision*，New York.

② 魏后凯：《走中国特色的新型城镇化道路》，社会科学文献出版社 2014 年版。

量型转变。现阶段中国城镇化面临的主要矛盾并非水平较低，而是在于质量不高。因此，应坚持速度与质量并重，并将两者有机结合起来，促使城镇化由单纯追求速度，逐步向追求"质"的提升转变。三是由片面的城镇化向全面城镇化转变。加快全面城镇化进程，着力解决农民的市民化以及城市民生和社会问题，这将是今后推进城镇化的核心任务。四是由传统城镇化向新型城镇化转型。要根本改变粗放式、不均衡的城镇化发展模式，促使城市向低消耗、低排放、高效率、可持续、和谐有序的新型科学发展模式转变。

2012 年 11 月，党的十八大首次提出，中国要推进"新型城镇化"，至此掀起了中国城镇化发展的新篇章。次月，中央经济工作会议提出，"城镇化是中国现代化建设的历史任务，也是扩大内需的最大潜力所在，要积极引导城镇化健康发展"。2013 年 12 月，中共中央召开了新中国成立以来的第一次城镇化工作会议，在会上，习近平总书记充分指出了推进新型城镇化的重要作用，以及重大的现实和历史意义。之后，随着 2014 年 3 月《国家新型城镇化规划（2014—2020 年)》，以及 2016 年 2 月《关于深入推进新型城镇化建设的若干意见》的出台，在全国范围内加快推动了新型城镇化的发展进程。

此外，党的十六大报告明确指出，要"坚持大中小城市和小城镇协调发展，走中国特色的城镇化道路"。党的十七大报告进一步将"中国特色城镇化道路"列入"中国特色社会主义道路"的五个基本内容之一，并构建了今后相当长一段时期内中国城镇化的政策框架①。党的十八大报告则强调指出，要促进"工业化、信息化、城镇化、农业现代化"协同发展。

2. 新型城镇化的发展趋势

综上所述，结合城市发展规律与中国发展现状，研究认为新常态下中国新型城镇化发展具有以下四大趋势：

---

① 即"走中国特色城镇化道路，按照城乡统筹、布局合理、节约土地、功能完善、以大带小的原则，促进大中小城市和小城镇协调发展"。

（1）快速城镇化仍是新型城镇化的基本特征

改革开放后，尤其是 1984 年公布新的设镇标准以来，我国城镇化实现了快速、稳定的发展。城镇化率由 1978 年的 17.9% 提高到 2015 年的56.1%，年均增长 1.03 个百分点。[①] 在修补的"五普"数据基础上，周一星运用联合国法预测了未来城镇化水平，认为 2025 年以后我国城镇化速度将逐渐放慢。[②] 当前中国正处于转轨时期，农村人口将大量向城市集中，在经济和资源环境的约束下，中国城镇化的进程可能不会像前十几年那样快速，但快速城镇化仍是新型城镇化的基本特征。

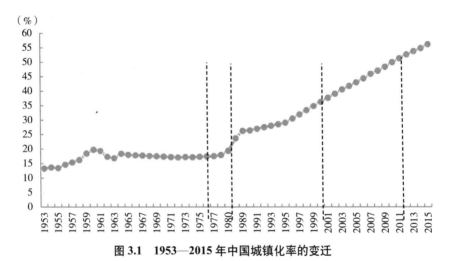

图 3.1　1953—2015 年中国城镇化率的变迁

资料来源：《新中国 60 年统计资料汇编》《中国统计年鉴（2006—2015）》。

（2）统筹协调发展是新型城镇化的首要任务

1978—2014 年，中国 GDP 增长了 174.6 倍，人均 GDP 增长了 122 倍，而城乡差距不断扩大，城乡矛盾越发突出。

从整体来看，中国农业基础设施和技术装备落后，农业发展方式粗放，农业具有弱质性。此外，长期以来以不平等交换体制为基础，实施"以农养工"的办法挤压农业，加剧了农业的弱势地位。在此背景下，中国城乡差距

---

① 国家统计局数据。

② 周一星：《关于城镇化速度的思考》，《城市规划》2006 年第 S1 期。

不断扩大。20 世纪 80 年代中期，城乡收入差距为 1.8∶1，2007 年达到了
3.3∶1，虽然近年来有所回落，截至 2014 年，城乡收入差距仍达 2.92∶1。
由于农村在社会保障、教育、医疗、环境等方面被边缘化的程度相当严重，
若把城市在养老、就业、医疗等方面福利性保障考虑在内，中国城乡收入实
际差距在 4 到 6 倍之间。

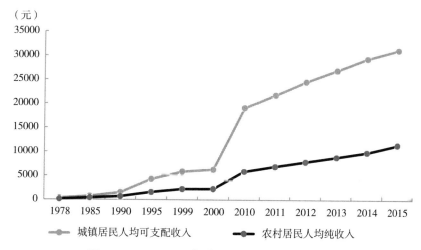

图 3.2　1978—2015 年城乡居民收入增长曲线图

资料来源：《中国统计年鉴（2006—2015）》。

近年来，城镇化建设侵占大量耕地，补偿标准普遍偏低，土地增值部
分农民难以享受，"三无"状况的发展趋势令人担忧①。正如党的十七届三中
全会所指出的，中国从整体上已进入了推动实现城乡一体化、协调发展的重
要时期②。因此，城乡统筹协调发展将是新型城镇化的首要任务。

（3）循序渐进、资源节约是新型城镇化的必然选择

中国幅员辽阔、人口众多，各区域间的非均衡发展特征较为突出。随

---

① 李兵弟：《关于城乡统筹发展方面的认识与思考》，《城市规划》2004 年第 6 期。

② 2008 年 10 月 9 日，在党的十七届三中全会上，审议通过了《中共中央关于推进农村改革
发展若干重大问题的决定》，其中指出，中国已进入"以工促农、以城带乡"发展阶段，
进入了"加快改造传统农业，走中国特色农业现代化道路"的关键时刻，进入了"着力
破除城乡二元结构，形成城乡经济社会发展一体化新格局"的重要时期。

着城镇化进程的不断推进，同时还要面临发展经济、扩大就业、社会维稳以及解决环境约束、区域发展差异等诸多问题。然而，长期以来，中国的城镇化发展未能遵循循序渐进的原则，忽视了城镇化的质量与可持续发展，城镇化与资源环境、就业矛盾增大，出现了"冒进式"城镇化。

城镇化发展水平必须与水土资源和环境承载力保持一致，与城镇产业结构转型和吸纳就业人口的能力保持一致，与土地资源供给状况保持一致。循序渐进、资源节约是新型城镇化的必然选择。

(4) 发展特色小城镇是新型城镇化的必由之路

目前，中国的城镇规模结构存在严重的失衡。一方面，大城市的规模迅速扩张，城市数量与人口不断增加，"城市病"的现象日益突出；另一方面，中小城市的数量和人口比重不断降低，部分小城镇甚至呈现出衰落的景象，城市人口分布正逐步转变为"倒金字塔型"。以往的实证研究表明，中国地级以上城市基本已达规模效率的限值，部分城市已处于效率递减的阶段。为此，在 2016 年 2 月国务院出台的《关于深入推进新型城镇化建设的若干意见》中，明确指出要加快培育中小城市和特色小城镇，同时针对重点镇、特大镇以及特色镇发展提出了具体的要求。①

在中国新型城镇化发展进程中，小城镇建设发挥着重要的积极作用。首先，小城镇可以成为人的城镇化的重要载体。例如，德国的人口城镇化水平高达 70%，但是其主要并不集中于城市，而是小城镇。同时，小城镇的居民不是农民，而是市民。其次，发展小城镇有利于实现"四化"同步协调发展，缩小城乡差距，进而带动农村发展。从某种意义上而言，发展小城镇的同时，也是在推动农民的就地城镇化，使农民在小城镇就地就业，并促进农民工的市民化。最后，发展小城镇有利于实现新型城镇化的科学合理布局。近年来，中国城镇化发展的区域失衡问题较为突出。目前，东部地区的城镇化率为 62.2%，中部的城镇化率为 48.5%，西部的城镇化率为 44.8%，呈现出较为明显的差距，并且三个区域间所处的城镇化发展阶段和面临的问

---

① 国务院：《关于深入推进新型城镇化建设的若干意见》（国发〔2016〕8 号），2016 年 2 月。

题也各不相同。发展特色小城镇将会推动中西部经济欠发达地区的城镇化整体水平，有效地缓解东部地区城市的压力，进而促进中国新型城镇化结构的优化与调整。

如上所述，与发展中小城市和城市群建设相比，特色小城镇将会是新常态下新型城镇化的发展重点。

在此背景下，中国农垦面临着重大的历史机遇与挑战。新中国的农垦系统是由国家直接投资、经过半个多世纪的开荒建设，围绕农业产业经营的主体领域形成的具有较大规模的经济社会系统，是中国国民经济的重要组成部分。农垦系统分布于除台湾省外全国各个省、自治区、直辖市和计划单列市，截至 2014 年末，共有 36 个垦区，拥有国有农场 1789 个，独立核算企业 5107 个，人口总数 1420.34 万人，其中职工总数 299.15 万人。土地总面积 5.45 亿亩，其中牧草地面积 2.23 亿亩，耕地面积 9425.32 万亩，林地面积 5955.81 万亩，水面面积 1258.5 万亩。

长期以来，中国农垦不仅是保障粮食安全，发展现代化农业的重要力量，同时，由于其特殊的地理位置和组织模式，在屯垦戍边、维护国家安定等社会政治方面也发挥了不可替代的重要作用。改革开放以后，随着经济的快速发展，中国农垦把小城镇建设作为促进垦区产业结构调整，加快垦区经济社会发展，促进就业和改善人民生活质量的重大战略来抓，通过科学规划、合理布局、加大投入，城镇化建设快速发展，城镇化水平得到不断提高。

随着中国经济社会发展逐步迈入新常态，城镇化的外部环境与内部条件正在发生深刻变化，由传统城镇化向新型城镇化转变是必然选择。农垦根植于中国广大农村地域，是在特定历史条件下为承担国家使命而建立的，是中国农业发展的排头兵，农业产业化、新型城镇化等具有良好的基础。新常态下推进农垦的新型城镇化，对于落实国家战略、打造新型城镇化样板、加快中国经济社会持续健康发展等具有重要意义。本研究将以黑龙江垦区为例，探讨中国农垦区域城镇化发展的战略问题，为加快垦区新型城镇化发展进程，提升居民生活水平，实现城乡一体化协调发展提供依据。

（二）垦区城镇化发展的基本现状

近年来，中国农垦把推动城镇化发展，作为率先实现农业现代化、率先全面建成小康社会的重要抓手，资金投入大幅增加，建设水平显著提升。垦区未来开展新型城镇建设基本上沿着城镇化水平不断提高、职工居住条件大幅改善、公共服务设施日趋完善、辐射引领作用逐步发挥的方向前进。

1. 城镇化水平不断提高

按照"人口向城镇集中，产业向园区聚集，农业向现代转变"的发展战略，全国各垦区集中力量、整合资源，推进农场场部小城镇建设，加快垦区新型城镇化发展进程。例如，截至 2013 年，黑龙江垦区已完成撤队建区、居民点整体搬迁工作，共整体搬迁居民点 1905 个，26.47 万户居民搬进新居，垦区城镇化率达到了 85.8%[①]，实现了耕作在广袤田野上，居住在现代城市里。目前，中国农垦有 21 个垦区城镇化率超过 60%，11 个垦区城镇化率超过 80%，小城镇总面积达 5675.96 平方公里。

2. 职工居住条件大幅改善

2008 年，国家启动实施了农垦危房改造项目。截至 2012 年底，累计下达农垦危房改造任务 139.7 万户，中央财政投资 109.7 亿元，带动各类投资 767.9 亿元。目前，危房改造任务已累计开工 128.6 万户，开工率 92.1%，竣工 99.6 万户，竣工率达到 71.3%。许多垦区职工群众的居住条件全部实现了楼房化、花园式。如广东农垦 6.08 万户职工、2.93 万户水库移民、1386 户归难侨相继纳入危房改造政策扶持，人均住房面积提高到 25m^2，农场的城镇面貌发生了翻天覆地的新变化。

---

① 黑龙江农垦总局统计数据。

3. 公共服务设施日趋完善

在新型城镇化发展的进程中，各垦区加大给排水、供热、供气、道路等配套设施建设力度，积极开发利用清洁能源，推广应用建筑节能新技术，使小城镇的功能日趋完善，职工生活条件显著改善。2010—2012 年期间，中国农垦累计完成电网改造项目 1531 个，饮水安全项目 693 个，道路建设 19875 公里，投资总额 96.17 亿元，其中中央财政投资 55.39 亿元。同时，义务教育、公共卫生服务和公共文化服务体系建设逐步完善，职工群众足不出场就可以享受到优质的教育资源、优良的医疗服务和多彩的文化生活。农场社区管理模式创新有序开展，农场的城镇建设不仅实现了环境优美，而且达到了秩序优良。

4. 辐射引领作用逐步发挥

新型城镇化的快速发展，促进了资源要素在垦区的流动集聚和优化组合，促进了工业化进程和第三产业的兴起。2014 年，中国农垦实现工业增加值 2866.25 亿元，同比增长 9.5%；第三产业增加值 1810.67 亿元，同比增长 12.06%，均连续多年保持较高增速，成为农垦经济发展的重要动力。同时，许多农场小城镇无论是在建设水平，还是管理水平，都处于领先地位，成为区域经济文化中心、引领发展的重要增长极，以及地方政府实施城镇化发展战略的重要平台。许多农场还积极开展场县共建，以城镇化为载体，推动垦地资源共享、优势互补、共同发展。此外，农垦的新型城镇化同时也带动了边远地区的经济社会发展，在促进民族团结、边疆繁荣稳定等方面发挥着重要的作用。

（三）垦区城镇化发展的特征

本部分对农垦城镇化发展的特征梳理主要从纵横两个维度进行。纵向来看，垦区在城镇化率水平上呈现波动起伏的发展态势；横向来看，农垦系统的城镇化发展呈现三大特征：第一，整体城镇化率较低、区域差异显著；

第二，农业剩余劳动力转移滞后，"以工促农"成效不明显；第三，城镇体系比较完善，空间布局相对分散。

1. 垦区城镇化发展的纵向特征

根据《中国农垦统计年鉴（2010—2014）》中农垦城镇化率的数据来看，纵向上，农垦城镇化水平整体呈现波动起伏的态势，如图 3.3 所示。根据下图，尽管 5 年间垦区的城镇化率从 2010 年的 21.90% 上升到 2014 年的 32.09%，但是分段来看 2010 年至 2014 年间垦区的城镇化率波动较大。此外，农场个数总体上出现锐减趋势，而小城镇个数和乡（镇）政权个数除 2010 年至 2011 年出现大幅下降外，2011 年后两者数量总体上均呈现不同比例的上涨（尽管 2014 年的小城镇个数出现较为明显的下降）。

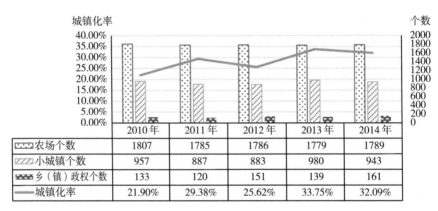

	2010 年	2011 年	2012 年	2013 年	2014 年
农场个数	1807	1785	1786	1779	1789
小城镇个数	957	887	883	980	943
乡（镇）政权个数	133	120	151	139	161
城镇化率	21.90%	29.38%	25.62%	33.75%	32.09%

图 3.3　2010 年至 2014 年中国农垦整体的城镇化概况

资料来源：《中国农垦统计年鉴（2010—2014）》。

究其原因主要在于农垦系统在行政划分与管理中所处的弱势地位。由于中国农垦分散的区位布局，以及各农场国有企业的特质，使其在行政划分与管理中一直处于被动、弱势的地位，特别是在部分垦区农场实行属地管理以后，中国农垦便陷入了"被瓜分"的危机之中。除农垦系统内部的结构优化与调整以外，图 3.3 在一定程度上体现出了这一微妙的变化，并解释了中国农垦城镇化发展呈现波动的原因。例如，"撤场建政""撤场并乡"。

2. 垦区城镇化发展的横向特征

我国农垦是在特殊的历史背景下发展起来的，且随着人口规模迅速扩大，逐步形成了区域性的聚落体系。因此，垦区聚落系统的形成和发展是建立在区域开发初期的国营农场体系基础之上，垦区的城镇化不同于普通农村的城镇化，是一种特殊的城镇化类型。横向来看，农垦系统的城镇化发展呈现三大特征，即整体城镇化率较低、区域差异显著；农业剩余劳动力转移滞后，"以工促农"成效不明显；城镇体系比较完善，空间布局相对分散。

（1）整体城镇化率较低、区域差异显著

中国农垦各垦区遍布于全国30余个省区市，布局分散，且发展的基础与条件各不相同，从而导致城镇化发展水平的差异。例如，在各垦区的城镇化发展中，以黑龙江垦区最为突出，城镇化率高达85.8%，而与之相比，处于欠发达地区的甘肃垦区，其城镇化率仅为6.5%。

（2）农业剩余劳动力转移滞后，"以工促农"成效不明显

通过垦区产业数据可以发现，虽然一产产值比重较高且发展较为平稳，但从业人口没有明显的减少。一般而言，随着农业劳动生产率的提高，农业从业人口逐步减少，其剩余劳动力将会向城镇转移，通过这种人口集聚进而推动二、三产业发展。然而，垦区产业中的一产从业人口数据表明农业剩余劳动力出现较为明显的转移滞后现象，这不仅与垦区的人员结构有一定关系，同时也说明垦区"以工促农"的成效并不明显，"人口红利"没有得以充分释放。

（3）城镇体系比较完善，空间布局相对分散

由于垦区聚落系统的形成和发展是建立在区域开发初期的国营农场体系基础之上，因此相比一般乡镇，垦区的城镇化体系较为完善，公共服务与社会保障体系较为优越。然而，由于农垦农场多数毗邻山区且靠近农村，垦区的插花地带和飞地较多，多数小城镇呈现离散分布式的格局。这种城镇分布特点既不便于统一管理，形成现代化的城镇管理体系；也不利于形成规模，通过产业聚集拉动地方经济。实际上，这给垦区的新型城镇建设带来很大难度。

（四）所面临的障碍及存在的主要问题

垦区城镇化发展的现实特点一定程度上反映了其在推行新型城镇改造时可能遇到的诸多障碍和问题。本部分总结了垦区在新型城镇化发展中可能面临的三点障碍，包括体制障碍、资金障碍和思想观念障碍等。同时指出了垦区开展新型城镇建设时存在的几点问题，包括发展规划问题、基础设施建设问题、产业支撑能力问题、吸纳和辐射能力带动问题等，为后续垦区的新型城镇建设发展重点的研究奠定基础。

1. 所面临的障碍

在中国农垦的新型城镇化发展中，其所面临的障碍主要可以归结为体制、资金以及思想观念等三点：

（1）体制的障碍

改革开放以来，中国农垦实现了前所未有的巨大发展。但是，就目前而言，体制的障碍仍严重制约了新型城镇化的发展进程，体制改革将是决定今后农垦发展的核心问题。长期以来，由于缺乏中央层面的顶层设计，各地区及部门对国有农场体制改革的意见难以统一，从而导致在指导和政策支持上呈现较大的差异性。各垦区在推进国有农场体制改革进程中，因缺乏纲领性、指导性的意见，大都"摸着石头过河"，"走一步看一步"，仅着眼于解决现实存在的突出问题，缺乏明确的目标方向、配套措施和政策支持，结果带来许多新的问题，改革难以继续深入。例如，在解决办社会问题上，部分垦区因各方面关系难以理顺，为争取更有利于自身发展的外部环境，一些行政职能不仅没有减少，有的反而进一步增加，企业行为与政府行为严重混杂的情况越来越突出，改革的难度日益加大。此外，科学合理的城镇化发展规划，与区域间发展的融合，以及土地管理等一系列问题，均与体制的改革密切相关，亟待进一步得到解决。

（2）资金的障碍

充裕的资金是中国农垦新型城镇化发展的重要保障。虽然体制的改革可以在一定程度上使各垦区摆脱办社会的沉重负担，但是它并不能有效地解决资金的不足问题。究其原因，是由于垦区的小城镇大多为"非建制镇"，缺乏相应的财税支撑。其影响主要表现为两个方面，一是产业发展乏力。虽然，各垦区农场（管理区）作为城镇化发展的主体，但却不具备财税职能，在以"以工促农"为主线的产业发展中，既无法制定土地及税收方面的优惠政策，同时也无法享受到产业发展所带来的"红利"，因此，严重缺乏积极性，从而导致产业发展乏力。二是城镇建设资金缺乏。目前，资金来源渠道较为单一，投融资体制仍不完善。从宏观层面来看，由于历史的原因，长期以来，各级政府部门对垦区农场的依赖惯性，使得公共财政投入极为有限，并且在制定指导支持各产业发展和社会事业建设等相关政策时，往往忽略或遗忘了国有农场，导致出现了"两不靠"，即国家和地方政策均享受不到。例如，基础设施建设、社会保障以及社会管理等。从微观层面来看，垦区小城镇的公益性、基础性设施建设仍是以农场负担为主，投融资渠道不畅通，体制仍不完善。金融机构欠缺参与城镇建设的积极性，且对民间资本也缺乏正确、有效引导，从而进一步加剧了资金的严重缺乏。

（3）思想观念滞后

对城镇化的多层次内涵，缺乏正确、深刻的认识。除人口的集聚以外，城镇化还意味着"人"的城镇化和现代化，以及文明程度、生活方式等方面的转变。发展小城镇不仅是带动农村、垦区经济社会发展的重要战略举措，也是城镇化建设的重要组成部分，其更多的是涉及区域内的城镇建设和发展，以及区域空间结构、产业结构的调整和城镇体系的优化与构建，是国民经济增长方式的转变、是生活模式的变化，是工业化、城镇化、社会现代化三位一体的同步推进和演变过程。

正是因为中国农垦在新型城镇化进程中面临这些内生和外生的障碍，城镇化进程中出现了各种问题。

2. 存在的主要问题

从整体来看，虽然近年来农垦的新型城镇化取得了突飞猛进的发展，但在实施城镇化发展规划，以及落实相应配套政策等方面仍存在着诸多困难。

(1) 缺乏科学明确的发展规划。据统计，在中国农垦近千个城镇中，只有 239 个设立了行政建制，其中市县政府 11 个，乡镇政府 228 个，其余绝大多数都是非建制城镇。目前，只有少数建制城镇和黑龙江等个别垦区经授权，拥有城镇发展规划及土地利用总体规划制定权。由于管理体制不相隶属等原因，地方政府在制定城镇化发展规划时，要么没有将农垦的非建制城镇考虑在内，使其成为实施城镇化发展规划的盲点；要么在制定规划时不征求农场意见，在空间布局、功能分区等方面没有考虑垦区实际。总的来看，大部分农垦城镇规划体系没有出台，普遍存在无规划、乱建设的现象，影响未来的长远发展。

(2) 基础设施建设负担沉重。由于办社会职能改革不到位等原因，农垦城镇的基础设施建设和社会事业发展，无法全部纳入公共财政支持范围。随着近年来人口向场部大量集中，城镇原有的供水、供热、污水排放、生活垃圾处理、道路等基础设施已难以满足需求，与职工群众对于美好生活的期待还有巨大差距。例如，部分农场由于供水管道老化、水井数量不够等原因，每天只能限时供水，群众生活很不方便。大规模的城镇基础设施建设，仅靠农场农业生产的积累根本无力承担。据估算，仅危房改造配套的基础设施建设，一个中等农场就要投入 2000 多万。为了破解城镇化发展带来的基础设施建设燃眉之急，有的农场甚至只能举债上一些民生工程，造成债务负担加重。

(3) 产业支撑能力不强。多数农垦小城镇缺乏特色支柱产业，难以保障进城居民的就业增收。以农业为主的传统产业体系，制约了农垦城镇化的发展潜力。农垦农业现代化的整体水平较高，但产业结构单一，产业链条较短，受市场波动影响较大，并且劳动力还有剩余。对于集团垦区而言，随着垦区内部产业整合，多数农场都只是作为专业化的生产基地，没有规模化、实力强的产业化龙头企业。单一农场依靠自身投资兴办国有工商企业，难以克服规模小、机制不活和竞争力弱等弊端。特别是受体制限制，引进外来投资发展二三产业，农场无法获得税收等实质性收益，还要支付土地、环境等资源成本，积极性也不是很高。

（4）吸纳和辐射能力有限。农垦在建设初期，大都是在人烟稀少、远离城镇的偏远地区，通过大规模集中开发而发展起来的，有400多个农场分布在东北、西北和西南的6000公里边境线上。农垦的城镇化发展，基本上都是以场部为中心自然扩展形成。一些农场城镇由于所处位置交通不便、自然环境恶劣、人口密度低等原因，城镇建设规模一般相对较小，难以发挥要素的集聚效应。特别是城镇化发展的一些配套政策，没有将农垦的城镇考虑在内，无法解决外来农民到场落户和相应的社会管理问题，人口集中只能局限在农场范围内，制约了农垦城镇化的发展空间和作用的发挥。

（五）垦区新型城镇化的发展重点

垦区开展新型城镇化建设的重点需要树立正确的新城镇发展观，形成以保障和改善民生为前提，以城镇可持续和高质量发展为目标的垦区特色的城镇发展理念。以"两保障""两支撑"为垦区开展新型城镇建设的主要抓手，"两保障"即指垦区新型城镇化建设的主体保障、垦区新型城镇化的制度规划保障，"两支撑"即指垦区新型城镇化建设的一二三产业联动支撑、垦区新型城镇化建设的土地和空间开发支撑。

1. 树立正确的新城镇发展观

树立正确的新城镇发展观是垦区开展城镇建设的基础，垦区的新型城镇化建设也应以保障和改善当地民生为重要前提。整体而言，相比城镇户口，垦区内的农场户口对应的是较低质量的"市民"待遇，因此，继续推进基础设施和社会公共服务建设（包括危房改造、棚户区改造等等）仍然是未来垦区开展城镇建设的重点。同时，也应该注意开展可持续和高质量的城镇建设。前者包括了经济建设的可持续、发展战略的可持续、文化传承的可持续、社会建设的可持续和生态建设的可持续。尤其是文化传承方面，农垦系统作为新中国特定背景下的产物，不少垦区具有深刻的革命内涵和红色意义，在垦区开展城镇建设时，相关文化的传承理应保留下来并发扬光大。后者重点包括了经济和社会两个层面，经济层面强调实施低碳、绿色和可持续发展，并加快推动区域与城乡协调发展；社会层面强调提高全社会整体文明程度、教育水平，以及健全完善社会保障等体制机制。当前，部分垦区的教育和医疗体系尚不能完全覆盖，职工的发展和健康得不到基本保障，这严重阻碍了该地区的进一步开展新型城镇化建设。

2. 妥善开展"两个保障"工作

(1) 垦区新型城镇化的建设主体保障。垦区新型城镇化发展的主体是垦区开展新型城镇建设的根本保障。由于垦区规模大小不一，开垦历程有所不同，同时受到管理体制变化和改革进程影响，各垦区承担的社会职能状况也有所区别。目前，全国农垦的 35 个垦区中，除北京、天津、上海、重庆、广州等 5 个城郊型垦区，将承担的行政和社会职能基本移交当地政府外，其他垦区或多或少地都还承担着大量的行政和社会职能。因此，垦区在开展生产建设时的行政考虑较多，社会负担较重，政企和社区的有序分离作为垦区明确新型城镇建设主体的必由之路，其间必须处理好各方面利益关系，包括农垦企业与地方政府的关系、国有农场与农场职工的关系、农场职工与当地农民的关系等。

(2) 垦区新型城镇化的制度规划保障。首先，垦区新型城镇化有别于农村新型城镇化，因此在城镇建设的制度设计上必须突出农垦特色并符合农垦的基本现实。其次，在进行城镇规划设计时必须保证规划的科学性和执行力。对于一些小型垦区而言，往往存在诸如规划定位不准、不细的问题，有的垦区虽然能够做到先规划后建设，但是规划设计单位没有通过深入的调研分析，没有考虑已有的资源禀赋、人文历史和发展概况等详细情况，造成规划千篇一律，对垦区开展城镇建设的指导意义有限。对于这部分垦区应该做到对口扶持、差别对待和规范约束。最后，在进行城镇制度和规划设计时，要坚守土地红线，科学合理地利用土地，要避免城镇化陷入大挖大建的"造城运动"。

3. 切实利用"两个支撑"手段

（1）一二三产业联动支撑。一二三产业联动发展是以优势产业为核心，通过构建完整的产业链条，实现三大产业发展的有机整合，通过构造与市场相协调的产业体系，使农垦主导产业的潜在优势尽快上升为竞争优势。具体而言，第一产业的发展要突出重点，发挥优势。以农垦种业和农垦乳业为重点发展对象，通过改善和调整农产品品质、品种结构实现农垦传统优势农产品的稳定发展，继续担当现代农业的领头羊。第二产业的发展要大幅度提高农产品精深加工水平，保障优势行业的主导地位。主要通过全面提高农产品加工水平，扶持一批在国内外具有较强竞争能力的龙头企业，培育并塑造一系列农垦名牌产品。第三产业的发展要突出垦区的优势，为农垦经济发展培育新的增长点。不仅要适应农业产业化发展的需要，大力发展农业社会化服务业；还要兼顾与垦区小城镇建设相结合，大力发展房地产业；同时也要发挥自然资源和区位优势，努力推动旅游业的发展。

（2）土地和空间开发支撑。形成土地开发支撑的主要任务是对土地确权颁证，通过建立农村土地产权交易市场，设立建设用地增减指标挂钩机制。同时，为盘活农垦国有土地资源，也应通过土地的作价出资增强政府对国有储备土地集中统一管理和全局调度能力。对于空间开发支撑，可以以发展较好的区域作为起步点，通过确立优势产业，形成以市场为导向的产业集群。

三、垦区新型城镇化进程中的
人口承载力分析

随着垦区新型城镇化的快速推进，必然带来城镇人口的快速增长，而城镇人口的快速增长给城镇的承载能力带来了巨大的考验。城镇的土地利用、城镇基础设施和公共服务供给都面临着严峻挑战。本节将分别从土地利用变化、城镇基础设施条件和城镇公共服务三个方面，对黑龙江农垦的现状、存在的问题和人口承载能力进行较为详细的分析。

（一）垦区的土地利用

黑龙江农垦总局下辖 9 个管理局、114 个农（牧）场，9 个独立单位，分布在黑龙江省 12 个市中的 74 个县行政辖区内。根据第二次全国土地调查的结果显示，垦区国有土地总面积为 5.25 万平方公里（7875.37 万亩），其中，农用地面积为 6802.55 万亩，占总面积的 86%；建设用地面积为 211.06 万亩，占总面积的 3%；未利用地面积为 861.77 万亩，占总面积的 11%[1]。从基本数据来看，与全国整体城镇化用地的迅速扩张相比，垦区土地利用的问题显而易见，由于其国有农业用地的土地特性，导致建设用地较为不足，为垦区的新型城镇化发展带来了一定的制约。因此，下文将立足于黑龙江垦区的土地管理体制，对土地利用的现状与问题进行分析，并简要探讨其原因所在。

---

[1] 黑龙江农垦总局统计局数据。

1. 土地利用的管理体制及垦区职能

自 1998 年始，黑龙江农垦系统的土地管理机构被上收，由省土地管理局垂直管理①。至 2005 年，黑龙江省明确了实行省国土资源厅"一级派驻，全线垂直"的管理体制，下设宝泉岭、红兴隆、建三江、牡丹江、北安、九三、齐齐哈尔、绥化、哈尔滨、直属佳南 10 个国土资源分局、70 个农（牧）场国土资源所，现有工作人员总计 668 人，其中在编人员 294 人，长期聘用人员 374 人，负责垦区下辖 9 个管理局、113 个农牧场的土地资源管理工作②。自 2010 年以来，随着土地管理制度改革和简政放权，土地规划、耕保、利用、执法监察等均有部分管理职能下放，垦区范围内用地由垦区国土资源部门申报、审核后，由农垦总局进行审核。在这一"垂直管理体制"下，垦区在土地管理中的职能与内容主要包括：

（1）土地用途管制

垦区始终坚持"保护资源，服务发展，务实创新，廉洁高效"的工作理念，严格落实土地用途管制制度，坚持"两划管控"，通过编制土地利用总体规划，规定土地用途，明确土地使用条件，土地所有者、使用者必须严格按照规划所确定的土地用途和条件使用土地，保证了土地资源的合理利用和优化配置，促进经济、社会和环境的协调发展。

此外，通过农用地转为建设用地审批，严格控制农用地转为建设用地，切实保护耕地，保证耕地总量动态平衡，对基本农田实行特殊保护，防止耕地的破坏、闲置和荒芜；强化土地执法监督，严肃法律责任，以达到严格控制建设用地总量，促进集约利用，提高资源配置效率，保护和改善生态环境，防止土地资源浪费和地力枯竭，实现土地资源的可持续利用，使得建设用地市场达到正常化和规范化。

---

① 黑龙江省：《关于农垦森工系统土地管理机构上收有关问题的通知》（黑编〔1998〕3 号），1998 年 2 月。

② 黑龙江省：《关于省国土资源厅驻农垦、森工系统国土资源机构编制调整的通知》（黑编〔2005〕120 号），2005 年 9 月。

（2）耕地占补平衡

按照"先补后占、占一补一、占优补优，占水田补水田"的原则，落实补充耕地任务。建立补充耕地指标储备制度，补充耕地项目验收合格，新增耕地经报国土资源部备案后，纳入补充耕地储备库管理，以备建设项目占用耕地时进行指标抵扣和划转，实现先补后占和项目挂钩。

强化耕地占补平衡管理，保证占补平衡挂钩数据真实有效，实现非农建设占用耕地占补平衡，做到"先补后占"。按照数量不减、质量有提高的要求，进一步加强补充耕地质量建设和保护工作，在实施占补平衡补充耕地项目过程中，保证新增耕地数量的同时，做到田成方、树成行、路相通、渠相连、旱能浇、涝能排，建成集多效农业、节水农业、循环农业和集约化农业于一体的高标准农田。加强补充耕地项目选址、设计、立项、资金筹备及项目论证管理工作，确保补充耕地数量有增加、质量有提高，保证补充耕地项目稳步推进。截至目前，垦区可用耕地储备库 35 个，可用于耕地占补平衡面积 15670 公顷（水田 6495 公顷，旱田 9175 公顷），保证了非农业建设占补平衡落到实处。

（3）土地确权

农垦总局国土资源局及其各国土资源分局、各农（牧）场，积极配合落实黑龙江省关于土地确权的各项法规政策①，经几年的落界、划界，已于 2006 年完成 114 个农牧场和 9 个独立单位的土地权属界线，全部由黑龙江省政府颁（换）发《国有土地使用权证书》，解决了数百起土地权属争议，收回被占耕地 150 万亩。此外，落界、划界的所有费用依据总面积、界线及难易程度等情况，按《关于换发国营农场和部队农场土地证书有关问题的通知》精神，每个农牧场在 40 万至 80 万元之间，多数农场为 60 万至 80 万元，均由农（牧）场来承担落实。截至目前，黑龙江省农垦已确权登记发证面积为 7755.32 万亩；未确权面积为 120.05 万亩，其中：土地权属争议区 100.30

---

① 黑龙江省：《黑龙江省土地登记办法》，1995 年；黑龙江省：《黑龙江省土地权属争议处理办法》，1996 年；黑龙江省：《黑龙江省土地管理条例》，1999 年；黑龙江省国土局：《关于换发国营农场和部队农场土地证书有关问题的通知》（黑土界〔1998〕87 号），1998 年。

万亩；飞地面积 19.75 万亩。关于土地争议，主要有两种情况，一是农垦土地与集体土地争议。此类争议面积为 87.25 万亩，数量为 17 宗。其主要为历史形成的权属争议，此外，还有因林权证与土地证重叠的争议，以及因土地现状使用方面形成的争议。二是农垦土地与森工林业局土地争议。其主要为林权争议，此类争议面积为 13.05 万亩，数量为 7 宗。具体包括，农垦红兴隆管理局的八五三农场与森工系统的迎春林业局，农垦牡丹江管理局的八五四农场与迎春林业局、东方红林业局，农垦北安管理局的建设农场与通北林业局存在土地争议。

（4）制定执行土地利用规划

以国家、省土地利用总体规划为导向，黑龙江垦区三级土地利用总体规划目前已经全部编制完成，总局级规划于 2012 年 3 月 26 日经省政府审批，管理局级规划于 2012 年 4 月 19 日经省政府审批，农场级规划于 2012 年 5 月 6 日经农垦总局审批。目前，根据国家和省的安排部署，垦区正着手于三级土地利用总体规划调整完善工作，预计将于 2016 年末完成编制工作，2017 年初完成报备。

在现行土地利用规划的执行过程中，垦区严格规划管理，在项目进行可行性研究论证时就严把建设项目用地预审关，审核项目符合土地利用总体规划情况以及建设用地规模是否能满足建设项目需要等。在建设项目审批用地时，规划部门积极参与会审，并进行严格审查，确保不出现违法规划批地现象发生。但是，垦区仍然存在规划调整较频繁的问题，2012 年至 2015 年期间，垦区规划调整共计 106 次。其主要原因为，一是由于农场领导变动，新任领导对农场整体发展布局有所改变，易造成规划调整；二是随着国家和上级政策调整，对垦区整体发展目标有所改变。例如，垦区大规模实施"撤队并点、整体搬迁"，以及一些民生工程未列入规划中，垦区为了保民生保发展，从而进行规划调整。

2. 土地利用的现状与问题

如上所述，由于垦区土地管理权的缺失，使其在土地利用上具有较大的局限性。目前，黑龙江垦区通过落实土地利用总体规划和土地利用年度计划，积极向国家争取建设用地指标，并使建设用地指标向农垦产业项目和城镇化建设倾斜，满足其用地需求，并尽量使农垦重要产业和城镇化建设项目都能做到有地可用。另一方面，在土地供应中严格执行国家供地政策和用地定额指标，所有建设项目都能做到合理使用土地，达到节约集约利用土地的目的。

（1）城镇占地面积扩张较为迅速。截至 2014 年末，黑龙江垦区小城镇占地面积为 35948 公顷（359.48 平方公里），2010 年至 2014 年期间，垦区小城镇占地面积由 315 平方公里增加到 359.48 平方公里，年均增加 11.12 平方公里，如图 3.4 所示。

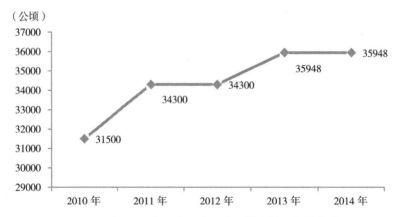

图 3.4　2010—2014 年黑龙江农垦小城镇占地面积的推移

资料来源：《中国农垦统计年鉴 2014》。

与全国县、建制镇相比，截至 2014 年末，黑龙江垦区的小城镇平均面积为 3.18 平方公里，而全国县、建制镇的平均建成面积分别为 12.6 平方公里和 2.14 平方公里，低于全国县级平均水平，但要远高于建制镇。从年均增减来看，也显示出同样倾向，2010 年至 2014 年期间，黑龙江小城镇年均增加 0.23 平方公里，要高于建制镇的 0.06 平方公里，而低于县级的 11.41 平方公里。如表 3.3 所示。

表3.3　2010—2014年黑龙江小城镇与全国县、建制镇城镇面积的对比

单位：平方公里

	黑龙江垦区小城镇的平均占地面积	全国建制镇的平均建成面积	全国县的平均建成面积
2010 年	2.25	1.89	10.16
2011 年	2.45	1.98	10.68
2012 年	2.45	2.16	11.54
2013 年	3.18	2.12	12.09
2014 年	3.18	2.14	12.60
2010—2014年年均增加	0.23	0.06	11.41

资料来源：《中国城乡建设统计年鉴2014》《中国农垦统计年鉴2014》。

（2）人均城镇占地呈下降态势，人口城镇化快于土地城镇化。城镇用地的扩张可用每年城镇占地的增长速度表示，称为土地城镇化；城镇人口的增长可用每年城镇人口的增长速度表示，称为人口城镇化。世界各国城镇化的实践表明在城镇化推进过程中，城镇用地的扩展速度一般要快于人口向城镇集中的速度，具体表现为城镇人均用地面积的不断增加，这是世界城镇化进程中的一个普遍现象，也符合经济社会发展的规律。一般而言，随着城镇化的快速推进，经济社会发展水平和居民生活水平的不断提高，城镇居民的生活和居住空间以及活动范围会不断扩大，城镇人口人均用地面积也会不断增加。从我国整体的城镇化发展来看，土地城镇化快于人口城镇化的现象较为突出，如表3.4所示。而从黑龙江垦区的实际来看，如表3.5所示，其人口城镇化要远快于土地城镇化，且人均城镇化占地面积呈明显的下降趋势。2010年至2014年期间，黑龙江垦区小城镇人口年均增长速度为8.3%，同期城镇占地面积年均增长速度为3.4%，人口城镇化快于土地城镇化高达3.9%。从城镇人均占地面积来看，2010年为310平方米，2014年降至262平方米，平均每年下降12平方米。

表 3.4 2010—2014 年全国县、建制镇的土地城镇化和人口城镇的关系

年份	全国县					全国建制镇				
	总量		增长速度		人均城镇建成区面积（平方米/人）	总量		增长速度		人均城镇建成区面积（平方米/人）
	人口（万人）	城镇建成区面积（平方公里）	人口	建成区面积		人口（万人）	建成区面积（平方公里）	人口	建成区面积	
2010 年	12637	16585			131.2	13900	31790			228.7
2011 年	12946	17376	2.4%	4.8%	134.2	14400	33860	3.6%	6.5%	235.1
2012 年	13406	18740	3.6%	7.8%	139.8	14800	37140	2.8%	9.7%	250.9
2013 年	13701	19503	2.2%	4.1%	142.3	15200	36900	2.7%	−0.6%	242.8
2014 年	14038	20111	2.5%	3.1%	143.3	15600	37950	2.6%	2.8%	243.3
2010—2014 年年均增长	350.25	881.5	2.7%	5.0%	3.0	425	1540	2.9%	4.6%	3.6

资料来源：《中国城乡建设统计年鉴 2014》。

表 3.5 2010—2014 年黑龙江垦区土地城镇化和人口城镇化的关系

年份	黑龙江小城镇				
	总量		增长速度		人均城镇占地（平方米/人）
	人口（万人）	占地面积（平方公里）	人口	占地面积	
2010 年	101.5	315.0			310
2011 年	125.3	343.0	23.4%	8.9%	274
2012 年	136.6	343.0	9.0%	0.0%	251
2013 年	146.0	359.0	6.9%	4.8%	246
2014 年	137.3	359.5	−5.9%	0.0%	262
2010—2014 年年均增长	8.9	11.1	8.3%	3.4%	−12

资料来源：《中国农垦统计年鉴 2014》。

（3）建设用地供需矛盾突出，节约集约程度不高。随着垦区城镇化、工业化进程加快，在推进垦区城乡一体化建设过程中，由于垦区"撤队建区"工作的开展，生产队人口急剧减少，向管理局局址、农（牧）场场部、管理区集中，垦区的五个管理局局址及九个管理局的农（牧）场场部、管理区人口大量增多，新增建设用地需求量加大，受建设用地规划与年度计划指标约束，建设用地供需矛盾日趋突出。同时，由于垦区是黑龙江省农业现代化示范区，随着产业结构调整，交通、水利、电力等基础设施用地增多，各项建设用地剧增，造成建设用地供需矛盾日益加剧。此外，垦区地域广袤，各农（牧）场的生产队和管理区布局相对分散，建设用地利用存在一定程度的粗放和浪费现象。

（4）耕地红线和生态环境给土地的增长带来巨大压力。根据黑龙江省土地利用总体规划（2006—2020）的管理政策，至 2020 年，全省农用地面积要增加到 3837.15 万公顷，并明确指出，耕地保有量及基本农田保护区面积以粮食主产市及农垦系统为主，补充耕地以三江平原和农垦系统为主。以此为导向，在《黑龙江省农垦总局土地利用总体规划（2006—2020)》中，明确要求要保持垦区耕地面积稳定，加大基本农田保护力度，至 2020 年，垦区耕地保有量为 274.12 万公顷。规划期内划定基本农田保护面积 198.67 万公顷，划定基本农田要落实保护责任制，建立永久基本农田制度，增加投入，改善农业生产条件和土地生态环境，提高耕地质量。同时指出，至 2020 年，农垦总局的新增建设占用耕地的指标为 1.1 万公顷，通过土地整治补充耕地不低于 1.1 万公顷，做到各项非农业建设项目占用耕地占补平衡，建设用地规模控制在 1500.7 平方公里以内。

此外，垦区对土地进行的大面积农业开发和各项非农业建设，使天然湿地和林地逐年减少，生态功能呈下降趋势，生物多样性有所减少，部分地区还出现风蚀严重、土壤沙化等生态环境恶化问题。例如，三江平原东部的农业开发，以排水为主，修建了大量排水工程，疏干了地表水，改变了湿地自然水系分布，沼泽地普遍缺水，湿地已经开始旱化；松嫩平原北部坡地的开发，造成局部地区坡耕地多，水土流失较为严重的后果。

由此可见，耕地红线和生态环境的双重制约给土地的增长带来了巨大的压力，从而导致垦区新型城镇化进程中的增长空间十分有限。

3. 原因分析

土地既是一种生产要素或经济资源，又是生态环境的载体，而且依赖土地的农业具有公共事业的性质。土地利用变化包括两种类型：用途转移（或地类变更）与集约度变化。人类通过两种途径增加土地的产出，一是扩大土地面积，二是提高单位面积的产出。前者通过用途转移实现，后者借助于增加技术和劳动投入，即提高集约度。目前，对于黑龙江垦区而言，以上两点均存在一定的制约，从而使垦区的土地利用难以有所突破。

（1）现行土地管理制度与政策的制约。在黑龙江垦区的新型城镇化进程中，现行土地管理制度与政策是制约土地利用的最大障碍，而根源在于其国有农业用地的特质。首先，由于垦区土地管理权的缺失，使其在土地利用上具有较大的局限性，并处于一个被动的地位。仅能通过落实土地利用总体规划和土地利用年度计划，积极争取用地指标，以确保产业发展及城镇化建设等各项用地。然后，肩负着坚守耕地红线的重任。如上所述，在黑龙江省的土地利用总体规划中，农垦作为重点单位，需要严格执行耕地保有量、基本农田保护面积、城乡建设用地规模、整理复垦和开发补充耕地规模等土地利用约束性指标。例如，"两划一控"、耕地占补平衡。最后，生态环保的责任。黑龙江垦区作为国家级生态示范区，在考虑土地利用的同时，还要兼顾保护和改善生态环境的责任与义务，以防止土地资源浪费和地力枯竭，实现土地资源的可持续利用。例如，生态退耕，改善坡耕地的生态环境；对自然保护区和湿地、林地实施特殊保护；加大水土流失和"三化"草地治理，加快生态林和各类自然保护区建设。

（2）规划布局分散，土地利用难以形成集聚效应。首先，在垦区的三级土地规划中，与垦区的相关行业发展规划，例如，林业、畜牧、城建、交通、水利、能源和工业等衔接不够充分，且布局分散，土地规划所确定的用地布局与垦区各部门、各行业实际布局需求的矛盾较为突出；其次，对正常建设用地的需求考虑不充分，对生态环境保护和土地生产条件改善重视不够，与垦区社会经济发展的要求有一定距离，从而制约了规划整体调控作用的充分发挥；然后，与所属行政辖区土地利用总体规划衔接不够，影响了一些跨垦区和市、县域的重点基础设施建设项目的正常报批；最后，欠缺对区域整体协调发展的考虑，与周边地方市县的规划和经济发展趋势不衔接，特别是在城市重点布局和资源优势的区域，没有形成有效呼应，在一定程度上造成与地方发展的脱节。

（二）垦区的基础设施建设

在城镇化建设过程中，基础设施的建设和供给显得十分重要。在城镇化进程中，基础设施大致通过如下两种途径发挥其对经济活动的影响。一是通过提高生产者的工作效率来间接地影响生产过程，但不同基础设施的影响程度各有差异。经济性基础设施对生活活动具有直接影响，其作用十分突出，例如交通运输、邮电通信和能源等；社会性基础设施次之，例如学校教育和卫生保健等；社会保障和社会福利设施及文化娱乐设施等，则主要是通过影响劳动者效率而对生产活动产生间接影响。二是基础设施水平影响劳动力地区间的流动和企业选址，从而影响生产活动。基础设施较好的地区将会吸引企业或劳动者，对于劳动者而言，意味着较高的生活水平和宜居程度；对于企业而言，则意味着生产成本的降低，以及企业的健康稳定发展。

1. 基础设施建设的现状与问题

近年来，黑龙江垦区坚持以人的城镇化为核心，以保障民生为目标，以基础设施建设为重点，特别是以"三供两治"（供水、供热、供气，生活污水治理、生活垃圾治理）为重点的基础设施建设，加强便民服务设施、无障碍设施建设。健全完善"水、热、气"等基础设施功能，提高垃圾和污水处理能力；加快更新城镇给水管网，加大排水管网建设投资力度，提高城镇管网覆盖率；大力发展热点联产和集中供热，实施供热锅炉除尘设施改造、清洁能源替代和淘汰落后小锅炉工程，合理利用工业余热和地源热能；加强液化天然气供气管道建设，完善住宅小区供气管线建设，科学合理设置供气站；进一步加大生活垃圾和生活污水处理的力度。把生态文明理念融入到城镇化的全过程中，走集约、智能、绿色、低碳的新型城镇化道路。

截至 2014 年末，全垦区共拥有公路线路里程 25222.15 公里。其中，国道 55.64 公里，省道 655.84 公里；拥有等级公路共 13272.02 公里。其中高速公路 204.51 公里，一级公路 24.25 公里，二级公路 562.56 公里。全垦区城镇公共供水设施 188 个，日综合生产能力达到 29.23 万立方米，供水管道 4417.22 公里；供热锅炉 7030 吨，供热管道 2345.04 公里，集中供热面积 4279.33 万平方米；供气覆盖服务人口近 80 万人；污水日处理能力达到 6.42 万立方米；垃圾日处理能力达到 925 吨。城镇集中供热率 81%，主次干道硬化率 100%，自来水普及率 100%。

（1）基础建设投资水平较低，且发展乏力。从全社会固定资产投资来看，2000 年至 2014 年期间，非生产性投资呈现出较大的波动态势①，特别是自 2009 年始，非生产性投资占比急速上升，由 2008 年的 34.76% 上升至 58.35%，同比增长了 23.59%，至 2011 年，占全社会固定资产的比重达到了 61.53%，之后呈现逐年下降的趋势。究其原因，自 2008 年开始实施的"危房改造"政策发挥了决定性的作用，如图 3.5 所示，我们可以发现，非生产性和住宅投资基本上保持了一致的波动。排除这一政策性影响，黑龙江垦区的非生产性建设投资较为平稳，平均保持在 20% 作用的水平。

从行业的固定资产投资来看，交通运输、仓储，水利、环境和公共设施业，居民服务和其他服务，以及卫生、社会保障和福利业四大类的发展体现出较大的差异，并呈现出与非生产性建设投资同样的态势。2012 年，受到上述的政策性影响，水利、环境和公共设施业，居民服务和其他服务，以及卫生、社会保障和福利业的固定资产投资得以大幅增加，同期分别增长

---

① 非生产性建设包括住宅建设、文化教育、卫生建设、房地产和公用事业建设、生活服务事业建设、科学研究建设、综合技术服务建设。

	2000年	2005年	2007年	2008年	2009年	2010年	2011年	2012年	2013年	2014年	年平均
	23.60%	23.81%	21.90%	19.31%	16.09%	15.01%	18.13%	23.64%	20.70%	20.07%	20.22%

图 3.5　2000—2014 年非生产性投资的推移

资料来源:《黑龙江垦区统计年鉴 2012—2015》。

57.4%、97% 和 38.4%，之后则呈逐年下降的趋势，截至 2014 年末，与前年相比，降幅分别达到了 48.1%、35.9% 和 27.1%。相比之下，交通运输、仓储则出现大幅的回落，同期下降了 41.2%，之后则呈逐年上升的趋势。如表 3.6 所示。其表现出的两种不同倾向，一方面验证了上述政策性因素的影响，另一方面，在一定程度上反映了垦区基础设施建设资金不足的问题，在有限的资金条件下，以政策为导向的固定资产投资倾向较为显著。

表 3.6　不同行业的基础设施固定资产投资情况

行业类别	2011 年	2012 年		2013 年		2014 年		2011—2014 年年均增长
	固定资产投资额（万元）	固定资产投资额（万元）	增长率	固定资产投资额（万元）	增长率	固定资产投资额（万元）	增长率	
交通运输、仓储	300295	176434	− 41.2%	211994	20.2%	359011	69.3%	16.1%
水利、环境和公共设施业	239326	376807	57.4%	240835	− 36.1%	124984	− 48.1%	− 8.9%

续表

行业类别	2011 年	2012 年		2013 年		2014 年		2011—2014 年年均增长
	固定资产投资额（万元）	固定资产投资额（万元）	增长率	固定资产投资额（万元）	增长率	固定资产投资额（万元）	增长率	
居民服务和其他服务	58027	114301	97.0%	139921	22.4%	89675	−35.9%	27.8%
卫生、社会保障和福利业	42385	58679	38.4%	41265	−29.7%	30084	−27.1%	−6.1%

资料来源：《黑龙江垦区统计年鉴 2012—2015》。

（2）基础设施建设水平较高，但差异化较为明显。从基础设施的拥有量看，黑龙江垦区的基础设施建设水平较高，例如，人均日生活用水量、用水普及率、人均公园绿地面积等指标高于全国城市的平均水平，此外，燃气普及率、供水管道密度、绿化覆盖率以及生活垃圾无害化处理率也高于全国乡、建制镇和县的平均水平。但是，基础设施建设体现出较为明显的差异化，存在诸多发展的短板，例如，电力、公共交通、排水管道等。排除统计口径的因素，从整体而言，黑龙江垦区的基设施建设发展不均衡，差异化较为明显。如表 3.7 所示。

表 3.7　2014 年市政设施水平的对比

地区	黑龙江垦区	全国乡	全国建制镇	全国县级	全国城市
人口密度（人/平方公里）	3819.9	4428	4937	1958	2419
人均日生活用水量（升）	212.86	83.08	98.68	118.23	174
用水普及率（%）	100	69.26	82.77	88.89	97.6
燃气普及率（%）	84.9	20.32	47.77	73.24	94.6
建成区供水管道密度（公里/平方公里）	12.29	—	—	10.12	13.6
人均道路面积（平方米）	—	12.63	12.63	15.39	15.3

地区	黑龙江垦区	全国乡	全国建制镇	全国县级	全国城市
建成区排水管道密度（公里 / 平方公里）	—	3.83	5.94	7.97	10.3
污水处理率（%）	—	—	—	82.12	90.2
污水处理厂集中处理率（%）	60	—	—	80.19	85.9
人均公园绿地面积（平方米）	19.2	1.07	2.39	9.91	13.1
建成区绿化覆盖率（%）	39.00	12.98	15.90	29.80	40.2
建成区绿地率（%）	—	5.50	8.96	25.88	36.3
生活垃圾处理率（%）	—	—	—	85.66	96.4
生活垃圾无害化处理率（%）	80.0	—	—	71.60	91.8

注：以上采取的是目前城市与县级的评估指标。

资料来源：《黑龙江垦区统计年鉴 2012—2015》《中国城乡建设统计年鉴 2014》。

2. 原因分析

如上所述，黑龙江垦区基础建设投资水平较低，且发展乏力，但由于通过长期的发展与积累，使其基础设施建设在一定程度上可以保持一个较高的水平，随着新型城镇化进程的不断加快，特别是在其人口城镇化快于土地城镇化的背景下，人口的承载力将面临严峻的考验。究其原因，主要有以下两点：

（1）基础设施建设资金不足。通过以上的分析，我们发现资金的不足问题可以说是通病，农垦各农场作为国有企业，一方面要谋求自身发展，另一方面还要兼顾民生保障和社会建设等多个方面的任务，使得原本就有限的资金，显得格外捉襟见肘。此外，在基础设施建设中，以企业为主体的社会性融资也是困难重重。因此，在垦区的新型城镇化发展中，明确实施主体，充分发挥政府的积极作用就显得尤为关键。在此基础上，逐步构建健全、完善的基础设施投融资机制，才能从根本上改变建设投资资金紧缺的现状。

（2）基础设施规划滞后。城镇建设的管理和发展，关键是规划，如何使规划思路和规划风格适应需要，应该是规划管理部门当务之急要解决的问题。在积极推进新型城镇化的进程中，大幅度扩张经济总量、加快扩张城镇规模与循序渐进完善城镇功能一直处于矛盾之中。随着垦区新型城镇化进程的不断加快，城镇人口和建设用地规模也将不断增加，特别是在垦区人口城镇化快于土地城镇化，以及土地利用面临着巨大压力的背景下，制定科学合理的基础设施规划迫在眉睫，它不仅有利于土地的集约利用，提高城镇人口承载力，同时将为黑龙江垦区实现智能、绿色、低碳的新型城镇化发展提供强有力的支撑。

（三）垦区的公共服务保障

基本公共服务均等化是建设社会主义和谐社会的基本理念，是落实以人为本的科学发展观的具体体现，对缩小区域和城乡发展差距、促进社会公平公正、维护社会和谐安定，确保人民共享发展成果都具有重大的现实意义。所谓基本公共服务，主要包括生存保障、公众服务、环境服务及安全服务，以下将重点围绕教育、医疗卫生、社会保障和社区建设等方面进行探讨与分析。

1. 公共服务供给的现状

在关于办社会职能的探讨与分析中，我们可以发现，黑龙江垦区肩负着沉重的社会负担，但同时将公共服务维持在一个较高的水平，这也是导致办社会职能分离困难的重要因素之一。

（1）办社会支出稳步增长，为公共服务供给提供了有力的资金保障。一直以来，黑龙江垦区十分重视基本公共服务的发展，办社会支出稳步增长，为基本公共服务供给提供了有力的保障。如图 3.6 所示，我们可以发现自 2010 年以来，办社会支出稳步增长，其中，社区管理、教育和医疗支出均有所提升。2010 年至 2014 年期间，垦区办社会支出年均增长 7.04%，社区管理、教育和医疗支出年均增长分别为 6.58%、11.33% 和 22.25%。截至 2014 年末，垦区办社会支出达到 99.36 亿元，其中，社区管理、教育和医疗支出分别为 57.29 亿元、16.98 亿元和 8.8 亿元。在社区管理支出中，以广播电视、计划生育和卫生防疫为主，分别占比为 33.1%、23% 和 18.3%。如图 3.7 所示。

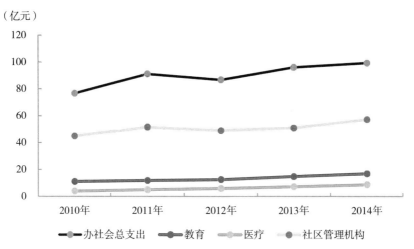

图 3.6　办社会支出和公共服务投入情况

资料来源：2010—2014 年农垦财务决算报表。

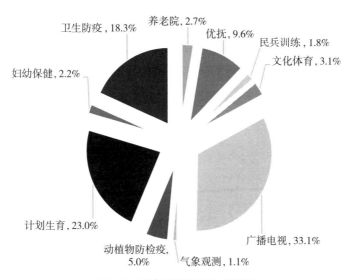

图 3.7　社会管理各项支出情况

资料来源：2010—2014 年农垦财务决算报表。

（2）教育事业稳步发展，教育质量逐步提高。如上所述，近年来，黑龙江垦区教育支出逐年增加，截至 2014 年末，教育费用支出为 16.98 亿元，占办社会支出的17.09%。目前，垦区实施三级办学体制，即农场办义务教育和学前教育、管理局办高中阶段教育、总局办高等教育。实行"科校合一、以校为主"的管理体制。按照"规模适度、结构合理、资源优化"的原则，科学设定基础教育办学规模，推进教育园区建设，中小型农场实行九年一贯制办学体制，充分利用现有资源，完善各类教育教学和生活设施，实现区域教育资源共享，提高办学效益，有力地保障了垦区人民受教育的权利。各级各类学校入学率和升学率呈上升态势。其中，学前三年入园率达到85%以上；义务教育阶段适龄儿童入学率、巩固率、毕业率和小学升初中率均达到100%；高中阶段教育入学率稳定在95%以上，优质教育比例达到65%以上。如表3.8所示。

表3.8 小学、初中和高中毕业生升学率

年份	2000	2005	2008	2009	2010	2011	2012	2013	2014	2015
小学毕业生升学率（%）	100	100	100	100	100	100	100	100	100	100
初中毕业生升学率（%）	41.2	57.8	49.7	51	49.9	52.4	49.1	47.4	84.3	100
高中毕业生升学率（%）	62.8	80	82	78.3	83.3	76.3	87.8	88.5	88.2	95.2

资料来源：《黑龙江垦区统计年鉴2015》。

学前教育健康持续发展。自2011年始，黑龙江垦区通过实施学前教育三年行动计划，大力加强公办幼儿园建设，形成了垦区以公办幼儿园为主导、民办幼儿园为补充的学前教育发展格局。截至目前，垦区各类幼儿园118所，其中公办幼儿园109所，在园幼儿总数2.2万余人，学前三年入园率达到85%以上，基本实现了每个农场一所公办中心幼儿园，大农场和局直建两所公办幼儿园的预定目标，在全省率先完成了学前三年行动计划和学前教育的普及。此外，在完成幼儿园基本设施建设的基础上，农垦总局教育局重点推进垦区幼儿园达标升级，按照"保队伍、保安全、保运转、保发展"的总体要求，全面加强幼儿园管理，加强幼教队伍建设，完善各类设施设备，确保幼儿园有效运转。

扎实推进义务教育均衡发展。垦区义务教育阶段适龄儿童入学率、巩固率、毕业率和小学升初中率均达到100%，初中辍学率控制在国家规定的城市最低标准以下。垦区义务教育于2009年已全部通过了"双高"普九验收，成为黑龙江省第一个全面通过"双高"普九验收的地（市）级单位，并于2013年率先全部通过了省政府义务教育学校"标准化建设"评估验收，完成率100%，先进率44.8%，成为黑龙江省第一个通过"标准化"评估验收的地市级单位。自2015年以来，垦区全面推进义务教育均衡发展，并明确了推进工作总体思路、目标、任务及时间安排，通过加强培训指导，组织开展专项培训，有序推进义务教育均衡发展①，业已取得了初步成效。垦区义务教育办学水平、教育质量、均衡发展走在黑龙江省前列。

高中教育优质发展。垦区通过加强达标建设，聚焦教学改革，推进普通高中多样化特色发展，办学水平全面提高。截至目前，已有5所高中晋升为省级示范高中，所有高中达到办学标准，高中阶段教育入学率稳定在95%以上，优质教育比例达到65%以上。并在2015年的高考中取得了优异成绩，一本录取人数比2014年增加163人，高考录取率95.8%。垦区3名考生进入全省前10名，7名考生被北大清华录取。

职业（成人）教育稳步发展。在黑龙江垦区的104个农牧场中，多数农场设有职教办，91%的农场设有职工文化技术培训中心，部分社区、生产队还成立了职工业余文化学校，职成教育真正覆盖到了生产一线。根据黑龙江农垦总局的统计数据显示，垦区中、高等职业院校已累计培养出7万余名大中专以上各类专业技术人才；年度接受继续教育和各种技能培训的从业人员达11万人次，农业劳动力培训面达90%以上；从业人员平均受教育年限达12年。此外，垦区45%的场处级以上干部及高级科技人员，76%的科级干部及中级科技人员，92%的生产队长及初级科技人员均来自垦区中、高等职业教育。发展职业教育极大提高了垦区职工群众的科学文化素质，有力

---

① 黑龙江农垦总局：《关于加快推进垦区义务教育均衡发展的意见》（黑垦局文〔2015〕4号）。

推进了科技进步和文化繁荣，为垦区开发建设和改革发展发挥了不可替代的作用。

高等教育飞速发展。垦区高等学校招生规模逐年扩大，学科建设快速发展，办学水平不断提高。截至目前，八一农垦大学在校生共 1.5 万人，具有博士学位授予权，并设 3 个博士后科研流动站，全年获批厅局级以上科研项目 210 余项，在"科教兴垦"中发挥了重要作用。农垦职业学院和农垦科技职业学院在省骨干高职建设验收中获得优秀和良好等级，迈入了黑龙江省 17 所骨干高职学院的行列。

（3）医疗卫生基础建设不断加强。近年来，黑龙江垦区不断加大卫生改革力度，合理调配卫生资源，提高服务水平，完善医疗保障体系，巩固总局、管局、农场以及管理区四级预防保健网络，在公共卫生体系、疾病预防控制、医疗卫生服务体系建设、垦区健康保障等方面取得了长足发展。截至2014 年，黑龙江垦区拥有各级医疗卫生机构 1551 个。其中，医院 123 个；卫生院、门诊部（所）1137 个；卫生监督及预防机构 291 个。目前，黑龙江垦区拥有三甲医院 3 所。如表 3.9 所示。

表 3.9　2014 年黑龙江垦区主要卫生机构和床位数

机构类别	机构数（个）	床位数（张）
总局医院	1	708
管理局中心医院	8	3914
农场（厂）职工医院	113	5202
专科医院	1	953
卫生院、门诊部	28	8
卫生所	1109	43
疗养院、所	1	300
卫生监督所	118	—
疾病预防控制中心	97	—
妇幼保健站	76	—

资料来源：《黑龙江垦区统计年鉴 2015》。

（4）社会保障范围和标准不断提高，"稳定器"功能进一步凸显。黑龙江垦区自 1987 年始开展社会保险工作以来，经过长期的不懈努力，逐步构建了健全完善的社会保障体系。截至目前，垦区养老保险、医疗保险、工伤保险、生育保险和失业保险等五险制度已基本健全；社会保险覆盖范围不断扩大，基本养老保险和医疗保险制度实现全覆盖；统筹层次逐步提高，保障调剂功能进一步增强，各项社会保险待遇按时足额支付，保障水平逐年提高，初步实现人人享有基本社会保障的目标。

建立健全社保制度，实现全民覆盖。近年来，垦区加快推进社保体系建设和制度政策的完善，一些历史遗留问题得到妥善解决，居民医保和居民养老保险制度全面实施，覆盖全民的社保体系基本形成。截至 2015 年末，垦区参加企业基本养老保险人员 89 万人。其中，在职参保 46.7 万人，离退休人员 42.3 万人；参加机关事业保险养老保险 5.5 万人。其中，参保职工 3.2 万人，离退休人员 2.3 万人；参加城镇社会养老保险 7657 人，其中，享受待遇人数为 6117 人；参加基本医疗保险 133.9 万人，其中，参加职工医疗保险 74.8 万人；参加居民医疗保险 59.1 万人；参加失业、工伤和生育保险分别为 36.2 万人、38.3 万人、36.8 万人。

统筹层次稳步提高，增强基金支撑能力。自 2005 年始，黑龙江垦区企业养老保险实行省级统筹；2009 年，居民医保开展之初就实行总局级统筹；2013 年，失业、工伤和生育保险实现总局级统筹；2016 年初垦区职工医疗保险实现总局级统筹。统筹层次稳步提高，有效地增强了基金的支撑能力。

社会保障标准不断提高。首先是低保保障。目前，垦区拥有低保对象 41958 户，合计 60445 人，最低生活保障标准由 2010 年的 260 元，提高到每人每月 575 元，月人均补差额由 300 元提高到 335 元。此外，2015 年，省级补助资金 20755 万元，局场两级配套资金 8000 多万元，有效地保障了垦区困难群众基本生活。其次是医疗保障。自 2016 年始，针对低保、低收入家庭的大病救助等，均在原有的基础上有所提高，医疗救助标准提高到政策范围内住院自费部分的 95%，同时，扩大了救助病种，并提高了封顶线。

然后是教育保障。垦区通过提高教育救助的标准，对贫困家庭考入大中专院校的学生每人一次性救助达到 12000 元；宏志班在校生达到 400 多人，全部实行免费就读。最后是供暖保障。垦区供暖救助标准也将有所提高，低保家庭每户补贴将突破 1000 元，不足部分农场全部予以减免，减轻了低保家庭负担。

规范基础管理，加强服务体系建设。一是三级社保"一站式"服务大厅全部建成，方便了职工群众办理业务；二是规范统一了社保业务经办流程，优化了岗位设置，业务经办实现规范化管理；三是 2015 年垦区养老、失业、工伤和生育等四险业务，全部实现"金保工程"线上操作；四是加强社保基金管理，基金收支实行刷卡或银行转账结算，保障基金安全；五是加强了社保经办服务能力建设。各级社保部门通过深入开展"三优文明"窗口创建活动，提高了经办服务效能，干部职工工作作风、业务能力、服务质量明显改善，有效促进了系统行风建设的扎实开展，得到了职工群众的广泛认可，树立了良好的社保形象。

（5）社区公共服务建设取得显著成效。长期以来，为了加强国有农场社区建设，不断完善社区功能、提高社区服务质量，黑龙江垦区紧密结合实际，加大社区建设力度，并取得了显著的成效。各农场按照合理利用资源、强化服务管理、提高工作效率的原则，农场场直地区按照 1000 户至 2000 户居民设立 1 个社区居民委员会，3000 户以上的设 2—3 个社区居民委员会并设立 1 个社区管理服务站，社区管理服务站下设 1 处社区综合服务中心。社区综合服务中心作为开展社区管理与服务活动的综合性平台，农场综治、公安、司法、信访、民政、卫生、社保、公共就业、物业管理等部门派专人进驻，设立专门服务窗口，按照"权随责走、费随事转"的原则，实行"一站式管理""一条龙服务"。

此外，根据实际情况，社区居民委员会可下设若干居民组，居民组的设置要充分考虑公共服务资源配置和人口规模、管理幅度等因素，管理区居民超过 1000 户的设立居民委员会，不足 1000 户的设立居民组。截至目前，垦区现有社区居民委员会 631 个，社区服务中心 268 个，社区居民小组

3635 个，社区网格 4839 个，社区工作人员 11588 多人。

2. 面临的主要问题

在公共服务保障方面，黑龙江垦区所取得的成就毋庸置疑，就目前而言，其制度与体系较为健全完善，覆盖率、保障标准以及统筹的力度等，也均处于一个较高的水平。而与之相对应的则是垦区沉重的负担，在这里，关于办社会的问题不再过多赘述，我们将立足于今后的公共服务发展，探讨其所要面临的问题。具体为如下两点：

（1）如何实现公共服务保障的可持续发展。在垦区社保负担重和保障水平高并存，以及企业办社会职能分离的大背景下，如何实现垦区公共服务的可持续发展，将是黑龙江垦区需要面对的首要问题。因为，这是影响人口承载和新型城镇化质量的重要因素。例如，关于垦区的社会保险，作为国有的农牧企业，其经营收入构成主要是以土地承包费为主，而在国家和省的政策性调控下，企业营业收入具有较大的局限性。同时，随着黑龙江省社会平均工资的逐年上涨，从而导致垦区企业缴费压力大，负担逐年加重。2015 年度，黑龙江垦区仅 103 个农牧场的五险缴费总额就高达 35.7 亿元，占土地承包总收入的 36.9%，44 个农场的缴费负担已超过土地承包收入的 50%，部分农场已难以完成正常缴费，其中以企业养老保险缴费负担重的问题尤为突出。此外，在部分企业办社会职能实现完全移交的情况下，由于地方政府的财力有限，因此，垦区的社会保障水平将会受到严重影响。

（2）如何实现公共服务的均等化。随着黑龙江垦区新型城镇化进程的不断加快，公共服务的均等化问题将会日益凸显。排除区域间、城乡差距的因素，就垦区目前而言，农场户占比约为 87.8%，这一人口构成使其在基础教育、公共医疗、社会保障等公共服务方面的差距较小，均等化问题仍不十分突出。但是，随着农业剩余劳动力不断释放，以及垦区对周边农村区域的辐射作用不断增强，其人口构成也将发生转变，从而导致公共服务均等化的问题较为突出。作为主要的障碍，户籍制度的改革至关重要。近年来，在国家和省对户籍改革相关政策的指导下①，黑龙江垦区结合发展实际，积极推动实施居住证制度和户籍制度改革，但是，由于户籍制度改革和居住证制度不仅仅涉及户口登记问题，还涉及教育、医疗、社保甚至土地承包等诸多社会利益问题，垦区众多公共服务和社会福利政策长期与户籍直接挂钩，难以剥离，从而带来了一系列的限制。

综上所述，黑龙江垦区在经济社会发展中所取得的成就毋庸置疑，随着垦区新型城镇化的快速推进，必然带来城镇人口的快速增长，而城镇人口的快速增长给城镇的承载能力带来了巨大的考验。在土地利用方面，应逐步缓解土地管理制度和政策所带来的制约，同时结合垦区的发展实际，通过科学合理的土地利用规划，从而实现垦区土地的集约、高效利用；在基础设施建设方面，基于垦区人口城镇化快于土地城镇化的现状，应抓紧制定科学合理的城镇发展规划，进一步加大基础设施建设力度，提高基础设施水平。此外，还要积极探索基础设施建设投融资机制，从而提供有力的资金保障。在公共服务保障方面，黑龙江垦区肩负着沉重的社会负担，但同时将公共服务维持在一个较高的水平，这也是导致办社会职能分离困难的重要因素之一。因此，在垦区社保负担重和保障水平高并存，以及企业办社会职能分离的大背景下，如何实现垦区公共服务的可持续发展，将是黑龙江垦区需要面对的首要问题。在此基础上，积极推动实施居住证制度和户籍制度改革，进而实现公共服务的均等化也至关重要。

---

① 国务院：《关于进一步推进户籍制度改革的意见》（国发〔2014〕25号），2014年7月24日；黑龙江省政府：《关于进一步推进户籍制度改革工作的通知》（黑政发〔2014〕25号），2014年10月31日；国务院：《居住证暂行条例》（国务院令2015年663号），自2016年1月1日始实施。

四、垦区新型城镇化进程中的经济驱动因素

城镇化水平是一个国家经济发展进程的重要标志。城镇化的发展在根本上受到经济因素的影响，经济发展是城镇化的动力之源，是城镇化的基础和前提。城镇化对经济发展也往往起着推动作用，在促进人口聚集，实现公共设施规模化利用及形成大容量市场等方面具有巨大的作用。本节将以黑龙江垦区为例，探讨与分析经济发展对新型城镇化的影响。

经济发展一般以生产总值来表示，城镇化率一般以一地区城镇居住人口占总人口的比例表示。但是，由于垦区是不同于城镇和农村的特殊体制，农垦区域的人口统计也具有其特殊性，人口类型分为农场户口和非农场户口两种，其中农场户口为非农户，即一般意义上的城镇户口，而非农场户口不仅包括常住人口，同时也涵盖了流动人口，因此，难以对垦区城镇化率进行准确的测度。本文考虑到数据的准确性、连续性以及可得性，采用黑龙江农垦 2010 年以后城镇化率的数据，并以小城镇人口占总人口的比例表示①。

（一）黑龙江垦区城镇化与经济发展水平的计量分析

2014 年，黑龙江农垦实现地区生产总值 1133.55 亿元，人均生产总值达到 66286 元，以小城镇人口比例表示的城镇化率则为 80.9%。表 3.10 为黑

---

① 农垦区域的小城镇人口统计自 2010 年开始。

龙江农垦 2010—2014 年的人均生产总值及城镇化率数据。我们将用这些数据来考察黑龙江农垦的城镇化率与经济发展间的关系。

表 3.10 2010—2014 年黑龙江农垦城镇化率及人均生产总值

	城镇化率	人均生产总值（元）
2010 年	60.68%	37361
2011 年	73.22%	47586
2012 年	78.78%	56560
2013 年	84.73%	63365
2014 年	85.8%	66286

资料来源：由《中国农垦统计年鉴》和《黑龙江垦区统计年鉴 2015》中数据计算整理而得。

通过对以上数据做散点图，如图 3.8 所示。

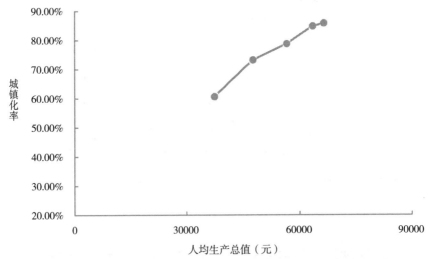

图 3.8 2010—2014 年黑龙江农垦城镇化率及人均生产总值散点图

资料来源：由《中国农垦统计年鉴》和《黑龙江垦区统计年鉴 2015》中数据计算整理而得。

从相关检测中可以直观地发现 2010—2014 年期间，城镇化率与人均生产总值之间具有较明显的相关关系。以下，我们采用城镇化率与人均生产总值数据进行回归分析。

以黑龙江农垦城镇化率为因变量（Y），人均生产总值为自变量（X），根据城镇化率与人均生产总值的形状选择对数函数，其中对人均生产总值取其对数值，采用最小二乘法建立回归分析模型得到如下结果：

$$Y = 0.43560 \times X - 3.97291$$

从检验结果来看，R-squared 为 0.99279，Adjusted R-squared 为 0.9718，t 值以及 F 统计量对应临界概率均可通过，表明回归结果显著。

这一计量分析结果表明，在黑龙江垦区的发展中，城镇化率与经济增长之间存在相互作用、互动发展的关系，经济增长能促进城镇化进程，由此可见，发展经济才能为新型城镇化提供持续不断的原动力。

（二）城镇化与经济发展的对比分析

1. 黑龙江垦区的城镇化发展水平基本同步于经济发展水平

发展经济学大师钱纳里在其《发展的型式》一书中，根据各国城镇化率与人均生产总值等数据，推算出在常态发展过程中不同经济水平下的城镇化水平。鉴于该模型中使用的人均 GNP 单位为 1964 年美元，因此考虑到货币的币值变化等原因，钱氏的模型不具有可比性，本文中我们采取对其考虑通胀及世界财富变化后得出的结果进行比较。

表 3.11　钱氏"发展型式"的城市化与人均 GNP

人均 GNP（1964 年美元）	城市人口占总人口比重（%）
小于 100	12.8
100	22
200	36.2
300	43.9
400	49
500	52.7
800	60.1

续表

人均 GNP（1964 年美元）	城市人口占总人口比重（%）
1000	63.4
大于 1000	65.8

资料来源：霍利斯·钱纳里、莫伊斯·赛尔昆著，李新华、徐公理、迟建平译：《发展的型式1950—1970》，经济科学出版社 1998 年版。

表 3.12　修正后的钱氏"发展型式"的城市化和人均生产总值

人均生产总值（1999 年美元）	城市人口占总人口比重（%）
100	21.7
200	29.7
300	34.4
400	37.7
500	40.3
800	45.8
1000	48.3
2000	56.3
3000	61
4000	64.3
5000	66.9
8000	72.4
大于 8000	84.9

资料来源：张颖、赵民：《论城市化与经济发展的相关性——对钱纳里研究成果的辨析与延伸》，《城市规划汇刊》2003 年第 4 期。

　　2014 年，黑龙江农垦的人均国内生产总值达到 10121.8 美元，其对应的城市化率相当于上述表格中 84.9% 以上的水平。而 2014 年黑龙江农垦的城镇化率为 85.8%，两者间基本保持着同步的发展。

　　但是，在这里需要特别指出的是，由于农垦区域的特殊性，其远超过全国平均水平的城镇化率存在过大估计的倾向。究其原因，一是统计数据制约。垦区各农场的国有企业性质，使其户籍类型分为农场户（城镇集体户口）和非农场户（包括常住人口以及流动人口），截至 2014 年末，黑龙江垦区的农场户人口为 148.96 万人，占垦区总人口的比例高达 87.8%，因此，按照一般的城镇化测度方式，其城镇化率体现不出明显的差异。此外，中国农垦自 2010 年开始的小城镇人口统计也并没有明确的统计口径。二是人口的城镇化现象较为显著。特别是自 2008 年以来，包括各垦区在内的农村"危房改造"政策，积极地推动了各垦区以农场场部为重点的小城镇建设，从而导致城镇化率的大幅提升，但是，这种以人口集聚为主要特征的城镇化并不能从真正意义上代表垦区的城镇化发展水平。

综上所述，在黑龙江垦区城镇化率呈现过大估计倾向的同时，也意味着经济发展对城镇化的拉动作用并没有完全发挥出来，从而影响到城镇化"量"与"质"的提高。

2. 黑龙江垦区城镇化率相对经济的增长比例高于全国的增长水平

2014 年，黑龙江农垦城镇化率达到 85.8%，同比增长 1.07 个百分点，垦区生产总值比上年增长 5.7%，达到 1133.55 亿元，人均生产总值 66286 元。同年全国生产总值达到 636138.7 亿元，人均生产总值 46629 元，全国城镇化率为 54.77%。

从 2005—2014 年黑龙江垦区与全国经济增长的情况来看，黑龙江垦区的经济增长率基本上一直高于全国，同时其所呈现的波动，在一定程度上说明了市场变动对以农业为主导的产业结构带来的影响，而自 2012 年以来，经济增长的下滑反映出二、三产业发展相对滞后的现状。如图 3.9 所示。从 2011—2014 年黑龙江垦区与全国城镇化水平增长情况来看，黑龙江垦区城镇化率增加值均要高于全国，但是与全国变化趋势有较大不同，全国城镇化速率较为平稳，而黑龙江垦区城镇化速率则呈明显的下降趋势。这一结果验证了上述对垦区城镇化率存在过大估计的判断，换言之，在今后垦区的新型城镇化发展进程中，城镇化水平的提升将具有较大的局限性，与之相比，应更加注重城镇化发展"质"的提升，同时也对垦区的经济结构、城镇管理等方面提出了更高的要求。如图 3.10 所示。

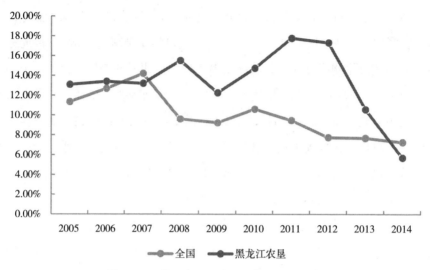

图 3.9　黑龙江农垦及全国历年经济增长率

资料来源：由《中国农垦统计年鉴》和《黑龙江垦区统计年鉴 2015》中数据计算整理而得。

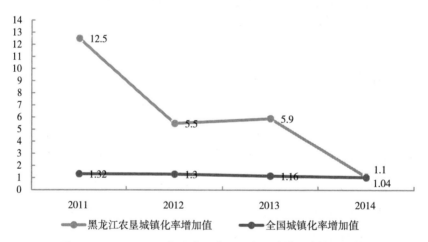

图 3.10　2011—2014 年黑龙江农垦及全国城镇化率的增加值

资料来源：由《中国农垦统计年鉴》和《黑龙江垦区统计年鉴 2015》中数据计算整理而得。

此外，通过对黑龙江垦区 2000 年和 2014 年的三产产值结构和就业结构的对比，我们发现黑龙江垦区的二、三次产业发展严重滞后。按照配第—克拉克理论，随着人均国民收入水平的提高，劳动力首先由第一产业向第二产业转移；当人均国民收入水平进一步提高时，劳动力便向第三产业转移。

2000—2014 年期间，第一产业一直位居主导地位，但产值比重由 54.34% 降至 47.96%，降幅为 6.38%，同期就业比重也仅由 59.6% 下降到 57.2%；第二产业产值比重则由 16.44% 上升到 22.06%，增幅达到 5.62 个百分点，但是就业比重却降低了 1.6 个百分点；再看第三产业，产值比重仅上升了 0.76 个百分点，就业比重也仅上升了 4 个百分点。由此可见，黑龙江垦区的高城镇化率与三次产业的发展并不匹配，特别是二、三产业发展严重滞后，未能发挥其应有的作用。如图 3.11 所示。

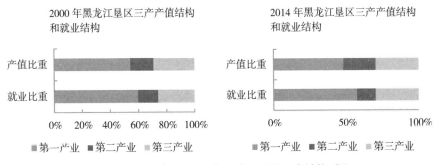

图 3.11　2000 年和 2014 年黑龙江垦区三产结构对比

（三）黑龙江垦区城镇化与产业结构

1. 三产结构对城镇化的影响

以上分析表明，近十余年，尽管黑龙江垦区经济社会取得了长足的发展，但是，第一产业产值及就业比重没有发生明显的变化，同时也意味着农业的剩余劳动力仍未被释放出来，这与新型城镇化的发展规律相违，并对二、三产业的发展带来一定影响。与之相比，二、三产业发展缓慢，第二产业产值比重仅提升了 5.62 个百分点，同时也没有发挥出其就业带动作用，从业人员比重反而下降；同样，第三产业产值比重仅提升了 0.76 个百分点，就业的带动能力也较弱，仅为 4 个百分点。因此，在今后垦区的新型城镇化发展中，应进一步降低第一产业就业比重，释放剩余劳动力，大力推动二、三产业发展，并增强其就业容纳能力，特别是要发挥第三产业在促进城镇就业中的重要作用。

就业弹性系数指某一时期内某一行业就业量变化百分比与产值变化百分比的比值,用来反映行业产值增加对就业的带动能力,即该行业的产值平均每变动 1%,劳动力相应变动的百分比。

我们采用产值增速和就业增速来计算黑龙江垦区三次产业的就业弹性系数,如表 3.13 所示,计算其平均值,分别得到第一产业、第二产业、第三产业的就业弹性系数为 −0.3778、−2.4930、0.2495。这一结果表明,第一产业的产值减少主要是受到农产品市场波动的影响,而就业减少的原因,除产值比重以外,同时也存在生产效率提高的因素;第二产业的产值增长主要是依靠生存率的提高,并没有促进就业的增加;而第三产业的产值增长提升了产业就业的吸纳能力。从整体来看,第二产业没有发挥其促进就业的作用,第二产业的就业吸纳能力有待进一步提升,这均将直接影响到新型城镇化中的人口就业。

表 3.13　2007—2014 年黑龙江垦区三次产业的就业弹性系数

年份	第一产业	第二产业	第三产业
2007	1.6816	0.4724	−0.1025
2008	0.1720	0.1632	0.1480
2009	−0.1241	0.4522	0.4012
2010	−0.0166	0.1114	0.5917
2011	−0.0341	0.4191	0.2098
2012	−0.0110	0.4357	0.1878
2013	−2.8761	−1.1590	0.1301
2014	−1.8145	−20.8391	0.4298
平均值	−0.3778	−2.4930	0.2495

资料来源:由《黑龙江垦区统计年鉴 2015》中数据计算整理而得。

从黑龙江农垦与全国以及广东农垦的三产就业结构对比来看,黑龙江农垦比较明显的在于其第一产业就业比重偏高,将会面临较大的农业劳动力转移压力。从就业结构来看，黑龙江垦区的工业化阶段较全国、广东农垦处于较低阶段，因此二、三产业的并重发展仍是未来一段时间的主要战略。第二产业经济带动作用强，是发展第三产业的有力支撑，第三产业就业带动作用大，是黑龙江垦区新型城镇化中吸纳就业的主要部门，预期黑龙江农垦未来的农业劳动生产率优势将会日益凸显，同时，二、三产业也将得到快速发展。如图 3.12 所示。

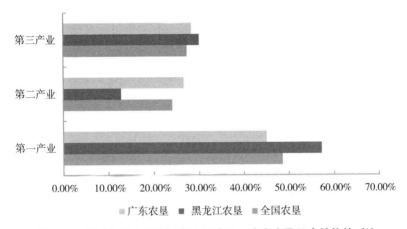

图 3.12　2014 年黑龙江农垦与全国农垦、广东农垦三产结构的对比

资料来源：由《中国农垦统计年鉴 2014》和《黑龙江垦区统计年鉴 2015》中数据计算整理而得。

2. 工业对城镇化的影响分析

黑龙江垦区三次产业的产值结构及就业结构表明，第二产业发展非常缓慢，同时没有发挥其对就业的带动作用，作为第二产业最主要的部分，工业在其中的地位至关重要，以下我们针对工业进行更进一步的分析。

借鉴霍夫曼系数对工业结构的分析，此处我们分别计算黑龙江垦区轻工业与重工业的产值比值及其就业比值，并将其分别与广东垦区、全国进行对比分析。如表 3.14 所示。

由从业人员的比较中可以看到，黑龙江垦区轻工业与重工业的从业人员数之比，不仅低于全国的平均水平也低于广东垦区的水平。黑龙江作为中国东北地区主要的重工业基地之一，重工业发展有良好的基础和优势，所以相比之下，黑龙江垦区在一定程度上表现出了重工业化的倾向。但是，轻工业往往是劳动力密集型，其对就业的带动作用较重工业强劲，因此，这同时也明示了黑龙江垦区应以轻工业为主的产业结构调整方向。

表 3.14 黑龙江农垦 2014 年轻重工业就业及产值结构分析

		轻工业	重工业	轻工业 / 重工业
从业人员 （万人）	黑龙江农垦	5.2298	1.7597	2.9719839
	广东农垦	2.6302	0.5912	4.4489175
	全国农垦	107.0622	3.9217	27.299946
总产值 （亿元）	黑龙江农垦	808.5417	111.3594	7.2606507
	广东农垦	162.49	16.81	9.6662701
	全国农垦	5307.89	3378.69	1.5709905

资料来源：由《中国农垦统计年鉴 2014 年》和《黑龙江垦区统计年鉴 2015》中数据计算整理而得。

再从轻工业与重工业的产值比值分析，黑龙江垦区轻重工业产值之比高于全国，而低于广东垦区。全国农垦平均水平对于黑龙江垦区未来的发展具有一定的指引作用，换言之，黑龙江垦区未来工业的进一步发展将导致轻重工业产值的比值进一步下降，这也是霍夫曼定理所描述的情形①。尽管黑龙江垦区轻重工业产值之比高于全国，但其就业之比与全国相差甚远，这突出地反映出黑龙江垦区的轻工业就业带动作用不强，轻工业拉动就业的潜力有待挖掘。

对黑龙江垦区工业部门 26 个子类进行细化分析，选取部分典型行业，此处我们选择从业人员排序位于重工业子类前五和轻工业子类前五的十个产业，其产值和就业人数排序如表 3.15 所示。

---

① 霍夫曼定理的表述为，设定所谓霍夫曼比例或霍夫曼系数（消费资料工业净产值 / 资本品工业净产值）。在工业化早期，工业结构以轻工业化为主，加工程度较低。随着工业化的发展，加工程度高的重化工业和机械加工业必定优先发展，从而在总产出中的比重增加，即霍夫曼比例越小，重工业化程度越高，工业化水平也就越高。

表 3.15　黑龙江农垦 2014 年部分工业行业从业人员数及产值排序

	从业人数 （万人）	从业人数排序	产值（万元）	产值排序
食品加工业	2.9631	1	6373134	1
电力燃气水生产供应业	0.9123	2	393879	3
食品制造业	0.6991	3	504577	2
医药制造业	0.2763	5	61264	10
木材加工及制造业	0.2496	6	101647	7
非金属矿物制品业	0.5212	4	237430	4
化学原料及化学制品	0.2418	7	90125	8
专用设备制造业	0.1856	9	85876	9
非金属矿采选业	0.1749	10	128907	5
煤炭采选业	0.1336	11	53515	11

资料来源：由《黑龙江垦区统计年鉴 2015》中数据计算整理而得。

　　黑龙江垦区部分工业行业从业人员数及产值的排序结果表明，黑龙江垦区工业行业中无论是按照从业人员数还是产值情况，排在前列的均以轻工业门类居多数，而重工业则相对落后，两者的就业人数排序与产值排序基本保持着一致，相比之下，重工业在就业方面的贡献较小，但差距并不明显，大部分行业的从业人数均在 5000 人以下。这一结果表明，黑龙江垦区的工业就业吸纳能力的提高，仍有待于以劳动力密集型为主的轻工业的进一步发展。黑龙江垦区具有鲜明的农业主导特征，随着农业劳动生产率的优势日益凸显，大批农业劳动力转移人口需要解决就业问题，在某种程度上发展以劳动密集型为主的轻工业将会发挥积极的作用。只有形成轻重合理的工业结构，才能有效解决城镇化进程中的人口就业问题。

3. 第三产业对城镇化的影响分析

　　如图 3.13 所示，根据从业人员数可以发现，2014 年从业人员最多的

行业是批发零售业，其从业人员数达到 5 万人，占第三产业总就业人数的
21.3%；其次是公共管理、社会保障和社会组织，从业人员数为 3.23 万人，
比重为 13.76%。此外，加上教育、住宿和餐饮业，以及交通运输、仓储和
邮政业，这五个行业部门吸纳就业占第三产业的 64.2%。房地产业、文化体
育和娱乐业从业人员较少，分别只有 0.69% 和 0.61%，从业人员比重占三
产总的从业人员比重小于 2% 的行业，还有信息传输、软件和信息技术服务
业，租赁和商务服务业，科学研究和技术服务业。

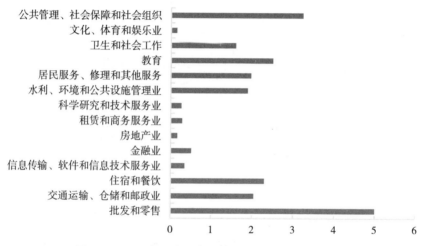

图 3.13　2014 年黑龙江农垦第三产业各产业从业人数

资料来源：由《黑龙江垦区统计年鉴 2015》中数据计算整理而得。

从就业人数增长率来看，2000—2014 年期间，就业比重上升幅度最快
的行业是科学研究和技术服务业、批发零售和住宿餐饮业，与 2000 年相比，
2014 年上升幅度分别高达 55.75%、47.37%；其次为公共管理、社会保障和
社会组织，卫生和社会工作，以及交通运输、仓储和邮政业，变动幅度分别
为 36.16%、13.27% 和 10.95%；但是，房地产业，居民服务、修理和其他服
务，以及教育，文化、体育和娱乐业却呈现大幅的下降，分别为 -53.37%
和 -17.52%。如图 3.14 所示。

为了更好地反映三产各行业与就业的关系，我们对三产各部门分别计
算了其就业弹性系数，鉴于数据的可得性，此处就业弹性系数根据黑龙江农

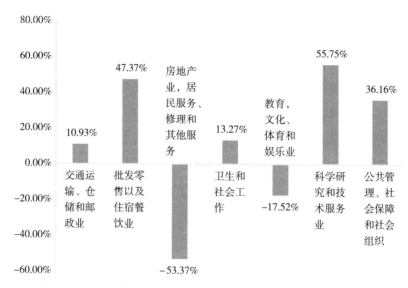

图 3.14　2000—2014 年黑龙江农垦第三产业各产业从业人数增长率

资料来源：由《黑龙江垦区统计年鉴 2015》中数据计算整理而得。

垦 2013 年和 2014 年的统计年鉴数据计算，其中的产值增长率和就业增长率分别为 2014 年相对 2013 年的增长。具体参见表 3.16。

表 3.16　2014 年黑龙江农垦第三产业分行业就业弹性系数

	就业增长率	产值增长率	就业弹性系数
批发和零售	0.038	0.181	0.211
交通运输、仓储和邮政业	−0.026	0.146	−0.175
住宿和餐饮	−0.032	0.139	−0.232
信息传输、软件和信息技术服务业	−0.320	0.282	−1.133
金融业	0.048	0.222	0.215
房地产业	0.341	−0.037	−9.187
租赁和商务服务业	−0.334	−0.116	2.887
科学研究和技术服务业	−0.048	−0.080	0.604
水利、环境和公共设施管理业	0.275	0.214	1.288
居民服务、修理和其他服务	0.017	0.273	0.063
教育	−0.014	0.033	−0.413

续表

	就业增长率	产值增长率	就业弹性系数
卫生和社会工作	0.024	0.223	0.109
文化、体育和娱乐业	0.748	0.274	2.735
公共管理、社会保障和社会组织	0.285	0.111	2.556

资料来源:由《黑龙江垦区统计年鉴2014、2015》中数据计算整理而得。

从2014年黑龙江垦区第三产业内部各行业的就业弹性系数看,租赁与商务服务业,文化、体育与娱乐业,以及公共管理、社会保障与社会组织的就业弹性较大,分别达到2.89、2.74和2.56;其次是水利、环境和公共设施管理业,科学研究和技术服务业,分别为1.29、0.60;其他行业的就业弹性均小于0.5。此外,租赁与商务服务业、房地产业以及科学研究和技术服务业产值增加为负,计算出来的就业弹性系数也不具可比性,其就业增长十分有限,对就业的促进作用较弱。

基于以上分析我们发现,黑龙江垦区第三产业各行业中就业比重较大的行业增长较慢,对就业的吸纳能力不足,而那些就业增长较快的行业却又由于基数较小,其就业增长拉动的绝对就业量有限。从就业弹性系数来看,高增长行业对就业确实有一定的拉动,但是,它们对就业的拉动与对经济增长的拉动相比有很大差距。

综上所述,结合对黑龙江垦区工业结构的分析,我们认为黑龙江垦区第三产业的发展受到第二产业尤其是工业结构的制约,难以吸纳更多的就业。没有第二产业的蓬勃发展以及人们收入和生活水平的迅速提高,为生产和生活服务的第三产业是不可能快速发展的,从而也就不可能吸纳大量就业,即使短期有一个快速吸呐,长期也难以维持。

(四)影响新型城镇化进程的主要结论

随着黑龙江垦区新型城镇化发展进程的加快,越来越多的农村剩余劳动力将会流入城镇,如何解决这部分人的就业问题,将会直接影响到城镇化的"量"与"质"，必须在不断扩大就业规模，优化调整就业结构的前提下，才能实现垦区新型城镇化的健康、可持续发展。基于以上针对黑龙江垦区城镇化与经济发展、产业结构的分析，我们认为应从以下多个方面采取措施，为垦区新型城镇化发展提供经济、产业结构角度的支持。

1. 保持较快增长速度的经济发展水平，为新型城镇化提供原动力

经济增长是实现新型城镇化最重要的前提和最根本的途径。近年来，黑龙江垦区经济发展迅速，为垦区就业规模的不断扩大和就业结构的日益优化奠定了坚实的基础，促进了新型城镇化的进程。城镇化水平与经济发展之间有着较强的对应关系，新型城镇化的推动需要经济发展的支撑，而新型城镇化的发展也在很大程度上促进了经济发展。失去经济发展支撑的城镇化将会是无本之木、无源之水，是不可持续的。发展经济才能为城镇化提供持续不断的原动力。当前，黑龙江垦区应抓住中央1号文件以及《关于进一步推进农垦改革发展的意见》①所带来的重大历史机遇，实现经济又好又快发展，在扩大经济规模的同时实现就业岗位的增加。

2. 优化产业结构，以产业调整促进城镇化

三次产业共同发展，国民经济才能够持续快速稳定发展，城乡居民收入水平才能不断提高。在未来的一段时期内，黑龙江垦区的三次产业变化将呈现出第一产业就业人口大量向二、三产业转移的显著特征。在新型城镇化的发展进程中，二、三产业对吸纳农业转移人口发挥着重要的积极作用。通过以上分析，我们可以发现，黑龙江垦区第二产业的就业带动作用较弱，其在以往的城镇化进程中，第三产业对吸纳就业人口的带动作用至关重要。但是，作为经济发展的重要部门，第二产业尤其是工业，同样也是第三产业发展的基本前提。缺少第二产业的支持，第三产业的持续发展就难以实现，对

---

① 《中共中央国务院关于进一步推进农垦改革发展的意见》（中发〔2015〕33号），2015年11月。

就业的促进作用也要大打折扣。

如上所述，结合对黑龙江垦区工业结构的分析，研究认为，黑龙江垦区的第二产业，特别是工业结构，严重制约了第三产业的发展，使其难以扩大就业比重。另外，由于缺乏第二产业发展的有力支撑，人们收入和生活水平难以得到迅速提升，而提供生产和生活服务的第三产业也将发展缓慢，对就业的吸纳能力具有较大的局限性。

因此，不仅要大力发展第三产业，而且，三次产业应协调发展，使得第三产业能够实现以技术进步为基础的内生型增长，这样才能真正为就业增长提供广阔的就业空间，也将有助于顺利实现经济增长方式的转变和工业化劳动力转移的历史重任。

3. 大力发展服务业为重点的第三产业，发挥第三产业在吸纳就业中的优势

如上所述，近年来黑龙江垦区的第二产业取得了长足的发展，产值比重得到了一定的提升，但是并没有发挥出就业的带动作用。而第三产业虽然产值增加幅度较小，但是对扩大就业的效果明显，容纳就业的能力显著，将会是黑龙江垦区吸纳就业的重要途径。具有很大的就业容纳能力，将是黑龙江垦区吸纳就业的重要途径。第三产业作为发达国家的主要产业，其就业比重基本都超过 60%，由此可见，第三产业在黑龙江垦区推进新型城镇化、促进转移人口就业中将发挥重要作用。

长期以来，黑龙江垦区的第三产业发展，未能充分发挥对就业增长的拉动作用，其中，促进就业效果明显的行业增长较为缓慢，对就业的吸纳能力不足，而那些就业增长较快的行业却又由于基数较小，其就业增长拉动的绝对就业量有限。从就业弹性系数来看，高增长的行业对就业确实有一定的拉动，但是，它们对就业的拉动与对经济增长的拉动相比有很大差距。

为此，要大力发展第三产业中就业吸纳能力较强的新型服务业，例如，房地产业、批发零售业和住宿餐饮业。这将是促进产业结构优化与调整的重要途径。目前，黑龙江垦区服务业的就业容量仍具有较大的拓展空间，应该积极推动信息、金融和咨询等新型服务业发展，提高服务业整体发展水平。

五、垦区新型城镇化进程中的
办社会职能与管理体制

自改革开放以来，随着社会主义市场经济体制的逐步建立和完善，国有农场政企合一体制的固有弊端日益显现，制约了农场竞争力的提高和社会事业的健康发展。为破解国有农场传统体制存在的政企不分、经营管理不科学、效率不高和社会负担重等难题，中国农垦各垦区从自身实际出发，对国有农场体制进行了各种形式的改革探索，并取得了较为显著的成效。在垦区的新型城镇化进程中，如何有序、有效地剥离社会职能，理顺管理体制架构至关重要。由于本研究是立足于垦区的新型城镇化发展，在这里对于经营体制改革的问题不做过多赘述，本节将在概观中国农垦办社会职能整体情况的基础上，以黑龙江垦区为例，探讨农场的社会职能剥离以及社会、行政管理体制的改革问题。

（一）垦区办社会职能的形成、现状与管理体制

1. 垦区办社会职能的形成

中国农垦是在特定的历史条件下，为了适应某种特殊需要而建立，并逐步发展壮大。在此过程中，垦区各国有农场的社会职能也逐步形成，且日益完善。随着农场在边远地区的集中开发建设，以及规模的急剧扩大，为满足农场生产生活资料运输、职工日常生活及教育、医疗、交通，农场场部建设和管理、农场社会稳定和安全等诸多需求，迫使政府部门在农场开发建设的同时，必须要设立相应的部门和机构，以履行相应的职责。但是，在农场

大规模地开发建设之际，正逢新中国经济百废待兴之时，此外，当时农场建设的时间相对比较集中、建设位置较偏远，甚至有的农场在行政区域上分属不同行政区县，中央和地方政府一时力所不能及，从而导致这一系列亟须解决的问题，在短期内难以得到解决。而如果完全依赖于"等靠要"，通过政府的部门设置来实施管理，不仅将会影响到农场的建设速度，同时也会引发诸多社会问题。在此背景下，垦区各农场在进行经济开发建设的同时，充当起政府的角色，承担了部分政府的职能，并延续至今，形成了这一经济发展与社会建设兼顾的格局，同时扮演着生产企业和政府部门的双重角色。

2. 垦区办社会职能的现状

经过长期的发展，由于中国农垦各垦区（农场）的规模、建设历程等方面的差异，以及管理体制的不断变化，就目前而言，从农垦管理体制上看，主要可以分为三类，一是中央直属垦区；二是有直属农场的省级垦区，其管理体制是实行省级系统管理；三是没有直属农场的省级垦区，农场主要由地市县管理，省级管理部门属于事业管理性质。

从管理层次上看，中央直属垦区主要实行"部省双层管理、以省为主"，分并为总局、分局、农场三个层级，每一层次都设有社会管理机构，均承担着办社会管理的职能，在运行上实行内部自上而下垂直管理，在履行社会管理职能时接受当地政府有关部门的监督与指导。例如，黑龙江、广东、海南等垦区；省级系统管理垦区主要以省级和农场两层为主，均承担着办社会职能，但主要集中在农场层；对于没有直属农场的省级垦区，农场属于各市地县管理，其办社会职能主要承担者是农场。

如上所述，多重的管理层次导致了农垦企业形成了庞大社会职能体系，承担了沉重的社会职能负担。农垦企业承担的社会职能主要包括行政性职能和社会公益性职能两大类，约20余项。行政性职能主要有公、检、法、交通、水利等职能，以及部分农场带乡职能；社会公益性职能主要有文教卫等职能。例如，中小学、职工技校、幼儿园、医院等。

全国垦区（含新疆兵团）办社会职能的统计数据显示，截至2014年末，农垦企业办社会职能机构共有 9400 个，社会管理从业人员 27.85 万人。如表 3.17 所示，农垦共有教育机构 1098 个，其中九年义务教育机构 773 个，教职工总数为 53828 人，其中教师 42878 人；公检法等机构共 611 个，从业人员 10580 人，其中公安机构 275 个，公安人员 8874 人；医疗机构、养老及社保机构共 2217 个，从业人员 49613 人[①]。从机构数量上来看，位列前三位的是企业办社区管理机构、医疗机构以及教育机构，分别占比 37.8%、18.4% 和 11.7%；从从业人员数上来看，前三位为企业办社区管理机构、教育机构以及医疗机构，分别占比 32.2%、25.9% 和 16.6%，基本上保持着一致。具体如图 3.15、图 3.16 所示。

表 3.17　2014 年农垦办社会基本情况

名称		机构数（个）	占比	从业人员（人）	占比	离退休职工（人）	占比
一、教育机构		1098	11.7%	72117	25.9%	36153	13.2%
二、医疗机构		1732	18.4%	46161	16.6%	17455	6.4%
三、市政机构		258	2.7%	20233	7.3%	9511	3.5%
四、企业自办消防机构		75	0.8%	815	0.3%	26	0.01%
五、社区管理机构	合计	3550	37.8%	89639	32.2%	173345	63.4%
	其中：养老院	190	2.0%	1575	0.6%	2243	0.8%
	广播电视	350	3.7%	2959	1.1%	158	0.1%
	场代乡政府	1507	16.0%	54858	19.7%	134620	49.3%
	难（移）民安置	15	0.2%	409	0.1%	10	0.0%
	护林保胶	76	0.8%	1486	0.5%	43	0.02%
六、供电机构		90	1.0%	2311	0.8%	397	0.1%
七、供水机构		283	3.0%	4185	1.5%	887	0.3%
八、供热 / 供气等机构		881	9.4%	19775	7.1%	8852	3.2%
九、物业管理机构		220	2.3%	6798	2.4%	6514	2.4%
十、离退休人员管理机构		109	1.2%	832	0.3%	10815	4.0%

---

① 2014 年中国农垦企业财务决算报表。

续表

名称		机构数（个）	占比	从业人员（人）	占比	离退休职工（人）	占比
十一、其他机构	合计	1104	11.7%	15609	5.6%	9288	3.4%
	其中：公安机构	275	2.9%	8874	3.2%	948	0.3%
	检察院	67	0.7%	372	0.1%	61	0.0%
	法院	122	1.3%	804	0.3%	168	0.1%
	司法机构	147	1.6%	530	0.2%	62	0.0%
	社保机构	295	3.1%	1877	0.7%	6263	2.3%
共计		9400	100.0%	278475	100.0%	273243	100.0%

资料来源：《中国农垦企业财务决算报表 2014 年》。

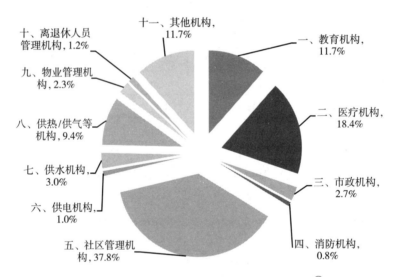

图 3.15　2014 年农垦办社会各类机构数量占比[1]

此外，2014 年度，农垦全年社会管理费用总收入（即总负担）281.9 亿元[2]，其中农垦企业补贴 100.45 亿元，占总收入的 35.6%，财政补贴 136.31 亿元，占 48.6%，机构经营及规费收入 43.04 亿元，占 15.3%。表 3.18、表

---

① 其他机构包括公检法及社保机构，下同。

② 2014 年，企业办社会机构的实际支出。

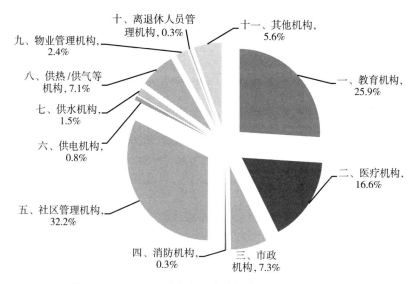

图 3.16　2014 年农垦办社会各类机构从业人员数量占比

3.19 显示了办社会职能的收支情况，以及经费来源和主要用途，我们可以发现，在经费的来源中，除了政府财政和企业补贴为主的显著特征以外，企业自有资金占企业经费补贴的比重高达 98.96%，而借入资金仅约占 1.04%，企业办社会职能的融资难问题可见一斑。

表 3.18　2014 年度农垦办社会职能机构的收入情况及经费来源

项目名称		机构年度实际收入（万元）	经费来源							
			财政补助（万元）	占比	企业经费补助（万元）	占比	企业自有资金（万元）	占比	机构经营及规费（万元）	占比
一、教育机构	合计	604012.50	448940.71	16.04%	112221.38	4.01%	110029.80	10.95%	42850.41	1.53%
	九年义务教育	459927.84	391933.79	14.01%	57723.56	2.06%	57185.62	5.69%	10270.50	0.37%
二、医疗机构		428902.71	133819.09	4.78%	69590.33	2.49%	69171.45	2.47%	6.89%	8.06%
三、市政机构	合计	150496.97	40864.72	1.46%	103067.64	3.68%	101605.83	10.11%	6564.60	0.23%
	道路建设	114603.97	25766.95	0.92%	87633.62	3.13%	86983.61	8.66%	1203.40	0.04%
	客运	2881.89	220.81	0.01%	2040.11	0.07%	2038.05	0.20%	620.96	0.02%
四、消防机构		3954.48	1216.17	0.04%	2570.97	0.09%	2500.41	0.09%	0.25%	0.01%

续表

项目名称		机构年度实际收入（万元）	经费来源							
			财政补助（万元）	占比	企业经费补助（万元）	占比	企业自有资金（万元）	占比	机构经营及规费（万元）	占比
五、社区管理机构	合计	1030150.42	469127.01	16.77%	510893.90	18.26%	505208.30	50.29%	50129.51	1.79%
	养老院	12439.18	4003.42	0.14%	6791.37	0.24%	6760.37	0.67%	1644.39	0.06%
	优抚	28063.98	15746.96	0.56%	12130.05	0.43%	11973.49	1.19%	186.98	0.01%
	民兵训练	36624.40	22746.79	0.81%	13704.04	0.49%	13688.51	1.36%	173.57	0.01%
	文化体育	11758.17	3613.77	0.13%	7650.02	0.27%	7635.69	0.76%	494.38	0.02%
	广播电视	32265.85	10418.35	0.37%	10849.50	0.39%	10587.50	1.05%	10997.99	0.39%
	气象观测	3953.42	1546.92	0.06%	2394.60	0.09%	2394.60	0.24%	11.90	0.00%
	动植物防检疫	17366.07	8147.69	0.29%	8012.86	0.29%	7946.08	0.79%	1205.52	0.04%
	计划生育	36077.86	18681.83	0.67%	16070.96	0.57%	15568.89	1.55%	1325.08	0.05%
	妇幼保健	3270.76	1341.34	0.05%	1822.52	0.07%	1811.68	0.18%	106.91	0.00%
	卫生防疫	24808.57	13314.84	0.48%	10090.73	0.36%	9932.59	0.99%	1403.00	0.05%
	场代乡政府	816080.13	367101.09	13.12%	416530.29	14.89%	412072.04	41.02%	32448.75	1.16%
	难（移）民安置	1910.88	708.45	0.03%	1166.22	0.04%	1166.22	0.12%	36.21	0.00%
	护林保胶	5531.17	1755.57	0.06%	3680.75	0.13%	3670.64	0.37%	94.84	0.00%
六、供电机构		39956.86	8662.37	0.31%	6391.15	0.23%	6233.55	0.62%	24903.34	0.89%
七、供水机构		32870.58	6235.98	0.22%	15262.58	0.55%	15135.78	1.51%	11372.03	0.41%
八、供热/供气等机构		308929.18	152522.25	5.45%	103050.18	3.68%	103038.49	10.26%	53356.75	1.91%
九、物业管理机构		51135.34	18902.33	0.68%	24064.21	0.86%	24044.91	2.39%	8168.80	0.29%
十、离退休人员管理机构		15807.20	8304.29	0.30%	7264.05	0.26%	7251.08	0.72%	238.87	0.01%
十一、其他机构	合计	131853.36	74541.29	2.66%	50153.33	1.79%	49847.08	4.96%	7158.74	0.26%
	其中：公安机构	62599.74	34233.13	1.22%	25103.72	0.90%	24906.23	2.48%	3262.89	0.12%
	检察院	4816.12	2370.43	0.08%	2008.59	0.07%	2008.59	0.20%	437.09	0.02%
	法院	7919.21	4699.46	0.17%	2911.74	0.10%	2861.26	0.28%	308.01	0.01%
	司法机构	4504.93	2285.17	0.08%	2090.13	0.07%	2086.99	0.21%	129.63	0.00%
	社保机构	33711.94	18566.05	0.66%	12941.30	0.46%	12886.15	1.28%	2204.59	0.08%
共计		2798069.60	1363136.21	48.7%	1004529.72	35.9%	994066.68	98.96%	430403.68	15.4%

资料来源：《中国农垦企业财务决算报表 2014 年》。

表 3.19　2014 年农垦办社会职能机构的支出情况及主要用途

项目名称		机构年度实际支出（万元）	占比	主要用途			
				人员经费（万元）	占比	公用经费（万元）	占比
一、教育机构	合计	601497.83	21.3%	413523.69	14.67%	187974.14	6.67%
	九年义务教育	458301.07	16.3%	332535.50	11.80%	125765.58	4.46%
二、医疗机构		428786.04	15.2%	208326.17	7.39%	220459.87	7.82%
三、市政机构	合计	153860.91	5.5%	31334.61	1.11%	122526.30	4.35%
	道路建设	115846.59	4.1%	14235.00	0.50%	101611.59	3.60%
	客运	2858.35	0.1%	915.35	0.03%	1943.00	0.07%
四、消防机构		3981.96	0.1%	2159.08	0.08%	1822.88	0.06%
五、社区管理机构	合计	1050735.46	37.3%	552643.35	19.61%	498092.11	17.67%
	养老院	12561.96	0.4%	6126.54	0.22%	6435.42	0.23%
	优抚	28914.10	1.0%	14994.93	0.53%	13919.17	0.49%
	民兵训练	38270.01	1.4%	21587.14	0.77%	16682.87	0.59%
	文化体育	12284.33	0.4%	2597.28	0.09%	9687.05	0.34%
	广播电视	32023.55	1.1%	14884.29	0.53%	17139.26	0.61%
	气象观测	3977.92	0.1%	2864.70	0.10%	1113.21	0.04%
	动植物防检疫	17719.15	0.6%	10972.55	0.39%	6746.59	0.24%
	计划生育	37514.20	1.3%	21150.58	0.75%	16363.63	0.58%
	妇幼保健	4096.53	0.1%	1876.21	0.07%	2220.33	0.08%
	卫生防疫	25619.81	0.9%	15854.23	0.56%	9765.58	0.35%
	场代乡政府	824730.83	29.3%	434623.53	15.42%	390107.30	13.84%
	难（移）民安置	4955.45	0.2%	1103.55	0.04%	3851.91	0.14%
	护林保胶	8067.62	0.3%	4007.82	0.14%	4059.80	0.14%
六、供电机构		38560.79	1.4%	11926.75	0.42%	26634.04	0.94%
七、供水机构		33814.32	1.2%	14804.39	0.53%	19009.93	0.67%
八、供热 / 供气等机构		309021.36	11.0%	99616.37	3.53%	209404.98	7.43%
九、物业管理机构		51393.81	1.8%	20278.46	0.72%	31115.35	1.10%
十、离退休人员管理机构		16123.68	0.6%	11558.35	0.41%	4565.33	0.16%

续表

项目名称		机构年度实际支出（万元）	占比	主要用途			
				人员经费（万元）	占比	公用经费（万元）	占比
十一、其他机构		131101.95	4.7%	69310.73	2.46%	61791.22	2.19%
	其中：公安机构	63218.67	2.2%	38897.72	1.38%	24320.95	0.86%
	检察院	4654.15	0.2%	2151.26	0.08%	2502.89	0.09%
	法院	7848.04	0.3%	4521.22	0.16%	3326.82	0.12%
	司法机构	4347.49	0.2%	2671.72	0.09%	1675.78	0.06%
	社保机构	32732.18	1.2%	11307.32	0.40%	21424.86	0.76%
共　计		2818878.11	100.0%	1435481.96	50.92%	1383396.16	49.08%

资料来源：《中国农垦企业财务决算报表2014年》。

从办社会的资产来看，截至2014年末，农垦办社会资产总额高达394.75亿元，其中，企业办社区管理、教育以及医疗机构的比重最大，分别占比48.5%、20.1%和10.7%。如表3.20、图3.17所示。

表3.20　2014年农垦办社会职能的资产情况

名称		办社会资产总额（万元）	占比
一、教育机构	合计	793323.24	20.10%
	九年义务教育	541605.40	13.72%
二、医疗机构		423604.13	10.73%
三、市政机构		179541.07	4.55%
	道路建设	121440.06	3.08%
	客运	10637.41	0.27%
四、消防机构		4192.19	0.11%
五、社区管理机构		1916031.98	48.54%
六、供电机构		31614.61	0.80%
七、供水机构		83327.92	2.11%
八、供热/供气等机构		264249.36	6.69%

续表

名称		办社会资产总额（万元）	占比
九、物业管理机构		70856.40	1.79%
十、离退休人员管理机构		4666.08	0.12%
十一、其他机构	合计	176136.30	4.46%
	其中：公安机构	63195.29	1.60%
	检察院	5664.44	0.14%
	法院	11114.51	0.28%
	司法机构	1256.71	0.03%
	社保机构	15175.34	0.38%
共计		3947543.29	100.00%

资料来源：《中国农垦企业财务决算报表 2014 年》。

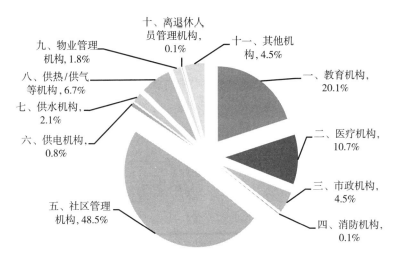

图 3.17　农垦办社会各类机构资产占比：2014 年

资料来源：《中国农垦企业财务决算报表 2014 年》。

从办社会的负债来看，截至 2014 年末，农垦社会性负债总额为 561.6 万元，占总负债的 15.23%。其中，比重较大的依次为小城镇建设、危房改造、廉租房建设，以及道路建设，分别占比为 31.6%、12% 和 11.5%。如表 3.21、图 3.18 所示。

表 3.21　2014 年农垦社会性负债情况及不同类别占比

项目	类别	金额（元）	占比（%）
社会性负债	1. 教育	236690.75	4.21%
	2. 优抚	31730.68	0.56%
	3. 民兵训练	13737.89	0.24%
	4. 计划生育	24747.54	0.44%
	5. 道路建设	644580.65	11.48%
	6. 公检法司	31985.65	0.57%
	7. 医疗卫生	122220.30	2.18%
	8. 水电暖气	236292.00	4.21%
	9. 危改拆迁廉租房	674941.55	12.02%
	10. 生态和环境建设	291696.47	5.19%
	11. 小城镇建设	1775720.74	31.62%
	12. 场代乡政府支出	577102.37	10.28%
	13. 其他	954619.17	17.00%
	合计	5616065.75	15.23%
负债	总计	36875652.26	100.00%

资料来源：《中国农垦企业财务决算报表 2014 年》。

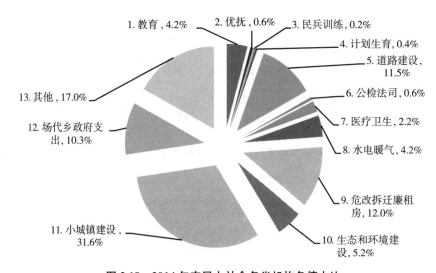

图 3.18　2014 年农垦办社会各类机构负债占比

资料来源：《中国农垦企业财务决算报表 2014 年》。

3. 办社会职能的管理体制

中国农垦的管理体制改革，其核心在于解决企业办社会问题，它将直接决定农垦深化改革的成败。一蹴而就的改革固然喜人，例如通过"撤场建镇""撤场并乡"以及事业化等行政化改革，将企业所承担的行政和公益性社会职能、机构、人员及相关资产移交给地方政府，经费由财政承担。但是，从实际情况来看，这一模式仅适用于规模较小、以社会管理为主，以及当地政府具备财政保障能力的农场。例如，安徽龙亢农场、北京农垦等。为此，中国农垦各垦区分别结合自身的发展实际，对国有农场的管理体制改革进行了积极的探索与尝试①，具体如表 3.22 所示。

表 3.22　管理体制改革探索的模式

类型		案例	主要内容
行政化体制改革	撤场建镇	湖南省岳阳市君山农场和钱粮湖农场	合并建立君山行政区，纳入地方政府序列。下设镇和办事处
	撤场并县（乡）	新疆畜牧	撤销规模较小的农牧场建制，人员、土地等直接并入周边乡镇
	撤场建管理区	湖南岳阳屈原农场、湖南益阳市大通湖农场等	撤场直接成立岳阳市屈原管理区；大通湖等 4 各相邻农场合并成立大通湖管理区
事业化体制改革		浙江萧山垦区	由企业性质改为事业性质，主要职能从以生产经营管理为主改为以监管和服务为主
过渡性的体制改革模式	"场政合一"	辽宁农垦	同一辖区内设立乡（镇）政府，实行"一套班子、两块牌子"的管理体制
	建立"管理区"	湖南农垦	在农场建立管理区（不纳入地方政府序列），经政府授权，行使社会管理等部分行政职能，并享受一定的税收分成政策，农场经济社会发展纳入当地政府统筹规划
	集中管理农场社会	新疆畜牧，内蒙古乌拉盖垦区、巴彦淖尔垦区	以地区级垦区为单位，统一将农场社会管理职能分离出来，由地区级农场管理部门负担

---

① 详见第一部分第五章。

国有农场的行政化体制改革，不仅有利于农场辖区社会事业的发展，实现了垦地的融合，同时也有利于减轻农场和职工办社会负担，为行政和社会管理提供了稳定的经费保障。在一些以社会管理为主、符合建政条件、产业特色不明显、示范作用不强的农场，行政化体制改革取得了显著的成效。与之相比，除身份的差异外，事业化和行政化改革均改变了国有农场的性质和传统的运营方式，并在一定程度上缓解了困难农场所面临的生存问题。但另一方面，随着国有资本的退出，农场失去了产生经济效益的条件和能力，国有色彩逐步淡化，并将完全依靠地方政府的财政保障。因此，这一模式适用于规模小、以非生产职能为主的农场。

尽管作为管理体制改革的方向，全面实现行政化将是今后的发展趋势。但是，正如以上所述，就目前而言，一蹴而就的改革仅适用于一些规模较小、以社会管理为主，且当地政府具有财政保障能力的农场。因此，在管理体制改革的进程中，"因地制宜、循序渐进"的思路至关重要，为了实现平稳的过渡，中国农垦各垦区同时也对过渡性的体制改革模式进行了积极的探索与尝试，其主要可分为"场政合一"、建立"管理区"以及集中管理农场社会①。作为过渡性的改革模式，以上三种类型的改革，均在一定程度上将社会职能剥离，并使农场专注于生产经营。但是，"场政合一"的模式导致了政府职能和企业职能的混同，随着改革的不断深化，政企不分的弊端日益凸显。而"管理区"和集中管理农场社会的模式，由于其并不是一级政府，管理职能的发挥受到了较大的制约，同时也在一定程度上增加了行政成本。

综上所述，在长期的发展进程中，农垦企业形成了庞大社会职能体系，承担了沉重的社会职能负担。其中，企业办社区管理、医疗以及教育领域的负担较为突出。从社会管理费用来看，经费来源以政府财政和企业补贴为主的特征显著，同时，以企业为主体的办社会职能面临着严重的融资难问题。从社会性负债来看，可以发现小城镇建设，危房改造、廉租房建设，以及道路建设的负债较为显著，同时也折射出以农垦企业为主体的城镇化建设，面

---

① 详见第一部分第五章。

临着巨大的资金压力。为了逐步分离办社会职能，中国农垦各垦区分别结合自身的发展实际，对国有农场的管理体制改革进行了积极的探索与尝试，并取得了显著的成效。但是就目前而言，在中国农垦的 35 个垦区中，仅北京、上海、广州、重庆、浙江、南京等 6 个城郊型垦区基本上实现了行政和社会职能的移交，而其他垦区仍在不同程度上承担着行政和社会职能。其中，以黑龙江垦区最具有代表性。以下将以黑龙江垦区为例，探讨农场的社会职能剥离以及社会、行政管理体制的改革问题。

（二）黑龙江垦区办社会职能与管理体制的变革

1. 垦区办社会职能、内设机构以及现状

黑龙江农垦是以国有土地资源为基本生产资料、以家庭为基本生产经营单位，从事农产品生产经营的国有农业企业，其区域性、社会性明显，大多远离中心城镇，从建场初期就独自承担办社会职能，并逐步完善。目前，垦区各农场承担着相当于建制镇甚至准县级行政单位（农场按县团级管理）的社会管理和公共服务职能，具体职责及承担机构（单位）如下：

（1）公共教育职责。承担机构（单位）：教育科、农场初级中学、农场小学（个别如查哈阳农场等设有农场高级中学）。

（2）公共医疗卫生（含人口和计划生育）职责。承担机构（单位）：卫生科、计生办、卫生监督所、农场医院（含社区卫生服务中心）、农场妇幼保健站、农场疾控中心。

（3）劳动就业服务职责。承担机构（单位）：劳动和社会保障科。

（4）社会保险职责。承担机构（单位）：社会保险事业管理局。

（5）基本社会服务职责。承担机构（单位）：民政局（含残疾人联合会）、社区服务站、敬老院、幼儿园。

（6）公共基础设施管理与服务职责。承担机构（单位）：建设科（含房产所）、城镇管理局（承担城管执法、城镇环境卫生、场容场貌管理等职能）、通讯营业厅、广播电视局（有线电视台）、新农村办、水利科（自来水

公司）、供热公司。

（7）公共文化体育职责。承担机构（单位）：文化管理站（与宣传部、统战部合署）、工会（承担组织职工群众文化、体育活动职能）、体育馆、文体活动中心。

（8）公共安全职责。承担机构（单位）：公安分局、安全生产监督管理科、技术监督局、绿办。

（9）司法行政与服务职责。承担机构（单位）：检察室、人民法庭、司法分局（社区矫正）。

（10）公共交通职责。承担机构（单位）：交通科、公路管理站（道路养护中心）、客运站。

（11）社会公益科技服务职责。承担机构（单位）：科技科、气象站、土壤化验中心、科技园区、生物预警中心、农业科（农业技术推广中心）、农机科（农机监理所）、农机服务中心、畜牧科（含畜牧兽医总站）、种子管理站、林业科（承担造林绿化、森林防火、林政管理执法、病虫害防治及苗圃生产管理等职责）。

（12）生态保护和环境治理职责。承担机构（单位）：环保科、污水处理厂。

（13）社会组织管理职责。承担机构（单位）：居委会。

（14）其他社会管理与服务机构。办公室、信访办、武装部、计财科、审计科、政策研究室、工商所、国土资源管理所。

（15）与社会管理和公共服务相关的党群机构。纪委、组织部（与老干部科合署）、宣传部（与统战部合署）、政法委、机关党委、工会、团委。

上述机构（单位）中，办公室、政策研究室、农业科、农机科、畜牧科、林业科、科技科、建设科、水利科、计财科、劳动和社会保障科，以及基层管理区、生产队（作业站）同时承担社会管理、公共服务职能和企业生产经营职能，人员相互兼职，经费统一使用；其他均为单纯的社会管理、公共服务机构（单位），人员、经费在农场的统一调配下独立使用，但职能相近的机构有的合署办公，各农场情况不一。垦区各农场的社会管理机构独立设置，与属地地方政府没有任何关系。

根据全国垦区（含新疆兵团）办社会职能的统计数据显示，截至 2014 年，黑龙江农垦办社会职能结构共有 1799 个，社会管理从业人员 70601 人。如表 3.23 所示，黑龙江农垦共有教育机构 251 个，其中九年义务教育机构 181 个，教职工总数为 17763 人，其中教师 13266 人；公检法等机构共 364 个，从业人员 6619 人，其中公安机构 120 个，公安人员 5849 人；医疗、社区管理及社保机构共 958 个，从业人员 40487 人[①]。从机构数量上来看，位列前三位的是社区管理、公检法以及医疗机构，分别占比 36.8%、20.3% 和 16.4%；从从业人员数上来看，前三位为社区管理、教育以及医疗机构，分别占比 45.2%、25.2% 和 12.1%。

表 3.23　黑龙江农垦办社会的基本情况

名称		机构数（个）	占比	从业人员（人）	占比	离退休职工（人）	占比
一、教育机构	合计	251	13.95%	17763	25.16%	11009	7.58%
	九年义务教育	181	10.06%	15443	21.87%	10634	7.32%
二、医疗机构		295	16.40%	8555	12.12%	4460	3.07%
三、市政机构		67	3.72%	2126	3.01%	211	0.15%
	客运	19	1.06%	169	0.24%	12	0.01%
四、消防机构		13	0.72%	180	0.25%		NA.
五、社区管理机构		662	36.80%	31929	45.22%	127857	88.00%
	养老院	15	0.83%	104	0.15%	1	0.00%
	广播电视	91	5.06%	1032	1.46%	51	0.04%
	场代乡政府	124	6.89%	23079	32.69%	110106	75.79%
	难（移）民安置	NA.	NA.	NA.	NA.	NA.	NA.
	护林保胶	11	0.61%	185	0.26%	NA.	NA.
六、供电机构			NA.	NA.	NA.	NA.	NA.

---

① 中国农垦企业财务决算报表 2014 年。

续表

名称		机构数（个）	占比	从业人员（人）	占比	离退休职工（人）	占比
七、供水机构		50	2.78%	895	1.27%	207	0.14%
八、供热/供气等机构		42	2.33%	992	1.41%	93	0.06%
九、物业管理机构		34	1.89%	1469	2.08%	559	0.38%
十、离退休人员管理机构		20	1.11%	70	0.10%	115	0.08%
十一、其他机构	合计	365	20.29%	6622	9.38%	774	0.53%
	其中：公安机构	120	6.67%	5849	8.28%	610	0.42%
	检察院	54	3.00%	125	0.18%	21	0.01%
	法院	99	5.50%	413	0.58%	110	0.08%
	司法机构	91	5.06%	232	0.33%	32	0.02%
	社保机构	1	0.06%	3	0.00%	1	0.00%
共　计		1799	100.00%	70601	100.00%	145285	100.00%

资料来源：《中国农垦企业财务决算报表2014年》。

表 3.24 为黑龙江农垦办社会职能的收入情况，2014 年度，黑龙江农垦办社会管理费用收入为 99.36 亿元，与全国农垦同样，其以政府和企业补贴的特征显著，分别为 47.5 亿元、41.8 亿元，占比 47.8% 和 42.1%，经营及规费收入为 10.08 亿元，占比 10.15%。在经费来源中，企业自有资金占比高达 99.07%，同样也反映出融资难问题相当突出。

表 3.24　黑龙江农垦办社会职能机构的收入情况及经费来源

项目名称		机构年度实际收入（万元）	经费来源							
			财政补助（万元）	占比	企业经费补助（万元）	占比	企业自有资金（万元）	占比	机构经营及规费（万元）	占比
一、教育机构	合计	169832.02	131730.35	13.26%	32176.62	3.24%	31856.17	7.62%	5925.06	0.60%
	九年义务教育	152163.55	128821.62	12.97%	20791.58	2.09%	20558.82	4.92%	2550.36	0.26%

续表

项目名称		机构年度实际收入（万元）	经费来源							
			财政补助（万元）	占比	企业经费补助（万元）	占比	企业自有资金（万元）	占比	机构经营及规费（万元）	占比
二、医疗机构		87296.00	18923.01	1.90%	25652.52	0.92%	2.58%	6.08%	42720.47	4.30%
三、市政机构	合计	46128.39	1666.90	0.17%	43610.06	4.39%	43163.92	10.33%	851.44	0.09%
	道路建设	45254.24	1649.90	0.17%	43032.23	4.33%	42588.15	10.19%	572.12	0.06%
	客运	874.15	17.00	0.00%	577.83	0.06%	575.76	0.14%	279.32	0.03%
四、消防机构		513.11	114.02	0.01%	399.09	0.01%	0.04%	0.08%	NA.	NA.
五、社区管理机构	合计	574655.57	285502.65	28.73%	264324.45	26.60%	261653.11	62.61%	24828.47	2.50%
	养老院	1050.96	36.80	0.00%	778.87	0.08%	778.87	0.19%	235.29	0.02%
	优抚	3711.28	2795.56	0.28%	915.52	0.09%	782.20	0.19%	0.20	0.00%
	民兵训练	714.71	451.67	0.05%	263.05	0.03%	263.05	0.06%	NA.	NA.
	文化体育	1204.30	312.76	0.03%	889.96	0.09%	889.96	0.21%	1.58	0.00%
	广播电视	12799.15	1779.68	0.18%	4412.33	0.44%	4253.23	1.02%	6607.14	0.66%
	气象观测	437.51	8.25	0.00%	429.26	0.04%	429.26	0.10%	NA.	NA.
	动植物防检疫	1809.05	83.90	0.01%	1594.76	0.16%	1579.06	0.38%	130.38	0.01%
	计划生育	8925.75	5690.84	0.57%	3221.68	0.32%	3221.11	0.77%	13.23	0.00%
	妇幼保健	845.03	367.60	0.04%	438.83	0.04%	438.83	0.11%	38.60	0.00%
	卫生防疫	7096.06	3445.74	0.35%	3433.84	0.35%	3408.24	0.82%	216.47	0.02%
	场代乡政府	535179.33	270324.60	27.21%	247269.16	24.89%	244932.21	58.61%	17585.57	1.77%
	难（移）民安置	NA.	NA.	NA.	NA.	NA.	NA.	NA.	NA.	NA.
	护林保胶	882.42	205.24	0.02%	677.18	0.07%	677.10	0.16%	NA.	NA.
六、供电机构		NA.	NA.	NA.	NA.	NA.	NA.	NA.	NA.	NA.
七、供水机构		6431.39	245.08	0.02%	4325.68	0.15%	4325.68	1.04%	1860.62	0.19%
八、供热/供气等机构		45777.18	149.94	0.02%	23353.38	0.83%	23353.38	5.59%	22273.87	2.24%
九、物业管理机构		8052.68	1452.63	0.15%	5937.04	0.21%	5937.04	1.42%	663.00	0.07%
十、离退休人员管理机构		1532.22	55.28	0.01%	1476.94	0.05%	1476.94	0.35%	NA.	NA.
十一、其他机构	合计	53391.72	35039.89	3.53%	16636.93	1.67%	16485.08	3.94%	1714.90	0.17%
	其中：公安机构	44310.67	29178.92	2.94%	13528.72	1.36%	13417.17	3.21%	1603.04	0.16%
	检察院	2066.03	1013.76	0.10%	1052.28	0.11%	1052.28	0.25%	NA.	NA.
	法院	4697.30	3264.94	0.33%	1321.39	0.13%	1284.23	0.31%	110.98	0.01%
	司法机构	2261.09	1582.27	0.16%	677.92	0.07%	674.79	0.16%	0.89	0.00%
	社保机构	56.62	NA.	NA.	56.62	0.01%	56.62	0.01%	NA.	NA.
共　计		993610.28	474879.74	47.79%	417892.70	42.06%	42.06%	99.07%	100837.84	10.15%

资料来源：《中国农垦企业财务决算报表 2014 年》。

从办社会的支出来看，2014 年度，黑龙江农垦办社会的支出总额为 99.36 亿元，其中，主要支出为社区管理 57.3 亿元、教育 17 亿元、医疗 8.8 亿元，分别占比 57.7%、17.1% 和 8.9%。在这里需要注意的是，"场代乡政府"的费用支出高达 53.3 亿元，占总支出的 53.7%，这充分反映出黑龙江农垦的政府行政职能负担过重，体制的改革迫在眉睫。具体如表 3.25 所示。

表 3.25　黑龙江农垦办社会职能机构的支出情况及主要用途

项目名称		机构年度实际支出（万元）	占比	主要用途			
				人员经费（万元）	占比	公用经费（万元）	占比
一、教育机构	合计	169832.02	17.1%	126695.03	12.75%	43136.99	4.34%
	九年义务教育	152141.50	15.3%	118519.43	11.93%	33622.07	3.38%
二、医疗机构		88031.26	8.9%	49662.31	5.00%	38368.95	3.86%
三、市政机构	合计	46571.00	4.7%	7613.79	0.77%	38957.21	3.92%
	道路建设	45697.14	4.6%	7176.77	0.72%	38520.37	3.88%
	客运	873.86	0.1%	437.02	0.04%	436.84	0.04%
四、消防机构		513.11	0.1%	378.00	0.04%	135.11	0.01%
五、社区管理机构	合计	572873.60	57.7%	312423.28	31.44%	260450.32	26.21%
	养老院	1050.96	0.1%	295.09	0.03%	755.87	0.08%
	优抚	3722.42	0.4%	2791.51	0.28%	930.91	0.09%
	民兵训练	714.71	0.1%	338.85	0.03%	375.86	0.04%
	文化体育	1204.30	0.1%	709.52	0.07%	494.78	0.05%
	广播电视	12800.50	1.3%	5347.54	0.54%	7452.95	0.75%
	气象观测	437.51	0.0%	195.35	0.02%	242.16	0.02%
	动植物防检疫	1925.57	0.2%	1168.38	0.12%	757.20	0.08%
	计划生育	8925.25	0.9%	6073.89	0.61%	2851.36	0.29%
	妇幼保健	845.03	0.1%	432.36	0.04%	412.67	0.04%
	卫生防疫	7096.56	0.7%	5221.49	0.53%	1875.07	0.19%
	场代乡政府	533268.37	53.7%	289403.79	29.13%	243864.58	24.54%
	难（移）民安置	NA.	NA.	NA.	NA.	NA.	NA.
	护林保胶	882.42	0.1%	445.50	0.04%	436.92	0.04%

项目名称	机构年度实际支出（万元）	占比	主要用途			
			人员经费（万元）	占比	公用经费（万元）	占比
六、供电机构	NA.	NA.	NA.	NA.	NA.	NA.
七、供水机构	6431.39	0.6%	1989.14	0.20%	4442.25	0.45%
八、供热/供气等机构	45863.64	4.6%	3073.16	0.31%	42790.48	4.31%
九、物业管理机构	8052.68	0.8%	4024.10	0.40%	4028.58	0.41%
十、离退休人员管理机构	1532.22	0.2%	1256.74	0.13%	275.48	0.03%
十一、其他机构	53909.35	5.4%	35036.38	3.53%	18872.97	1.90%
	其中：公安机构 44764.81	4.5%	29617.38	2.98%	15147.43	1.52%
	检察院 2076.73	0.2%	837.84	0.08%	1238.89	0.12%
	法院 4725.47	0.5%	3040.87	0.31%	1684.60	0.17%
	司法机构 2283.72	0.2%	1535.53	0.15%	750.19	0.08%
	社保机构 56.62	0.0%	4.76	0.00%	51.86	0.01%
共　计	993610.28	100.0%	542151.93	54.56%	451458.35	45.44%

资料来源：《中国农垦企业财务决算报表 2014 年》。

从办社会的资产情况来看，截至 2014 年末，农垦办社会资产总额高达216.10 亿元，其中，企业办社区管理、教育以及市政机构的比重最大，分别占比 73.08%、9.84% 和 4.77%。其次为医疗 3.94%、公检法 3.01%。具体如表 3.26 所示。

表 3.26　2014 年黑龙江农垦办社会资产情况

名称		办社会资产总额（万元）	占比
一、教育机构	合计	212620.01	9.84%
	九年义务教育	184068.89	8.52%
二、医疗机构		85217.57	3.94%
三、市政机构		103162.62	4.77%
	道路建设	97694.39	4.52%
	客运	5468.22	0.25%

续表

名称		办社会资产总额（万元）	占比
四、消防机构		411.2	0.02%
五、社区管理机构		1579251.22	73.08%
六、供电机构		—	—
七、供水机构		30881.83	1.43%
八、供热／供气等机构		65827.04	3.05%
九、物业管理机构		17877.18	0.83%
十、离退休人员管理机构		648.23	0.03%
十一、其他机构	合计	65073.72	3.01%
	其中：公安机构	50158.8	2.32%
	检察院	1397.33	0.06%
	法院	6767.87	0.31%
	司法机构	358.1	0.02%
	社保机构	6391.62	0.30%
共计		2160970.61	100.00%

资料来源：《中国农垦企业财务决算报表 2014 年》。

从办社会的负债来看，截至 2014 年末，黑龙江垦区的社会性负债为 227.02 万元，占农垦整体社会性负债的比重为 40.42%，占黑龙江垦区总负债的 26.73%。其中，小城镇建设、危改拆迁廉租房以及场代乡政府的负债情况较为突出，在黑龙江垦区整体社会性负债中，分别占比 30.32%、17.73% 和 16.97%。如表 3.27 所示。

表 3.27　2014 年黑龙江垦区社会性负债情况

三、社会性负债（元）				
项目	全国农垦	黑龙江农垦	占全国农垦同类别社会性负债比重	占黑龙江垦区社会性负债比重
1. 教育	236690.75	81996.05	34.64%	3.61%

续表

三、社会性负债（元）				
项目	全国农垦	黑龙江农垦	占全国农垦同类别社会性负债比重	占黑龙江垦区社会性负债比重
2. 优抚	31730.68	927.26	2.92%	0.04%
3. 民兵训练	13737.89	377.13	2.75%	0.02%
4. 计划生育	24747.54	2790.17	11.27%	0.12%
5. 道路建设	644580.65	343761.26	53.33%	15.14%
6. 公检法司	31985.65	18090.32	56.56%	0.80%
7. 医疗卫生	122220.30	49264.51	40.31%	2.17%
8. 水电暖气	236292.00	130978.89	55.43%	5.77%
9. 危改拆迁廉租房	674941.55	402537.18	59.64%	17.73%
10. 生态和环境建设	291696.47	94508.26	32.40%	4.16%
11. 小城镇建设	1775720.74	688395.41	38.77%	30.32%
12. 场代乡政府支出	577102.37	385222.43	66.75%	16.97%
13. 其他	954619.17	71382.89	7.48%	3.14%
合计	5616065.75	2270231.75	40.42%	100.00%

资料来源：《中国农垦企业财务决算报表 2014 年》。

综上所述，黑龙江农垦办社会职能问题极为突出，在全国农垦（除新疆兵团）中，其办社会负担占比已达 51.53%，办社会资产占比高达 72.8%；办社会负债占比为 40.4%，其中，场代乡政府支出的负债占比为 66.75%，危改拆迁廉租房、公检法、道路建设等也均占全国农垦的 50% 以上。此外，机构设置和从业人员数量基本上均处于第一位，例如，教育、市政、消防、社区管理、供水、供热供气、物业管理、离退休管理以及公检法等。特别是公检法机构数和从业人员数量，约占全国农垦的 50%。由此可见，与全国相比，黑龙江农垦办社会职能负担相当沉重，且办社会职能分离的进展严重滞后。

2. 办社会职能管理体制的变革与现状

黑龙江垦区国有农场是在特定的历史时期，特殊的地域环境下，由特别的移民群体，响应党中央、国务院和中央军委"屯垦戍边、开发边疆、建设边疆"的伟大号召开发建设起来的，多数农场分布在"国边、山边、水边、城边"，远离中心城镇，缺少社会依托。在北大荒的开发建设进程中，百万垦荒大军在极其艰苦的环境条件下，大规模垦荒造田，建立国营农场，发展农产品生产，进行经济建设，同时，还自力更生兴办教育、文化、卫生、交通、通信等各项社会事业，建设农场小城镇，以满足农场职工眷属日益增长的社会服务需求，逐步形成了农场办社会的特殊体制。

在中国经济社会的快速发展，以及国内外政治经济环境复杂多变的背景下，随着黑龙江国营农场的个体规模逐渐扩大、数量不断增加，国家和省对黑龙江垦区国营农场的领导体制和管理体制做出过多次调整。自 1976 年撤销兵团建制，组建农场总局以来，直至 2010 年再次通过地方性法规对垦区行政管理体制做出制度安排，期间经历了四个重要阶段①。

表 3.28　黑龙江垦管理体制改革的阶段划分

划分	类型	基本内容
第一阶段 （1976—1980 年）	部省双层领导，条块结合，政企分开的管理体制	国务院决定恢复农垦部，对黑龙江等 4 个垦区，实行部、省（区）双层领导，以省（区）为主的体制
第二阶段 （1980—1995 年）	农垦系统管理，财务计划上划中央，政企合一的管理体制	黑龙江农场总局实行计划单列，并于 1991 年开始，黑龙江垦区财务计划上划中央，由财政部通过农业部下达。垦区的生产计划、财务计划、物质供应由农业部统一管理。领导体制仍由部省双重领导，以地方为主
第三阶段 （1995—2005 年）	农垦系统管理，内部政企分开的体制	全面推进了农场内部政企分开改革
第四阶段 （2006 年至今）	垦区区域管理，内部政企分开体制	通过"一揽子"授权方式全面授予农垦总局、管理局、农场社会行政管理委员会及其行政管理机构执行行政执法权（财税权除外），实行垦区区域管理、内部政企分开的体制

① 详见第一部分第五章。

目前，黑龙江垦区实行的仍是"部省双重领导，以省为主"的领导体制。计划、财务以农业部管理为主，党政工作以省管理为主。垦区的行政管理依然是根据《黑龙江省垦区条例》，实行垦区区域管理、内部政企分开的体制。

截至 2011 年，黑龙江垦区按照"党群机构共设，综合部门合署，行政管理机构与经营管理机构分开"的原则，已设立了 104 个农场社会行政管理委员会，履行场区内的行政管理职能，形成了"党委领导，行政负责，社会协同，农场补贴，公众参与"的农场社会管理体制。

由于农垦总局、各管理局以及农场行政管理委员会作为"准政府"，仅拥有行政管理权，随着经济社会的快速发展，以及"四化"协调发展的新需求，与其职能的不匹配问题日益凸显，严重制约了垦区的健康、可持续发展。为此，黑龙江农垦总局向省政府提出了建立建三江、九三管理委员会，并赋予其财税职能的建议，经省委、省政府批准，同意设立黑龙江省农垦建三江管理委员会、九三管理委员会，为省政府派出机构，委托省农垦总局管理，实行"一套机构、两块牌子、合署办公"的模式，管理委员会党政领导由管理局党政领导兼任。此外，在行使《黑龙江省垦区条例》所赋予的管理局行政职能的基础上，被赋予了"特殊建制县"财税职能。

管理委员会的设立，在一定程度上解决了财税职能的缺失所带来的一系列问题，有效地破解了垦区的发展瓶颈，对于加快推进垦区"四化"建设，促进城乡一体化发展，具有极其重要的意义。

3. 办社会职能分离的探索与经验教训

进入 20 世纪 60 年代以来，黑龙江省垦区积极探索国有农场的行政管理体制问题，特别是自 1984 年始，按照国家和省委、省政府的要求，先后进行了友谊农场"建政"、虎林六场"还政"和绥滨农场"内分"模式的探索和实践，为垦区管理体制改革提供了宝贵的经验和值得借鉴的教训[①]。具体如表 3.29 所示。

---

① 详见第一部分第五章。

表 3.29　黑龙江垦区管理体制改革的探索与尝试

类型	基本内容
友谊农场"建政"	设立县级政府机构，建政形式为"场县合一、职责分开、两税自留、自求平衡"，实行农垦系统和地方政府双重领导，以农垦系统领导为主的领导体制
虎林六场"还政"	进行"还司法行政权于政府、还生产经营权于企业"的政企分开试点，实行区域经济一体发展
绥滨农场"内分"	按照内部政企分开原则，绥滨农场成立了"农垦绥滨社区管理委员会"，承担绥滨农场的经济和社会行政管理职能。同时，农场改制为农工商实业总公司

以上三种模式，由于局限于当时内外部环境等多种因素的制约，均未能达到预期的效果。首先，友谊农场的"建政"模式，在一定程度上背离了"小政府大服务"的建政初衷，政府的公共服务职能作用没有充分发挥，且行政运行成本巨大，自身财力难以承担。

然后，虎林六场"还政"模式也存在诸多弊端。一是各个国有农场相对独立，距一般的中心城镇较远（如八五○农场东距虎林市 40 公里，西距密山市 70 公里），难以享受到方便快捷的公共服务；二是部分农场同时隶属两三个市县，由于行政区划的原因极易导致社会管理与公共服务上的支离破碎，不利于农场经济社会一体化发展；三是各国有农场教育、卫生、文化、科技、道路建设、城镇管理等公共服务均高于周边城镇水平，一旦将办社会职能移交地方政府管理，势必造成农场社会管理的倒退与落后；四是国有农场开发建设的历史背景、人口构成，形成了独特的文化习俗和管理办法，纳入地方管理很容易产生明显的不适应甚至引发冲突；五是虎林六场"还政"模式改革试点的失败，在实践上证明了农场办社会职能移交地方不可行。

最后，绥滨农场"内分"模式，建立垦区区域管理、内部政企分开的体制。这一模式通过立法授权，明确行政主体地位，是比较切合实际、值得继续探索的政企分开实现形式。但这里也存在一个问题，就是农场社会行政管理和公共服务的经费如何保障的问题。例如，牡丹江管理局的八五六农场，2002 年 6 月，农场实行政企分开，承担社会行政管理职能的八五六农场（以下简称"存续农场"）和作为企业的八五六分公司（以下简称"分公司"）实行业务、机构、人员、财务、资产五分开。原农场的 28 个农业生产队（含原种场）和 4 个为农服务单位，以及与农业生产经营有关的房屋、建筑物、机械设备等部分固定资产划入分公司，土地等资源性资产也由分公司经营，分公司隶属于北大荒农业股份有限公司，按照规范的上市公司运作。由于土地等资源性资产绝大部分划归分公司，存续农场收入极为有限，随着五项社会保险缴费等各项支出逐年增加，存续农场用于社会管理和公共服务的经费难以保障，公共基础设施逐渐老化落后，公共管理与服务满足不了职工群众基本需求，存续农场不得不靠负债加强基础设施建设，提高为居民提供基本的公共服务能力。因此，通过内部政企分开的方式分离企业办社会职能，必须首先要有稳定可靠的经费保障，以满足职工群众日益增长的社会管理和公共服务需要。

综上所述，友谊农场"建政"、虎林六场"还政"和绥滨农场"内分"模式的探索和实践，均未能取得所期待的成效，反而暴露出诸多问题。从整体来看，其根本的原因在于来自财政的制约。无论是"建政""还政"，还是"内分"，这均是一个不可逾越的重要问题。充裕的财力是确保社会职能水平和正常运转，以及经济社会可持续发展的基本保障。因此，在具体的实践中，如何确保政府（行政管委会）的财政收入尤为关键。这不仅涉及办社会职能的承接，同时也将影响垦区新型城镇化的发展和质量。

（三）影响新型城镇化发展的主要结论

通过农垦管理体制的改革，逐步实现社企分离，进而摆脱办社会职能的负担，这不仅仅关系到农垦企业集团化、混合所有制的改革，它同时也将会影响到垦区新型城镇化的发展。以垦区农场为主体的新型城镇化具有较大的局限性。其具体表现为：一是实施主体的缺失。在新型城镇化的发展中，需要政府、企业以及居民的协作参与，而就垦区而言，政府未能充分发挥其主体作用。二是资金的不足。如上所述，财政的制约不仅体现于办社会职能的分离，同时在新型城镇化建设中也得以充分体现，例如，在农垦整体的社会性负债中，小城镇建设，危房改造、廉租房建设，以及道路建设，分别占比为31.6%、12% 和11.5%。此外，在黑龙江农垦办社会职能管理收入中，企业自有资金占企业补贴的比重高达99.07%，其融资难问题可见一斑。而解决上述问题的关键在于，如何理清、理顺垦区的管理组织架构，推动管理体制的改革，明确企业和政府（准政府）的分工，进而逐步实现社企分离。

1. 坚持"因势利导、循序渐进"的原则，逐步分级推动社企分离

应以推进垦区集团化、农场企业化为主线，按照《中共中央.国务院关于进一步推进农垦改革发展的意见》的要求，从垦区实际出发，针对各个农场的资源禀赋、区位条件以及各项社会职能的不同特点，坚持"因势利导、循序渐进"的原则，"先易后难、逐个突破"，逐步分级推动社企分离。

首先，对距离中心城镇较近且人口及资源较少的管理局和农场，请示省委、省政府同意，主动与属地地方政府沟通，厘清编制、人员、资产、经费、债务等关系，协商移交办法，逐步将具备移交条件的社会职能移交所在地地方政府管理。

其次，对于远离中心城镇等不具备社会职能移交条件的农（牧）场，采取"管局统筹、农场承办、内部分开、管办分离"的方式进行政企社企分开。农场区域内的社会管理和公共服务职能将由总局、管理局和农场社会行政管理委员会承担，并由管理局（管委会）统筹办社会职能经费。根据农场现有的各项职能属性，将同时承担社会管理、公共服务职能的机构（单位）与承担生产经营职能的机构（单位）分开，在此基础上，参照乡镇社会管理和公共服务机构（单位）设置，农场社会行政管理委员会具体承办社会职能，同时在管理区层面设立居委会，承担社会公共服务职责，原管理区、生产队（作业站）不再承担公共服务职能。

最后，针对不同的办社会职能，可以运用不同的方式逐步分级分离。一是对具备移交条件的农垦法、检系统整建制地移交省行业主管部门。二是通过市场化的运作模式，区分不同类型公共服务职能，将供水、供热、客运、农机服务等靠经营服务性收费能够生存发展的公益事业单位，采取租赁、转卖等方式推向市场，编制、人员由各单位根据自身经营规模、效益确定，经费支出靠收取服务费解决，总局、管理局可根据实际情况予以适度补贴。管理局各行政执法部门和农场社会行政管理委员会切实履行监督职责，强化收费标准和服务质量等各方面管理，确保其依法经营。

2. 以"管委会模式"为基础，逐步健全完善县级财税职能

在黑龙江垦区对管理体制改革的探索与尝试中，"管委会模式"是迄今为止最为有效的一种过渡性模式。"特殊建制县"的财税职能不仅有效地确保了管委会的正常运转，同时也为垦区整体的可持续发展提供了有力的保障。就垦区的新型城镇化发展而言，随着各管局承载和集聚功能不断增强，人口和产业快速向中心镇集中，相应的财税收入可以在一定程度上满足日益增长的资金需求，进一步提升城镇建设和管理水平，以及社会服务能力和水平，充分发挥辐射带动作用，进而推动城乡一体化的发展。但是目前，建三江及九三管委会仅拥有部分财税职能，例如，国税、地税。2015 年，建三江管委会共完成县级税收收入 4.69 亿元，除上缴收入基数外，自留税收为 2.17 亿元，这在快速的城镇化进程中，仍是微乎其微的。此外，在垦区的经济发展中，与税收相对应的另一关键要素为土地，税收和土地是招商引资，推动产业发展的决定性要素。而就目前而言，管委会的土地出让金返还并没有享受到县级政府的同等政策。因此，应在"管委会模式"的基础上，结合各管理局的发展实际，逐步健全完善县级财税职能。

3. 积极推动以"管委会"为主体的行政建制进程

以往的"建政""还政"和"内分"模式，均是以分离办社会职能为出发点，而忽略了建政的高成本以及地方政府的承接能力。与之相比，"管委会模式"为分离办社会职能提供了一条新的思路，即分离生产经营职能，推动以管委会为主体的行政建制进程。从现状来看，在管理局层面的生产经营职能已经十分微弱，基本上以行使行政管理职能为主。与分离办社会职能相

比，对生产经营职能进行分离或许是一个有效的方法，也相对比较容易。因此，可以考虑在管局层面，建立国有资产投资经营管理公司，在对农场实行企业化的基础上，对管局内各农场企业和资产进行整合，统一经营管理。由于垦区整体的集团化很难在短时期内延伸至管局各农场，而相比之下，管局层面农场企业化、小型集团化不失为一个好的选择。通过上述对生产经营职能的分离，管理局和管委会可以实现"一套机构、一块牌子"，从而更高效地行使行政管理职能，并为推动以"管委会"为主体的行政建制进程打下坚实的基础。具体如图 3.19 所示。

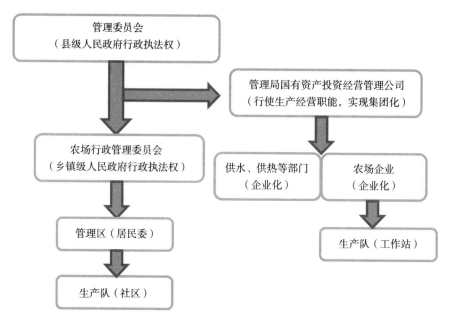

图 3.19 生产经营职能分离下的社会管理架构

六、垦区新型城镇化发展的对策建议

基于上述对黑龙江垦区在办社会职能与管理体制、人口承载以及经济驱动因素的分析，本节分别从体制、土地利用、公共服务以及产业发展等方面，就如何有效推动垦区新型城镇化发展提出对策建议。

（一）以特色小城镇为重点，合理规划发展布局

1. 把握特色、突出优势，大力发展特色小城镇

近年来，黑龙江垦区充分利用各管局、农场不同的经济、社会、环境等基础条件，以农业、生态旅游、绿色以及垦地共建等为重点，大力推动具有垦区自身特色的城镇化建设，并已取得一定成效。在"十三五"时期，黑龙江垦区应延续这一发展思路，不断"挖掘特色、把握特色、突出优势"，深化推动垦区的特色城镇化发展。

在垦区特色城镇化建设进程中，一是要突出各自不同特色，避免"千城一面"的现象。一方面，要结合各区域不同的特点、资源优势等基础条件，明确城镇功能定位，突出产业特色，从而形成现代化农业、生态旅游、产品加工以及边贸等不同类型、不同特色的城镇；另一方面，要突出城镇建设中蕴涵的文化内涵，将现代化农业、绿色等发展理念，以及新时代下的北大荒精神有机地融入进垦区的城镇化发展中。

二是要科学合理布局，避免"求大求全"的现象。充分结合黑龙江垦区各管局、农场在空间布局上分散、规模小的典型特征，以发展特色小城镇

为抓手，逐步推动垦区整体的城镇化进程；充分发挥特色小城镇的辐射带动作用，加强基础设施建设，健全完善公共服务职能，进而提升垦区城镇综合实力。

2. 统筹兼顾、科学规划，优化调整发展布局

作为垦区城镇发展的基础，科学合理的规划布局为城镇空间资源的有效配置和充分利用提供了有力保障，同时也是实现城镇经济社会协调可持续发展的重要手段。因此，在垦区的新型城镇化进程中，应充分结合区域各自的特色和优势，以及未来城镇发展的实际需求，"统筹兼顾、科学规划、合理布局"，以形成特色突出、层级分明的垦区城镇整体发展规划。

（二）深化管理体制改革，推动多元参与主体协作

1. 以"社企分离"为核心，强化城镇建设管理

在垦区的新型城镇化进程中，应充分运用行政、民主及监督等机制，不断对城镇建设管理进行优化与协调，进而构建"科学、民主、综合"一体化的城镇管理体系。与一般意义上的地方城镇不同，垦区的城镇管理体制具有较强的特殊性，其在垦区的城镇发展中发挥着极为关键的作用。因此，健全完善垦区城镇管理体制至关重要。一方面，垦区应积极争取国家关于新型城镇化发展相关的各项政策与权利，充分履行相应的各项职能，推动垦区的新型城镇化迈入健康、可持续发展的路径；另一方面，结合垦区发展实际，积极探索与尝试以企业为主体的城镇化建设。同时，努力提升国有农场的管理水平和效率，健全完善城镇管理体制机制，进而促进垦区的新型城镇化发展。

此外，黑龙江垦区应同步推动基层民主建设。鼓励垦区居民积极参与城镇的规划、建设及管理等各个环节工作，并通过投票、听政等多种形式，听取居民的意见建议，强化居民对城镇建设的监督，从而在真正意义上做到"以人为本"，建设满足居民实际需求、符合垦区发展实际的新型城镇。

2. 推动由"管委会"向"行政建制"的转型

目前，黑龙江垦区分别在建三江、九三以及共青等三处实行了"管委会模式"，并被赋予了财税职能，这为推动以"管委会"为主体的行政建制进程打下坚实的基础。从目前的现状来看，在管理局层面的生产经营职能已经十分微弱，基本上以行使行政管理职能为主。与分离办社会职能相比，对生产经营职能进行分离或许是一个有效的方法，也相对比较容易。因此，可以考虑在管局层面，建立国有资产投资经营管理公司，在对农场实行企业化的基础上，对管局内各农场企业和资产进行整合，统一经营管理。由于垦区整体的集团化很难在短时期内延伸至管局各农场，而相比之下，管局层面农场企业化、小型集团化不失为一个好的选择。

通过上述对生产经营职能的分离，管理局和管委会可以实现"一套机构、一块牌子"，从而更高效地行使行政管理职能，进而实现由"管委会"向"行政建制"的转型。

（三）多措并举，加强城镇化建设资金保障

在垦区的新型城镇化发展中，资金短缺的问题体现于办社会职能、基础设施建设等方方面面，除国家财政投入以外，应多措并举，加强新型城镇化建设资金保障。

1. 逐步健全完善财税职能

目前，管委会"特殊建制县"的财税职能不仅有效地确保了管委会的正常运转，同时也为垦区整体的可持续发展提供了有力的保障。就垦区的新型城镇化发展而言，随着各管局承载和集聚功能不断增强，人口和产业快速向中心镇集中，仅有的国地税财税职能不能满足日益增长的资金需求。因此，应该逐步健全完善管委会的财税职能，并考虑授予其完全的县级财权。

2. 积极争取土地财政政策

长期以来，垦区土地的出让金收入需要完全上缴至省财政厅，但随着管委会模式的正常运行，作为垦区的准政府，应积极地争取土地财政政策，按照地方政府土地出让金的返还比例，将垦区每年项目建设收缴的土地出让金，按照比例返还给垦区，用于支持垦区新型城镇化建设。

3. 开拓新的城镇化融资渠道

资金不足的问题是黑龙江垦区城镇化发展的主要障碍之一。为加快垦区新型城镇化发展步伐，应求实创新、开拓思路，积极探索构建多元化的融资体系，以拓宽城镇化建设资金的渠道来源。一方面，要积极争取国家扶持政策，不断提升垦区自身综合经济实力。就目前而言，在垦区城镇化建设资金中约 90% 是来自企业自身的投入，而国家的预算内投资仅占 10% 左右。因此，如何加大政府的扶持力度，是顺利推动垦区新型城镇化建设的重要保障。

另一方面，要积极引入民间和社会资本。作为构建多元化融资渠道的重要一环，社会资本的作用不容忽视。在垦区的新型城镇化进程中，应逐步将基础设施建设，以及公共服务事业等领域向社会放开，实施招投标制度，并采用 BOT 等多种形式，鼓励民间资本、社会资本投入到垦区的新型城镇化建设中。

（四）加快户籍制度改革，保障农业劳动力有序转移

长期以来，通过不断深化推动发展农业现代化，黑龙江省的农业劳动生产率得以显著提升，农村劳动力转移规模不断扩大。2013 年，全省共转移农村劳动力 540 万人，比 2008 年增长 8%。此外，由于"两大平原"现代农业综合配套改革试验的实施，进而采取了一系列的政策措施，以推动土地规模化经营及土地流转，由此可见，今后的农业转移人口潜力将会进一步得以释放。同时，随着黑龙江垦区农业机械化水平的不断提升，以及全省国

有林区全面停止商业性采伐，垦区和林区的相当一部分人口将会转移至城镇。在此背景下，垦区小城镇作为重要的新型城镇化载体，如何有效地承接转移人口，进而享受"人口红利"，其中，户籍制度改革的成效将会起到决定性作用。

1. 实施区域的渐进铺开式户籍改革

户籍制度改革的目标在于取消农业户与非农户之分，实现人口的自由流动。即由以往的二元户籍制度逐步向自由迁移户籍制度转变。但是，由于我国的经济社会发展长期处于一种非均衡的状态，区域间的差距较为显著，从而或将导致人口大规模、无秩序的迁移，因此，这项改革需要一个循序渐进的过程。考虑到城镇公共资源的有限性，在城镇的硬件设施无法得到大幅度的提升的时候，是无法正常承载突然增加的大量人口的。因此，就目前垦区的户籍制度改革而言，必须要走渐进式的道路。根据这样一个发展思路，同时结合黑龙江垦区各管局、农场的发展实际，以及承载能力的差异，应针对不同区域，推行阶段性、渐进式的户籍改革。研究认为，今后应依照中心城镇、重点城镇、一般城镇和管理区的层级划分，针对不同的区域，以及城镇化程度，逐步完善户籍管理制度，进而加快垦区的新型城镇化进程。

2. 改革相关配套制度和政策

如上所述，户籍改革需要一个循序渐进的过程。虽然从表面上来看，单纯的户籍变更相对比较容易显现成效，但其中错综复杂的社会利益分配才是改革的难点所在。因此，相关配套政策的代价高昂，同时导致各社会部门的配套政策改革往往难以快速取得成效，且严重滞后于户籍制度改革。

由此可见，在今后垦区的城镇化进程中，如何解决与户籍制度改革相关的配套政策问题尤为关键。户籍制度改革与配套政策必须紧密联系在一起，进而形成相辅相成、相互促进的关系，这将有助于制度改革和政策调整齐头并进，并成为推动户籍制度改革的根本保障。

（五）优化垦区产业结构，促进产业协调发展

1. 以农业为主导，推动上下游产业链的延伸

一是大力发展现代化农业。要摆脱传统农业发展理念的束缚，发展"现代、示范、绿色"农业，在充分保证粮食供给的前提下，努力提升农产品的质量水平。二是推动农业全产业链的发展。一方面，推动农业上游产业链发展。在扶持种业、农机等农资企业发展的同时，还应推动促进农业研发与推广工作，提升农垦科研水平，加快科技成果推广，以科技创新为驱动力，促进垦区农业健康、快速发展；另一方面，推动农业下游产业链发展。通过先进生产设备与技术的引进，大力发展农产品加工、深加工与精加工，提高农产品附加价值，增强企业盈利能力。三是大力发展仓储、物流、销售等配套产业，从而打造农业完整的产业链，进而提升农产品的核心竞争力。

2. 加强第二、第三产业发展，提高城镇的带动作用与辐射功能

加快推动二、三产业发展，以提高新型城镇化进程中的辐射带动作用。就垦区的发展现状而言，由于二、三产业发展相对滞后，所带来的驱动力不足，成为垦区城镇化发展缓慢的重要原因之一。针对垦区长期以来形成的"重农轻工"的产业格局，应加快产业结构优化调整的步伐。推动垦区第二、第三产业发展，一是要以园区建设为抓手，吸纳民间和社会资本，吸引优秀的生产管理人才；二是要大力发展产业品牌，创出品牌和规模效益，提升企业核心竞争力，进而带动垦区经济整体发展；三是要加快金融、文化、旅游等新型服务业发展，逐步形成新型产业形态，从而延伸服务链条。

3. 发展垦区非国有经济，激活垦区市场经济

长期以来，黑龙江垦区一直是以国有经济占据主导地位，特别是农业。尽管这种模式在一定程度上为粮食安全提供了有力保障，但是由于国有经济的垄断地位，使得垦区成为独立、封闭的经济区域，且缺乏创新和市场竞争

力。因此，在垦区的新型城镇化进程中，应大力推动非国有经济发展，加快推进市场化改革。非国有经济的灵活性和强烈的创新意识，将为垦区经济注入新的活力。

第四部分

农垦土地资源优化利用研究

一、农垦土地资源优化利用的内涵
及理论分析

（一）农垦土地资源优化利用的内涵

农垦土地资源的优化利用是指在现有社会经济和技术条件下，在农垦土地资源利用现状的基础上，根据农垦土地特性和农垦土地资源利用系统原理，运用科学的技术和管理方法，在时间和空间上对农垦土地资源结构、布局等进行改进，以期达到农垦土地资源利用的经济效益、社会效益和生态效益最大化的目标，保持人地系统的协调运行和可持续发展。

农垦土地资源优化利用可以包括以下方面内容：一是农垦土地资源供给和需求的总体平衡；二是在现有约束条件下实现农垦土地资源数量结构利用的最优化；三是农垦土地资源空间布局的优化，即在对土地资源利用分区的基础上，进行空间布局设计；四是农垦土地资源利用效率的优化，即在数量结构和空间结构的基础上合理组织利用，以最大限度地提高其产出率和利用率；五是农垦土地资源制度安排的优化，即通过制度的安排，使农垦土地资源能够在人类生产生活中发挥更重要的作用，进一步促进农垦的改革发展。

本部分重点研究如何通过制度的安排，采取什么样的具体措施，实现农垦土地资源总量平衡、数量结构和空间结构布局更加合理、产出效率优化，实现经济效益、生态效益和社会效益的和谐统一。

在新形势下做好农垦土地资源优化利用研究的理论与现实意义主要体现在以下方面：

在理论方面，设计出系统的农垦土地资源优化利用的理论分析框架，将会进一步丰富土地经济学的范畴以及丰富发展经济学的理论和视野。

在实践方面，党的十八大报告将城乡发展一体化作为重要战略，党的十八届三中全会也明确提出了"建立城乡统一的建设用地市场"，2014 年中央一号文件为"深化农村土地制度改革"制定了清晰的发展方向，2015 年11 月发布的《中共中央国务院关于进一步推进农垦改革发展的意见》又针对农垦土地改革发展提出了明确的指导意见。研究农垦土地优化利用的政策框架，将会加深对农垦改革的认识，采取积极有效措施促进农垦土地资源的优化利用，从而进一步推动农垦改革发展的进程。

表 4.1　农垦土地资源占全国土地面积比例表

类别	农垦面积	全国面积	占比
土地	36.6 万平方公里	960 万平方公里	3.8%
耕地	9364 万亩	20.27 亿亩	4.6%
草地	2.2 亿亩	37.98 亿亩	5.8%
林地	5956 万亩	32.92 亿亩	1.8%

资料来源：根据国土资源部和农业部农垦局数据整理而得。

（二）农垦土地资源优化利用与农垦改革发展的逻辑关系

农垦土地资源优化利用将会有力推动农垦的改革和可持续发展，农垦土地资源的优化利用是农垦改革发展的必要条件。

一方面，农垦土地资源的优化利用并不意味着农垦改革一定能够取得成功，因为农垦改革发展还涉及集团化改革、混合所有制改革和城镇化改革等方面的内容，这些内容和农垦土地资源优化利用一起构成了农垦改革发展中的重大战略问题；另一方面，如果农垦改革要取得成功，农垦土地资源一定要优化，没有农垦土地资源的优化利用，农垦赖以生存的核心资源的利用效率将不会得到有效提升，农垦改革发展将会受到制约。因此，农垦土地资源优化利用是农垦改革发展的必要条件。

农垦土地资源是农垦的重要资源。因此，作为农垦改革发展必要条件的农垦土地资源优化利用，从理论上要处理好农用地、建设用地和宅基地的优化利用，在实践中要处理好农垦土地内外部管理机制、农垦土地规划、农垦土地确权、农垦土地承包经营体制、农垦土地适度规模化经营、农垦土地资本化运作等优化利用的问题，为农垦的改革和可持续发展做出积极贡献。

（三）农垦土地资源权属的理论探讨

农垦土地资源权属关系主要包括：所有权、使用权和经营权。农垦国有土地所有权为国家；土地使用权为土地使用权凭据载明的法人实体（包括农垦集团、农场、工厂、科研单位等）和个人；经营权主要体现为农垦土地承包租赁，由农场职工、其他法人实体和个人与农垦土地使用权人进行承包租赁。

农垦绝大部分土地资源都在农村，而且，国有农用地占比也很高。与农垦土地资源权属关系不同的是，农村土地资源权属关系主要包括：所有权、承包权和经营权，二者的区别主要体现在：

第一，在所有权方面，农垦国有土地资源（包括国有农用地）的所有权为国家，而农村土地所有权为集体所有。

第二，农垦土地使用权主要是通过划拨、出让、作价出资或授权经营等形式取得；农村集体土地承包权则由作为本集体经济组织成员的农民家庭承包，不论经营权如何流转，集体土地承包权都属于农民家庭。

第三，在经营权方面，农垦土地主要体现为农场职工、其他法人实体和个人与农垦土地使用权人之间的承包租赁，农场员工的子弟在职工退休后有优先承包租赁的权利；农村集体土地的经营权人通过流转获得经营权，依法享有在一定期限内占有、耕作并取得相应收益的权利，有权在流转合同到期后按照同等条件优先续租承包土地。

第四，在关系隶属方面，农垦的员工是国有企业职工，与农垦企业之间的关系是劳动合同关系上的债权关系；而农民和所在集体经济组织的关系是自有物权基础上的承包经营关系。

（四）农垦主要土地资源类型优化利用的理论探讨

从土地资源类型来讲，农垦土地资源优化利用主要涉及农用地、建设用地和宅基地，因此，从这三个方面进行分类探讨。

1. 农垦农用地优化利用的理论探讨

农垦农用地由国家无偿划拨使用，但法律上对国有农用地使用权的取得、权能等都缺乏明确的规定，导致实践操作中存在很多偏差，需研究并进一步明确国有农用地的权属权能。国有农用地使用权在法律上没有明确的规定，导致在保护和利用中缺乏法律依据，同时，国有农用地权利结构和构成、国有农用地使用权取得和处置权益等，都需要从充分体现国家意志和所有者权益的角度来进行规范和完善。

从理论上，应当制定明晰的国有农用地法律法规，梳理我国现有土地法律权利体系，明确国有农用地权利与其他权利的关系定位；厘清国有农用地权利结构，明确权利构成；从充分体现国家意志和所有者权益的角度，提出国有农用地使用权取得和处置权益意见。明确农用地使用权出让、租赁、作价出资（入股）、授权经营等方式的法律定位；完善农用地使用权各种处置方式的实施路径，允许根据需要采取出让、租赁、出价出资（入股）、授权经营和保留划拨用地等方式处置；立足农业实际，细化农用地有偿使用的前提条件和处置种类，明确具体路径、办法、使用权期限、到期后的处置办法、相关税费等；分析国有农用地使用权处置的限制性条件，防止国有农用地尤其是耕地资源流失，从而深入推进国有农用地有偿使用制度改革，推动农垦土地资源的优化利用。

比如，以农用地资产化为例进行分析，其困难主要体现为：审批政策操作性弱、优惠资本化的政策亟待完善、农用地评估价值偏低、农用地资产处置流程不规范等。因此在实际工作中应规范农用地的资本化：首先，经省级人民政府批准，推进农垦土地授权经营或作价出资，由农垦集团公司会同土地所在市县国土部门委托有资质的评估机构评估，由所在市县国土部门初审确认土地权利人和土地价值后，形成农用地授权经营、作价出资处置具体方案报省级国土部门审核、省级财政部门审批；其次，在农用地价值评估方面，在现行《农用地估价规程》、分等定级价格标准基础上，综合考量农用地长期收益、预期收益及其生存保障功能价值，对进入试点的农用地，经省级国土部门和财政部门批准后，可以在农垦集团公司所属子公司、分公司和控股公司采取出资入账、划转、出租、抵押担保和保留划拨用地等多种形式的有偿使用等。

2. 农垦建设用地优化利用的理论探讨

在建设用地方面，现行法律法规对划拨给农垦使用的没有明确界定。针对农垦现有划拨建设用地的特点，按照《关于进一步推进农垦改革发展的意见》的精神，农垦现有划拨建设用地，经批准办理有偿使用手续后，可以转让、出租、抵押或改变用途，需办理出让手续的，可以采取协议方式。建设用地的管理规定相对于农用地来讲，比较规范。各垦区应制定详细的实施细则，以推动农垦建设用地的进一步规范使用。

同样，以农垦建设用地资本化为例，可在若干垦区开展试点。试点垦区农垦集团公司按照采取出让、租赁、作价出资（入股）、授权经营或保留划拨地等方式处置。对进入试点的各类建设用地，经省级国土部门和财政部门批准后，可以在农垦集团公司所属子公司、分公司、控股公司通过出资入账、划转、转让、出租和保留划拨建设用地予以处置；涉及改变用途的应补缴不同用途土地出让金差价，涉及内部自用或对外合作需要办理土地出让手续的，可以采取协议出让的方式进行，出让收入全部上缴省级财政，省级财政根据项目需要通过财政预算渠道将主要出让金用于农垦土地开发、农田和基础设施建设和基本公共服务设施等。

3. 农垦宅基地优化利用的理论探讨

在职工住宅用地方面，现行法律法规对划拨给国有农场使用的都没有明确界定。在大多数垦区，农垦职工都是通过垦区集体进行城镇化建设的方式，享有住宅；只有少数垦区有职工具有宅基地。

对于此类情况，建议不再新增宅基地用地，主要由农场通过城镇化建设的方式，使职工享有住房，同时，具备条件的，可使职工获得房屋产权。

（五）研究方法

本部分采取理论联系实际、规范分析与实证分析相结合、定量分析与定性分析并重的方法展开。

以农垦系统中具有代表性垦区以及国有农场为例，主要运用调研分析的方法，分析农垦土地资源利用的现状、影响因素以及存在的主要问题，并针对存在问题提出可行性政策建议。

1. 调研对象

我国农垦可分为新疆生产建设兵团、中央直属垦区和地方管理垦区三类。其中，新疆生产建设兵团由中央直接进行管理，属于党政军企合一的体制；中央直属垦区包括黑龙江垦区和广东垦区，属于部省双重领导，以省为主；地方管理的垦区为省直属和市县管理的垦区。

在这三大类垦区中，新疆生产建设兵团受中央政府和新疆维吾尔自治区政府的双重管辖，享有省级的权限，并在国民经济和社会发展方面实行国家计划单列，从农业部农垦局层面很难对其改革发展有明确的指导作用。黑龙江和广东两个垦区，属于省部双重领导，以省为主，改革发展中也具有复杂性和特殊性。

鉴于以上原因，本书在选取调研案例中，以第三类（地方管理垦区）为主进行调研，主要对安徽农垦、江西农垦、上海农垦、宁夏农垦、广西农垦等垦区的管理者、职工，以及金融机构等相关单位的人员进行调研。

同时，对于新疆生产建设兵团、黑龙江垦区和广东垦区土地资源利用中的共性问题，在"农垦土地资源优化利用的多维视角分析"中也会做总体的分析。

2. 调研方法

（1）问卷调查

制定《农垦土地资源优化利用调研提纲》，主要涉及垦区土地资源基本情况、土地管理机制、土地规划使用、土地确权、土地承包经营体制、土地适度规模化经营和土地资本化运作等内容，并对调研垦区进行了调查。

（2）专项工作会议

2015 年 7 月和 2016 年 3 月，农业部农垦局分别召开了"农垦土地经营管理工作研讨会"和"农垦国有农用地有偿使用制度专题研讨会"，农业部农垦局、国土资源部、相关垦区、高校研究机构的领导、专家和工作人员参会，对农垦土地经营管理、国有农用地有偿使用等内容进行了分析和讨论。

（3）垦区现场调研

先后前往江西农垦、安徽农垦、黑龙江农垦、重庆农垦、上海农垦和广西农垦等垦区，并深入到基层国有农场，与管理干部、基层员工，以及金融机构等相关单位的员工等进行访谈、交流，取得一手调研资料。

3. 调研分类

在调研的垦区中，各地情况差异较大：有市场化集团化程度高的垦区、有改革推进中具有典型代表的垦区、有在土地资源利用某些方面特点突出的垦区。因此，根据调研的情况，在案例分析中，将农垦土地资源利用的情况分为三种模式进行分析：

一是权属清晰的市场化土地资源利用模式，以上海农垦为例。上海农垦集团化、市场化运作程度高，土地确权程度高，土地资源利用情况在农垦中走在前列。

二是改革推进中的土地资源利用模式，以安徽农垦、广西农垦和江西农垦为例。其中，安徽农垦和广西农垦为集团化垦区，江西农垦为非集团化垦区。

三是土地资源资本化运作程度高、运作良好的模式，主要以宁夏农垦和甘肃农垦为例进行分析。

此外，对于进行实地调研的垦区，有的虽然没有作为单独案例进行分析，但其土地资源利用中的突出特点在"农垦土地资源优化利用的多维视角分析"中做了归纳分析。

二、垦区土地资源管理机制的调研分析

农垦土地资源管理机制的调研主要从农垦土地资源管理的外部机制（包含土地规划）和内部机制等方面进行，调研对象选取了上海农垦、安徽农垦、广西农垦和江西农垦，其中上海农垦是属于权属清晰的市场化土地资源利用模式，安徽农垦、广西农垦和江西农垦是属于改革推进中的土地资源利用模式。

（一）垦区土地资源管理机制的现状调研

1. 上海农垦土地资源管理机制的调研分析

（1）上海农垦的基本情况

2006 年，上海农垦改制为光明食品（集团）有限公司，是由原上海农工商集团、益民食品集团和糖业烟酒集团三家组合建立的集团，其旗下企业一产、二产、三产所涉及行业多达 50 个、各类企业 600 多家。

光明食品（集团）有限公司目前股东为上海市国有资产监督管理委员会、上海城投（集团）有限公司和上海国盛（集团）有限公司，2015 年实现营业收入超过 1474 亿元。光明食品集团拥有五家上市公司，其中光明乳业、梅林股份、光明地产和金枫酒业四家为中国 A 股上市公司，新西兰新莱特乳业为新西兰主板上市企业。

上海光明食品集团通过规范的公司制改造和内外资源整合重组，打造出以食品产业链为核心的大型现代都市产业集团，在农垦的集团化、股份化和产业化改革等方面都走在了前列。

（2）上海农垦土地资源基本情况

上海农垦共有土地资源 98 万亩（约 600 平方公里），主要分布在上海、江苏和安徽，其中上海有 50 万亩，江苏有 45 万亩。

在土地分类中，农用地占比为 95%，建设用地占比为 4%，没有宅基地（职工基本都住具有产权的商品房）。

耕种作物主要为水稻、小麦、蔬菜等。耕地基本上都经过标准化改造，质量较好。

（3）上海农垦土地资源利用的主要特点

上海垦区在农垦内属于市场化、集团化运作程度高的垦区，集团内部对土地资源非常重视，制定了比较规范的土地管理制度，对土地进行严格的管理。上海垦区目前土地确权基本完成，确权率为 99%；基本上没有土地纠纷问题。在土地资本化运作方面，集团希望土地资源的产权清晰、简单，并且都掌握在自己手中，因此，资本化运作的方式较少，这也与现阶段光明食品集团整体发展和资金实力较强，较少运用以土地为标的融资方式有关；由于历史原因，存在一定规模的土地抵银行债务情况，目前上海农垦正在积极协商收回土地。在承包经营和适度规模化经营方面，上海垦区基本上是自身进行大规模的经营，很少对外进行承包，只有少量的经济作物土地对外短期承包，并且集团有明确的承包管理规定。

（4）上海土地资源的管理机制

第一，外部管理机制。

与全国主要农垦一致，农垦土地均由当地县区级以上政府机构进行行政管理，同时土地规划也由相应政府机构制定。

第二，内部管理机制。

在内部管理机制方面，集团于 2010 年 9 月 20 日经集团总裁办公室通过了《光明食品（集团）有限公司房屋土地管理试行办法》，分别对房屋土地管理机构与管理职责、审批及备案流程、房屋土地权利人的确权管理、农用地的使用和管理等方面进行了规范。

（5）上海农垦土地资源管理机制案例——子公司调研

上海农垦土地资源管理机制案例的调研为光明食品集团子公司上海五四有限公司。

基本情况。光明食品集团上海五四有限公司为国有独资企业，2014年底拥有全资和控股企业51家，参股企业12家。2008年，被列为集团完善法人治理结构、加强董事会建设6家试点单位之一，集团委派外部董事、监事进入公司董事会、监事会。公司地域面积63.8平方公里，其中耕地面积40020万亩。

土地资源管理主要特点。第一，外部管理机制：需加强与当地土地管理部门的交流与沟通。农垦土地均由当地县区级以上政府机构进行行政管理，规划也由当地政府机构进行。调研中公司反映：当地政府在做土地规划时，一般不提前征求垦区的意见，双方就农用地和建设用地指标的规模、区域划分等有时会存在一定的分歧。因此要加强与当地土地管理部门在规划制定等方面的交流与沟通。第二，内部管理机制：按照集团要求细化管理制度。按照集团的土地管理试行办法，并结合五四有限公司的实际情况，细化制定了管理办法。设有专门的土地专管员管理土地。

2. 安徽农垦土地资源管理机制的调研分析

（1）安徽农垦的基本情况

安徽省农垦集团有限公司是1998年经省政府批准由原省农垦农工商联合总公司（前身为省农垦厅）改制成立的国有独资公司，2004年纳入省国资委管理序列，与安徽省农垦事业管理局系一个机构、两块牌子、一套班子。安徽农垦集团现有国有全资和控股企业30户，其中农茶果场20个，主要分布在皖南4个、沿江2个、沿淮及淮北14个。垦区总人口12.48万人，职工2.49万人，离退休3.7万人。拥有土地面积近100万亩。垦区拥有农业科研所15个，科技人员2300多人。在产业结构上，沿淮农场以生产经营小麦和大豆为主，沿江农场以生产经营水稻、大豆为主，皖南茶场以生产经营茶叶和苗木为主，淮北砀山果园场以生产经营水果为主。2014年垦区实现生产总值 23.88 亿元、公司营业收入 29.73 亿元，利润总额 2.44 亿元，从 2003 年开始实现了连续 12 年盈利。

2014 年，安徽农垦集团成功完成土地作价注资，资产总额达 322 亿元，注册资本 100 亿元，位列省属企业第二；先后组建了小额贷款公司、参股国元农业保险集团和县域农商行、发起成立安徽省第一家种业基金、发行中票等，类金融行业逐渐成为安徽农垦的重要产业。

（2）安徽农垦土地资源的基本情况

安徽垦区共有 20 个农场，分布在全省 10 个地市 20 个县（市）境内，土地总面积 96.64 万亩，其中，农用地 74.16 万亩（耕地 52.32 万亩，园地 7.67 万亩，林地 13.66 万亩，草地 0.53 万亩），建设用地 7.96 万亩，未利用地 14.51 万亩。海外（津巴布韦）农场 10 个，土地面积 18 万亩。

（3）安徽农垦土地资源管理机制的主要特征

土地管理体制：省国土厅在垦区设立土地管理分局。

1998 年，根据安徽省人民政府《关于安徽省农垦农工商联合总公司改制为安徽省农垦集团有限公司有关问题的批复》（皖政秘〔1998〕25 号）和《关于安徽省农垦集团土地管理有关问题的复函》（皖土法字〔1998〕第 120 号）规定，省国土资源部（原省土地管理局）在安徽垦区设立了农垦土地管理分局，授权分局负责安徽垦区内的土地法律法规宣传、土地规划、土地登记、耕地保护、建设用地和监督检查等工作。农场设立管理所（科），负责所在农场土地日常管理工作。

省国土厅在垦区设立土地管理分局的重要意义在于：在土地法律法规制定、规划制定、工作执行、监督检查等方面，安徽农垦可以与省国土厅进行充分的汇报和交流，这将有利于维护安徽农垦国有土地的权利、保护国有土地资源。

土地管理政策：省国土厅出台系列农垦土地管理政策，有力推动了垦区土地资源的合理利用。

为进一步明确农垦土地分局管理职能，支持农垦发展，安徽省国土厅出台了一系列农垦土地使用管理的相关政策，主要有：（1）1999 年，省土地管理局与省农垦事业管理局联合下发了《安徽省农垦集团有限公司土地经营管理办法》（皖土法〔1999〕第 81 号）；(2) 2001 年，为推动安徽农垦土地确权工作，省国土厅出台了《关于农垦系统土地登记发证有关问题的函》（皖国土资函〔2001〕250 号）；(3) 2009 年，为进一步增强农垦土地管理工作政策的可操作性，省国土厅与农垦事业管理局联合下发了《转发国土资源部农业部〈关于加强国有农场土地使用管理的意见〉的通知》（皖国土资函〔2009〕5 号）；(4) 2009 年，为保护农垦耕地资源、提高耕地质量、规范农垦土地开发复垦整理项目管理，省国土厅下发了《关于印发〈安徽省农垦和监狱系统土地开发复垦整理项目管理暂行规定〉的通知》（皖国土资函〔2009〕33 号）；(5) 2009 年，为支持农垦经济社会发展对用地的需要，省国土厅下发《关于认真做好国有农场土地利用总体规划修编工作的通知》（皖国土资函〔2009〕1717 号）。

3. 广西农垦土地资源管理机制的调研分析

（1）广西农垦的基本情况

广西农垦创建于 1951 年，现辖 104 家直属国有企事业单位、14 个特色产业园，拥有 252 万亩国有土地，分布在广西 14 个县（区），国有资产总额 365 亿元，总人口 38 万（其中农垦在职职工 3.1 万人，离退休职工 3.9 万人）。广西农垦局和农垦集团实行两块牌子一套人马的管理体制，农垦局是自治区人民政府特设行政管理机构，行使相当于地级市计划、财政、税收、土地管理、建设规划和国资管理等经济管理权限；广西农垦集团是自治区人民政府直属国有大型企业。

（2）广西农垦土地资源基本情况分析

土地类型分布。在广西农垦 252 万亩土地规模中，土地性质（类型）如下：

① 农用地 152 万亩，占总面积 60.32%，其中耕地 50.64 万亩、园地 52.07 万亩、林地 37.46 万亩、草地 3.51 万亩、其他农用地 8.32 万亩；

② 建设用地 19.5 万亩，占总面积的 7.74%；

③ 未利用地（沙地、裸岩石砾地、沼泽地、河湖水面、树林郁闭度小于 0.1 的其他草地即荒地）约 26 万亩，占总面积的 10.32%；

④ 失管地（历年因农场管理不善或为理顺关系与周边单位和村民集体口头约定将土地交给他们使用，后又无书面凭证可查而土地已被其他单位或个人使用并办理了其他单位和个人名下土地证的土地）17.9 万亩，占总面积的 7.1%；

⑤ 纠纷被占地 36.6 万亩，占总面积的 14.52%。

在以上总面积中，毗邻城镇 70 万亩（其中农用地 53 万亩），占总面积的 27%。

土地区域分布。广西农垦的土地资源的区域分布主要如下：地处 14 个地级市的 41 个县区，主要分布在 48 个农场。

（3）广西农垦土地资源管理机制的调研分析

外部管理机制。由当地土地管理部门负责，工作主要包括：土地利用总体规划的编制、评审和审批权，出让方案的最终制定权和出让底价确定及出让实施权，土地确权登记发证审批权，决定权以及土地纠纷调处权利，基本农田保护区的划定和保护实施，土地执法监察等。农垦局可组织材料申办新增建设用地报批，可以委托市县国土部门挂牌出让建设用地，出让金按规定返还农垦局。

内部管理机制。首先，农垦集团内设土地管理部门——土地资源管理处。广西壮族自治区人民政府《关于组建广西农垦集团有限责任公司的通知》（桂政发〔1996〕107 号）规定："原农垦辖区内的国有土地，作为特殊形态的国有资产，一并授权农垦集团有限责任公司经营管理。为了有效地保护、开发和利用好这些土地资源，同意农垦集团有限责任公司内部设立土地管理机构，业务上受自治区土地管理局指导。机构设置的有关事宜，由广西农垦集团有限责任公司与自治区土地管理局商定。"

1997 年 10 月 17 日广西壮族自治区机构编制委员会印发《广西壮族自治区农垦集团有限责任公司（自治区农垦局）内设机构和人员编制》的通知，第十三条规定：土地资源管理处的职能为——在自治区土地管理局的业务指导下，按照自治区人民政府的授权，做好集团公司土地资源的调查分类，制定土地使用和发展规划，提出集团公司土地使用管理办法；管理所属企事业单位的小城镇规划；审查报批集团公司管辖的国有土地资源的规划、使用与开发，审查报批农垦国有土地使用权出让、转让、出租、抵押。

2006 年 7 月 27 日广西壮族自治区人民政府《关于授予自治区农垦局相关管理职能和落实有关政策实施方案的通知》（桂政发〔2006〕29 号）规定："加强农垦管区内国土资源管理。自治区国土资源厅向农垦派驻土地管理机构，在服从当地土地利用总体规划的前提下，按照国家有关规划的要求，编制农垦管区内土地利用和开发整理等专项规划，以及农场土地利用规划；负责农垦管区内农用地转用报批材料的组织工作，制定具体的供地方案；成立农垦土地储备中心，委托地方国土资源部门办理农垦管区内国有土地出让手续；配合地方人民政府做好土地确权登记和土地权属纠纷调处工作；依法组织开展农垦管区内国有土地利用的执法监督和查处工作"。同时规定："由自治区国土资源厅牵头，督促各市、县（市）加快农垦管区内国有土地确权发证工作。从 2006 年起，自治区在分解下达土地年度计划指标方案中，切块单列农垦系统指标"。"农垦国有土地出让金由农垦企业所在市、县（市）财政部门负责收取。土地出让金除上缴中央部分外，其余全部上缴自治区财政，扣除自治区本级留存外，其它返还自治区农垦局"。由于农垦局"定机构、定职能、定人员"的"三定方案"一直未能出台，自治区国土部门也就至今未向农垦局（农垦集团公司）派出土地管理机构。

其次，农场设立土地管理机构。1998 年以来，各单位特别是 48 个农场，高度重视土地管理机构建设，现有专职土管机构的单位 40 家，其他单位大多数设兼职土管机构。申报过成立乡镇级土管所的农场 23 家，现拥有地方赋予职能土地所的 13 家。主要行使乡镇国土所有关开展土地确权登记发证前期工作、调处土地纠纷、发现和报告并配合实施违法用地查处的职能。统计到 2014 年底，管区土地管理机构人员总数 265 人，其中专职土管 163 人，专职护场队 87 人，兼职护场队 429 人。其中大专 85 人，本科 42 人，硕士生 12 人。

4. 江西农垦土地资源管理机制的调研分析

（1）江西农垦的基本情况

江西农垦事业开创于 1957 年，经过半个多世纪的艰苦创业，江西省农垦已经建设成为以农业为基础、一、二、三产业全面发展的经济社会系统，成为江西省"三农"工作的重要组成部分。2014 年，江西农垦拥有总人口 126 万人，实现生产总值 199.39 亿元，完成工农业总产值 661.95 亿元。

在管理体制上，江西农垦为非集团化管理的垦区，设有省农垦事业管理办公室（以下简称农垦办）。江西农垦办为全省农垦的统筹职能管理部门，农垦办主任由省农业厅副厅长兼任。江西农垦的农场主要为市县管理，分布在 11 个市，分别为：南昌农垦、九江农垦、上饶农垦、抚州农垦、宜春农垦、吉安农垦、赣州农垦、景德镇农垦、萍乡农垦、新余农垦、鹰潭农垦。

（2）江西农垦土地资源的基本情况

截至 2015 年底，江西农垦有 156 个垦殖场（企业集团），土地总面积 1037 万亩，其中：国有 660 万亩，集体土地 377 万亩；农用地 889 万亩（含耕地 114 万亩，林地 699.8 万亩，园地 21.7 万亩），建设用地 67 万亩，未利用地 63.9 万亩。

江西省农垦国有土地区域分散，分布呈复杂、分散态势，1037 万亩土地分布在全省 78 个市县区（江西共 100 个市县区），以山区、滨湖地区为主，也有少量的土地分布在城乡接合部、城市中心地带，土地升值潜力较大。

（3）江西农垦土地资源管理机制的主要特征

① 土地管理机制：属地化管理

江西农垦于 2000 年实施农场改革，实行成建制属地管理后，省属农场全部移交地方管理。农场国有土地纳入地方政府管辖。部分原省属场（集团）设有独立的土地管理机构，农场属地管理后已收编，目前农场已无专职机构承担土地管理职能，但农场内设有土地办（所），仅承担农场内部土地承包经营、土地流转的协调、与当地政府、土地管理机构对接服务职能，无土地开发利用等行政审批权限。

② 土地规划使用：属地管理后地方政府很少征求农场意见

农场属地管理后，土地利用规划纳入地方土地规划范畴，少数地方会征询农场主管部门、农场意见后编制规划。但多数地方土地利用规划并未将农垦土地利用规划纳入其中，成为制约农场用地的瓶颈。

（二）垦区土地资源管理机制的调研小结

1. 垦区土地资源管理机制的主要特征

（1）外部管理机制

在外部管理机制方面，主要分为三类：

表 4.2　调研垦区土地资源管理机制比较表

垦区名称	垦区管理模式	调研对象	土地资源外部管理机制	土地资源内部管理机制
上海	统一管理，成立了光明集团，市场化、集团化运作程度高	光明集团、上海五四有限公司	由当地县区级以上政府机构进行行政管理和规划	集团资产经营部是房屋土地主管部门，各下属机构有土地管理机构或人员
安徽	统一管理，农垦集团与省农垦事业管理局实行两块牌子、一套班子	安徽农垦集团、龙亢农场、方邱湖农场	国土部门派驻，省国土厅在垦区设立土地管理分局，农场设立管理所（科）	集团对土地资源统一管理，设置有相应的管理部门
广西	统一管理，农垦局和农垦集团实行两块牌子一套人马	广西农垦集团、明阳工业区、北部湾农场	有政策规定可派驻土地管理机构，但由于各种原因，尚未派驻	农垦集团内设土地管理部门——土地资源管理处，农场设立土地管理机构
江西	非集团化管理垦区，省农垦办为统筹管理部门，农场主要为市县管理	五星垦殖场（鲤鱼洲）、共青垦殖场、云山集团、红星垦殖场	由当地县区级以上政府机构进行行政管理和规划	由各个农场管理自身的土地资源

第一，在垦区内部设立了农垦土地管理分局，以安徽农垦为代表。省国土资源部在安徽垦区设立了农垦土地管理分局，授权分局负责垦区土地法律法规宣传、土地规划、土地登记、耕地保护、建设用地和监督检查等管理工作。农场设立管理所（科），负责所在农场土地管理日常工作。

这种管理体制下，土地管理部门直接在垦区设立派驻机构，在土地规划、日常管理方面都能够与垦区有充分的交流和沟通，工作配合比较紧密。

第二，有政策规定可以向农垦派驻土地管理机构，但由于各种原因，尚未派驻，以广西农垦为代表。2006 年 7 月 27 日广西壮族自治区人民政府《关于授予自治区农垦局相关管理职能和落实有关政策实施方案的通知》（桂政发〔2006〕29 号）中规定：“加强农垦管区内国土资源管理。自治区国土资源厅向农垦派驻土地管理机构”。由于农垦局“定机构、定职能、定人员”的“三定方案”一直未能出台，自治区国土部门也就一直未向农垦局（农垦集团公司）派出土地管理机构。

第三，土地管理部门未向农垦派驻土地管理机构，在调研垦区中以上海垦区和江西垦区为代表。在农垦中的大多数垦区均属于此类情况，土地管理部门未向垦区派驻管理机构。土地日常管理由当地县区级以上政府机构进行管理。

（2）内部管理机制

各个垦区均有自己内部的管理制度和管理机构。

上海农垦于 2010 年 9 月 20 日经集团总裁办公室通过了《光明食品（集团）有限公司房屋土地管理试行办法》，分别从房屋土地管理机构与管理职责、审批及备案流程、房屋土地权利人的确权管理、农用地的使用和管理等方面进行了规范。集团公司资产经营部是集团公司系统房屋土地的主管部门，各下属机构具有相应的土地管理机构或人员，上海五四有限公司设有专门的土地专管员管理土地。

广西农垦于 2015 年 3 月 20 日印发了《广西农垦国有土地经营管理办法（试行）》，分别从土地规划与利用、土地资产处置和收益分配、地籍管理和耕地保护、土地执法监督检查和土地经营管理奖惩等方面对广西农垦的土地资源经营管理进行了规范。同时，在农垦集团内设土地管理部门——土地资源管理处，在农场设立土地管理机构。

2. 垦区土地资源管理机制存在的主要问题

一是规划计划管理滞后、土地开发建设管理顶层设计须改革、出让收入扶持农垦缺乏统一政策、垦区依规守法用地意识亟待增强。

二是国土资源管理部门与农垦单位沟通交流机制不顺畅，部分调研单位反馈国土资源部门在制定规划时很少征求或考虑农垦的意见，双方就农用地和建设用地指标的规模、区域划分等有时会存在一定的分歧。如地方在编制土地利用总体规划时未将农垦纳入年度规划等。

三是管理体制不顺，农场对土地的处置权限受到制约。在部分农场下放到地方的垦区，当地政府对农场拥有全部的管辖权，土地资源作为农垦企业目前最重要的生产要素，农垦企业除了内部对自身土地资源进行发包、流转外，不能充分利用土地资源参与农场自身的各种经济活动，土地所得收益农场很难享有应得的部分。

3. 健全垦区土地资源管理机制的建议

第一，健全农垦土地的管理沟通制度。建议各层面多呼吁，多支持，多协调、督促地方政府、国土资源管理部门共同推动农垦国有土地管理工作，促进国有农场土地监管、维权工作，维护农场利益。

第二，为适应新时期农垦国有土地管理的需要，省级国土厅向具有省级层面符合一定条件的农垦集团公司派驻农垦土地管理分局；在有农场的区市范围内，选择一个中心农场设立土地管理所，赋予其乡镇级国土资源管理所职能。对不符合条件未能派驻的，农垦单位应加强与国土资源部门的汇报、交流和沟通，国土资源部门也应在制定相应土地规划时积极听取和采纳农垦单位的意见和建议。

第三，定期开展农垦国有土地执法检查。重点检查内容为：国有农垦土地使用过程中不合理、不合法行为，包括但不限于国有农场土地出让收益、土地征用补偿未落实、土地侵占等系列侵害农场利益的行为，从上级层面督促贯彻落实保障农场利益的相关政策和规定。

第四，充分考虑农垦实际情况，科学合理编制农垦土地利用规划，实现农垦和城乡土地利用规划编制的统筹协调。在地方政府的土地利用总体规划、城乡发展规划中，将农垦纳入，统筹兼顾农垦的城镇化建设、产业结构调整战略，使农垦能够真正融入到地方的经济发展中，做到垦地共同发展。

三、垦区土地资源管理方式的调研分析

垦区土地资源管理方式主要从土地资源内部管理流程、土地确权、承包经营等内容进行分析。

（一）上海农垦土地资源管理方式的调研分析

上海农垦在经营管理方式上采取集团集中管理，具有明确的土地审批和备案流程，强化垦区农用地的使用与管理，加强土地确权，以自身规模化经营运作为主、少量对外承包经营。具体情况如下：

1. 认真执行垦区内土地审批及备案流程

上海垦区对垦区内的土地有着比较规范的审批及备案流程，并在工作中认真执行，主要包括对集团所属企业房屋土地征收审批、建设用地审批、对农用地承包经营审批、实行备案确认制的承包经营和租赁行为等内容。

2. 强化垦区农用地的使用与管理

集团对农用地的使用和管理规定如下：

第一，子公司要按照全面规划、合理使用、用养结合、严格保护的方针，在编制和修改基本农田保护方案上报区县房产管理部门前，先上报集团公司审核。要切实使用好、保护好农用地，保证基本农田总量不减，质量不降低。

第二，子公司在编制和修改土地利用总体规划方案上报区县房地管理部门前，先上报集团公司审核。子公司要科学有序地安排土地开发整理复垦，土地开发整理复垦计划必须经集团公司批准同意后，再按照区县有关规定程序操作。

第三，对已划拨给市城投公司的土地、已抵扣金融机构和非金融机构（包括其中已由市土地储备中心收储而尚未移交使用、管理权）的土地，在集团公司及集团所属企业继续使用并行使生产经营管理权期间，集团公司及集团所属企业除按照本办法规定并加强管理，同时还需处理好抵扣（包括收储）土地中的有关遗留问题，及时办理土地承包经营（返租）签约等手续，维持原有土地使用状态，未经集团公司同意，不得擅自进行项目建设、建筑物拆除改造等改变原有土地房屋使用状态的处置行为。

第四，在上述土地变性和市场化运作时，集团公司及集团所属企业应及时、妥善处理好土地处置中涉及的土地补偿、人员安置等有关历史遗留问题。

3. 土地资源以自身规模化经营运作为主，少量对外承包经营

上海垦区房屋土地管理试行办法对土地承包经营的定义为：农场公司根据农业生产的实际需要，将管理使用的部分农用土地在一定的期限内承包给外单位或个人经营、使用，并收取一定承包费（租金）的行为，在此期间，承包者在合法经营的前提下具有完全的生产经营自主权，对经营风险承担全部责任，并享有完整的收益权，其实质是一种土地租赁行为。除此之外的以及单位内部以经营考核为目的的承包经营行为和出于保护、调节土壤的需要与主要农作物轮作茬季节性承包土地的经营行为除外。

上海垦区基本上是自身进行大规模的经营，很少对外进行承包，只有少量的经济作物土地对外短期承包，并且集团有明确的承包管理规定。在承包期限上，集团还有规定：协议签署时间不能超过管理者的任期。

上海垦区同时在苏北承包了1万亩进行规模化经营，租金为800元/亩。

4. 土地资源确权工作：基本完成

上海光明集团属于市场化、集团化程度比较高的垦区。在土地确权方

面，上海垦区目前土地确权基本完成，确权率为99%；基本上不存在土地纠纷的相关问题。

5. 子公司案例：上海五四有限公司土地资源经营方式调研分析

（1）承包经营及适度规模化经营：以自身规模化经营为主

与集团公司相一致，上海五四公司基本上也是自身进行大规模的经营，很少对外进行承包，只有少量的经济作物土地对外短期承包。

公司的核心主业为蔬菜的种、加、销，拥有2.48万亩露地设施菜田、200多公顷连片设施大棚、一座占地700亩的4A级"都市菜园"蔬菜主题公园和三个农产品加工中心，并在市郊及云南西双版纳、浙江缙云和临安等地拥有数万亩紧密合作型的蔬菜基地，建有一家日产180吨食用菌的工厂化食用菌生产企业。公司拥有3000亩精养虾塘，年产南美白对虾约1300吨。

（2）土地使用方式的特殊情况说明

上海五四公司的发展目标是：以机械化、工厂化为方向推进现代农业发展，加快食用菌"三北战略"的实施，争取2—3年内在华北、东北和西北地区新建食用菌工厂化生产基地，实现食用菌产能全国布局；大力推进工厂化蔬菜生产项目建设，推进蔬菜生产方式向机械化、工厂化转型、提升。

按照现代农业的发展模式，五四有限公司总投资4亿元新建了集研发、培养、生产和销售于一体的高新技术企业——上海光明森源生物科技有限公司。目前公司在上海有两个现代农业项目，这两个项目占地均超过100亩，在河北邢台也正在建设一个现代农业项目。该公司是光明食品（集团）旗下为落实和推进上海市政府"年上市50万吨蔬菜供应计划"的计划目标，以满足老百姓的菜篮子需求为己任，拓展延伸"从田头到餐桌"现代农产品产业链。自2011年12月9日成立以来，已建成颇具规模的食用菌生产、加工厂房，生产多品种食用菌鲜菇。

在调研中，该公司反映：公司从事的是现代农业，用八层立体空间培养符合安全标准的食用菌菇，生产效率、经济效益和社会效益均不错，但在土地使用方面，土地管理部门认为其属于工业加工厂，土地性质应为建设用地，才可以进行硬化处理。

该公司认为：公司主要从事的是现代农业生产，与大棚种植的性质有一定类似，希望能够按照设施农业用地办理相关用地手续。同时，按照相关规定，农业用地中千分之六的比例可以作为设施农业用地进行硬化，但又远远无法满足公司发展需求。该公司提出，因现代农业生产效率更高，可以参照日本等国的做法，对现代农业生产项目的用地，进行科学考察和考证，建立一个系统可行的标准来规定土地硬化的情况，允许在农业用地上进行生产，如果以后不生产了，再将土地复垦，恢复成可耕种的土地。

（二）安徽农垦土地资源管理方式的调研分析

1. 认真执行土地总体规划、稳步推进土地整治和开发复垦

（1）认真执行土地利用总体规划，落实用途管制制度

为加强对农垦土地使用管理，保护耕地资源，节约使用土地，规范用地办法和程序，促进农垦经济与社会和谐持续发展，安徽农垦于 2010 年出台了《安徽省农垦集团有限公司（安徽省农垦事业管理局）土地使用管理办法》（垦集土〔2010〕43 号），对地籍管理、土地规划、耕地保护、土地利用与处置、土地抵押、土地有偿使用与收益管理等进行详细规定，特别强调落实最严格的耕地保护制度，加强土地开发复垦整理，明确土地租赁报批权限，同时明确所有土地的处置均需报集团审批。据统计，最近一轮规划修编全垦区新增建设用地面积 2.60 万亩、耕地保有量 44.56 万亩，基本农田保护面积为 31.04 万亩。

（2）稳步推进土地整治和土地开发复垦工作

在土地整治方面，安徽农垦从 2007 年开展此项工作，共实施了 5 个土地整治项目，项目区建设规模 1.28 万亩，总投资 1.98 亿元。从 2013 年开展的高标准基本农田建设，项目区建设规模 15 万余亩，总投资 7500 万元。

在土地开发复垦方面，根据皖国土资函〔2009〕33 号文的要求，农垦集团公司成立了安徽皖垦土地开发复垦有限公司，并于 2009 年 8 月 8 日正

式挂牌运作。复垦公司以完成省国土资源厅下达任务为目标，以服务农场为宗旨，开展农垦土地开发复垦整理工作。公司累计申报的土地开发复垦项目53个，经批准立项的项目有30个，建设总规模达11836亩，实现新增耕地面积9795亩（其中2015年新增耕地面积770.69亩）。

2. 土地承包经营体制：深化"两田制"改革，推进土地经营权流转

2003年，为稳定和完善以职工家庭农场经营为基础的统分结合双层经营体制，进一步确立家庭农场的市场主体地位，提高农垦经济效益和职工收入，促进农垦农业集约化规模化经营，安徽农垦实行了"两田制"（身份田和招标田）改革，并出台了《安徽农垦农业用地经营管理改革指导意见》（垦集法〔2003〕102号）：全面实行"两田制"（职工身份田不超过5亩）和三费自理；改土地承包经营为租赁经营，用三年时间逐步过渡到"先交钱、后种田"，探索土地经营权置换职工身份的有效途径。

2005年，为了进一步深化"两田制"改革，规范和完善招标田租赁经营制度，促进农用地流转和集约规模经营，安徽农垦出台了《安徽农垦招标田租赁经营管理暂行办法》（垦集法〔2005〕24号），对发租人和承租人，租赁程序、租赁经营权流转、租赁合同等方面都做出了规定，明确招标田租赁期限除林地外，不应超过5年。向社会自然人或法人发租土地100亩以上200亩以下且租期超过5年的，报集团公司备案；200亩以上且租期超过5年的，报集团公司批准。

2009年，为深化"两田制"改革，规范员工身份田经营权流转行为，推动职工身份田发展高效农业，安徽农垦出台了《关于安徽农垦职工身份田经营权流转若干问题的意见》（垦集法〔2009〕64号），农场设置身份田集中区，坚持依法、自愿和有偿原则，积极稳妥开展身份田经营权流转。

2014年，为进一步深化垦区农业经营管理体制改革，转变发展方式，加快发展现代农业，促进农场增效和职工增收，安徽农垦出台了《安徽农垦关于土地经营权流转工作的指导意见》（垦集法〔2014〕46号）。截止到2015年底，安徽农垦农用地租赁487018亩，其中身份田76579亩，招标田

410439 亩。通过农场有组织地在外流转和服务土地 27.5 万亩，年实现综合效益 2300 万元。

3. 土地资源确权工作：大部分农场已经确权发证

截至 2015 年底，安徽农垦共有土地 96.64 万亩，已完成土地确权面积 91.74 万亩，占土地总面积的 94.93%。已发证面积 81.85 万亩，占土地总面积的 84.70%。安徽农垦 20 个农场中，已全部确权发证农场 18 个，部分确权发证农场 2 个，即白米山农场和皖河农场。

4. 垦地合作：加强垦地合作，盘活土地资源

一是抓住国家战略机遇，与有关市县合作共建成了 7 家工业园区，打造承接产业转移的新平台。安徽农垦 20 个农场中有 12 个位于皖江城市带承接产业转移示范区之内。安徽农垦紧紧抓住这一机遇，以垦地合作共建的工业园区为依托，积极争取政策，承接产业转移，实现共建共赢。截至 2015 年底，与地方政府合作共建了七家工业园区，集团公司累计向合作共建的工业园区提供土地 21532 亩。

二是充分发挥城郊型农场区位优势，合作推进城镇化建设。共合作运作商住用地 2000 余亩，实现收益 8 亿元左右。

5. 农场案例之一：龙亢农场土地资源管理方式调研

在龙亢农场调研，主要了解龙亢农场在快速发展的进程中，在土地资源利用方面的政策措施以及存在的问题。

（1）龙亢农场的基本情况

安徽农垦龙亢农场地处蚌埠市怀远县，面积 36 平方公里，耕地 3 万亩，在职职工 1718 人。2011 年 11 月，龙亢农场被批准为全国首批 24 个农村改革试验区之一。试验区以龙亢农场为核心，涵盖周边怀远县的龙亢镇、河溜镇和徐圩乡，区域总面积 398 平方公里，人口 21 万。目前，龙亢农场是国家农村综合改革试验区、全国农垦现代农业示范区、全国农产品加工创业基

地、全国第三批发展改革试点城镇、安徽省现代农业示范区、安徽现代农业
与新农村研究中心、安徽省农业科学院皖北科技创新中心、安徽省文明小城
镇和安徽省生态镇。

(2) 土地资源利用的政策措施

在龙亢农场土地资源利用过程中，采取了创新两项政策、推进三个
集中、强化规划引领和项目扶持等措施，有效推动了龙亢农垦的快速发展
壮大。

① 创新两项政策

试验区的建立，为垦地双方共同促进区域发展搭建了平台。蚌埠市把
试验区作为西大门加以建设，怀远县把试验区作为副中心加以培育，并给予
龙亢农场（仅农场区域内，不含 3 个乡镇）"两个返还"的扶持政策：一是
土地出让金返还；二是地方税留成返还。

② 推进三个集中

根据试验主题和内容，龙亢农场确立创新垦地合作模式的最终目标是：
农村变农场、农民变市民。在具体发展模式上，实行农业生产现代化、企业
经营园区化和农民居住城镇化"三位一体、协同推进"，即：推动土地向规
模集中、推动产业向园区集中和推动人口向城镇集中。

③ 强化规划引领和项目扶持

一是强化规划引领。根据垦地发展一体化的要求，打破行政区域和体
制界限，编制了试验区总体发展规划（2010—2030 年），并经怀远县政府批
准。同时，通过将农场规划与乡镇规划衔接，编修了试验区整体的经济社会
发展规划、土地利用总体规划、现代农业发展规划、城市体系建设规划等，
设立了项目储备库，指引未来发展方向。

二是强化项目扶持。通过主动汇报对接，龙亢试验区向省财政厅、发
改委、国土厅、农委等单位集中申报了现代农业、土地整治、公益建设等多
个项目，并获得了较好的资金支持。

6. 农场案例之二：方邱湖农场土地资源管理方式调研

在方邱湖农场调研，主要了解该农场在进行垦地合作、创新"走出去"经营模式中进行土地流转经营的情况。

(1) 方邱湖农场的基本情况

方邱湖农场建于 1950 年 5 月，该场位于凤阳县境内，北濒淮河，南依凤阳山支脉，该农场是沿淮一个只有 12000 亩耕地的农场。该农场积极推进垦地合作发展，创新"走出去"经营模式，通过与周边乡镇村联系，加强现场考察摸底，2013 年完成 7950 亩的农村土地流转经营，在该农场主要调研的就是土地流转经营的情况。

(2) 方邱湖农场土地流转经营的基本情况

2013 年方邱湖农场土地流转经营三宗，基本情况为：一是明光市明西后薛村，流转耕地 2450 亩（土地面积 3000 余亩）；二是凤阳小岗村，合作经营 4300 亩土地（耕地 3600 亩）；三是凤阳门台社区西北湖，流转耕地 1200 亩（土地面积 1450 亩）。

(3) 土地流转经营的签约情况

三宗土地合作，合作双方通过不同的方式结缘，均以协议方式进行合作，具体为：

① 明西后薛村，合同期 2013 年 6 月—2025 年 6 月，垦地合作得到明光市农委、农机局、水务局、财政局和明细街道办等单位的支持。

② 凤阳小岗村，由小岗创发公司通过省政府、省农委与集团公司合作，集团公司委托方邱湖与之合作经营。创发公司以土地租金（700 斤水稻，晚籼稻保护价，合 945 元 / 亩之二分之一计 472.5 元）参股、农场以生产管理资金投入参股，合同期 2013 年 5—10 月水稻收获结束。目前，参股合作已结束，现由创发公司独立经营，农场提供技术服务和管理。

③ 凤阳门台社区西北湖，合同期 2013 年 10 月—2025 年 10 月，租金按每亩 800 元（期内不变）。自 10 月 20 日耕整播种开始，正式投产，全部播种小麦。

（4）经营体制

① 明西后薛村

采取模拟股份制管理模式。成立股份公司（模拟），为独立农业经营主体，面向市场，独立运行，单独核算，规模分配，暂不进行工商注册。模拟公司股份设置农场国有股、个人股，以现金入股。农场垫支的土地租金和生产资金按集团公司统一融资利息计算，计入公司成本。

管理机构。成立模拟公司董事会，5 人组成，设立一名监事。公司依据生产管理需要设置并委派管理人员 3 人，设经理 1 人，副经理 1 人，管理技术人员 1 人。公司财务暂由农场财务科代管理。

主要经营管理模式。在生产经营方式上，公司以集约化经营为主，也可根据需要采取大户承包、租赁等多种经营方式。公司应强化统一生产布局、统一供种、统一生产管理、统一产品销售、统一基本农田建设等统一经营功能，充分挖掘规模效益，提高生产力水平。在经营种植模式上，公司以小麦、水稻生产为主，兼顾多种经营。模拟公司必须按照农场要求安排生产，产品必须交售到农行指定单位。模拟公司加强与有关单位的协作，实行订单生产。

② 门台社区西北湖

采取模拟股份制管理模式。

管理机构。成立模拟公司董事会，由 3 人组成，设立一名监事。公司管理层由董事会聘用，设经理 1 名，工作人员 2 名。兼职管理人员薪酬实行补贴加奖励，补贴额及奖励，由董事会确定；专职聘用人员薪酬，由董事会与聘用者双方协商确定。

主要经营管理模式。模式与后薛村相同。

③ 小岗村

采取股份合作经营，小岗村以地租参股，农场以生产和管理资金参股。

（5）存在问题和建议

① 存在问题

第一，明西和小岗村，合作时机过早，项目未完成，不确定因素多，导致生产成本增加。

第二，项目区田块小、道路窄，不适应大型机械作业。

第三，水利条件较差、种植模式较单一。

② 建议

第一，合作对象要充分进行调研：要有良好的社会环境，如上下关系、干部团结、民风良好；要有成熟的生产条件，如水利、交通、种植模式、水源条件等；是否适应规模生产，如田块大小、作业道路是否方便等。在考察成熟后再合作。

第二，要充分考虑当地社会化服务条件，如农机作业、植保作业等。

第三，对土地整理项目区，或从规划设计开始参与，或等项目竣工后介入。

第四，要尽可能选择距离农场近的地方。

（三）广西农垦土地资源管理方式的调研分析

1. 制定并规范执行广西农垦国有土地经营管理办法

为充分发挥广西农垦国有土地资源优势，提高土地综合利用效率，促进农垦经济和社会可持续发展，根据《中华人民共和国土地管理法》以及《广西壮族自治区人民政府关于组建广西农垦集团有限责任公司的通知》（桂政发〔1996〕107号）、《关于深化广西农垦管理体制改革的若干意见》、广西壮族自治区人民政府《印发关于授予自治区农垦局相关管理职能和落实有关政策实施方案的通知》（桂政发〔2006〕29号）等文件，2015年3月20日，广西壮族自治区农垦局和广西农垦集团有限责任公司印发了《广西农垦国有土地经营管理办法（试行）》，分别从土地规划与利用、土地资产处置和收益分配、地籍管理和耕地保护、土地执法监督检查和土地经营管理奖惩等方面对广西农垦的土地资源经营管理进行了规范。

2. 加强土地资产集中管理、注重耕地保护、开展土地规模化和集约化经营

（1）加强土地资产的集中管理

下属单位国有土地发生对外承包、出租、划拨、出让、转让、抵押、合作以及自身非农建设等行为，要报经农垦局、农垦集团审批，同意后方可实施。

下属单位上报审批土地资产处置的书面请示，须说明拟处置土地的权属、位置及土地类型、现状、面积、拟用地人情况、土地规划用途和处置用途、用地期限。提供土地处置相关合同协议，载明合作各方的权利义务以及价格、股权和收益分配等关键要素。

下属单位取得农垦局、农垦集团批复后原则上应在一年内落实处置事宜，超过一年无实质推进的，批文自动失效，如需继续办理，须另报审批。

（2）注重耕地的保护

广西各地的《耕地保护责任状》由广西国土厅与各市人民政府签定，各市县负责划定农垦区域的基本农田，农垦配合地方政府开展耕地保护工作。在自治区国土厅支持下，已在6个农场实施土地整治项目，获得财政资金扶持1.5亿元，预计实现新增耕地364公顷。涉及新增建设用地占用耕地的，或是由自治区国土厅调剂耕地指标，或者向各地寻求解决耕地占补平衡的办法。

（3）完善土地承包经营责任制、开展土地规模化和集约化经营

在土地承包经营方面，由于垦区绝大部分为划拨农用地，垦区日常经营则实行国有农场套职工家庭农场（承包经营）、统分结合的管理模式，对内部职工发包、职工承包岗位土地，仍继续参照2000年经自治区人民政府办公厅批准、农垦局制定的《关于完善土地承包经营责任制的若干意见》的规定及其配套实施办法执行。

在开展土地规模化和集约化经营方面，鼓励下属单位及其各类土地承包经营主体开展广泛的联合与合作，培育新兴的经营主体或联合体，发展农业适度规模经营。

在下属单位根据农业实际生产方面，采取多种方式扩大统一经营土地

面积。积极探索农用地经营权流转的有效实现形式。

职工达到法定退休年龄、其他外来承包人员承包期满，原则上其所承包的土地应无条件交回发包单位，地上附着物按双方约定或评估处理。

3. 土地资源确权工作：需进一步加大工作进展力度

针对垦区土地确权的形势，面对种种困难，广西农垦局召开土地确权发证专题会议要求各单位提高认识、高度重视、落实责任，下发文件明确各单位新增发证面积指标任务。确权发证在 2010 年已完成 52 万亩的基础上，经 2011—2013、2014—2016 两个周期的努力，截至 2015 年底，广西农垦领取《国有土地使用证》土地面积合计达到 95 万亩，占全管区土地总面积的 37.7%，此外虽无《国有土地使用证》但拥有《山界林权证》的土地面积合计还有 84 万亩，占全管区土地总面积的 33.3%。两项相加，总计 179 万亩，占全管区土地总面积的 71%。

4. 垦地合作：进行产业园区及项目建设合作

一是土地管理参与垦地合作开发用地和 14 个产业园区建设，二是土地管理服务各单位各类项目进行非农建设。自桂政发〔2006〕29 号文件下发（农垦局被赋予 14＋1 相当于地级市部分经济管理权限）以后至 2015 年 8 月底，两类用地办理出让供地手续依法用于项目建设的地块面积为 11236 亩，其中由农垦局委托出让的 7007 亩。2006—2015 年垦区土地转让出去的 391.4 亩（西江农场转让给贵港钢铁公司 370 亩、红河制糖公司转让 17.7 亩、华山农场转让给职工 3.7 亩）。土地从农用地转为建设用地，通过出让增加了土地价值，达到了非农建设用地合法化，也有力地推动了农垦经济建设和社会发展。

5. 工业园区案例：明阳工业区土地资源管理方式的调研

（1）明阳工业区基本情况

广西农垦明阳工业区于 2005 年开发建设，明阳工业区是广西农垦自身所办的工业园区，总体规划面积 40 平方公里，一期规划面积 20.16 平方公里。工业区立足国内，面向东盟，重点发展以生物质原料为基础的生化、食品、电子电器、节能环保、临空经济等产业，并配套发展物流保税业、金融服务、现代观光农业等产业，逐步开发建设成为集工业园区、现代农业示范园区、商贸物流园区和南宁市空港新城于一体的"三区一城"新格局。截至2015 年底，园区已引进项目 88 个，其中有 62 个项目建成投产，规模以上工业企业 31 家。园区现有居民 5 万多人，城镇化建设配套基本完善，产城融合初具规模。2015 年，园区完成全社会固定资产投资 42.98 亿元，招商引资实际到位资金 33.7 亿元，实现经营总收入 138 亿元，税收入库 1.43 亿元。

（2）土地经营管理情况

① 土地利用总体规划与控制性详细规划的情况

在《南宁市江南区吴圩镇土地利用总体规划（2012—2020 年）》所设定的规划期内，明阳工业区用地允许建设区面积 14953.95 亩，占控规建设用地规模 29579.25 亩的 50.56%，其中：土地内工业用地面积为 10404.52 亩，商住用地面积为 3322.74 亩。

② 土地利用情况

在土地利用总体规划覆盖区域内，已建成区面积为 10741.34 亩（含生化、场部、十万大山及剑麻集团），除水域及绿地 256.6 亩外，剩余分为预留部分和未开发部分，总规模为 3955.94 亩。其中：预留部分为 1593.53 亩，含立峰项目二期、生化集团用地等工业仓储用地 459.26 亩，中央服务区二期、储备用地等商住用地 752.36 亩，以及职大等科教用地 381.92 亩；未开发部分为 2362.4 亩，含工业仓储用地 708.32 亩，商住用地 1654.09 亩。此外，拟用地超出土地范围待调整项目用地约为 523 亩。

（3）土地手续办理情况

自 2005 年 1 月明阳工业区成立至今，共征收明阳农场土地约 9690 亩，周边农村集体用地 270 多亩；已办理完结 19 个批次共 6443.6 亩新增建设用地的农转用报批；完成供地 3811.38 亩，其中以招拍挂方式提供土地 53 宗共 3142.45 亩（含工业 50 宗，商业 1 宗，居住 2 宗），涉及土地出让金共计

77992 万元，以协议出让方式供地基础设施用地 2 宗 178.75 亩，以划拨方式供教育用地 2 宗 490.18 亩。

（4）明阳工业区反映的主要问题及建议

① 新增建设用地指标及耕地占补指标紧缺，导致部分新入区项目无法及时办理用地手续，项目建设推进效率慢。希望能够加强与国土部分的沟通，给予新增建设用地及占补平衡指标一定的空间。

② 明阳工业区内原来的明阳机械厂是广西农垦的全资企业，后来被明阳化工集团下面的二级公司海洲纸膜公司收购，明阳化工和海洲纸膜也是广西农垦的全资企业。明阳机械厂原有的一块用地，现在要变更到海洲纸膜的名下，需要交金额较大的变更费用，企业负担大。建议如果同是农垦国有企业名下的全资企业，在土地归属变更时，给予免除变更费用或较高的优惠。

③ 明阳工业区根据危房改造的工作要求，报经南宁市批准申请危房改造，已经开工在建。该建设地块目前是划拨建设用地中的工业用地，希望能够改为划拨建设用地中的商住用地，并减免相关变更费用。建议支持农垦单位利用自有各类建设用地用于危房改造等民生工程建设的，可以将其变为住宅用地。如果是划拨建设用地转为划拨住宅用地或出让建设用地转为出让住宅用地的，可减免相应费用；如果是划拨地转为出让地的，应缴纳相应出让金，可适度进行减免。

④ 明阳工业区有的地块是大的土地证，后经过招拍挂减少了部分土地，并且在国土局系统中进行了登记，但明阳工业区尚未换回小的经过招拍挂之后土地面积的土地证，如要换，需要交纳一定金额变更费用，希望能够减免此项费用。

6. 农场案例：北部湾农场土地资源管理方式的调研

（1）企业基本情况

广西农垦北部湾总场隶属广西农垦局，以糖料甘蔗生产经营为主业，是广西农垦星星制糖公司的原料蔗基地农场，是典型的靠收取土地承包费度日的单纯农业农场。于 2008 年 6 月由广西农垦北海片六大农场即原北部湾农场、星星农场、三合口农场、滨海农场、前卫农场、珠光农场合并而成。截至2015年末，人口1.9万人，其中在职职工2010人，离退休人员3187人。人员构成除少数建场的老职工、知识青年和正常的招工招干、大中专毕业分配外，大多数人都是20世纪五六十年代和1992年接收安置的合浦水库、洪潮水库和国家重点工程岩滩水电站库区的东兰县、大化县移民，是广西农垦安置水库移民最多的农场。

（2）土地资源利用的基本情况

北部湾总场现有的土地资源主要分布在总场本部（原星星农场）、三合口农场、滨海农场（含前卫农场、珠光农场），具体的规模和类型见表4.3。

表4.3　北部湾总场现有土地资源面积及分布情况表

单位：亩

单位	土地总面积	利用类型			纠纷被占地
		农用地	建设用地	水利用地	
总场本部	107207.75	77173.35	4100.85	4196.25	21737.3
三合口农场	62425.65	45849.48	11179.6	1493.74	3902.8
滨海农场	118723.17	80681.77	8484.38	3451.84	26104.85
合计	288356.62	203704.6	23764.9	9141.83	51745

（3）农场土地管理机制基本情况

北部湾总场土地属于国有，企业土地内部管理的机构主要有星星农场土地资源管理所、三合口农场土地资源管理所和滨海农场土地资源管理所，土地资源管理所行政上受农垦局和农场双重领导，业务上主要是属地管理。

北部湾总场土地经营管理主要是大农场套小农场的双层经营体制，把国有土地承包给家庭农场经营。农场职工承包岗位每个岗位8—20亩不等（三合口农场个别分场土地较少，有的岗位只有8亩地），在1999年就以家庭为单位与农场签订为期30年的家庭农场土地承包合同。

（4）土地资本化运作情况

由于该农场土地登记发证率低，大部分农场土地权属没有合法凭证，土地资本化运作的条件不具备，因此该农场土地资本化的运作难度大。

（5）北部湾农场土地资源优化利用面临的主要问题

① 土地使用权确权登记发证难度大，资本化利用率低。目前该农场土地面积约 23.7649 万亩，仅有 0.6763 万亩土地完成登记发证，仅占总面积的2.8%。主要原因一是发证费用高，当地发证费约为 365 元每亩；二是指界难度大，周边村民不配合不愿意指界；三是属地国土、政府工作积极性不高。

② 土地规划利用缺乏全局观和协调性。农场土地利用规划与地方政府的土地利用总体规划不相衔接。地方政府在制定本级土地利用总体规划时没有根据农场实际安排用地规模、发展规划，制定相应利用规划。

③ 现有土地经营管理模式制约着农场土地资源的优化利用。由于历史的原因各种承包租赁关系复杂，要调整现状土地进行规模化管理难度大，一些土地承包大户，在现阶段种植形势好的情况下，不愿退出或调整，与农场签订有长期土地承包合同的更难调整，致使农场不能及时对土地进行重新优化利用。

④ 违法用地、违规建设问题多。农场职工、家属和周边村民的"两违"行为得不到有效制止，给农场的土地资源的优化利用造成不良的影响。

⑤ 土地执法管理能力有限。农场没有土地执法监察权，土地执法管理能力有限，导致国有农场土地不断被占和流失。

（6）北部湾农场对土地资源优化利用的建议

① 加大对国有土地使用权确权登记发证工作力度

国有土地是国家的重要资源，国有土地使用证，是农场维护和管理国有土地拥有使用权的合法凭证，要做好农垦国有土地使用权确权登记发证工作。

一是充分认识国有农场土地确权登记发证工作的重要性。

二是土地确权登记发证经费由中央财政、地方财政和农垦共同负担，建议由中央财政和地方财政承担主要费用、农垦承担少量费用，减轻农场负担、确保土地确权登记发证费用的到位。

三是由地方人大组织成立国有农场土地确权登记发证专项工作执法督

查组，依法对国有农场土地确权登记发证专项工作进行监督和执法检查。

四是实行奖励制度，对在计划内全面完成或基本完成农垦国有土地确权登记发证的当地国土部门和农场给予适当的物质奖励。

② 加强工作的指导，妥善处理"两违"行为

一是在控制增量方面，继续加强与属地相关职能部门，人民政府的协调，寻求政策支持，依法从严及时处置"两违"行为，对情节严重，触犯刑律的移交司法机关处理。

二是在处理存量方面，建议提供相应政策支持和宽松工作环境，同时要立足现状，对相关土地处置、"两违"行为处理方面提供资金支持，确保国有土地完整，国有资产不流失。

③ 理顺承包租赁关系，确保土地经营管理有序

由于历史的原因，各种承包租赁关系简单固化，要以农垦改革为契机，创新农垦经营管理体制，理顺原来简单固化的承包租赁关系，使土地经营管理有序开展，防止简单固化承包租赁关系。

④ 加大力度协调土地资源管理利用相关工作

一是要加强与地方政府的协调，解决土地纠纷与侵权问题，维护国有土地完整。

二是切实要解决好在土地开发、项目开发利用中出现的失地职工群众安置难和增加农场的负担问题。

（四）江西农垦土地资源管理方式的调研分析

江西农垦属于非集团化垦区，农场采用属地化管理，农场国有土地纳入地方政府管辖。

1. 农场案例：共青垦殖场土地资源管理方式的调研

（1）共青垦殖场基本情况

共青垦殖场地处庐山南麓、鄱湖之滨，管辖一街道、两镇、三乡，分

别为：茶山街道办、甘露镇、江益镇、金湖乡、苏家垱乡和泽泉乡，面积308 平方公里，总人口 19 万，拥有鄱阳湖岸线 90 多公里，森林覆盖率达70%，城区绿地率达 50%。

（2）共青垦殖场土地资源的基本情况

共青城市行政区域 28718.66 公顷，其中耕地 8539.54 公顷、园地 773.57公顷、林地 5627.56 公顷、草地 336.33 公顷、城镇村及工矿用地 4606.36 公顷、交通运输用地 1037.7 公顷、水域及水利设施用地 7055.27 公顷、其他土地 742.33 公顷。

（3）共青垦殖场土地资源利用的主要特征

① 规范土地规划使用

共青城市规范土地规划使用，主要做法为：

一是严格控制"总量"。充分发挥规划的控制作用，严格土地用途管制，严把土地预审、规划审查等关口。

二是着力盘活"存量"。积极抓好旧城改造、棚户区改造等项目的土地整合、置换等工作。加大闲置土地清理处置力度，严肃查处违法违规用地，防治土地资源浪费，提高土地利用强度。

三是积极扩展"增量"。通过开展城乡建设用地增减挂钩、农村土地整治等措施，整合土地资源，拓宽用地渠道，增加可利用土地面积，提高利用率。

② 加强土地确权、承包经营及规模流转

2014 年 7 月，启动农村土地承包经营权确权登记颁证工作，此次确权颁证工作涉及 3 个乡镇（不包括苏家垱乡和泽泉乡），23 个行政村（场），164 个村民小组，共计 4686 户。确权颁证面积约 4.05 万亩。2016 年，各项工作已进入收尾阶段，并按照省市要求的时间节点，抓好工作落实，确保能够全面完成相关工作并通过省市验收。

③ 推动土地"资源变资产"

对农垦集团现有土地及养殖水面进行不动产产权确权颁证，目前已完成 0.49 万亩农田、2.4 万亩水面及 0.27 万亩果园和旱地的不动产确权颁证工作，完成率达 98.75%。

④ 推进"资产变资本"

在完成土地确权颁证工作的基础上，聘请第三方对土地资源进行全面评估入账，经评估 3.2 万亩土地价值达 8 亿多元，正在办理入账。市国资委通过土地评估注资形式完成了对农垦集团 1 亿元注资，农垦集团资产总额将大幅增加，资产质量明显提升。2015 年 11 月，农垦集团利用土地资产质押，向共青城市农商银行青年创业支行完成第一期融资 500 万元，迈出了"资产变资本"坚实的一步。

2. 企业案例：云山集团土地资源管理方式的调研

（1）江西云山集团基本情况

江西云山集团有限责任公司（以下简称云山集团），于 1957 年由省、市机关下放干部、大批部队转业军官和上海、扬州知识青年创建的一家国有农垦企业，面积 375 平方公里，人口 4.1 万。建场以来，累计向国家上交税金 5.5 亿元，积累了 15 亿元的固定资产。云山集团自创建以来，一直实行集团（总场）、公司（分场）、农场（大队）三级管理体制。现有 5 个农业公司、39 个农场（其中有 9 个挂靠管理的集体行政村）、各类经济成分工贸企业 95 家。

（2）江西云山集团土地资源的基本情况

云山农垦经过 59 年发展，采取土地开荒、开发、整理、复垦和集镇建设、工业发展、农业产业化调整等，形成现有的土地利用状态：耕地 63176 亩，园地 20769 亩，林地 334102 亩，草地 6768 亩，交通运输用地 4970 亩，城镇及工矿用地 20223 亩，水域及水利设施用地 36267 亩，其他土地 414 亩。

土地权属类型为国有和集体两种，国有土地面积 356262 亩，9 个集体挂钩单位土地面积 147714 亩。

（3）江西云山集团土地资源利用的主要特征

① 集团编制土地利用总体规划

2000 年，编制了《云山经济技术开发区土地利用总体规划》，为区域经济建设和社会发展提供科学依据。为更好地适应发展的需求，2009年，编制了《云山集团土地利用总体规划》，根据实情，研究土地利用目标和发展方向，统筹安排各业用地，确定各类用地规模，划定了土地用途，重点安排好耕地、生态建设和重大基础设施，确定村镇建设和土地开发整理的规模，以控制和引导集团的土地资源利用。

②　土地承包经营及征收管理

在农场土地承包经营方面，土地经营权一般分为口粮田和经营田两种。口粮田按照人口分配，一般情况下不宜变动，个人享有自主经营权，不交纳任何费用。

在征收管理方面，农垦区域自身的基础设施建设、集镇建设和农业职工个人建房用地，由集团统一征收、划拨和出让；工业和旅游用地由集团统一征收，依法报批农转用手续，妥善解决失地农工社会保障问题，采取出让方式供地；重大项目和政府需要征收征用农场土地时，国有土地只付青苗、附着物补偿，国有土地没有依法补偿。主要表现在公路建设和开发区的征收征用。

依法征收征用土地约13000亩，共报批建设用地3175亩，主要以工业用地为主，采取出让方式供地。开展了个人建房用地审批和发放土地使用权证2800余户，采取出让或划拨两种方式供地。

（五）垦区土地资源管理方式的调研小结

1. 垦区土地资源管理方式的主要特征

（1）承包经营机制

调研垦区的承包经营机制主要有三种情况：

一是由垦区统一组织，很少对外承包经营，以上海垦区为代表。上海垦区基本上是自身进行大规模的经营，很少对外进行承包，只有少量的经济作物土地对外短期承包，并且集团有明确的承包管理规定。

二是推行两田制的土地承包体制，进行土地流转。以安徽垦区为代表。安徽农垦深化"两田制"改革，推进土地经营权流转，截止到2015年底，安徽农垦农用地租赁 487018 亩，其中身份田 76579 亩，招标田 410439 亩。同时，安徽农垦还通过农场有组织地在外流转和服务土地 27.5 万亩，年实现综合效益 2300 万元。

三是不断完善土地承包经营体制，逐步开展内部土地流转。以广西农垦和江西农垦为代表。广西农垦绝大部分为划拨农用地，垦区日常经营则实行国有农场套职工家庭农场（承包经营）、统分结合的管理模式，对内部职工发包、职工承包岗位土地，仍继续参照 2000 年经自治区人民政府办公厅批准、农垦局制定的《关于完善土地承包经营责任制的若干意见》规定及配套实施办法执行。在土地流转方面，广西农垦鼓励下属单位及其各类土地承包经营主体开展广泛的联合与合作，培育新兴的经营主体或联合体，发展农业适度规模经营。

表 4.4　调研垦区土地资源管理方式比较

垦区名称	承包经营机制	规模化经营	土地确权	土地特殊使用方式
上海	基本上是自身经营，很少对外进行承包	进行集中规模化经营	土地确权基本完成，基本上没有土地纠纷问题	现代农业项目用地有特殊需求
安徽	深化"两田制"改革，推进土地经营权流转	进行集中规模化经营，同时，通过农场有组织地在外流转和服务土地	大部分农场已经确权发证	加强垦地合作，盘活土地资源
广西	完善土地承包经营责任制，积极探索农用地经营权流转的有效实现形式	加强土地资产集中管理、采取多种方式扩大统一经营土地面积	需进一步加大工作进展力度	危房改造土地用途、土地证分割等
江西	农场耕地基本采用承包经营方式，由本场职工及外来落户人员承包经营	土地加速流转向有实力的公司、企业，规模化逐渐加强	由属地化管理农场进行确权，各地方有差异	—

（2）规模化经营

规模化与土地流转是紧密相连的。在调研垦区中，主要有三种模式：

一是自身进行统一规模化经营，以上海农垦为代表。

二是在自身进行规模化经营的基础上，还在垦区外部进行比较大规模的土地流转和规模化经营，以安徽农垦为代表。

三是在统分结合的管理模式下、逐步开展内部土地流转，适度规模经营逐渐增加。以广西农垦和江西农垦为代表。

（3）土地确权

在调研垦区中，土地确权也分为三类：

一是土地确权基本完成，基本上没有土地纠纷问题，以上海农垦为代表。上海垦区目前土地确权率为99%。

二是大部分农场已经确权发证，以安徽农垦为代表。截至2015年底，安徽农垦共有土地96.64万亩，已完成土地确权面积91.74万亩，占土地总面积的94.93%。已发证面积81.85万亩，占土地总面积的84.70%。

三是需进一步加大工作进展力度，以广西农垦为代表。截至2015年底，广西农垦领取《国有土地使用证》土地面积合计达到95万亩，占全管区土地总面积的37.7%，此外虽无《国有土地使用证》但拥有《山界林权证》的土地面积合计还有84万亩，占全管区土地总面积的33.3%。两项相加，总计179万亩，占全管区土地总面积的71%。

2. 垦区土地资源管理方式存在的主要问题

第一，部分垦区土地经营管理模式制约着农场土地资源的优化利用。由于历史原因，各种承包租赁关系复杂，要调整现状，进行规模化管理难度大，一些土地承包大户，在现阶段种植形势好的情况下，不愿退出或调整，与农场签订有长期土地承包合同的更难调整，致使农场不能及时对土地进行重新优化利用。

第二，在土地确权方面，以广西农垦为例，主要体现在以下方面：一是权属调查费、测量费偏高；二是土地周边相邻人不配合不指界不签界；三是少数地方支持力度不够；四是提到发证申请就常有村民闹权属纠纷；五是某些地块长期以来一直由村民侵占，本来就存在所谓"纠纷"；六是旧版的

《山界林权证》大多无坐标点、边界线不清，边界线不清就易被侵占。

第三，存在违法用地、违规建设问题。农场职工、家属和周边村民的"两违"行为得不到有效制止，给农场土地资源的优化利用造成不良的影响和破坏。

第四，部分垦区在土地使用方面具有一些特殊性，比如五四公司反映：政府土地管理部门现代农业项目用地要求，使用土地的属性必须是建设用地。而该公司希望能够在农业用地上进行生产，建议通过科学考察和考证，建立一个系统可行的标准来规定土地硬化的情况，如果以后不生产了，再将土地复垦，恢复成可耕种的土地。

3. 健全垦区土地资源管理方式的建议

第一，理顺承包租赁关系，确保土地经营管理有序。以农垦改革为契机，创新农垦经营管理体制，理顺原来简单固化的承包租赁关系，使土地经营管理有序开展，防止简单固化承包租赁关系。

第二，合理开展土地流转，实现适度规模化经营，体现农垦规模化、组织化经营的优势。

第三，加大对国有土地使用权确权登记发证工作力度。首先是充分认识国有农场土地确权登记发证工作的重要性。其次，土地确权登记发证经费由中央财政、地方财政和农垦共同负担，建议由中央财政和地方财政承担主要费用、农垦承担少量费用，减轻农场负担、确保土地确权登记发证费用的到位。三是由地方人大组织成立国有农场土地确权登记发证专项工作执法督查组，依法对国有农场土地确权登记发证专项工作进行监督和执法检查。四是实行奖励制度，对在计划内全面完成或基本完成农垦国有土地确权登记发证的当地国土部门和农场给予适当的物质奖励。

第四，根据土地使用方面的特殊性，制定有针对性的土地管理使用办法，支持农垦土地资源的优化利用。

四、垦区土地资源资本化运作的调研分析

（一）宁夏农垦土地资源资本化利用情况分析

宁夏回族自治区党委、政府高度重视农垦改革发展，2009 年出台了《关于进一步加快农垦改革发展的意见》（宁党发〔2009〕9 号），2010 年出台了《关于整顿和加强农垦土地管理的决定》（宁党发〔2010〕33 号），2014 年出台了《关于进一步深化农垦改革发展的实施意见》(宁党发〔2014〕23 号）。自治区领导多次深入调研、批示指示、专题研究，协调解决农垦土地管理困难和问题，有力推动了深化农垦改革和农垦经济社会快速发展。宁夏农垦主要在土地资本化方面取得了较好的成绩，对于宁夏农垦的调研是以召开工作会议、现场调研等方式进行。

1. 宁夏农垦基本情况

宁夏农垦创建于 1950 年，经过几代农垦人艰苦奋斗、勇于开拓，现有土地总面积 239.8 万亩（包括未确权面积 58.74 万亩）。其中：耕地 69.08 万亩，园地 11.94 万亩，林地 9.82 万亩，牧草地 51.83 万亩，其他农用地 27.8 万亩，建设用地 9.05 万亩，交通水利用地 4.14 万亩，其他建设用地 0.92 万亩，其他土地 55.95 万亩。农垦现有 14 个国有农林牧场，分布在宁夏 4 个地级市的 12 个县（市、区）。宁夏农垦共有人口 18 万人（其中农垦在职职工近 2 万人、退休职工及家属 8 万人、生态移民 4 万人、自发移民及外来务工人员 4 万人)，组建了农垦集团。

2. 宁夏农垦土地资源管理制度和管理方式的主要特点

一是对农垦土地实行高度集中管理，收回了所属的单位对外发包、抵押贷款、转包转租、租赁出让等管理权限，集体研究决定土地处置行为，报经自治区政府批准，做到守土有责、守土尽责，遏制了违法违规违纪侵占土地和私搭乱建行为。

二是加强和规范农垦土地管理，将国土资源厅农垦分局改设为农垦国土资源局，设立了农垦土地执法监察支队，建立了局（集团）、农场（公司）、子分公司、站（队）四级土地监察体系，配备土地巡查员100多名，制定了加强农垦土地管理的意见，全面加大土地资源执法监察力度。

三是整顿和加强农垦土地管理，认真贯彻落实自治区党委政府《关于整顿和加强农垦土地管理的决定》，逐步清收违法违规违纪对外承包地，收回的土地全部交由公司经营管理。

四是调整农垦土地出让金政策，对每宗改变用途的土地都报经自治区政府审批，土地出让金收入全额纳入自治区本级财政预算管理，实行农垦土地专户储存，通过转移支付方式用于农垦基础设施建设和企业职工安置及产业发展。

五是加快土地资源变资产变资金工作，经多方协调和评估机构评估，自治区政府批准农垦将120万亩、总价79.89亿元的土地注入农垦集团，转增国有资本金。截至2015年上半年，已经完成86万亩土地分割办证登记工作，注入农垦集团资产56.48亿元。

六是推进土地资产变资金。2011年，农垦集团采取土地使用权抵押担保方式，发行宁夏第一只农业企业公司债券，募集资金18亿元，债券期限7年。债券的成功发行，为葡萄、奶牛等特色产业发展提供了资金保证，也赢得了金融机构合作的主动权，有效降低了融资成本。

七是服从服务于自治区经济社会发展大局，大力支持国家和自治区的重点项目、公共设施建设，10年来累计提供土地47.7万亩，市值达800多亿元，其中近5年为大银川建设提供土地10.9万亩，市值达600多亿元，为自治区建设作出了重大贡献。同时，在耕地保护、坚守耕地红线、新增土地等方面发挥了应有的作用。

3. 宁夏农垦土地资源资本化的主要做法

宁夏农垦自 2009 年以来，不断整顿和规范农垦土地管理，大力清理清收外包土地，千方百计突进土地资源变资产变资本变资金，快速壮大了农垦集团资产规模，有力提升了企业的投融资能力，有力促进了优势产业的提质扩量、有力提高了土地经营管理水平。

（1）抓住机遇，争取政策，实现首批土地评估注册破题

2009 年，自治区党委、政府深入贯彻落实国务院文件提出的"充分发挥宁夏农垦对现代农业的引领和示范作用，促进其加快发展"的精神，研究出台了《自治区党委、人民政府关于进一步加快农垦改革发展的意见》，赋予了农垦相当于地级市政府的部分管理权限，并核准划拨一定量的土地，依据国有土地资产评估结果，作为国有资本金注入农垦集团公司。2010 年，自治区党委、政府针对农垦土地承包情况复杂、管理土地难度大、矛盾多等问题，又制定出台了《自治区党委、政府关于整顿和加强农垦土地的决定》，要求规范农垦土地管理。2014 年，自治区党委、人民政府《关于进一步深化农垦改革发展的实施意见》（宁党发〔2014〕23 号）进一步明确深化农垦土地制度改革，提出对目前尚未注入农垦集团的农垦农用地使用权和建设用地使用权，评估作价，全部注入农垦集团公司转增国有资本金，可参与抵押、合作入股活动。在这三个文件和《国土资源部、农业部关于加强国有农场土地使用管理的意见》（国土资〔2008〕202 号）的支撑下，宁夏农垦紧盯农垦改革发展"资产和收入双过百亿元"目标，经过多方协调，自治区政府批准农垦作价出资土地 229 宗，面积 120 万亩，总地价 79.89 亿元。

（2）依法依据，细化流程，夯实土地评估注资工作基础

将国有土地评估作价注入农垦集团、转增国家资本金，对宁夏垦区来讲也是一次创新和突破，涉及的工作和程序很多。一是寻求法律依据，以中央和自治区下发的关于农垦土地改革的法律法规为依据。二是细化工作流

程。制定土地资产处置总体方案，报自治区国土资源厅核准后，按照总体方案制定细化的流程，步步推进。

（3）确认评估，分类处置，土地资产转增企业资本金

以作价出资方式注入农垦集团的土地，享受优惠政策。按照宁夏回族自治区财政厅、物价局、国土资源厅《关于办理农垦土地登记收费有关问题的复函》，免征评估作价土地注资变更登记办证费 2000 万元，同时，依据《自治区人民政府关于免征宁夏农垦集团有限公司土地证过户契税的批复》（宁政函〔2012〕92 号），免征农垦土地评估作价土地证过户契税 2.4 亿元。自治区政府分两批进行了批复，第一批批复 33 宗土地，面积 56359.77 亩，总地价 114518.35 万元；第二批批复 196 宗土地，面积 1144723.2 亩，总地价 684368 万元，批准注资土地 120 万亩，总地价 79.89 亿元。

（4）依法依规，管地用地，有力保障农垦经济社会发展

主要做法有：一是加快推进农垦土地确权；二是编制整合农垦土地利用规划；三是认真抓好农垦土地整理项目；四是用土地的收益来助推农垦产业健康发展。

4. 宁夏农垦划拨国有土地评估作价出资的主要做法

2009 年，根据自治区党委、人民政府《关于进一步加快农垦改革发展的意见》（宁党发〔2009〕9 号）精神，宁夏农垦将部分划拨国有土地进行了土地资产处置，按评估价格作为国家资本金，全额注入宁夏农垦集团有限公司。

（1）法律依据及工作流程

① 法律依据

国土资源部《关于改革土地估价结果确认和土地资产处置审批办法的通知》（国土资发〔2001〕44 号）。

《自治区党委、人民政府关于进一步加快农垦改革发展的意见》（宁党发〔2009〕9 号）。

宁夏回族自治区国土资源厅《关于贯彻国土资源部改革土地估价结果

确认和土地资产处置审批办法的通知》（宁国土资发〔2001〕158号）。

②工作流程

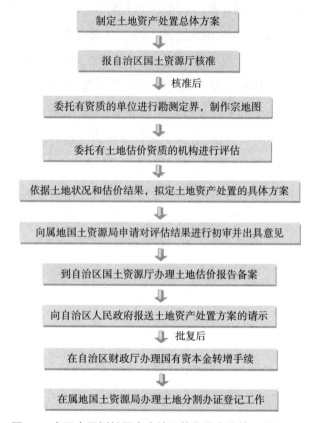

图 4.1　宁夏农垦划拨国有土地评估作价出资的工作流程图

依据《自治区党委、人民政府关于进一步加快农垦改革发展的意见》（宁党发〔2009〕9号），制定土地资产处置总体方案，报自治区国土资源厅核准。

土地资产处置总体方案核准后，对需处置不同用途的土地委托有资质的单位进行勘测定界，制作宗地图。

委托具有土地估价资质的机构对需处置的每宗地进行评估，宁夏农垦集团依据土地状况和估价结果，拟定土地资产处置的具体方案。

宁夏农垦集团向属地国土资源局申请对评估结果进行初审并出具意见。

宁夏农垦集团持土地估价报告、土地资产处置具体方案、属地国土资源局出具的初审意见，到自治区国土资源厅办理土地估价报告备案。

取得土地估价报告备案后，向自治区人民政府报送土地资产处置方案的请示，自治区政府在征求自治区财政厅、国资委、国土厅的意见后，批复土地资产处置方案。

宁夏农垦集团根据自治区人民政府土地资产处置方案的批复在自治区财政厅办理国有资本金转增手续。

根据自治区人民政府土地资产处置方案的批复在属地国土资源局办理土地分割办证登记工作。

③ 评估标准

评估中的国有划拨土地使用权价格按评估的国有出让土地使用权价格的 60% 计算得到。

④ 使用年限的设置

以国家作价出资方式注入宁夏农垦集团有限公司的土地，土地用途应保持不变。土地使用年限按照国家法定年限：住宅用地为 70 年，工业用地为 50 年，商业旅游用地为 40 年，农业用地为 30 年。

(2) 国家作价出资土地的处置

以作价出资方式注入农垦集团的土地，在对外处置时，依据国家有关规定，先办理农用地转用手续，转为建设用地后，从事经营性项目用地的须经评估后，依据评估结果采用公开招拍挂的方式供地。工业项目用地的出让，按照《自治区人民政府关于印发自治区工业用地出让最低价标准实施意见的通知》(宁政发〔2009〕52 号) 文件执行，以公开招拍挂的方式供地。补交土地出让金后，土地使用权变为出让土地使用权。如果不改变土地用途进行转让，转让后新企业取得的土地使用权仍然为作价出资土地使用权。

（二）甘肃农垦土地资源资本化利用情况分析

1. 甘肃农垦土地资源利用基本情况

（1）甘肃农垦基本情况

全垦区现有总人口 10.1 万人，从业人员 3.2 万人，离退休 1.9 万人。所属企业 29 户，事业单位 1 户，分布在 10 个市州、30 个县市区，控股亚盛、莫高两家上市公司。近年来，甘肃农垦致力于农业产业化经营和现代农业建设，发挥比较优势，发展特色经济和优势产业，部分产业发展处于省内或国内领先水平。甘肃农垦现已成为甘肃省最大的现代农业企业集团，甘肃省农业战线上的"国家队""排头兵"。

（2）甘肃农垦土地资源基本情况

甘肃农垦土地总面积 810 万亩，其中耕地面积 81 万亩、草地 371 万亩、林地 49 万亩，水利用地 11 万亩，建设用地 11.5 万亩，其余为未利用土地（主要为戈壁荒滩）。

（3）甘肃农垦土地资源管理体制、方式和资本化运作的主要特点

① 土地管理机构：外部管理在农垦国土资源管理局，内部在集团农垦资源管理处

1989 年，原甘肃农垦总公司成立"土地管理处"，负责全系统土地管理工作。2002 年甘肃省农垦事业管理办公室在原农垦总公司"土地管理处"的基础上成立"甘肃省国土资源厅农垦国土资源局"，在垦区内履行省国土厅授予的各项职能。2006 年成立"省农垦国土资源执法监察支队"，与农垦国土资源局合署办公。2010 年，农垦国土资源局和农垦国土资源执法监察支队全部移交国土资源厅，其工作人员属于事业编制，工资按公务员序列发放。

农垦国土资源局移交后，地位已经处于管理者角色，是依法监管者，鉴于此，2014 年 8 月，为强化垦区土地管理和开发利用，甘肃省农垦集团公司在农业处加挂了农垦资源管理处，主要承担具体的土地业务协调职能。

② 土地确权维权工作稳步开展

截至 2015 年 6 月，甘肃农垦已有 204 宗 582.55 万亩国有土地领取了《国有土地使用证》，占农垦国有土地总面积的 71.91%。还有 7 个农场的 17 宗共 227.45 万亩土地还没有领取国有土地使用证。长期以来，甘肃农垦国有土地确权难度大，权属纠纷多，土地被侵权案件多，解决难度大，近 10 年来农场土地被侵占达 18 万亩。目前，随着土地农业经济效益的提高，这些纠纷越来越复杂。

③ 认真落实耕地保护制度

按照土地利用总体规划确定基本农田保护区，各农场在农垦国土资源局的指导下，从 2005 年开始结合实际，制定了基本农田质量保护制度、基本农田保护监督检查制度、基本农田保护目标管理责任制度等规章制度；各农场结合土地承包，建立了基本农田保护档案（图、表、册、卡），以农场为主体成立了保护组织，农场与分场、队、职工家庭农场逐级签订基本农田保护责任书，完善基本农田保护标志。全垦区基本农田保护率已达 80% 以上。

④ 加强农场建设用地管理

农垦各企事业单位建设用地流程是由用人单位申报，农垦国土资源局各分局审核，当地政府审批的建设用地管理渠道。农垦国土资源管理局积极提前介入项目建设，地方国土资源管理部门和政府支持，每年上报审批各类建设用地 200 余宗，保证了农垦建设用地的需要。

⑤ 有效开展土地开发复垦工作

甘肃农垦土地开发整理项目由农垦国土资源部门申报，由农垦集团公司项目处组织实施。近年来，共安排土地开发复垦整理项目 26 个，总规模 9392.51 公顷，安排项目资金 13695 万元，新增耕地 1070.44 公顷，使农场农业基础设施有了较大提高。

⑥ 积极开展土地资本化工作

甘肃农垦推进土地资源资产化的过程就是亚盛股份公司上市和历次融资的过程。甘肃农垦先后将 14 家中小农牧场的土地等优质资产注入亚盛股份公司，充分利用资本市场解决农业投入不足问题；从资本市场累计融资40亿元。亚盛集团和莫高股份两家上市公司市值合计超过200亿元。

1997年由甘肃农垦生地湾农场发起组建的亚盛集团公司（核心资产为土地）在上海证券交易所上市发行股票7000万股，募集资金4.2亿元。1999年垦区条山、张掖、下河清三个农场（核心资产为土地）并入亚盛股份。2011年，垦区7个农场通过定向增发的方式入组亚盛股份。2014年上半年，亚盛股份公司通过购买的方式，将敦煌、平凉、宝瓶河牧场重组到上市公司。目前垦区共有14个农场416万亩土地，55万亩耕地进入亚盛股份公司，募集资金20多亿元，为甘肃农垦近些年的快速发展打下了坚实的基础。

亚盛股份公司历次上市募集资金的主要资产是甘肃农垦所属农场国有土地，通过聘请专业会计事务所对土地资产（包括耕地、牧草地、林地、建设用地及其附属设施）进行评估后，报请甘肃国资委、省国土厅及省人民政府批准后，按相关规定程序入组上市公司。

2. 上市公司案例之一：亚盛集团

（1）亚盛集团基本情况

甘肃亚盛实业（集团）股份有限公司是甘肃省农垦集团有限责任公司控股的上市公司之一，股票代码600108。亚盛股份公司是一家以种植业为主的现代农业企业，公司成立于1995年12月6日，注册资本173699万元，是全国规模最大的啤酒花种植加工企业。

公司土地资源丰富，截至2015年底，上市公司有415万亩土地，是全国拥有大量土地资源储备的农业类上市公司之一。

（2）主要业绩指标

① 股价走势

亚盛集团2015年1月—2016年6月股价周K线图见图4.2，股价走势与大盘走势相似，2016年以来，保持在5元左右。

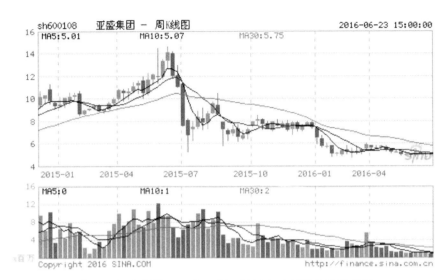

图4.2 亚盛集团 2015 年 1 月—2016 年 6 月股价周 K 线图

资料来源：亚盛集团官方网站。

② 主要股东情况

截至 2016 年第一季度，亚盛集团前十大股东累计持有 57512.15 万股，占流通股比例为 29.54%。其中，第一大股东甘肃省农垦集团有限责任公司持股数为 30312.13 万股，占比为 15.57%；第二大股东甘肃省农垦资产经营有限公司持股数为 17537.19 万股，占比为 9.01%；前两大股东合计持股占比为 24.58%。

③ 主营业务构成

农业行业为集团公司的主要业务收入，2015 年底，农业营业收入 162136.46 万元，营业利润 39983.27 万元，毛利率 24.66%，占主营业务收入的比例为 74%。其中，苜蓿草、啤酒花和马铃薯产品为农业行业中排名前三的产品（具体见表 4.5）。

④ 融资结构

截至 2015 年底，亚盛集团总资产 76.19 亿元，总负债 28.65 亿元，资产负债率为 37.60%。

在亚盛集团的融资结构中，股权融资 1946915121 股，债券融资 12 亿元，银行借款 12604.61 万元。在银行借款中，抵押贷款 850 万元，保证贷款 9800 万元，信用贷款 1954.61 万元；其中，抵押贷款均为以房屋建筑和机器设备为抵押在甘肃敦煌农村合作银行的贷款，保证贷款均为甘肃亚盛实业（集团）股份有限公司的保证，分别在中国农业银行和兰州银行办理的贷款业务。

表 4.5　亚盛集团 2015 年底主营业务收入构成表

项目名	营业收入（万元）	营业利润（万元）	毛利率（%）	占主营业务收入比例（%）
农业（行业）	162136.46	39983.27	24.66	74.00
工业（行业）	26612.09	5617.81	21.11	12.15
商贸（行业）	26557.64	2933.06	11.04	12.12
其他（行业）	699.56	385.50	55.11	0.32
其他业务（补充）（行业）	3106.02	1494.94	48.13	1.42
合计（行业）	219111.76	50414.58	23.01	100.00
苜蓿草（产品）	22570.88	4990.56	22.11	10.30
啤酒花（产品）	11482.64	1788.49	15.58	5.24
马铃薯（产品）	10329.56	1576.96	15.27	4.71
食葵（产品）	15787.73	3048.25	19.31	7.21
果品（产品）	29987.91	8002.29	26.69	13.69
其他业务（补充）（产品）	128953.03	31008.03	24.05	58.85
合计（产品）	219111.76	50414.58	23.01	100.00

资料来源：亚盛集团 2015 年年报。

（3）土地资源资本化运作情况

亚盛集团土地资源丰富，甘肃农垦拥有土地资源总面积约 810 万亩，2015 年底，上市公司有 415 万亩，占比 51%，未来存在整合预期。

2016 年 4 月 13 日，亚盛集团公告资产置换即关联交易公告：拟置出非农业资产，置入土地资产。公司准备从甘肃农垦集团置入 5 宗土地共计 27.23 万亩土地使用权及相关农业资产。其中 11.4 万亩为农业用地，其余 15.8 万亩为未开垦荒地，将在未来 3—5 年时间开垦。公司拟置出给集团的资产为矿业分公司、盛远分公司等四家企业。此次置换拟注入资产评估价值 9.71 亿元，置出资产评估价值 9.67 亿元，差额 400 余万元将由公司以现金形式支付。

这是该公司第三次从集团置入土地资产。此前，2010—2011 年曾剥离亏损的农化业务，2013 年收购集团土地资产。此次将集团 5 宗土地及相关农业资产与公司部分资产进行置换，能够更好地发挥公司的土地资源丰厚和规模化经营的优势，进一步优化公司的产业布局，并减少公司与集团之间关联交易和同业竞争。另一方面，本次置出的业务为芒硝、原盐的开采与销售、花卉种植等，与公司未来产业发展方向不一致，且处于亏损状态（2015 年 1—11 月总计亏损 762 万）。

公司同时公告拟成立甘肃亚盛好食邦食品有限公司，投资 5000 万元，全资控股。本次资产注入前，公司土地面积 415 万亩，已开垦耕地超过 70 万亩，统一经营模式的耕地占 65% 左右，现代化水平高。但由于品牌缺失以及营销短板等因素的影响，公司市场销售主要集中在当地。成立好食邦，公司将实施以食品原料产业和食品产业为主的发展战略，借助现代化的营销手段，进一步做好特色农产品的销售，推动形成走向终端市场的农产品，实现产业链各环节的有机融合。

公司在未来发展中将继续以市场为导向，以资本运营为动力，以科技创新为支撑，坚持"一抓、二转、三再造"的发展思路，积极聚焦现代农业，抢抓土地资源，发展战略由多元化向一体化转移，提升公司的整体竞争实力，使公司成为国内最具竞争力的大型农业现代化企业集团之一。

3. 上市公司案例之二：莫高股份

（1）莫高股份基本情况

甘肃莫高实业发展股份有限公司股票代码 600543，是一家以农业产业化为龙头，以发展高效特色产业为主导的高新技术现代农业企业。公司成立于 1995 年 12 月 29 日，主要产品有"莫高"牌葡萄酒、啤酒大麦芽、甘草片。2004 年 3 月 24 日，公司首次成功在上交所公开发行 5600 万股 A 股。2008 年 6 月 30 日，莫高公司增发 4000 万股 A 股融资 4 亿元。莫高葡萄酒为中国驰名商标和品牌，甘肃酒类品牌价值第一。

（2）主要业绩指标

① 股价走势

莫高股份 2015 年 1 月—2016 年 6 月股价周 K 线图见图 4.3，2016 年以来，股价在波动中逐步攀升，保持在 10—12 元区间盘整。

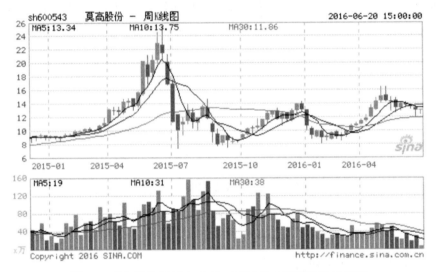

图 4.3　莫高股份 2015 年 1 月—2016 年 6 月股价周 K 线图

资料来源：莫高股份官方网站。

② 主要股东情况

截至 2016 年第一季度，莫高股份前十大股东累计持有 15367.12 万股，占流通股比例为 47.85%。其中，第一大股东为甘肃黄羊河农工商（集团）有限责任公司，持股数为 4272.92 万股，占比为 13.31%；第二大股东为甘肃省农垦集团有限责任公司，持股数为 2976.36 万股，占比为 9.27%；第三大股东为甘肃省农垦资产经营有限公司，持股数为 1968. 万股，占比为 6.13%。

前三大股东合计持股占比 28.71%。

③ 主营业务构成

农业行业为莫高股份的主要业务收入，2015 年底，农业营业收入 20723.76 万元，营业利润 12326.52 万元，毛利率 59.48%，占主营业务收入比例为 83.35%；此外，医药行业营业收入 3989.32 万元，营业利润 2456.29 万元，毛利率 61.57%，占主营业务收入比例为 16.04%。

④ 融资结构

截至 2015 年底，莫高股份总资产 12.76 亿元，总负债 1.80 亿元，资产负债比为 14.10%。

在莫高股份的融资结构中，股权融资 32112 万股，银行借款 3153.20 万元。在银行借款中，信用借款 2442.53 万元，保证借款 711.15 万元，保证借款为莫高股份为子公司莫高阳光环保科技有限公司向银行借入的 3 年期长期借款，年利率为 5.7%—7.2%。

4. 甘肃农垦土地资源资本化利用情况小结

甘肃农垦在土地资源资本化利用中积累的相关经验，值得学习。甘肃农垦推进土地资源资产化的过程就是以亚盛股份公司为主进行上市和历次融资的过程。亚盛股份公司历次上市募集资金的主要资产是甘肃农垦所属农场国有土地，通过聘请专业会计事务所对土地资产（包括耕地、牧草地、林地、建设用地及其附属设施）进行评估后，报请甘肃国资委、省国土厅及省人民政府批准后，按相关规定程序入组上市公司。

同时，甘肃农垦在土地资源优化利用中存在一些困难：

一是土地确权难度大。目前，甘肃农垦还有未确权发证的土地 227.45 万亩，这些土地确权难度大、权属纠纷多、解决难度大。

二是专业土地资源管理人才匮乏。农垦土地监管体系全部移交省国土资源厅，农垦内部的土地管理工作交由集团公司土地资源管理处承担。由于没有熟练的专职人员，许多急需开展的土地管理业务目前处于停滞阶段，急需培养懂土地基本法规和政策、会土地管理的人员。

三是土地信息化建设有待加强。农垦内部需要建立比较完备的地籍档案和土地管理信息系统，包括影像数据和权属、生产管理、承包管理等数据，对农牧场权属管理和部分经营管理进行信息化管理。

（三）其他调研垦区土地资源资本化利用情况分析

1. 上海农垦土地资源资本化利用情况分析

上海农垦因资金实力较强，目前土地资本资产化运作方式较少。主要特点如下：

整体土地资本资产化运作方式较少。光明食品集团对土地资源非常重视，管理严格，管理层希望土地资源的产权清晰、简单，并且都掌握在自己手中，因此，资本资产化运作的方式较少。这也与现阶段光明食品集团整体发展和资金实力较强，较少运用以土地为标的来进行融资有关。

历史上为解决债务问题，采取了以土地为标的的类似"债转股"的模式。1997 年，当时上海农垦经营困难，银行债务存在危机。为解决困难，在当时市政府的指导下，上海农垦以土地为标的，按照 6.6 万元 / 亩，将约 134 亿银行贷款转为银行持有上海农垦的土地，这样，从银行方面就化解了债务危机，上海农垦也化解了沉重的债务负担，优化了资产负债结构，为以后的发展打下了良好的基础。双方同时签订协议，土地资源虽然在银行名下，但仍由农垦经营，银行不能转让出售处置，并且，农垦方面每年给银行支付使用土地的租金。上海农垦经过长期发展，经营状况良好，正在与银行协商，偿还当初银行的债务，收回土地资源。在这个运作模式中，政府也给予了足够的政策支持。

集团内部规范房屋产权、土地使用权的抵押担保等行为。

2. 安徽农垦土地资源资本化利用情况分析

安徽农垦土地资本资产化进程：完成土地作价出资、发行中期票据债券。

2014 年，依据国土资源部发布的《农用地估价规程》（GB/T 28406—2012），安徽农垦完成对 304 宗，面积 63.99 万亩土地的作价出资，其中：农用地 163 宗（63.75 万亩），建设用地 141 宗（2386.49 亩），评估价值 240.9 亿元。

同时，为积极运作土地作价出资成果，探索融资方式多元化，实现土地资源资产化、资产货币化，安徽农垦集团在土地作价出资完成后第一时间启动了中期票据债券发行工作。2015 年底，安徽农垦 10 亿元中票发行获银行间交易商协会审核通过。

2016 年 1 月 28 日，安徽农垦集团首期 5 亿元中期票据在银行间市场成功发行，中标年利率 4%，低于三年期银行贷款基准利率 75 个基点。安徽农垦首次登陆直接融资市场，机构认购规模超过 13 亿元，认购倍数达 2.6 倍，反映了资本市场对安徽农垦集团的肯定和认可。安徽农垦首期中票发行成功，开辟了新的低成本融资渠道，提升了安徽农垦的综合竞争力和市场影响力。

3. 广西农垦土地资源资本化利用情况分析

（1）基本情况

广西农垦土地资本化资产化运作：土地资产尚未整体计入集团资产、部分单位有资本化利用的尝试。

授权经营。"授权经营"土地可直接作价出资、租赁，具有在集团内部划转免交出让金的优惠，而且作价入账后可增加企业资本金，方便向银行贷款。根据桂政发〔1996〕107 号文件"授权经营"，广西农垦曾于 2003 年试图完善"授权经营"全部手续。《企业改制土地处置总体方案》获国土厅批复后，农垦大规模评估有《国有土地使用证》的经营性建设用地和农用地，经过评估机构施评、凭《评估报告》和县国土局初审意见及土地证，到国土厅办审《土地处置具体方案》，因条件所限未办理成功（土地证使用权人名称与营业执照企业法人名称字面不尽相同的不得办理，要变更须缴纳每亩 666 元的变更费）。300 多宗近 70 亿元的土地估价以企业账面计入无形资产而结束。真正符合国土部要求的"授权经营"并未办成，至今并无一本"使用权类型"（取得方式）为"授权经营"的土地证。

由于以上体现的企业账面"无形资产"及其他未经评估的土地都未取得规范的注资审批，手续不完善，在工商登记上均未计入企业法人财产，目前垦区土地资产都属于企业账外资产。

作价出资（含农用地出让）。关于国有农用地作价出资及有偿使用的情况，目前法律没有明确的规定。广西农垦作价出资的情况较少，主要有以下几例：明阳生化科技公司、三合口农场和广西农垦糖业集团。

土地抵押担保、合作联营、外包、出租。自 2006 年以来，广西农垦土地抵押担保贷款每年在 1000 亩左右。凭土地证、地价评估报告、银企贷款协议、农垦局批文，市县国土局可为其办理抵押担保登记。外包、出租每年都在 2000 亩以上。

（2）主要困难

困难主要体现为：审批政策操作性弱、优惠资本化的政策亟待完善、国有农用地评估价值偏低、国有农用地资产处置流程不规范。

（3）措施建议

① 在若干垦区开展农垦土地资产化资本化工作试点。试点垦区农垦集团公司按照建设用地和农用地进行分类评估，采取出让、租赁、作价出资（入股）、授权经营或保留划拨用地等方式处置。

在国有土地出资入股时，要加强国有资产的管理力度。首先，要确保国有资产控股，对企业有经营管理的实际控制权；其次，要增资扩股时，要及时对国有土地按照市场价格进行评估并按新的评估价格参与股权调整，避免国有资产和股份被稀释。

② 对进入试点的各类建设用地，经省级国土部门和财政部门批准后，可以在农垦集团公司所属子公司、分公司、控股公司通过出资入账、划转、转让、出租和保留划拨建设用地予以处置；涉及改变用途的应补缴不同用途土地出让金差价，涉及内部自用或对外合作需办理土地出让手续的，可以采取协议出让的方式进行，出让收入全部上缴省级财政，省级财政根据项目需

要通过财政预算渠道将主要出让金用于农垦土地开发、农田和基础设施建设以及基本公共服务设施等。

③ 规范国有农用地资本化办理流程。

一是，经省级人民政府批准，推进农垦土地授权经营或作价出资。由农垦集团公司会同土地所在市县国土部门委托有资质的评估机构评估，由所在市县国土部门初审确认土地权利人和土地价值后，形成农用地授权经营、作价出资处置具体方案报省级国土部门审核、省级财政部门审批，随后农垦集团可到有关市县国土部门将这些土地办证到农垦集团公司名下，或保留在原子公司名下不变。

二是，在农用地价值评估方面，应在现行的《农用地估价规程》、分等定级价格标准基础上，综合考量农用地长期收益、预期收益及其生存保障功能价值。对进入试点的农用地，经省级国土部门和财政部门批准后，可以在农垦集团公司所属子公司、分公司和控股公司采取出资入账、划转、出租、抵押担保和保留划拨用地等多种形式的有偿使用。

五、农垦土地资源优化利用的多维视角分析

（一）农垦土地资源的整体情况分析

1. 农垦生产总值分析

2010—2014 年农垦生产总值从 3382 亿元增加到 6420 亿元，按可比价格计算，2011 年到 2014 年每年增长率分别为 13.5%、13.8%、12.8% 和 9.5%，增幅均高于 GDP 的增幅。农垦生产总值逐年稳步增长，为农垦改革和农垦土地资源的优化利用提供了有力的经济支持和保障。

2. 农垦土地资源分布情况分析

农垦土地资源分布在全国 31 个省市自治区、35 个垦区单位。在所属区域内，以新疆、黑龙江、内蒙古、海南和江西五个垦区的土地资源最为丰富。新疆垦区所属畜牧、兵团和农业三个单位合计土地面积为 1940 万公顷，占农垦土地资源总面积的 53.35%，黑龙江、内蒙古、海南和江西四个垦区的土地面积分别为 554 万公顷、535 万公顷、69 万公顷和 69 万公顷，分别占农垦土地资源总面积的 15.22%、14.73%、2% 和 2%。

（二）农垦土地资源优化利用积极因素分析

1. 政府高度重视农垦改革发展，为农垦土地资源优化利用提供了良好的政策支持环境

从中央政府到地方政府，对农垦改革发展都给予相应的支持，为农垦

土地资源优化利用提供了良好的政策环境。特别是 2015 年 11 月发布的《关于进一步推进农垦改革发展的意见》又针对农垦土地制度改革提出了明确的指导意见，提出的主要方式包括：规范农垦国有土地使用权、加强土地利用总体规划及年度计划管理、切实落实耕地占补平衡制度、强化农垦土地权益保护、基本完成农垦国有土地使用权确权登记发证任务、推进农垦土地资源资产化和资本化、创新农垦土地资产配置方式、保障农垦产业发展和城镇化建设合理用地需求等内容。

地方政府也出台了相应的推动农垦改革，包括农垦土地资源优化利用的政策，比如安徽、宁夏、广西等地方政府，先后出台了支持农垦改革发展的政策措施，这些政策措施的出台，有力推动了农垦土地资源的优化利用。以宁夏为例，宁夏回族自治区党委、人民政府 2009 年出台了《关于进一步加快农垦改革与发展的意见》，2010 年出台了《关于整顿和加强农垦土地管理的决定》，2014 年又出台了《关于进一步深化农垦改革发展的实施意见》（宁党发〔2014〕23 号），这些政策的出台，为依法促进农垦土地的规范化管理，提高国有土地利用效率，促进农垦事业持续健康发展起到了有效的指导和支持作用。

2. 农垦经过发展壮大，为农垦土地资源优化利用提供了有力的经济支持和保障

农垦经过发展，2014 年生产总值为 6420.37 亿元，比上年增长 9.5%（见图 4.4）。其中，第一产业增加值 1743.45 亿元，增长 5.6%；第二产业增加值 2866.25 亿元，增长 12.1%；第三产业增加值 1810.67 亿元，增长 11.4%。第一、第二、第三产业增加值占农垦生产总值的比重分别为 27.2%、44.6% 和 28.2%。人均生产总值 46129 元，同比增长 8.4%；人均纯收入持续增长，达到 13495 元，扣除物价上涨因素，上年实际增长 7.6%（见图 4.5）。农垦经济实力不断发展壮大，为农垦土地资源的优化利用提供了有力的经济支持和保障。

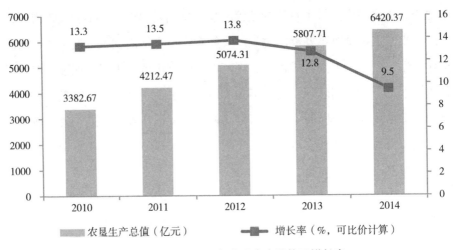

图4.4　2010—2014年农垦生产总值及增长率

资料来源：农业部农垦局。

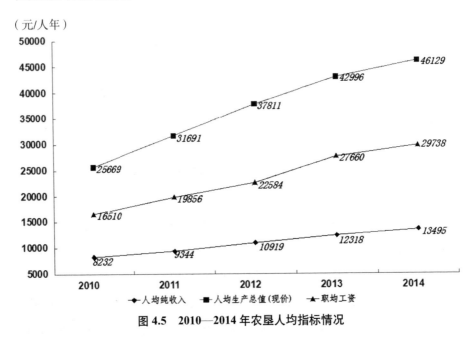

图4.5　2010—2014年农垦人均指标情况

资料来源：农业部农垦局。

3. 农垦集团化、城镇化和混合所有制改革，与农垦土地资源优化利用相辅相成、互相促进

农垦集团化改革、城镇化改革和混合所有制改革是改革发展的方向，

农垦土地资源又是农垦最重要的资源禀赋，农垦土地资源的优化利用与这些改革发展的方向相辅相成、互相促进。

在集团化改革中，在垦区层面，推动垦区转换经营机制，突出农业特色，培育壮大现代企业集团。

在新型城镇化建设方面，重点选择区位优势突出的国有农场场部或人口聚集区，将其建设成为农垦新型城镇，形成农垦新型城镇的集聚效应和示范效应，激发农垦新型城镇的潜力和活力。农垦建设用地使用权的合理使用，将会有利于推动农垦小城镇建设的进程。

在所有制方面，积极开展混合所有制改革，通过股权多元化形式形成合理的股权结构和运作机制，同时，建立起有效的国有资产监管制度，保障国有资产的保值增值和企业的稳健运行。推进符合条件的农垦土地作价出资（入股）和授权经营，可以有效盘活企业划拨土地资产，壮大国有农业经济资产规模，推动农垦的混合所有制改革。

农垦土地资源的优化利用与以上改革相辅相成，互相促进。

（三）农垦土地资源优化利用面临的问题分析

1. 农垦土地资源利用的相关法律法规需要进行修改和完善

（1）当前与农垦土地资源利用相关的主要法律法规

按照时间顺序，与农垦土地资源利用相关的法律法规主要如表4.6所示。

表 4.6　与农垦土地资源利用相关的法律法规

序号	法律法规名称	发布单位	发布时间
1	《中华人民共和国土地管理法》	全国人民代表大会	1986 年 6 月通过，1988 年 12 月第一次修正，2004 年 8 月第二次修正
2	《中华人民共和国城镇国有土地使用权出让和转让暂行条例》	国务院	1990 年 5 月

续表

序号	法律法规名称	发布单位	发布时间
3	《中华人民共和国担保法》	全国人民代表大会	1995 年 6 月
4	《国有企业改革中划拨土地使用权管理暂行规定》	原国家土地管理局	1998 年 2 月
5	《基本农田保护条例》	国务院	1998 年 12 月发布，2011 年 1 月修订
6	《关于进一步推行招标拍卖出让国有土地使用权的通知》	国土资源部	1999 年 1 月
7	《关于加强国有土地资产管理的通知》	国务院	2001 年 4 月
8	《中华人民共和国农村土地承包法》	全国人民代表大会	2002 年 8 月
9	《协议出让国有土地使用权规定》	国土资源部	2003 年 6 月
10	《中华人民共和国农村土地承包经营权证管理办法》	农业部	2003 年 11 月
11	《国务院关于将部分土地出让金用于农业土地开发有关问题的通知》	国务院	2004 年 3 月
12	《中华人民共和国物权法》	全国人民代表大会	2007 年 3 月
13	《城乡建设用地增减挂钩试点管理办法》	国土资源部	2008 年 6 月
14	《关于加强国有农场土地使用管理的意见》	国土资源部、农业部	2008 年 10 月
15	《土地利用总体规划编制审查办法》	国土资源部	2009 年 1 月
16	《土地复垦条例》	国务院	2011 年 2 月
17	《土地权属争议调查处理办法》	国土资源部	2002 年 12 月
18	《土地复垦条例实施办法》	国土资源部	2012 年 12 月
19	《关于引导农村土地经营权有序流转发展农业适度规模经营的意见》	中共中央办公厅	2014 年 8 月
20	《节约集约利用土地规定》	国土资源部	2014 年 9 月
21	《关于开展农村承包土地的经营权和农民住房财产权抵押贷款试点的指导意见》	国务院	2015 年 8 月
22	《关于进一步推进农垦改革发展的意见》	中共中央、国务院	2015 年 11 月
23	《关于完善农村土地所有权承包权经营权分置办法的意见》	中共中央、国务院	2016 年 10 月

（2）法律法规尚需完善的方面

以上法律法规的颁布和实施，对于农垦土地资源的利用起到了有效的指导和规范作用，但农垦土地资源类型多，根据调研的情况，在具体实践中，还有以下方面尚需完善：

第一，农垦农用地由国家无偿划拨使用，但法律上对国有农用地使用权的取得、权能等都缺乏明确的规定，导致实践操作中存在很多偏差，需研究并进一步明确国有农用地的权属权能。国有农用地使用权在法律上没有明确的规定，导致在保护和利用中缺乏法律依据，需研究并进一步明确国有农用地使用权的法律定位。同时，国有农用地权利结构和构成、国有农用地使用权取得和处置权益等，都需要从充分体现国家意志和所有者权益的角度来进行规范和完善；在建设用地和职工住宅用地方面，现行法律法规对划拨给国有农场使用的都没有明确界定。

第二，部分法律法规的细则需再明确。比如，国家《土地法》强调只有"公益性建设需要"才可"收回国有农场土地"，但对于何为"公益性建设"却一直未给出明确解释。国家土地政策提出了收回国有农场土地要"安排相应的社会保障费""规范留地安置"，但一直未明确要如何量化安排、如何规范，也未明确"收回农垦土地要与农场签订补偿安置协议"，在地方不及时跟进国家政策的情况下，农垦土地被收回时寻求合理补偿多有不便，地方政府往往为减轻政府征地成本，有意压低补偿费用。

第三，目前土地侵权呈多样化，一部分是场外人员越界侵占种养或搭建，一部分是场内职工或家属子弟未经批准，在农用地上建房，或未经批准直接将农用地有偿转包给他人种养或建房。《土地法》及其《实施条例》等法律法规对于土地侵权多有禁止性条款，但除了（由县级以上国土部门）"责令退还土地""责令退出土地""行政处分""罚款"外，缺乏更多的可操作的惩处性条款，难以有效打击侵权的"个人"。

2. 农垦管理体系多样，需根据不同垦区特点制定针对性方案

农垦管理体系多样，可分为新疆生产建设兵团、中央直属垦区、地方

管理垦区三大类。其中，新疆生产建设兵团由中央直接管理，属于党政军企合一的体质；农垦局直属垦区包括黑龙江和广东两个垦区，属于省部双重领导，以省为主；地方管理垦区又分为两大类，一类是省级层面集团化管理的垦区，包括安徽、上海、广西等，另一类是农场下放到市县管理，省级层面履行行业指导职能，例如吉林、江西等。

省级层面集团化管理的垦区，目前有17家，省级农垦主管部门改组为集团母公司，同时保留了省级管理机构模式，绝大多数都是两块牌子一套人马，所属农场及第二、第三产业企业按照发展需要改组为集团子公司或分公司，形成以资本为纽带的母子公司体制。农场下放到市县管理的垦区则较难在省级层面形成集团化的企业运行机制。

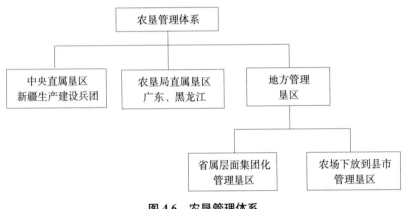

图 4.6 农垦管理体系

由此可见，农垦由于历史等原因，形成了多种经营管理体制，每种体制都有其特殊性，因此，在制定土地资源优化利用的相应政策时，应当根据不同垦区特点制定针对性的方案。

3. 农垦土地确权面临一定困难

目前农垦国有土地使用权确权率不是很高，产生这种情况的原因也比较复杂，主要为：

（1）农垦集团层面缺乏土地直接管理权限

安徽农垦等个别垦区有省级国土部门向农垦集团公司派驻的土地管理

分局，诸如土地规划编制修编调整、年度计划指标单列、委托出让和出让金分享、土地合作开发利用、土地确权登记发证、执法监察等多数问题都能得到较好的解决。除此之外，大部分垦区没有省级国土部门向农垦集团公司派驻土地管理机构的设置和职能配置，农垦土地管理沟通成本较高，问题发生后农垦局缺乏话语权。

（2）经费困难

权属调查费、测量费等偏高，缺少财政扶持。以广西农垦为例，权属调查费仍执行自治区物价局 1994 年文件为 166 元 / 亩、测量费农用地和建设用地均为 13—130 元 / 亩，两种费用均需支付；广西农垦 121 万亩尚未发证土地要付权属调查费 2 亿元（166 元 / 亩 × 121 万亩）、还需另付测量费 1.2 亿元（平均 100 元 / 亩 × 121 万亩），农场无力承担。

（3）地方不配合

土地周边相邻人不配合，不指界、不签界；少数地方政府对于侵占国有土地行为未能公正及时果断处理；个别地方政府为收回土地使用权方便，推进农垦土地确权积极性不高。

4. 农垦土地规划有待加强

因历史和现实、主观和客观等原因，农垦国有土地规划管理存在困难和问题较多。主要表现为：一是规划计划管理滞后；二是垦区依规守法用地意识亟待增强。

5. 农垦土地承包经营制度需要完善

农垦土地承包经营制度需要完善的内容，主要表现为：部分管理者对农垦土地承包经营制度的政策把握不准、宣传解释不到位、土地承包和土地承包合同管理不规范、土地承包收费调整频繁且调增幅度过大、经营性服务收费不透明等。分析产生这些问题的原因，主要为：现代农业发展所要求的适度规模经营与农场家庭承包经营矛盾；高度化的市场经济与低水平的家庭农场分散销售矛盾。

6. 保持农垦耕地底线规模面临一定压力

随着城镇建设和工业用地的不断增加，我国优质耕地面积在减少，后备耕地资源不足。2013 年 12 月召开的中央农村工作会议指出，耕地红线要严防死守，18 亿亩耕地红线仍然必须坚守，同时现有耕地面积必须保持基本稳定。近年来党中央、国务院非常重视耕地保护，一再强调基本农田保护区底线、耕地保护红线，并要求建设用地项目必须满足"耕地占补平衡"才能办理农地转用。

农垦系统共有耕地面积 628.35 万公顷，占农垦系统总土地面积的 17.28%。农垦系统同样面临保持耕地底线的压力。在推进农垦发展和土地资源优化利用的进程中，如何能更好地保持好耕地的面积和质量，这是需要认真研究和分析，并且采取有效措施实现的。同时，有效保持农垦耕地的规模、底线和质量水平，是农垦必须要担当的重任之一。

7. 农垦土地资本化资产化运作方式有限

农垦土地资本化运作方式的有限性主要体现在以下方面：

第一，土地以资产方式体现在农垦具有一定的难度。目前，土地的使用权主要体现为以下几种方式：划拨、出让、租赁、作价出资和授权经营等。在农垦土地资源中，划拨土地使用权占有比较高的权重。划拨土地使用权之后，企业无权对其进行转让、出租、抵押等，不能单纯以划拨土地使用权作价入股，一般可以通过两种方式来实现：一是国家先收回划拨土地使用权，再作价出资或入股；二是原划拨土地使用权人按照有关法律法规签订出让合同，并补交出让金，原划拨土地使用权人可将土地计入到企业资本中。

安徽农垦、甘肃农垦等在土地作价入资方面做得比较好。但在其他大多数垦区，土地作价入资到企业都尚未开展：一方面是政府支持的政策力度有限；另一方面企业开展此项工作的意识、积极性和资金支持均不够。

第二，农垦土地中国有农用地占比大，目前关于国有农用地的使用权还没有明确法规进行规范。《关于进一步推进农垦改革发展的意见》中对农垦企业改革改制中涉及的农用地，允许根据需要采取出让、租赁、出价出资

（入股）和保留划拨用地等方式处置；同时，对省级以上政府批准实行国有资产授权经营的国有独资企业、国有独资公司等农垦企业，其使用的生产经营性农用地，经批准允许采取作价出资（入股）、授权经营方式处置，这对加快推进农用地资源资产资本化进程、显化农用地资源资产价值具有十分重要的意义。应重点研究农用地使用权各种处置方式的实施路径，为深入推进国有农用地有偿使用制度改革、推动中央文件精神尽快落地提供依据。

第三，农垦土地资本化的手段相对比较单一。目前关于农垦土地资本化的方式主要有：抵押、担保、债券融资、股票融资。股票融资只在上市的农垦企业能够运用，债券融资也只有规模比较大的、具有发债资格的农垦企业才能运用，这两种方式目前可适用的范围有限。但农垦企业可以选择以土地资源作价入资、加强企业集团化运作等方式，将企业做大做强，争取上市，达到能够进行股票融资和债券融资的资格，为企业的进一步发展提供有效的资金支持。在抵押担保方面，同样以农用地为例进行分析：党的十八届三中全会提出赋予农村集体土地承包经营权抵押担保权能，《关于进一步推进农垦改革发展的意见》也明确要求要有序开展农垦农用地使用权抵押担保试点；我国现行政策中缺少对国有农用地使用权抵押担保的规定，部分垦区先期探索了一些尝试，但标准不一、做法不同、缺乏制度保障，需要进一步明确法律制度予以规范。

六、农垦土地资源优化利用的
总体思路和政策建议

（一）农垦土地资源优化利用的总体思路

在农垦系统总体规划的前提下，不断拓宽和完善农垦土地资源优化利用的途径和方式，规范农垦土地资源利用的法律法规，加强农垦土地确权工作，完善农垦土地承包经营制度、推进农垦土地适度规模经营，采取有效措施、确保农垦农用地特别是耕地规模不被侵占，加强农垦土地规划管理，健全农垦土地管理机构和制度，积极推进农垦土地作价出资和授权经营、加大金融的支持力度，注重农垦土地资源优化利用中的风险防范和配套制度建设，推动农垦土地资源的优化利用，为农垦的改革发展做出积极贡献。

（二）农垦土地资源优化利用的实施方案

在农垦系统总体规划和农垦土地资源优化利用的总体思路下，按照"以农为本、适度规模经营、确保国有资产保值增值"的原则，制定农垦土地资源优化利用的实施方案，主要包括以下九个方面的内容：

一是完善相关法律法规；二是针对不同垦区特征制定针对性的差异化方案；三是加强农垦土地确权工作进度，积极解决历史遗留问题；四是注重垦土地总体规划管理；五是健全农垦土地管理机构和制度；六是完善农垦土地承包经营机制；七是确保农垦农用地特别是耕地规模不被侵占；八是积极推进农垦土地作价出资（入股）和授权经营，加大金融的支持力度；九是注

重风险防范和配套机制建设。农垦土地资源优化利用的实施方案和重点工作
见图 4.7。

图 4.7　农垦土地资源优化利用的实施方案和重点工作

（三）农垦土地资源优化利用的措施建议

1. 完善农垦土地资源利用的相关法律法规

（1）制定明晰的国有农用地和建设用地法律法规

① 国有农用地

制定明晰的国有农用地法律法规，梳理我国现有土地法律权利体系，明确国有农用地权利与其他权利的关系定位；厘清国有农用地权利结构，明确权利构成；从充分体现国家意志和所有者权益的角度，提出国有农用地使用权取得和处置权益意见。比如，完善《农村土地承包法》，对农垦国有农用地所有权、使用权和经营权进行界定，对使用权和经营权的权利和义务进行细化。

明确农用地使用权出让、租赁、作价出资（入股）、授权经营等方式的法律定位；完善农用地使用权各种处置方式的实施路径，允许根据需要采取出让、租赁、作价出资（入股）、授权经营和保留划拨用地等方式处置；立足农业实际，细化农用地有偿使用的前提条件和处置种类，明确具体路径、办法、使用权期限、到期后的处置办法、相关税费等；分析国有农用地使用权处置的限制性条件，防止国有农用地尤其是耕地资源流失，从而深入推进国有农用地有偿使用制度改革，推动农垦土地资源的优化利用。

② 建设用地

在建设用地方面，现行法律法规对划拨给农垦使用的土地没有明确界定。《关于进一步推进农垦改革发展的意见》指出：农垦现有划拨建设用地，经批准办理有偿使用手续后，可以转让、出租、抵押或改变用途，需办理出让手续的，可以采取协议方式。农垦建设用地的优化利用同样也会对城镇化建设起到积极的推进作用。农垦城镇化要有足够的吸纳力，要有对人的吸引力。建议针对农垦现有划拨建设用地的特点，同时考虑农垦城镇化的特征，制定详细的实施细则，以推动农垦建设用地的进一步规范使用。

农垦现有划拨建设用地使用权，经批准办理有偿使用手续后，需要进行协议方式出让的，建议如下：

一是土地资源管理部门要制定允许符合条件的农垦土地进行协议出让的法律法规，明确从编制并公布出让计划、接受意向用地者申请、确定出让方式、编制出让方案、确定出让底价、协议出让价格并签订出让合同到公布出让结果等的流程；

二是确定合理的协议出让评估定价机制；

三是按照《协议出让国有土地使用权规定》（国土资发〔2003〕21号）的规定，以协议出让方式取得国有土地使用权的土地使用者，需要将土地使用权出让合同约定的土地用途改变为商业、旅游、娱乐和商品住宅等经营性用途的，应当取得出让方和市、县人民政府城市规划部门的同意，签订土地使用权出让合同变更协议或者重新签订土地使用权出让合同，按变更后的土地用途，以变更时的土地市场价格补交相应的土地使用权出让金，并依法办理土地使用权变更登记手续；

四是加强农垦土地出让的内部统筹管理机制。

（2）完善部分法律法规的实施细则

建议国土部、农业部等在相关土地法律法规修订时充分考虑农垦国有土地的特点和实际情况，明确农垦应该拥有的各项权益；建议重点对《物权法》《土地管理法》《土地承包法》《担保法》中有关条款提出修订意见和实施细则。

（3）进一步规范有关农垦土地的征收制度

在土地征收时，进一步规范有关农垦土地的征收制度，充分考虑到农垦的特点，未经允许，不能擅自收回农垦国有土地使用权，需收回的要经原批准用地的政府批准，并按照有关规定予以补偿。收回国有土地应与原土地使用权人签订补偿安置协议，土地征收的补偿费用主要分为三种，分别为土地补偿费、安置补助费以及地上附着物和青苗的补偿费。此外，对于土地整治项目需要清除青苗附着物的，补偿可参考征收农民集体土地时的青苗和地上附着物补偿费标准执行。

（4）强化对土地侵权行为的法律约束

对于农垦场内、场外人员侵权占地的，在法律法规上明确可操作的惩处性条款，加大惩罚的力度，强化对土地侵权行为的法律约束，维护农垦土地资源的合法合规使用。

2. 针对不同垦区特征制定针对性的差异化方案

由于受历史、资源禀赋等因素影响，各垦区差异度很大。在管理体制上，如前所述，主要有中央、农垦局和地方管理模式。在经营效益上，有的国有农场采取产业化运作，效果明显，经营效益稳步提升；有的国有农场则以土地租金收入为主，而且租金价格一签就是几十年，无法随市场价格变动，可整合资源有限，举步维艰。因此，在制定农垦可持续发展战略时要充分考虑到不同类型垦区各自的差异性。

3. 加强农垦土地确权工作进度，积极解决历史遗留问题

（1）落实土地确权的责任主体

各垦区要根据实际情况，明确土地确权的责任主体，将相关工作分解落实到具体单位和责任人，针对不同的土地确权情况，由责任主体积极与政府管理机构、涉及确权的单位和个人进行协调、沟通和落实。

（2）明确时间进度安排

用三年时间基本完成国有土地确权和发证任务。为有效完成此项工作，建议各垦区也要制定明确的时间进度安排并抓紧落实。

（3）积极争取地方政府政策支持

① 地方政府把握好政策的原则性和灵活性。争取地方政府在把握好土地政策原则性的基础上，结合垦区特点，给予一定的灵活性。比如，建议规定"土地证"名称与单位公章名称不一而实质上为同一单位的，可免费变更登记换证等。

② 争取相关费用的减免。争取当地政府给予农垦土地资源管理利用中一定的费用减免。比如，给予农垦国有土地发证权属调查费相应优惠，测量

由市县国土局提供底图、费用给予相应减免等。

③ 及时公正处理土地纠纷。对于土地纠纷，积极争取地方政府及时公正处理，将土地纠纷和侵权案件控制在萌芽状态。

（4）细化土地确权方案和奖惩制度

从目标任务、法律依据、工作任务及时限、组织实施（包括申请登记、权属调查、地籍勘丈、权属审核、初审和公告、登记发证、资料整理、数据维护）和保障措施等方面细化土地确权的内容，同时，制定完善的奖惩制度，尽量给肩负发证任务的农场以补助和奖励，使确权工作更具有针对型和时效性。

4. 注重农垦土地总体规划管理

国土资源管理部门在制定土地总体规划时，应主动将农垦系统纳入其中，同时，农垦也应该积极主动地加强与土地管理部门的沟通协调，充分反映农垦的实际情况和发展规划，使土地总体规划中能够有效体现出农垦发展的特点和方向。

在农垦配合划定基本农田的同时，各地要兼顾农垦的特殊性，理解和支持农垦，在单列给农垦年度计划指标的同时、分市县给农垦单列土地"允许建设区"规划指标。具体操作可由农场与县、乡（镇）对接，编制相当于乡镇土地规划的农场土地规划，视为县级甚至乡级规划子规划，纳入县级或乡镇土地规划一起报批。

5. 健全农垦土地管理机构和内部管理制度

（1）对符合条件的，争取国土管理部门在垦区派驻机构

为适应新时期农垦国有土地管理的需要，省级国土厅向具有省级层面符合一定条件的农垦集团公司派驻农垦土地管理分局，行使农垦国有土地管理职能，在有农场的设区市范围内，选择一个中心农场设立土地管理所，赋予其乡镇级国土资源管理所职能。

（2）垦区内部建立系统的土地管理机构和岗位设置

在垦区内部建立系统的土地管理机构：在集团公司层面设立专门的土地管理部门；在下属的子公司层面，有条件的设立专门的土地管理部门，没有条件的，在相关的综合管理部门内部，设置专门的土地资源管理岗位。

（3）制定完善的内部土地管理制度

各垦区结合自身特点，分别从土地规划与利用、土地资产处置和收益分配、审批及备案流程、地籍管理和耕地保护、农用地的使用和管理、土地执法监督检查和土地经营管理奖惩等方面，制定完善的内部土地管理制度，规范土地资源的利用和使用。

6. 完善农垦土地承包经营机制

（1）规范土地承包经营合同

各垦区认真总结近年来土地承包的经验与教训，进一步规范土地承包合同条款，确保合同符合国家法律法规的规定。要依法规范承包合同，严格履行承包合同；要在土地承包合同中明确基本田和规模田等的承包面积、收费标准等内容，维护农场与农工双方的合法权益。

（2）规范土地承包经营收费

按照中央、部委和省级单位的相关法律法规和政策，依法收取土地承包费，并实行总量控制、定向使用、公开公平、严格规范的管理办法，进一步规范土地承包经营费。调整土地承包费要符合相关规定，提前讲明调整理由、政策依据，形成土地承包方案，广泛征求各方面的意见，经管理部门审核和批准，提交农场职工代表大会讨论通过后执行。

（3）集中和适度规模化经营

紧紧围绕纵向一体化全产业链发展战略，积极推进农业资源整合，实行集中和适度规模化经营。一方面，在垦区内部，通过整合现有的土地资源，发挥农垦规模化经营的优势，让土地资源集中在农场或种植专业户手中，体现适度规模经营的优势；另一方面，积极融入地方，与地方政府加强农业合作，实施土地规模化流转种植业开发项目，积极探索粮食增产、农民增收、企业增效的土地流转新模式，进一步拓展发挥农垦在现代农业发展中的引领示范作用。

7. 确保农垦农用地特别是耕地规模不被侵占

（1）明确农用地和耕地范围界定，严守耕地底线

围绕国有土地管理保护，加强农用地使用管理的规划计划、耕地占补平衡管理，加快划定永久基本农田，进一步出台加强农垦耕地保护的措施和文件并落到实处。明确农用地和耕地范围界定，严守耕地底线，严格落实耕地占补平衡责任，推进土地整治和高标准农田建设，完善耕地保护的约束激励机制，充分调动社会各方的积极性，切实抓好永久基本农田划定工作，强化土地用途空间管制。牢牢把握"布局基本稳定、数量不减少、质量有提升"的要求，确保永久基本农田红线的底线，为保障生态环境安全，进一步提升农垦土地资源优化利用的效率提供坚实的基础。

（2）稳步提升耕地质量

按照农业部发布的《2014年耕地质量保护与提升技术模式》的工作要求，大力推广应用土壤改良技术，促进有机肥资源转化利用，减少污染，提升耕地质量，确保耕地质量保护与提升工作落实到位。

同时，稳步推进土地整治和土地开发复垦工作。在土地整治方面，加大项目投资，有效实施土地整治项目，开展高标准的基本农田建设；在土地开发复垦方面，成立专门的土地开发复垦有限公司，以完成国土资源管理部门下达的任务为目标，以服务农场为宗旨，开展农垦土地开发复垦整理工作，以有效增加新增耕地面积。

（3）有效推行占补平衡机制

要严格执行并不断完善耕地占补平衡制度。不仅要确保耕地总量动态平衡，还要保证质量，进一步优化补充耕地的资源配置。

对于农垦自身开垦增加的耕地，可适度给予"占补平衡"。为解决农垦自身建设项目的占补平衡，建议相关部门规定，凡属农垦国有土地中的不稳定耕地、可开荒耕地，原则上由农垦自行开垦或委托开垦，将其变成稳定耕

地，新增耕地指标可以适度给予农垦，在保障新增建设用地耕地占补平衡后还有剩余的，可以进入市场交易。

8. 积极推进农垦土地作价出资（入股）和授权经营，加大金融支持力度

省级以上政府批准实行国有资产授权经营的国有独资企业、国有独资公司等农垦企业，其使用的原生产经营性国有划拨建设用地和农用地，经批准可以采取作价出资（入股）、授权经营方式处置。

（1）对符合条件的垦区，积极推行土地作价出资和授权经营

在作价出资（入股）方面，借鉴宁夏农垦、安徽农垦等的经验，逐步推进土地资本化和资产化工作，在落实"企业化、垦区集团化、股权多元化"改革时，致力于"资源变资产、资产变资本、资本变股本"的工作。对于符合条件的垦区，从制定土地资产处置总体方案报批、评估作价、国有资本转增直到办理土地证登记，形成完整的工作流程；同时，积极争取政府政策支持和税费优惠，使土地资源有效注入到农垦企业集团，增强农垦企业集团的资金实力。

在授权经营方面，按照《国有企业改革划拨土地使用权管理暂行规定》（国家土地管理局1998第8号）的有关规定，只有经国务院批准设立的国家控股公司、作为国家授权投资机构的国有独资公司和集团公司才能作为被授权企业。被授权国家控股公司、作为国家授权投资机构的国有独资公司和集团公司凭授权书，可以向其直属的企业、控股企业、参股企业以作价出资（入股）或租赁等方式配置土地，企业应持土地使用权经营管理的授权书和相关文件，按照规定办理变更土地登记手续。对省属企业需要采取土地使用权作价授权经营管理的，必须经国务院土地行政主管部门批准后，才能由省级人民政府土地行政主管部门决定。

根据《关于改革土地估价结果确认和土地资产处置审批办法的通知》（国土资发〔2001〕44号）第三条规定，对于省级以上人民政府批准实行授权经营或国家控股公司试点的企业，方可采用授权经营或国家作价出资（入

股）方式配置土地。其中，经国务院批准改制的企业，土地资产处置方案应报国土资源部审批，其他企业的土地资产处置方案应报土地所在的省级土地行政主管部门审批。

符合条件的农垦企业可以尝试进行授权经营，但根据在部分垦区调研的情况来看，为了防止国有资产流失，建议在进行授权经营时，一方面，要确保国有资产控股，对企业有经营管理的实际控制权；另一方面，被授权企业必须接受授权部门的监督。

（2）积极探索国有农用地使用权抵押和担保的运作途径

积极探索国有农用地使用权抵押和担保运作途径，建议相关部门明文规定，国有农用地使用权可以出让、可以评估作价出资、在一定条件下可以进行抵押登记和担保，支持农垦土地资本化运作。

第一，选择具有代表性、金融秩序比较稳定、市场化程度比较高的区域作为国有农用地使用权的抵押和担保的试点。

第二，要有明确的国有农用地使用权的确权。

第三，在试点区域，土地管理部门要制定详细的国有农用地使用权的抵押、担保的操作流程，包括但不限于：申请、审批、办理抵押手续、解除抵押手续等。

第四，试点区域的金融机构，要制定明确的国有农用地使用权抵押和担保的规定，包括但不限于：抵押或担保人的资质、土地评估标准、抵押和担保比率、风险控制措施等。

第五，加强国有农用地使用权抵押和担保的风险控制，确保国有资产的安全。农垦体系要加强对国有农用地使用权抵押和担保的管理，集团化管理的垦区，要由集团统一管理国有农用地使用权抵押和担保的审批；非集团化的垦区，要制定严格的国有农用地使用权抵押和担保的标准。金融机构要严格审核国有农用地使用权抵押人和担保人的资质、审核项目的风险状况，把握好贷款发放条件。

（3）丰富土地资产资本化的方式，加大金融支持力度

首先，以财政性资金为先导设立农垦产业发展基金，稳步推进农垦土

地资产化和资本化。

其次，完善银行体系对农垦土地资产化和资本化的支持，推动信贷产品和业务创新，重点推进农垦土地使用权的合理抵押和担保。

最后，建立支持农垦土地资产化和资本化的投融资机制，将农垦土地资源注入符合条件的农垦企业集团，支持农垦企业在中小板、创业板、"新三板"等多层次资本市场上市；支持农垦企业利用资本市场开展兼并重组。

(4) 有效控制金融风险

农垦土地资源资产化和资本化的进程中，会采取多种金融方式和手段，因此，需要在这一进程中，有效控制金融风险，以保证实施效果：要采取定量分析与定性分析相结合的方式，运用模型对金融风险进行分析，揭示金融风险的成因，通过数理模型有效识别、计量和监测金融风险，并通过分散、对冲、转移、规避等方式对金融风险进行有效的防范和化解。

9. 注重农垦土地资源优化利用中的风险防范和配套制度建设

(1) 完善国有资产监督管理机制

第一，加强国有资产的监督管理机制，加大对国有资本投向的专项监督力度，在国有资产运营中确保国有资产的保值增值。

第二，农垦土地资产要注入到集团公司层面，并且执行严格的内部土地资产管理审批制度，确保土地资产使用的合规性。

第三，在以土地资产出资合作时，要确保能够对合资公司进行控股，或者确保合作的对象为国有企业，确保国有资产不流失。

第四，在运用土地资产进行抵押或担保融资时，要确保融资项目风险的可控性，避免盲目扩张或投资，确保抵押或担保土地资产的安全性。

(2) 建立专业的土地管理人才队伍，加强守法用地意识教育

由国土部、农业部组织开办各种土地管理业务培训班，邀请国内专家给农垦土地管理领导和主办人员讲课；同时，省农垦加强教育和培训，健全管理制度和奖惩措施。通过各种层次的培训，建立起专业的土地资源管理的人才队伍，并通过这支队伍，广泛开展用地守法教育宣传，以增强垦区内外

人员的守法意识。

（3）注重企业化、集团化运作，探索混合所有制改革

国有农场是农垦的基本单元，按照政企分开的原则，全面推进国有农场管理体制和经营机制的创新，保持生产经营的连续性和改革的平稳性，实现国有农场企业化运作；着力推进现代企业制度建设，将国有农场建设成为自负盈亏、体制完善、机制灵活的现代企业。

以特色优势产业为基础，积极培育规模化农业经营主体，推动垦区集团化运作。对尚未建立企业集团的垦区，要加大力度、争取政策，通过兼并重组、整合资源，建立起垦区的企业集团。在垦区集团化建设当中，建立起以资本为纽带的母子公司管理体制，进行资源配置，构建纵向一体化的大型现代农业企业集团，不断提高经营管理水平和市场竞争力。

探索混合所有制改革，引入战略投资者，采取兼并、联合和股份制改造等形式，并与员工全员持股、管理层期权激励等相结合，推进股权由单一化向多元化的转变，通过股权多元化形式形成合理的股权结构和运作机制。

（4）有效剥离社会职能，完善社会保障体系

加快推进国有农场办社会职能的改革，剥离农场的社会职能，将社会职能纳入公共财政保障范围内，并不断健全完善农场的社会保障体系，确保经济职能和社会职能相互促进、相互协调、共同发展。

（5）推进农垦土地资源管理信息系统建设

积极推进农垦土地资源信息管理的规范化和信息化，为土地维权、土地开发利用、土地评估和土地交易等工作提供更为准确的信息和依据。

（6）建立动态的农垦土地资源利用的评价指标体系

建立符合农垦土地资源特色的优化利用评价指标体系，动态跟踪农垦土地资源的利用状态，并及时进行跟进管理。

① 农垦土地资源优化利用评价体系指标选择的原则

按照科学性原则、全面性原则、动态性原则和实用性原则来建立指标体系。

② 农垦土地资源优化利用评价体系指标的来源及范围

指标选取主要来源于农业部农垦局以及农垦内的各个垦区所提供的报表以及统计数据。

在指标设置中，主要以定量指标为主；在指标设置中，主要以定量指标为主；部分指标在定量设计时，具有一定难度，则以定性为主，但定性指标中，按照优秀、良好、及格和不及格来区分并赋予一定的分数值。

指标范围主要包括农垦土地相关法律法规、垦区土地管理机制、土地确权、土地规划、土地承包经营机制、耕地规模、土地资本化运作等内容，比较全面系统地对农垦土地资源利用情况进行评价。定性指标中，按照优秀、良好、及格和不及格来区分并赋予一定的分数值。

③ 农垦土地资源优化利用评价体系指标的设置步骤

首先，确立指标体系的层次，按照目标层、准则层和指标层三个层级来构建指标体系；其次，根据目标层、准则层和指标层三个层级来分别选择不同的指标；最后，确定不同层级指标的权重，形成系统的农垦土地资源优化利用的评价指标体系。

每个垦区可根据自身情况，选择相应指标，经过专家论证，设定各个指标的权重，以统计出本垦区的土地资源利用情况。同时，随着时间的推移，不断跟进和研究比较这些指标体系的变化情况，发现存在的问题，并进行动态调整、不断改进，使评价指标体系更加科学、合理和实用，也为农垦土地资源优化利用提供有效的决策参考。

附件：农垦土地资源优化利用调研提纲

墾区名称：_____

调研时间：_____ 年 _____ 月 _____ 日

调研地点：_____ 市 _____ 县（区、旗）

_____ 乡（镇）_____ 村

联系人姓名：_____   联系人职务：_____

联系电话：_____

一、墾区土地资源基本情况分析

（一）墾区土地规模

1. 墾区土地资源规模为多少？

2. 土地资源在农场的主要分布情况如何？

（二）墾区土地分类

1. 建设用地的规模是多少？建设用地分为几类，每类的数量分别为多少，主要用途是什么？

2. 宅基地管理的现状如何？存在什么困难？下一步如何优化管理？

3. 农用地的规模是多少？农用地分为几类，每类的数量分别为多少？

4. 农用地主要经济作物是哪几种？占比如何？

5. 耕地管理现状如何？存在什么困难？下一步如何优化管理？

二、垦区土地管理机制分析

（一）管理机构

1. 垦区土地的外部管理机构是归哪一级政府机构？

2. 垦区土地在垦区内部的主要管理机构是哪个？其主要职能是什么？

（二）土地属性及管理制度

1. 垦区管理的土地是否均为国有？如果有集体成分，是如何形成的，占比是多少？

2. 垦区平时如何管理土地资源？相应的管理制度是什么？

三、垦区土地规划使用分析

1. 垦区土地规划使用的机制是什么？农用地如何变更为建设用地，本垦区变更情况如何？

2. 垦区土地规划调整情况是否存在？

3. 2010 年以来，土地是否存在被政府收购整理的情况，补偿标准如何确定，价格是多少？

4. 建设用地和农用地使用规划调整的平衡机制及情况如何？（请举案例说明）

四、垦区土地确权分析

（一）土地确权情况

1. 目前土地已经确权了多少，占比是多少？

2. 未确权的工作主要遇到的困难是什么？预计什么时候能确权完成？

（二）土地纠纷问题

1. 是否存在土地纠纷问题？若有，存在纠纷的土地规模是多少？

2. 如存在土地纠纷，产生纠纷的主要原因是什么（请举案例分析）？有什么解决的办法？

五、垦区土地承包经营体制分析

（一）承包经营模式

1. 垦区目前土地承包经营的主要模式是什么（如两田制或其他，请详细说明）？

2. 土地承包的期限有多少种，各自占比如何？

3. 土地承包的价格如何制定，目前价格水平是多少？

4. 土地承包的合同是否规范？是各个农场自己制定的，还是有比较统一的版本？

5. 垦区土地承包经营面临的困难是什么？有什么建议？

（二）承包经营模式

垦区土地承包经营状况如何？有多少土地被承包了，承包的规模如何，都是什么样的企业或个人承包？

六、垦区土地适度规模化经营分析

1. 垦区土地流转情况如何？有多少土地流转了，流转的规模是多少？

2. 垦区土地流转的价格机制如何确定？已流转土地的价格是多少？

七、垦区土地资本化运作分析

(一) 土地价值体现形式

1. 目前垦区土地是什么样的体现形式 (划拨、租赁、转让、作价出资、授权经营或其他)?

2. 土地价值是否在企业账面体现? 如何体现?

(二) 土地资本化运作

1. 土地如果作价计入企业账面价值, 是通过什么操作方式计入? 计入时的定价机制是什么?

2. 土地如果没有作价计入企业账面价值, 遇到的主要问题是什么? 准备采取什么样的操作方式计入?

(三) 土地的出让、转让、抵押、担保

1. 土地是否有出让、转让、抵押和担保? 如有, 具体情况如何? 是怎么操作的 (请举具体案例分析)?

2. 土地如没有进行出让、转让、抵押和担保, 是否计划进行? 在出让、转让、抵押和担保中, 面临的主要问题是什么? 准备如何做?

(四) 土地资本化运作的创新

是否存在土地信托等类似的土地资本化运作的创新形式? 如有, 具体情况如何 (请举例说明)?

八、总体性问题

1. 垦区土地资源优化利用面临的主要问题是什么?

2. 对垦区土地资源优化利用的建议?

参 考 文 献

［1］Alchian A. "Some Economics of Property Rights", Politico, 1965 (4).

［2］Allen S, Kim S, Zitzler M. "Hedging Instrument in post Liquidity Crisis: a Case of Interest Rate Swaps", Managerial Finance, 2013, 39 (1).

［3］Bessis J. "Risk Management in Banking", Post-Print, 2009, 48 (3).

［4］Callado-Muñoz F J. "Risk Control Measures in Payment Systems", Quarterly Review of Economics & Finance, 2009, 49 (1).

［5］Cosse. R. H. "The Problem of Social Cost", Journal of Law and Economics, 1960 (10).

［6］David J D, D. K. Denis, A. Sarin, "Agency Problems, Equity Ownership, and Corporate Diversification", Journal of Finance, 1995, 52.

［7］Demsetz H. "The Structure of Ownership and the Theory of the Firm", Journal of Law & Economics, 1983, 26 (2).

［8］Fama E F, Jensen M C. "Separation of Ownership and Control", Journal of Law & Economics, 2013, 26 (2).

［9］Fama E F. "Agency Problems and the Theory of Firm", Journal of Political Economy, 1980, 88 (2).

［10］Faure-Grimaud A, "Martimort D. Regulatory Inertia", Rand Journal of Economics, 2003, 34 (3).

［11］George C. S. Lin & Samuel P. S. Ho. "The state, Land System, and Land Development Processes in Contemporary China", Annals of the Association of American Geographers, 2015, 95 (2).

[12] Gunjia H., Yuan Y. "Bank Profitability and the Bank Lending Channel: Evidence from China", Journal of Economics, 2010 (2)

[13] Hart O, Moore J. "Property Rights and the Nature of the Firm", Journal of Political Economy, 1988, 98 (98).

[14] Holmsrtom. B. "Moral Hazard and Observability", Bell Journal of Economics, 1979 (10).

[15] Hope O K, Thomas W B. "Managerial Empire Building and Firm Disclosure", Journal of Accounting Research, 2008, 46 (3).

[16] Ihlanfeldt K R. "The Effect of Land Use Regulation on Housing and Land Prices", Journal of Urban Economics, 2007, 61 (3).

[17] James B W. "Expanding the Gap: How the Rural Property System Exacerbates China's Urban-rural Gap", Columbia Journal of Asian Law, 2007 (20).

[18] Kaser, Gregc. "Urban, Rural and Regional Economics", Economic Journal, 1998, 108 (451).

[19] Porta R L, Lopez-De-Silanes F, Shleifer A, et al. "Investor Protection and Corporate Governance", Journal of Financial Economics, 2010 (58).

[20] Spence M, Zechhuaser R. "Insurance Information and Individual Action", American Economic Review, 1971 (61).

[21] Victoravich L M, Xu P, Gan H. "Institutional Ownership and Executive Compensation: Evidence from US Banks during the Financial Crisis", Managerial Finance, 2011, 39 (1).

[22] Williamson O E. Markets and Hierarchies: Analysis and Antitrust Implications: A Study in the Economics of Internal Organization, Social Science Electronic Publishing, 1975, 86 (343).

[23] 安体富、任强:《公共服务均等化:理论、问题与对策》,《财贸经济》2007 年第 8 期。

[24] 北京天则经济研究所《中国土地问题课题组》:《城市化背景下土地产权的实施和保护》,《管理世界》2007 年第 12 期。

[25] 蔡继明、周炳林：《小城镇还是大都市：中国城市化道路的选择》，《上海经济研究》2002 年第 10 期。

[26] 蔡云辉：《论近代中国城乡关系与城市化发展的低速缓进》，《社会科学辑刊》2004 年第 2 期。

[27] 操香水：《创新管理体制　促进企业发展——对新时期江西农垦管理体制改革与创新的思考》，《中国农垦》2005 年第 11 期。

[28] 常修泽：《中国国有企业改革和民营经济发展中的几个突出问题》，《经济社会体制比较》2004 年第 4 期。

[29] 陈海威：《中国基本公共服务体系研究》，《科学社会主义》2007 年第 3 期。

[30] 陈美球：《小城镇道路是我国城镇化进程中必不可少的重要途径——与〈小城镇道路：中国城市化的妄想症〉作者商榷》，《中国农村经济》2003 年第 1 期。

[31] 陈频：《试论混合所有制经济与公有制经济的关系》，《社会主义研究》2003 年第 6 期。

[32] 程必定：《新城镇：中国县域新型城镇化的空间实现载体》，《发展研究》2011 年第 6 期。

[33] 崔功豪、马润潮：《中国自下而上城市化的发展及其机制》，《地理学报》1999 年第 2 期。

[34] 党国英：《中国农村变革 60 年回顾与展望》，《人民论坛》2009 年第 19 期。

[35] 范恒山：《如何进一步消除发展非公有制经济的体制性障碍》，《党政干部文摘》2003 年第 12 期。

[36] 范志明：《农垦国有土地资源资产化资本化研究》，《中国土地》2015 年第 10 期。

[37] 方创琳、宋吉涛、张蔷等：《中国城市群结构体系的组成与空间分异格局》，《地理学报》2005 年第 5 期。

[38] 费方域：《什么是公司治理？》，《上海经济研究》1996 年第 5 期。

[39] 高海：《农场国有农用地使用权的权利属性与物权构造》，《法商研究》2015 年第 2 期。

[40] 高鹏：《论混合所有制经济的基本特征》，《学习论坛》2000 年第 5 期。

[41] 顾朝林、徐海贤：《改革开放二十年来中国城市地理学研究进展》，《地理科学》

1999 年第 4 期。

[42] 国风：《中国农村工业化和劳动力转移的道路选择——论我国的小城镇建设》，《管理世界》1998 年第 6 期。

[43] 国家发展和改革委员会产业发展研究所美国、巴西城镇化考察团：《美国、巴西城市化和小城镇发展的经验及启示》，《中国农村经济》2004 年第 1 期。

[44] 国家计委宏观经济研究院课题组：《关于"十五"时期实施城市化战略的几个问题》，《宏观经济管理》2000 年第 4 期。

[45] 韩俊：《中国农村土地制度建设三题》，《管理世界》1999 年第 3 期。

[46] 韩梅：《清除非公有制经济发展的体制性障碍》，《社科纵横》2005 年第 4 期。

[47] 胡必亮、马昂主：《城乡联系理论与中国的城乡联系》，《经济学家》1993 年第 4 期。

[48] 黄少安、宫明波：《共同治理理论评析》，《经济学动态》2002 年第 4 期。

[49] 季开胜：《关于推进混合所有制经济发展的思考》，《经济问题探索》2000 年第 2 期。

[50] 贾大明：《家庭农场：贡献不小问题不少》，《中国国情国力》1999 年第 6 期。

[51] 解建立：《国外城乡基本公共服务供给制度安排及其对中国的启示》，《河北师范大学学报（哲学社会科学版）》2009 年第 4 期。

[52] 李恩树：《厉以宁：农垦改革核心在于双层体制建设》，《中国农垦》2016 年第 1 期。

[53] 李贵银：《关于广西农垦土地入股盘活资源的思考》，《南方国土资源》2005 年第 4 期。

[54] 李维安、邱艾超：《国有企业公司治理的转型路径及量化体系研究》，《科学学与科学技术管理》2010 年第 9 期。

[55] 李跃平：《薪酬激励在我国公司治理中的运用》，《经济社会体制比较》2003 年第 3 期。

[56] 厉以宁：《论城乡二元体制改革》，《北京大学学报（哲学社会科学版）》2008 年第 3 期。

[57] 厉以宁：《论新公有制企业》，《经济学动态》2004 年第 1 期。

[58] 厉以宁：《中国应走农民"就地城镇化"道路》，《农村工作通讯》2013 年第 21 期。

[59] 厉以宁：《转型发展理论》，《经济学动态》1997 年第 4 期。

[60] 林浚清、黄祖辉、孙永祥：《高管团队内薪酬差距、公司绩效和治理结构》，《经济研究》2003 年第 4 期。

[61] 林毅夫、李周：《现代企业制度的内涵与国有企业改革方向》，《经济研究》1997 年第 3 期。

[62] 刘洪彬、曲福田：《关于农村集体建设用地流转中存在的问题及原因分析》，《农业经济》2006 年第 2 期。

[63] 刘江涛、李旭鸿：《经济新常态下农垦可持续发展战略研究》，《中国农垦》2015 年第 10 期。

[64] 刘伟、李风圣：《产权范畴的理论分歧及其对我国改革的特殊意义》，《经济研究》1997 年第 1 期。

[65] 龙绍双：《"混合所有制"质疑》，《理论导刊》1999 年第 3 期。

[66] 陆大道、姚士谋、李国平等：《基于我国国情的城镇化过程综合分析》，《经济地理》2007 年第 6 期。

[67] 陆大道：《我国的城镇化进程与空间扩张》，《城市规划学刊》2007 年第 4 期。

[68] 马晓河、胡拥军：《中国城镇化的若干重大问题与未来总体战略构想》，《农业经济问题》2010 年第 11 期。

[69] 农业部产业政策法规司课题组：《统筹城乡和统筹经济社会协调发展研究》，《农业经济问题》2004 年第 1 期。

[70] 农业部农垦局：《2014 年全国农垦经济和社会发展统计公报》，《中国农垦》2015 年第 7 期。

[71] 潘正良：《农垦土地流转价格机制探讨——以广西农垦为例》，《商》2015 年第 15 期。

[72] 庞启武：《海南农垦改革发展现状与展望》，《中国农垦》2009 年第 3 期。

[73] 秦尊文：《小城镇道路：中国城市化的妄想症》，《中国农村经济》2001 年第 12 期。

[74] 瞿长福、乔金亮：《城郊型垦区如何做大做强——对上海农垦（光明食品集团）的调研》，《中国农垦》2013 年第 7 期。

[75] 石忆邵：《中国农村小城镇发展若干认识误区辨析》，《城市规划》2002 年第 4 期。

[76] 石忆邵：《中国新型城镇化与小城镇发展》，《经济地理》2013 年第 7 期。

[77] 隋凤富：《深化管理体制改革　增强垦区发展活力》，《农场经济管理》2008 年第 5 期。

[78] 唐俐、解玉娟：《海南农垦土地权属管理存在的问题与对策研究》，《行政与法》2012 年第 1 期。

[79] 唐欣瑜、梁亚荣：《海南农垦农地承包经营制度之特性及其完善》，《海南大学学报（人文社会科学版）》2011 年第 1 期。

[80] 田明、张小林：《我国乡村小城镇分类初探》，《经济地理》1999 年第 6 期。

[81] 万华炜：《中国混合所有制经济的产权制度分析》，《中南财经政法大学学报》2007 年第 6 期。

[82] 王翠芳：《试探新农村建设中城乡基本公共服务均等化问题》，《经济问题》2007 年第 5 期。

[83] 王玮：《公共服务均等化：基本理念与模式选择》，《中南财经政法大学学报》2009 年第 1 期。

[84] 王雅莉、张明斗：《中国民生型城镇化的框架设计与优化路径研究》，《城市发展研究》2013 年第 5 期。

[85] 温铁军：《"三农"问题的本土化思路》，《学习月刊》2005 年第 9 期。

[86] 温铁军：《中国的城镇化道路与相关制度问题》，《开放导报》2000 年第 5 期。

[87] 吴丽珍：《改革、发展和稳定的辩证统一——海南农垦改革实践的启示》，《今日海南》2007 年第 5 期。

[88] 吴易风：《西方产权理论与我国产权问题》，《高教理论战线》1994 年第 4 期。

[89] 项继权：《基本公共服务均等化：政策目标与制度保障》，《华中师范大学学报（人文社会科学版）》2008 年第 1 期。

[90] 徐策：《从投融资角度看新型城镇化建设》，《宏观经济管理》2013 年第 1 期。

[91] 杨英、傅汉章：《广东省国有华侨农场体制改革基本思路探索》，《中国农村经济》2003 年第 2 期。

[92] 姚洋：《集体决策中的理性模型和政治模型——关于中国农地制度的案例研究》，《经济学》2003 年第 3 期。

[93] 叶裕民：《中国城市化质量研究》，《中国软科学》2001 年第 7 期。

[94] 俞燕山：《我国小城镇改革与发展政策研究》，《改革》2000 年第 1 期。

[95] 张红宇、刘玫：《农村土地使用制度变迁：阶段性、多样性与政策调整》，《农业经济问题》2002 年第 3 期。

[96] 张敬石、刘云菲、李万明：《新常态下中国农垦发展与改革的思考》，《新疆农垦经济》2015 年第 8 期。

[97] 张宗益、党文娟：《我国独立董事制度创新的"内卷化"问题实证研究》，《当代经济科学》2006 年第 3 期。

[98] 赵新平、周一星、曹广忠：《小城镇重点战略的困境与实践误区》，《城市规划》2002 年第 10 期。

[99] 支有凤：《国有农场体制改革的思考》，《企业科技与发展》2010 年第 16 期。

[100] 钟文干：《广西农垦管理体制改革探讨》，《学术论坛》2005 年第 10 期。

[101] 周一星：《关于中国城镇化速度的思考》，《城市规划》2006 年第 S1 期。

[102] 周正平：《基本公共服务如何均等化》，《新世纪周刊》2008 年第 16 期。

[103] 朱善利：《国企改革的国际比较》，《学术评论》2000 年第 12 期。

[104] 朱善利：《论中国城乡一体化的逻辑》，《中国市场》2013 年第 7 期。

[105] 朱善利：《资源配置的效率与所有权》，《北京大学学报（哲学社会科学版)》1992 年第 6 期。

[106] 朱晓佳、谢秋云、吴克宁等：《规划很严肃，调整需谨慎——黑龙江农垦土地调规问题与对策分析》，《中国土地》2011 年第 11 期。

[107] 祝伟民、刘友兆：《新农村建设与农村土地市场构建》，《理论导刊》2008 年第 6 期。

[108] 奥野正宽、青木昌彦、奥野正宽等：《经济体制的比较制度分析》，中国发展出版社 1999 年版。

[109] 巴泽尔:《产权的经济分析》,上海三联书店 1997 年版。

[110] 伯利:《现代公司与私有财产》,商务印书馆 2005 年版。

[111] 曾庆芬:《土地承包经营权流转新趋势下农地金融问题研究》,中国农业出版社 2011 年版。

[112] 程世勇:《城市化进程中的农村建设用地流转:城乡要素组合与财富分配结构的优化》,经济科学出版社 2012 年版。

[113] 仇保兴:《中国城市化进程中的城市规划变革》,同济大学出版社 2005 年版。

[114] 菲吕博腾 E.G.、配杰威齐 S.:《产权与经济理论:近期文献的一个综述》,上海人民出版社 1994 年版。

[115] 费孝通:《从小城镇到开发区》,江苏人民出版社 1999 年版。

[116] 辜胜阻:《人口流动与农村城镇化战略管理》,华中理工大学出版社 2000 年版。

[117] 哈罗德·德姆塞茨:《所有权、控制与企业》,经济科学出版社 1999 年版。

[118] 李尚红、李志远:《基于土地流转构建我国民营农场制度研究》,安徽大学出版社 2009 年版。

[119] 李涛:《中国土地市场:运行机制、宏观调控和绩效评价》,经济科学出版社 2012 年版。

[120] 厉以宁、艾丰、石军:《中国新型城镇化概论》,中国工人出版社 2014 年版。

[121] 厉以宁、韩志国:《国有企业:你的路在何方》,经济科学出版社 1997 年版。

[122] 厉以宁:《股份制与现代市场经济》,江苏人民出版社 1994 年版。

[123] 厉以宁:《中国道路与混合所有制经济》,商务印书馆 2014 年版。

[124] 厉以宁:《中国道路与新城镇化》,商务印书馆 2012 年版。

[125] 厉以宁:《中国经济双重转型之路》,中国人民大学出版社 2013 年版。

[126] 林坚:《中国城乡建设用地增长研究》,商务印书馆 2009 年版。

[127] 刘润秋:《中国农村土地流转制度研究》,经济管理出版社 2012 年版。

[128] 刘世锦:《中国产业集群发展报告》,中国发展出版社 2008 年版。

[129] 刘伟、平新乔:《经济体制改革三论:产权论、均衡论、市场论》,北京大学出版社 1990 年版。

[130] 隆少秋：《县域经济发展及结构优化的理论与实践》，华南理工大学出版社2006年版。

[131] 罗纳德·H.科斯等：《财产权利与制度变迁》，上海人民出版社1994年版。

[132] 逄金玉、蒋三庚：《中国城镇化建设与投融资研究》，中国经济出版社2014年版。

[133] 曲波：《中国城市化和市场化进程中的土地计划管理研究》，经济管理出版社2011年版。

[134] 沈开举、杨俊峰：《中国土地改革研究》，法律出版社2014年版。

[135] 施建刚：《农村集体建设用地流转模式研究：以上海试点为例》，同济大学出版社2014年版。

[136] 王格芳、王成新：《科学发展观视角下的城镇化研究》，山东大学出版社2007年版。

[137] 王克强、张欣等：《城市经济与土地政策：发展·绩效·改革》，上海财经大学出版社2008年版。

[138] 王文、洪亚敏等：《中国农村集体建设用地流转收益关系及分配政策研究》，经济科学出版社2013年版。

[139] 王旭：《美国城市发展模式：从城市化到大都市区化》，清华大学出版社2006年版。

[140] 魏后凯：《走中国特色的新型城镇化道路》，社会科学文献出版社2014年版。

[141] 吴敬琏：《现代公司与企业改革》，天津人民出版社1994年版。

[142] 许学强：《中国乡村：城市转型与协调发展》，科学出版社1998年版。

[143] 张千帆：《土地管理制度比较研究》，中国民主法制出版社2013年版。

[144] 浙江省财政学会：《基本公共服务均等化研究》，中国财政经济出版社2008年版。

[145] 郑财贵、张孝成等：《重庆统筹城乡土地管理制度改革研究文集——地票制度篇》，西南师范大学出版社2013年版。

[146] 中国城市科学研究会、住房和城乡建设部村镇建设司：《中国小城镇和村庄建设发展报告（2008）》，中国城市出版社2009年版。

[147] 中国集体林产权制度改革相关政策问题研究课题组：《中国集体林产权制度改革相关政策问题研究调研报告》，经济科学出版社 2012 年版。

[148] 中国农垦经济研究会：《农垦经济体制改革与发展研究：2007 年全国农垦经济理论研究论文集》，中国农业出版社 2006 年版。

责任编辑:刘敬文

封面设计:汪　莹

责任校对:吕　飞

图书在版编目(CIP)数据

新形势下农垦改革发展重大战略问题研究/厉以宁,傅帅雄,周业铮等著.
　—北京:人民出版社,2019.2
ISBN 978－7－01－020309－6

Ⅰ.①新…　　Ⅱ.①厉…　②傅…　③周…　　Ⅲ.①农垦-经济体制改革-研究-
中国　　Ⅳ.①F324.1

中国版本图书馆 CIP 数据核字(2019)第 006131 号

新形势下农垦改革发展重大战略问题研究

XINXINGSHI XIA NONGKEN GAIGE FAZHAN ZHONGDA ZHANLÜE WENTI YANJIU

厉以宁　傅帅雄　周业铮 等　著

人民出版社 出版发行
(100706　北京市东城区隆福寺街 99 号)

北京汇林印务有限公司印刷　新华书店经销

2019 年 2 月第 1 版　2019 年 2 月北京第 1 次印刷
开本:710 毫米×1000 毫米 1/16　印张:30
字数:453 千字

ISBN 978－7－01－020309－6　定价:80.00 元

邮购地址 100706　北京市东城区隆福寺街 99 号
人民东方图书销售中心　电话 (010)65250042　65289539